रज़ा
पुस्तक माला

लहजा

कला

रज़ा फ़ाउण्डेशन | THE RAZA FOUNDATION

लहजा

रोहिणी भाटे

मराठी से अनुवाद

स्मिता दात्ये, नीलिमा अध्ये, सुनीता पुरोहित

परामर्श

नीलिमा अध्ये

राजकमल प्रकाशन

रज़ा पुस्तक माला : कला
प्रधान सम्पादक : अशोक वाजपेयी | सम्पादक : पीयूष दईया
राजकमल प्रकाशन प्रा.लि. और रज़ा फ़ाउण्डेशन का सह-प्रकाशन

ISBN : 978-93-88183-29-1

पहला संस्करण : 2018

प्रकाशक : राजकमल प्रकाशन प्रा. लि.
1-बी, नेताजी सुभाष मार्ग, दरियागंज
नई दिल्ली-110 002

शाखाएँ : अशोक राजपथ, साइंस कॉलेज के सामने, पटना-800 006
पहली मंजिल, दरबारी बिल्डिंग, महात्मा गांधी मार्ग, इलाहाबाद-211 001
36 ए, शेक्सपियर सरणी, कोलकाता-700 017

वेबसाइट : www.rajkamalprakashan.com
ई-मेल : info@rajkamalprakashan.com

मुद्रक : यश प्रिंटोग्राफिक्स
नोएडा-201 301 (उत्तर प्रदेश)

LEHAZA
by Rohini Bhate
Translated by Smita Datye, Neelima Adhye, Sunita Purohit

मेरे जीवन का तालमेल जिन अधिष्ठात्रियों के समर्थ आधार के
बल पर यथायोग्य सम्भव हुआ और सरस सम्पन्न हुआ,
उनकी, अर्थात् वत्सला, उषा, प्रमिला और कालिन्दी ताई
इन सबकी प्रिय स्मृति को समर्पित

—रोहिणी भाटे

आमुख

कलाओं में भारतीय आधुनिकता के एक मूर्धन्य सैयद हैदर रज़ा एक अथक और अनोखे चित्रकार तो थे ही उनकी अन्य कलाओं में भी गहरी दिलचस्पी थी। विशेषतः कविता और विचार में। वे हिन्दी को अपनी मातृभाषा मानते थे और हालाँकि उनका फ्रेंच और अँग्रेज़ी का ज्ञान और उन पर अधिकार गहरा था, वे, फ्रांस में साठ वर्ष बिताने के बाद भी, हिन्दी में रमे रहे। यह आकस्मिक नहीं है कि अपने कला-जीवन के उत्तरार्द्ध में उनके सभी चित्रों के शीर्षक हिन्दी में होते थे। वे संसार के श्रेष्ठ चित्रकारों में, २०-२१वीं सदियों में, शायद अकेले हैं जिन्होंने अपने सौ से अधिक चित्रों में देवनागरी में संस्कृत, हिन्दी और उर्दू कविता में पंक्तियाँ अंकित कीं। बरसों तक मैं जब उनके साथ कुछ समय पेरिस में बिताने जाता था तो उनके इसरार पर अपने साथ नवप्रकाशित हिन्दी कविता की पुस्तकें ले जाता था : उनके पुस्तक-संग्रह में, जो अब दिल्ली स्थित रज़ा अभिलेखागार का एक हिस्सा है, हिन्दी कविता का एक बड़ा संग्रह शामिल था।

रज़ा की एक चिन्ता यह भी थी कि हिन्दी में कई विषयों में अच्छी पुस्तकों की कमी है। विशेषतः कलाओं और विचार आदि को लेकर। वे चाहते थे कि हमें कुछ पहल करना चाहिए। २०१६ में साढ़े चौरानवे वर्ष की आयु में उनकी मृत्यु के बाद रज़ा फ़ाउण्डेशन ने उनकी इच्छा का सम्मान करते हुए हिन्दी में कुछ नये क़िस्म की पुस्तकें प्रकाशित करने की पहल *रज़ा पुस्तक माला* के रूप में की है, जिनमें कुछ अप्राप्य पूर्व प्रकाशित पुस्तकों का पुनर्प्रकाशन भी शामिल है। उनमें गांधी, संस्कृति-चिन्तन, संवाद, भारतीय भाषाओं से विशेषतः कला-चिन्तन के हिन्दी अनुवाद, कविता आदि की पुस्तकें शामिल की जा रही हैं। सभी पुस्तकों पर रज़ा साहब और उनके समकालीन मित्र चित्रकारों आदि की प्रतिकृतियाँ

आवरणों पर होंगी।

शास्त्रीय नृत्य–जगत् में दशकों तक रोहिणी भाटे एक सुदीक्षित प्रयोगशील कथक नर्तकी, प्रसिद्ध कथक–गुरु और कथक के विभिन्न पक्षों पर विचारशील आलोचक के रूप में सुप्रतिष्ठित थीं। उनके काम का विशेष महत्त्व इसलिए भी है कि उन्होंने विचार और प्रयोग के स्तर पर कथक को प्राचीन शास्त्र–परम्परा से जोड़कर उसमें नयी छाया और प्रासंगिकता उत्पन्न की। उनके समय–समय पर व्यक्त विचार, अनुभव और विश्लेषण 'लहजा' में एकत्र हैं और उन्हें हिन्दी में प्रस्तुत कर नृत्यप्रेमी रसिकों और कथक जगत् को एक अनूठा उपहार दिया जा रहा है।

अशोक वाजपेयी
नवम्बर २०१७, नयी दिल्ली

ऋणानुबन्ध
अनमोल, आत्मीय, सँजोने योग्य!

रोहिणी भाटे

ऋणानुबन्ध
अनमोल, आत्मीय, सँजोने योग्य!

'माझी नृत्यसाधना' (मेरी नृत्यसाधना) थी मेरी पहली पुस्तक। सन् १९४९ में प्रसिद्ध हुई थी। 'नृत्य को समझ रही हूँ, नहीं समझ रही...परन्तु अत्यन्त प्रभावित हूँ'। ऐसी अबोध फिर भी प्रसन्न वृत्ति से अपनायी हुई मेरी नृत्यानुभूतियों का एक छोटा-सा संकलन! डॉ. वि.द. साठे जी के आग्रहवशात् और उन्हीं के परिश्रमों के कारण प्रसिद्ध हुए इस लेखन का सम्पूर्ण श्रेय मेरे इन मित्रवर्य को जाता है। किसी रंगीन पर की भाँति इस घटना का अपूर्व ऋण मेरे स्मरण में अब तक लहराते रहता है...

इझाडोरा डंकन नामक एक अमेरिकन क्रान्तिकारी नर्तकी का 'My Life' शीर्षक का एक आत्मकथन मराठी में अनुवादित करने के लिए मुझे सौंपा गया था, वह था १९७५ में, महाराष्ट्र राज्य सहित संस्कृति मण्डल की तरफ़ से। माननीय लेखिका और विचारक श्रीमती दुर्गा भागवत जी ने इस बारे में सुझाव दिया था और सिफ़ारिश भी की थी, यह मेरे लिए उनका परोक्ष आशीर्वाद ही था, मन-ही-मन मुझे यही लगा था और मैं आज तक यही सोचती हूँ। 'मी इझाडोरा' के चार सौ-साढ़े चार सौ पृष्ठ मुझे एक अलग दृष्टि, मेरे नृत्य-विचार को एक विस्तृत अवकाश और प्रत्यक्ष अनुभव समृद्धि दे गये।

सन् २००४ में, आयु के ८०वें वर्ष की दहलीज़ के इस पार मैं खड़ी थी तब जो प्रकाशित हुई वह पुस्तक 'कथक दर्पण दीपिका' यानी अनेक वर्षों से आचार्य नन्दिकेश्वर के संस्कृत ग्रन्थ 'अभिनय दर्पण' पर किये हुए मेरे चिन्तन का परिपाक था।

मूल संहिता का सुगम अन्वयार्थ, जो ठीक से समझ में आने के लिए कुछ उदाहरणों तथा प्रमाणों के रूप में कुछ रेखांकन और छायाचित्र इत्यादि सामग्री से परिपूर्ण यह पुस्तक नृत्य

के अध्येताओं के हाथों सौंपते हुए एक महत्त्वपूर्ण तथ्य सामने आया : 'अभिनय दर्पण'का समग्र नृत्य-विचार कथक नृत्य-शैली पर भी किस तरह से लागू होता है, यह कथक दर्पण दीपिका द्वारा सिद्ध हो चुका हो, तो भी अब तक के प्रसिद्ध हुए मेरे थोड़े बहुत लेखन से कथक नृत्यशैलीनिविष्ट सौन्दर्य का शोध स्वतन्त्रता से लिया ही नहीं गया है। इसलिए फिर संगोष्ठियों में पढ़े हुए मेरे क़रीब-क़रीब सभी निबन्धों का मैंने यथोचित अवलोकन किया और पाया कि, सब तो नहीं लेकिन बहुतांश से 'मूलभूत' विचार जिसे कह सकें इस प्रकार का लेखन मेरे हाथों थोड़ा बहुत हो चुका है। इस स्फुट लेखन का नर्तकों और कथक प्रेमियों के लिए सुचारू रूप से संकलन करने की मात्र नितान्त आवश्यकता थी। संजोग से यह विचार और उसकी प्राथमिक सिद्धता 'लहजा' शीर्षक से जब मेरे मन-ही-मन हो रही थी, तभी अनेक वर्षों के बाद सम्पादन क्षेत्र के महर्षी माननीय श्री पु. भागवत जी जैसे प्रख्यात, मर्मग्राही, ज्ञानी, साक्षेपी व्यक्ति से अचानक पुनर्भेंट हुई। बहुत ही सहज और स्वाभाविक बातचीत से 'लहजा' का विषय उभरकर आया और उसके बाद थोड़े ही समय में 'मौज' के एक प्रकाशन के तौर पर 'लहजा' मर्मग्राही वाचकों के हाथों में जाकर पहुँचने की अपूर्व सम्भावना निकल आयी, जिसके लिए श्री पु. जी. को जितने धन्यवाद दूँ, कम ही होंगे।

पुणे के विद्यार्थी प्रिय प्राध्यापक रा.श्री जोग जी की मैं एक शिष्या थी, बस इसी एक महत्त्वपूर्ण सिफ़ारिश के बल पर 'लहजा' का सम्पूर्ण लेखन श्री पु. भागवत जी की सूक्ष्म नज़र से अवलोकित हुआ, यह मेरा सबसे बड़ा भाग्य है! उन्होंने बारीकी से वह पढ़ा, उस पर कुछ निश्चित स्वरूप की रचनात्मक टिप्पणियाँ की, और इन टिप्पणियों का उपयोग करने के बारे में निर्णय लेने की आज़ादी मुझे देते हुए 'मौज' प्रकाशन की तरफ़ से 'लहजा' का स्वीकार किया। उनका यह अनमोल, आत्मीय और सँजोये रखनेवाला ऋण चुकाने के बजाय उसे अपने आप पर एक आच्छादन की तरह मुझे ओढ़ने को मिल रहा है, क्योंकि नर्तकी ही क्यों न सही पर श्री पु. जी. के और मेरे भी श्री रा. श्री जोग सर की मैं शिष्या हूँ, यह मैं जानती हूँ!

लेखन प्रपंच और लेखनी दूर रखते हुए तीव्रता से स्मरण हो रहा है, तो वह है विशेषकर नीलिमा अध्ये, अमला शेखर और सुनीता पुरोहित इन मेरी प्रशिष्याओं ने मुझे दिये अत्यन्त तत्पर सहयोग की! आलेखों की प्रतियाँ बनाना, जो और जितनी चाहें दुर्लभ छाया-चित्रों और जानकारी को ध्यानपूर्वक उपलब्ध कराना, और इससे भी आगे चलकर नीलिमा का किसी भी बारे में आवश्यकतानुसार विचार-विमर्श में गहराइयों तक शामिल होना—ऐसे अनेक ओर से मिले सहयोग के बिना 'लहजा' लहजा बन के सिद्ध न हो पाता!

रोहिणी भाटे

शब्दों के इस पार का और उस पार का : नर्तन

'नर्तन' सच कहूँ तो सभी ललितकलाओं से अधिक अत्यन्त निसर्गसिद्ध कला है, परन्तु वही कला अपरिचित लगती है प्रायः, और आत्मीय हो जाता है 'शब्द' शरीर भाषा से भी। शब्दों के इस पार का 'मौन' भले ही गूढ़ हो, फिर भी भाषाविलास का कोष बड़ा ही आकर्षक और रसपूत होता है...। उसमें भृंग की भाँति फँस जाते हैं हम...और फिर 'माध्यम' का सूर्य भोर के होते ही उगने के बाद जब तक तपने लगता नहीं, वह कोष खिलता नहीं...पाँत्र बाहर निकलते नहीं...आती है फिर धीरे से यह समझ...खेल सकते हैं हम यह भी खेल : कोष में स्वयं को फँसाने का, और उसमें से आसानी से बाहर निकलकर शब्दों के परे के अर्थगर्भ सन्दर्भ नर्तन में से, शरीर भाषा के द्वारा ढूँढ़ने का, साकारने का...

इस नये सन्दर्भ में 'नर्तन' उसके यथार्थ रूप में हमारे सामने आता है! 'प्रतिमान' (symbols), 'वस्तुभाव' (abstraction) और नये-पुराने काव्यसंकेत तथा नृत्यसंकेत इत्यादि के बल पर शरीर भाषा यथा-कथा, यथा-कल्पना, यथा-प्रसंग नर्तन के अपने उन्मेष अंगों-अंगों पर धारण करके इतराने लगती है और निर्माण होता है : शब्दों के पार के अर्थवलयों का एक नया इन्द्रजाल!... विषय के अनुसार। प्रथम अपरिचित...और देखते-अनुभवते परिचित होता जानेवाला...

शब्दों के इस पार का और उस पार का : नर्तन!

रोहिणी भाटे

'लहजा' के बारे में*

सन् १९४५ के दिसम्बर की बात है। पता नहीं क्यों मुझे पुणे के कॉलेज में जाकर यह देखने की इच्छा हुई कि वहाँ के मराठी के प्राध्यापक किस तरह बी.ए. के छात्रों को पढ़ाते हैं। उन दिनों मराठी विषय में उपाधि तक की शिक्षा देनेवाले कॉलेज पुणे-मुम्बई में ही थे। हो सकता है कि नागपुर-अमरावती या नाशिक-औरंगाबाद जैसे शहरों में भी हों, पर वे मेरी पहुँच से बाहर थे। अत: मैं पुणे गया और सर परशुरामभाऊ महाविद्यालय के प्रा. श्री.म. माटे से अनुमति लेकर उनकी कक्षा में एकदम पिछली बैंच पर जाकर बैठा। परन्तु प्रा. माटे हमारे फाटक सर के जैसे ही निकले! गुरुवर्य फाटक सर की भाँति प्रा. माटे का डील-डौल सुदृढ़ था अवश्य, पर गुरुवर्य फाटक काफ़ी ऊँचे कद के थे। उनकी तुलना में प्रा. माटे की ऊँचाई मध्यम ही थी। परन्तु उनके व्यक्तित्व की यह कमी उनकी रोबदार मूँछों के कारण ढँक जाती थी और वे अधिक प्रभावशाली प्रतीत होते थे। तब वामन पण्डित जी की 'वनसुधा' नामक पाठ्य-पुस्तक हमारे लिए थी। उसमें एक श्लोक इस प्रकार था—

वनीं खेळती बाळ ते बल्लवांचे
तुरे खोविती मस्तकीं पल्लवांचे।
फुलांचे गळा घालिती दिव्य हार
स्वनाथासवें ते करीतीं विहार॥

इस श्लोक के आते ही प्रा. माटे ने हाथ में पकड़ी पुस्तक अलग रख दी और अपने बचपन में नदी किनारे किस तरह वे अपने साथियों के साथ हुतुतुहमामा करते थे इसका इतना रसीला वर्णन करना शुरू किया कि उसे सुनते हुए कब घण्टी बजी, पता ही नहीं चला। बाद में मैं उनसे मिला तो वे बोले, ''मैं इस वर्ष के अन्त में कॉलेज से सेवा-निवृत्त हो जाऊँगा। मुझे इस बात का परम सन्तोष है कि मेरा कोई न कोई छात्र बी.ए. की परीक्षा में प्रथम स्थान प्राप्त करेगा

---

* मूल मराठी पुस्तक 'लहजा' (२००६) में प्रकाशित प्रकाशक का वक्तव्य

और मुझे इस प्राध्यापकीय जीवन में यश और परिपूर्ति का सन्तोष प्रदान करेगा।''

मुझे फर्ग्यूसन कॉलेज के प्रा. रा.श्री.जोग का अध्यापन बहुत पसन्द आया। हमारे द.के. केळकर जैसा ही, पर मन को अधिक आकर्षित करनेवाला। उनकी पुस्तक 'अभिनव काव्यप्रकाश' मैंने पढ़ी थी और मुझे वह साहित्य विषयक सर्वांगीण और सन्तुलित विचारों की तथा उद्‌बोधक प्रतीत हुई थी। उस दिन वे ताम्बे जी की कविता पढ़ा रहे थे। अत्यन्त रसिकता के साथ, अचूक और संयत स्वर तथा शब्दों में। उनके वक्तव्य में उस समय ज़रूरत हो तब नर्म विनोद का महीन पुट रहता था। गुरुवर्य फाटक और प्रा. माटे की तुलना में उनका अध्यापन अधिक विषयानुसारी होता था। वे हमारे गुरुवर्य द.के. केळकर की भाँति विद्यार्थियों के प्राचीन और आधुनिक साहित्य सम्बन्धित विचार को जागृत कर उसे उचित जिज्ञासु और प्रगल्भ दिशा देते थे। उनकी कक्षा में सामने की बेंच पर कुछ लम्बे से चेहरेवाली एक सुन्दर और गोरी लड़की बैठी थी। उसका सौन्दर्य सम्भवत: उसकी पैतृक विरासत थी। कालान्तर में मुझे पता चला कि उसके पिता प्रा.ग.स. भाटे अत्यन्त सुदर्शन और विद्वान, सज्जन व्यक्ति थे। साहित्य विचारों का शास्त्रीय विवेचन करनेवाला उनका ग्रन्थ 'वाचन, त्याचे मार्ग व उद्दिष्ट' जब मैंने पढ़ा, तो उसमें व्यक्त आधुनिक स्वरूप के सर्वांगीण सैद्धान्तिक और ऐतिहासिक विचारों से मैं प्रभावित हुआ। परन्तु उससे सम्बन्धित उल्लेख करने योग्य एक मज़ेदार अन्तर्विरोध यह था कि गुरुवर्य फाटक की साहित्य की ओर देखने की दृष्टि विशेषकर ऐतिहासिक थी, तो प्रा. भाटे की निस्सन्दिग्ध आधुनिक स्वरूप की थी। उनकी दृष्टि अपनी दृष्टि की विरोधी है, यह जानते हुए भी प्रा. फाटक ने प्रा. ग.स.भाटे का ग्रन्थ अपने संग्रह से निकालकर मुझे पढ़ने के लिए दिया था। यही नहीं, उस ग्रन्थ में किये गये विवेचन से सम्बन्धित प्रश्न पूछकर और गहन चर्चा कर यह सुनिश्चित किया था कि मैंने उसे सावधानी से और बारीकी से पढ़ा है या नहीं! यह जानते हुए भी कि उस विद्यार्थी की साहित्य की तरफ़ देखने की दृष्टि उनकी अपनी दृष्टि की विरोधी है, अपने विद्यार्थी की जिज्ञासा को जागृत कर उसके साहित्य विषयक कुतूहल का समाधान हुआ है या नहीं, यह देखनेवाला, ज्ञानपिपासु और ज्ञानदाता गुरु विरला ही होता है और वह महद् भाग्य से मिलता है!

जो भी हो, मैं सोच रहा था कि प्रा. जोग की कक्षा में सामने की बेंच पर बैठी हुई वह गोरी और सुन्दर लड़की कौन होगी? प्रा. भाटे का 'वाचन, त्याचे मार्ग व उद्दिष्ट' नामक ग्रन्थ मैंने पढ़ा था और उस ग्रन्थ में दिये गये उनके छाया-चित्र से मुझे विश्वास हो गया था कि प्रा. भाटे अत्यन्त सुन्दर थे, कहीं वह उनकी पितृमुखी कन्या तो नहीं थी? या फिर क्या उनकी कोई रिश्तेदार थी और संयोगवश उनके जैसी ही दिखती थी? इस बात पर मैं विचार कर ही रहा था कि तभी पिछली बेंच पर मेरे पास बैठे एक छात्र ने बताया, ''वह रोहिणी भाटे, बहुत बुद्धिमान है, परन्तु नाचती है!'' उसके स्वर में केवल पुणे का सनातनी तुच्छता भाव था। मानो कोई युवती नृत्य करती हो, तो वह नीतिभ्रष्ट ही हो गयी हो! इतने में उसने पीछे मुड़कर कहीं

देखा और सूक्ष्म स्मितवाला उसका सुन्दर चेहरा मुझे नज़र आया। वह शुभ दर्शन आज भी मेरी आँखों के सामने है। आश्चर्य तो यह कि उस प्रसन्न चेहरे पर तैर जानेवाली उदासीनता की एक हल्की-सी छाया का एहसास मुझे पता नहीं कैसे हुआ। वह अबोध छाया आकाश के झीने बादलों की छाया जैसी, आज भी कभी-कभी दिखायी देती है और गूढ़ प्रतीत होती है।

अगले दो-तीन वर्षों में मैं रोहिणी जी की 'नृत्यभारती' नामक नृत्यशाला में केशवराव भोले जी के साथ कई बार गया। लगभग उनकी ही आयु की शिष्याएँ उनके इर्दगिर्द 'बेबताई...बेबताई...' कहती चहकती रहती थीं और हल्की मुस्कान के साथ उनका नियन्त्रण करती उनकी 'बेबीताई' उन्हें नृत्य सिखाया करती थी। उस समय स्वयं रोहिणी जी केशवराव भोले जी से गायन की शिक्षा प्राप्त कर रही थीं। केशवराव जी ने बताया कि वे प्रा. ग.स.भाटे की कनिष्ठ कन्या हैं। प्रा. भाटे बहुत विद्वान और सुदर्शन व्यक्ति थे, परन्तु असमय उनका देहान्त हो गया। रोहिणी जी के विषय में पितृवत् सराहना और स्नेह से केशवराव जी ने कहा, "यह लड़की बहुत गुणवान है। यह बहुत बड़ी नर्तकी बनेगी और देश-विदेश में मान-सम्मान और मान्यता प्राप्त करेगी!" केशवराव जी को रोहिणी जी की जन्मजात नृत्य-प्रतिभा, उनके साहित्य-प्रेम और उनमें छिपे लेखन-गुणों की यथार्थ जानकारी थी, रही होगी। इसीलिए उन्होंने रोहिणी जी को लेखन के लिए प्रेरित किया और उनका लेखन 'मौज प्रकाशन' द्वारा प्रकाशित करने की सिफ़ारिश मुझसे की। आगे चलकर कुछ महीनों में 'मौज' के १५ अगस्त १९४७ के रजत महोत्सव के विशेष अंक में रोहिणी जी का आत्मपरक लेख "माझा नृत्य व्यासंग" प्रकाशित हुआ और थोड़े समय बाद इसी नाम से इस आलेख का पूरक आलेख 'सत्यकथा' में प्रकाशित हुआ। उनके इस लेख में ऐसी ईमानदारी थी, जो सामान्यत: ऐसे आत्मपरक लेखन में विरल ही होती है। उनकी निवेदन शैली सुबोध और सुघड़ थी। वह उनकी पैतृक विरासत थी—रही होगी। प्रा. ग.स. भाटे का लेखन भी सुबोध और सुन्दर शैलीवाला तथा शास्त्रसम्मत विचारोंवाला था। जैसा मैं पहले बता चुका हूँ, जब मैंने उनका ग्रन्थ पढ़ा था, तब मुझे इस बात का अनुभव हुआ था। अपने साहित्य-विचारों में वाङ्मय की ऐतिहासिकता और आधुनिकता, भाषान्तर, रूपान्तर अथवा अनुवाद, तुलनात्मक साहित्याभ्यास आदि विषयों पर आधुनिकोत्तर भूमिकाओं के अनुरूप जो सैद्धान्तिक चर्चाएँ होती रहती हैं, वह उन्होंने लगभग अस्सी-नब्बे वर्ष पहले अपने तन-मन में रिसती काव्यात्मक सुबोध भाषा-शैली में की थी, उद्‌बोधक और अपने समय के अनुरूप उसके उत्तर भी दिये थे। आश्चर्य तो इस बात का है कि वे उत्तर आज भी सटीक और उद्‌बोधक प्रतीत होते हैं और विचारप्रवृत्त करते हैं।

परन्तु मेरी दृष्टि से विशेष आश्चर्य और दुख की बात यह है कि मराठी के आज के 'आधुनिक' प्राध्यापकों और समीक्षकों ने भी प्रा. भाटे का ग्रन्थ न तो पढ़ा होता है, और ना तो उनका नाम तक सुना होता है। यह भी आश्चर्य है कि वाङ्मयीन प्रश्नों पर सूक्ष्म दार्शनिक चर्चा करनेवाले वरिष्ठ समीक्षक प्रा. रा. भा. पाटणकर जी की नज़रों से भी प्रा. भाटे का ग्रन्थ

छूट जाता है और वे अपने 'सौन्दर्यमीमांसा' नामक मूलभूत, मौलिक महत्त्वपूर्ण ग्रन्थ में उनका नामोल्लेख भी नहीं करते! फिर इसमें क्या आश्चर्य यदि इस पर अन्य अध्येताओं की नज़र नहीं पड़ती! परन्तु ऐसे अनदेखेपन के कारण अपने सैद्धान्तिक साहित्याध्ययन में कमी तो रहती ही है, पर उसकी क्षतिपूर्ति भी कभी नहीं हो पाती। परिणामस्वरूप वे यह भी नहीं समझ पाते कि इस ग्रन्थ के साथ वे कितना अन्याय कर रहे हैं। वस्तुतः वे अपने स्वयं के वाङ्मयविषयक सैद्धान्तिक कुतूहल के साथ भी जाने-अनजाने अन्याय करते रहते हैं। इस अन्याय का उचित प्रकार से और पूर्णतः परिमार्जन करना भी कभी सम्भव नहीं हो पाता। श्री वसन्त पाटणकर जैसे मराठी के वरिष्ठ प्राध्यापक उस ग्रन्थ को प्रयासपूर्वक और बारीकी से पढ़ते हैं, यही नहीं उसका सूक्ष्म और गहन अध्ययन कर उसे समग्र सम्पादित करते हैं, इसे एक बिरला परन्तु आश्वस्त करनेवाला अपवाद ही कहना चाहिए! साहित्य-कला की दुनिया में और वैचारिक विश्व में पाये जानेवाले ऐसे गिने-चुने अपवादों में मं.वि. राजाध्यक्ष, मे.पुं. रेगे, रा.भा. पाटणकर, डॉ. अशोक केळकर, शरच्चन्द्र मुक्तिबोध, दुर्गा भागवत, माधव आचवल, गंगाधर गाडगील, सु.रा. चुनेकर, विजया राजाध्यक्ष यं.दि. फडके. म.सु.व गंगाधर पाटील, सुधा जोशी, रेखा इनामदार-साने, मिलिन्द बोकील, हरिश्चन्द्र थोरात, यशवन्त मनोहर, डॉ. मुणगेकर, प्रा. पुंडे, अर्जुनवाडकर पति-पत्नी, गो.मा. पवार, स.ह. देशपाण्डे, सुधीर रसाळ, नरहर कुरुंदकर, मिलिन्द मालशे, डॉ. अशोक जोशी, गंगाधर पानतावणे, सरोजिनी व शंकर वैद्य और मुख्य रूप से मंगेश पडगावकर आदि का समावेश किया जा सकता है। वस्तुतः उपर्युक्त नामों में से भी कुछ गिने-चुने समीक्षकों और लेखकों के मन में ही म.सु. व गंगाधर पाटील तथा मिलिन्द मालशे की तरह आज विशेष रूप से अमेरिका में चल रहे अत्याधुनिक और आधुनिकोत्तर समीक्षा कार्य के प्रति कुतूहल और उसमें निहित सैद्धान्तिक संकल्पनाओं के बारे में जिज्ञासा रहती है। विशेष रूप से अपने अपवादस्वरूप समीक्षकों के मन में यह कुतूहल होता है और वे इस पर सोच-विचार भी करते हैं कि इन सैद्धान्तिक संकल्पनाओं का आधुनिकोत्तर समीक्षा के काल में कैसा स्वरूप होगा और उस समीक्षा कार्य का कितना और कैसा विकास होगा? इस सम्बन्ध में अमेरीकी समीक्षक क्या अनुमान लगाते हैं और उसके विषय में क्या चर्चा करते हैं? परन्तु अभी भी अबोध रही उन संकल्पनाओं की भाषा जितनी दुर्बोध है, उतनी ही अगम्य भाषा में करते रहते हैं, और ठीक वैसे ही जैसे 'पार्टिज़न रिव्यू' के सम्पादकों ने अमेरिका में लिखी जानेवाली अत्याधुनिक कविता की भाषा के बारे में एक स्थान पर टिप्पणी की थी, मानो एक-दूसरे के लिए या स्वयं के लिए वे चर्चा करते रहते हैं। परिणामस्वरूप मराठी समीक्षा की भूमि वीरान ही रहती है। परन्तु ऐसे अपवादात्मक नामों की संख्या भी अन्ततः बहुत अधिक नहीं होगी। छोटे-बड़े शहरों के या शहरों जैसे गाँवों के कुछ साहित्य-अनुसन्धानकर्ताओं और प्राध्यापक-समीक्षकों को इसमें जोड़ा भी जा सकता है, परन्तु उनकी संख्या भी अधिक नहीं होगी। महाराष्ट्र के शैक्षिक, वाङ्मयीन और सांस्कृतिक विश्व में ऐसी वीरान दुरवस्था की स्थिति होना चिन्ताजनक बात है। विशेष रूप से मराठी जन

की बुद्धि और निरपवाद विचारनिष्ठा की डींग हाँकनेवालों को तो इस प्रखर वास्तविकता की ओर ध्यान देना ही होगा।

जो भी हो, एक दृष्टि से रोहिणी जी मेरी गुरु-भगिनी हैं, वे प्रा. रा.श्री.जोग की प्रत्यक्ष विद्यार्थिनी ही थीं और अपने इस गुरु-शिष्य नाते का उल्लेख वे आज भी यथोचित गर्व और पूज्यभाव से बार-बार करती हैं। कहा जा सकता है कि उनकी तरह प्रत्यक्ष नहीं, परन्तु अनौपचारिक और अप्रत्यक्ष दृष्टि से मैं भी प्रा. जोग का शिष्य हूँ। क्योंकि, फर्ग्युसन कॉलेज में उनकी कक्षा में उनकी ही अनुमति से जिस तरह मैं सर्वप्रथम बैठा, उसी तरह जब भी पुणे जाता था, उनकी कक्षा में बार-बार बैठता था। यही नहीं, उनके घर भी जाया करता था। वहाँ उनके साथ वाङ्मयीन सैद्धान्तिक प्रश्नों और साहित्य के रूप-सौन्दर्य विषयक समस्याओं के बारे में प्राचीन और अर्वाचीन विचारकों द्वारा दी गयी परिभाषाओं पर खुलकर और विस्तारपूर्वक चर्चा हुआ करती थी। प्रा. जोग के साथ हुए इस विचार-विनिमय के संस्कारों के कारण न केवल मेरी अपनी साहित्य-कला विषयक समझ विकसित और प्रगल्भ हुई, बल्कि मेरी सम्पादकीय क्षमता भी सही दिशा में विकसित हुई। अब मैं वह सम्पादकीय कार्य अधिक आत्मविश्वास के साथ करने लगा। लेखकों के हस्तलिखितों की पाण्डुलिपियों को अधिक सावधानी से पढ़ने लगा और उनमें कम अधिक क्या और कितना तथा कहाँ करना चाहिए, या उसका पुनर्लेखन ही आवश्यक है, इस बारे में सम्बन्धित लेखक के साथ चर्चा कर उस लेखन में कुछ सुधार सुझाने की मेरी सम्पादकीय क्षमता भी प्रगल्भ हुई। परिणामस्वरूप 'मौज प्रकाशन' का दर्जा और कसौटी, फिर वह पुस्तक चाहे किसी भी विषय से सम्बन्धित हो, बढ़ती रही। वस्तुतः प्रा. जोग हों या प्रा. वा.ल. कुलकर्णी हों, उनके साथ हुई चर्चाओं के कारण मेरी व्यक्तिगत वाङ्मयीन समझ तो विकसित हुई ही, परन्तु मेरी सम्पादकीय क्षमता भी संस्कारित होकर वृद्धिगत हुई। परिणामस्वरूप, 'मौज'—'सत्यकथा' और 'मौज प्रकाशन' का रूप अधिकाधिक आधुनिक और व्यापक होता गया। प्रा. वा.ल. कुलकर्णी ने तो 'टाइम्स लिटिररी सप्लिमेंट', 'न्यू राइटिंग', 'पॅरिस रिव्यू', 'लन्दन मॅगज़िन', 'पार्टिज़न रिव्यू' जैसी अँग्रेज़ी की आधुनिक वाङ्मयीन पत्रिकाओं के बाइंड किये हुए खण्ड मुझे पढ़ने के लिए दिये और उसमें व्यक्त हुए मतों तथा प्रश्नों पर मेरे साथ बार-बार चर्चाएँ भी कीं। विशेष बात तो यह कि अँग्रेज़ी के चुनिन्दा और वाङ्मयीन गुणों से सम्पन्न ऐसे विविध प्रकार के नये-पुराने ग्रन्थों और दुनिया के विविध देशों के विविध रूपों की स्तरीय साहित्यिक रचनाओं के अनुवाद का परिश्रमपूर्वक वाचन करने के लिए मुझे प्रवृत्त किया। अतः कृतज्ञ भाव से यह कहना होगा कि इस दृष्टि से प्रा. जोग की ही भाँति प्रा. वा.ल. कुलकर्णी भी मेरे अनौपचारिक गुरु थे।

रोहिणी जी तो प्रा. जोग की प्रत्यक्ष शिष्या ही थीं और अपने इस शिष्यत्व का वे आज भी आदर और गर्व से उल्लेख करती हैं। 'लहजा' नामक उनके प्रस्तुत लेख-संग्रह के निमित्त से

इन दिनों उनकी और मेरी जो मुलाकातें और चर्चाएँ हुईं, उस समय इसका सुखद अनुभव मिला। अपनी बातचीत में उन्होंने अपने और मेरे बीच के गुरु-बन्धु-भगिनी के रिश्ते का कई बार उल्लेख किया, जो कुछ अप्रत्याशित था तो सही, परन्तु अत्यन्त आनन्ददायक और हृदयस्पर्शी भी था। इसके लिए मुझे उनका कृतज्ञ ही रहना चाहिए। परन्तु इस कृतज्ञता के साथ ही एक और महत्त्वपूर्ण बोध भी मुझे हुआ। उनके 'लहजा' नामक इस लेख-संग्रह के लेखों का सम्पादन और आवश्यकतानुसार संस्कार करने की सम्पादकीय दृष्टि से जब मैंने वे आलेख अनेक बार पढ़े, तब एक मूलभूत महत्त्वपूर्ण बात मेरे ध्यान में आयी। इन लेखों में किये गये प्रतिपादनों के आधार पर रोहिणी जी ने जो उनका समूहनिहाय वर्गीकरण किया है, उससे साहित्य-संगीतादि ललित कलाओं के साथ नृत्य-कला के हार्दिक सम्बन्ध ज्ञात होते हैं। साथ ही, एक और बात का मूल्यवान बोध होता है, वह ये कि रोहिणी जी ने अपनी नृत्य-कला में यानी प्रत्यक्ष नर्तन में अनुपम कौशल आत्मसात् तो किया ही है, पर नृत्य-कला के रूप-सौन्दर्य के प्रगाढ़ और अनुभवसिद्ध स्वरूप पर गहन और सर्वांगीण विचार किया है। उनकी यह तर्कसंगत, शास्त्रानुरूप और सर्वांगीण विचार करने की क्षमता उनकी पैतृक विरासत हो सकती है, पर वह अत्यन्त मूल्यवान है। उनमें निहित गुणों को वह छिपाती नहीं, बल्कि उनकी स्वतन्त्र और शास्त्रनिष्ट विचारों की संरचना को सैद्धान्तिक और भावनात्मक आधार भी प्रदान करती है। विविध परिसंवादों में उन्होंने जो निबन्ध पढ़े और तत्सम्बन्धी चर्चाओं में उनकी सहभागिता जब-जब मैंने सुनी, तब उनकी शास्त्रनिहाय गठन के कारण मैं बहुत प्रभावित हुआ। अपनी बातें या लेखन सुननेवालों की बुद्धि को प्रभावित करे, ऐसी होड़ या आकांक्षा उनमें अंशमात्र भी नहीं थी। वस्तुतः वक्तृत्व की आतिशबाजी की वहाँ आवश्यकता ही नहीं थी। अपने सौम्य और स्वाभाविक रूप में भी उनका लेखन-वक्तृत्व पढ़ने-सुननेवालों की बुद्धि को सन्तुष्ट करता था; उससे सम्बन्धित उचित आत्मविश्वास उनके अन्तर्मन में भी रहता होगा। उनकी दृष्टि से शास्त्रनिष्ठ नर्तनकला यानी अवकाश के सीमित और शुभ्र फलक पर नृत्यांगना की त्रिआयामी सौष्ठवपूर्ण देह की विविध सौन्दर्याकृतियाँ चित्रित करना। जिस प्रकार चित्रकार अपने शुभ्र चित्र-फलक पर रंग-रेखाओं से आकृति का रेखन करता है, उसी प्रकार नृत्यांगना भी रंगभूमि की चौखट में बसे अवकाश के श्वेत-शुभ्र चित्र-फलक पर अपनी सौष्ठवपूर्ण देह से आकृति का रेखन करती है। वे आकृतियाँ देखनेवाले की दृष्टि को क्षणभर के लिए बाँध तो लेती ही हैं, पर अदृश्य होने के बाद भी दर्शकों के मन:पटल पर दीर्घकाल तक स्मरणरंजन करती रहती हैं। उन्हें एक अलग ही अर्थ में स्मृति-चित्र कहना होगा। वस्तुतः कहा जा सकता है कि अवकाश नर्तन के कलास्वरूप का केन्द्र है। रोहिणी जी ने अपनी नृत्य-कला के विचार में अवकाश के इस केन्द्र स्थान को सर्वांगीण स्वरूप में अटल रखा है। नर्तन कला में तो अवकाश का यह भान केन्द्रीय है ही, परन्तु एक दृष्टि से चित्रकला की भाँति शिल्पकला में और वास्तु-शिल्पकला में भी अवकाश का स्थान महत्त्वपूर्ण है।

वैसे देखा जाय, तो ललितेतर वैचारिक साहित्य के अलावा बाक़ी सभी ललितकलाओं में

अवकाश के कलात्मक, निरंजन और श्वेतपटल पर विभ्रमों का यह क्षणिक नर्तन चित्रित होता रहता है। बस, अपने अपने माध्यम के अनुसार उनका रूप बदलता है। उदाहरणार्थ, नर्तन कला और चित्रकला में उन आशयपूर्ण विभ्रमों का गतिमान या स्थिर रूप प्रत्यक्ष दिखायी देता है या भाता है। यही बात शिल्प, फ़ोटोग्राफ़ी, नाट्य, चलचित्र, दूरदर्शन आदि कला-प्रकारों की! इनमें से चलचित्र या दूरदर्शन कलाओं में अवकाश की चौखट पर उभरनेवाली दृश्य आकृति को लम्बाई, चौड़ाई और घनता जैसे दृश्य परिमाणों के साथ गति का परिमाण भी मिलता है। परिणामस्वरूप, जैसा कि कवि केशवसुत ने अपनी कविता में कहा है—"क्षणात नाहीसे होणारे दिव्य भास" (पल भर में ही नष्ट होनेवाले दिव्य आभास), उसी प्रकार इन कलाओं को प्रत्यक्ष दिखायी देने के बाद तत्काल नष्ट होनेवाले दिव्य आभासों की क्षमता मिलती है और वे देखनेवालों के मन:पटल पर दीर्घकाल तक स्मरणरंजन करते रहते हैं। इस आन्तरिक सामर्थ्य के कारण ही दर्शकों की कल्पनाशक्ति जागृत होती है और उसके पटल पर अदृश्य रूप में भाये हुए ललित रूप के खेल को अवसर मिलता है। यही बात संगीत की भी है। इसमें सुर, लय, ताल की त्रिआयामी, अर्थपूर्ण बन्दिश का अवकाश के अदृश्य परदे पर जो नर्तन चलता है, वह इसी प्रकार क्षण भर में नष्ट होनेवाले दिव्य आभासों की तरह श्रोताओं के मन:पटल पर अटल रूप से भासमान होता है। ललित साहित्य की बात भी इसी प्रकार की है। जैसा कि टी.एस. इलियट ने कहा है, इसमें मानवी जीवन के अनुभव किये हुए भावार्थों को 'भाषा में निहित भाषा' में अभिव्यक्त किया जाता है। उस अमूर्त और अर्थगर्भ अभिव्यक्ति को लेखक की बोध-क्षमता के अनुसार आशयपूर्णता मिलती है और पाठकों का जीवनविषयक बोध तथा समझ वैसी ही वृद्धिगत होती है, जैसी महाभारत का परिश्रमपूर्वक किये गये पठन के कारण होती है। इस अमूर्त और अर्थसम्पन्न प्रतीति को ललित लेखक के अबोध और अव्यक्त आत्मविश्वास से परन्तु नम्रता से मूर्त रूप प्राप्त होता है, जैसा कि सन्त ज्ञानेश्वर ने कहा है—"बोली अरूपाचे रूप दावीन"। इससे पाठक को "सद्य:परनिवृत्ति" के शुद्ध कलानन्द का लाभ मिलता है।

सभी ललित कलाओं की यह समानता और एकरूपता जानते-समझते हुए भी 'मौज प्रकाशन' में उसका ग्रन्थरूप प्रमाण पर्याप्त रूप से नहीं मिल पाता, यह सम्पादक की, यानी मेरी कमी ही कही जानी चाहिए। विविध कला-प्रकारों के मामले में उसकी कम-अधिक मात्रा में प्रतीति होती है, बस। उदाहरणार्थ, संगीत कला विषयक जितनी पुस्तकें 'मौज प्रकाशन' में दिखायी देती हैं, उतनी अन्य ललित कला प्रकारों से सम्बन्धित नहीं हैं। 'मौज प्रकाशन' के सम्पादन की यह कमी ही कही जानी चाहिए। कुछ कलाओं के सन्दर्भ में वह कम-अधिक दिखती अवश्य है, पर कमी आख़िर कमी ही होती है। संगीत कला विषयक जितने स्तरीय ग्रन्थ 'मौज प्रकाशन' में मिलते हैं, उतने अन्य कलाओं से सम्बन्धित नहीं मिलते। संगीत कला विषयक पुस्तकों में, उदाहरणार्थ सूची ही देनी हो, तो केशवराव भोले की 'अस्ताई, अन्तरा व माझं संगीत', कृ.द. दीक्षित की 'षड्ज गांधार' व 'अत्तर सुगन्ध', कुमार गन्धर्व की 'अनुपरागविलास

भाग एक और दो', और उसकी पूरक मो.वि. भाटवडेकर की कुमार गन्धर्व—'मुक्काम वाशो' नामक पुस्तकें, स्वामी धर्मव्रत की 'मला उमजलेले अल्लादियाखां', वामनराव देशपाण्डे की 'घरंदाज गायकी व आलापिनी', अशोक रानडे की 'संगीत का सौन्दर्यशास्त्र', कृष्णचन्द्र ज्ञाते की 'भारतीय संगीत–स्वरूप आणि प्रयोजन', माधव मोहोळकर की 'गीतयात्री' आदि आस्वादक और सैद्धान्तिक समीक्षावाली पुस्तकों की तुलना में अन्य ललित कला विषयक ग्रन्थों की संख्या इतनी कम है कि उसे नगण्य ही कहा जा सकता है। फिर से उदाहरण ही देने हों, तो माधव आचवल की 'किमया', 'रसास्वाद' और 'अमेरिकन चित्रकला' ये क्रमशः वास्तुशिल्पकला, शिल्पकला और चित्रकलाओं से सम्बन्धित आस्वादक और विवेचनात्मक ललित–गम्भीर पुस्तकें, प्रभाकर बरवे की चित्रकला विषयक 'कोरा कैनवास' नामक पुस्तक, श्री.दा.पानवलकर की आत्मपरक कथा बतानेवाली 'अर्धसत्य' नामक चलचित्र की शूटिंग विषयक पुस्तक, यशोदा भागवत की छाया–चित्रकला के मन्त्र और तन्त्र को विशद करनेवाली 'बोलका कॅमरा' नामक पुस्तक, जैसी कुछ पुस्तकों के नाम लिए जा सकते हैं, परन्तु संगीत कला विषयक पुस्तकों की तुलना में उनकी संख्या नगण्य ही कही जा सकती है। चलचित्र, नाटक, नृत्य, शिल्प इन कलाओं पर तो 'मौज प्रकाशन' एक भी पुस्तक प्रकाशित नहीं कर पाया है। सम्पादक और प्रकाशक के रूप में 'मौज प्रकाशन' की इस गम्भीर कमी का दोष मुझ पर ही आता है। केरल के 'कथकली' नामक नृत्य–प्रकार को छोड़कर उपर्युक्त सभी कलाओं के देशी–विदेशी छोटे–बड़े कलाकारों की कला प्रस्तुति कई बार देखने के बाद भी और उनकी योग्य समझ मुझमें आने के बावजूद इस प्रकार की गम्भीर कमी 'मौज प्रकाशन' में रह गयी, यह सम्पादक–प्रकाशक के नाते मेरी सम्पादकीय क्षमता के बारे में किसी को भी चिन्ताग्रस्त करनेवाली बात है और इसका दोष मुझे स्वीकार करना ही होगा। 'मौज' और 'सत्यकथा' नामक आवधिक पत्रिकाओं में इनमें से कुछ कला–प्रकारों की कलाकृतियों के स्फुट परीक्षण छप चुके हैं, फिर भी वह उन कलाओं के क्षेत्र की, कलाकृतियों की आस्वादक और सैद्धान्तिक समीक्षा करनेवाले ग्रन्थों का स्थान नहीं ले सकते। इस दृष्टि से भी यह स्वीकार करने के सिवा कोई उपाय नहीं है कि मेरे सम्पादन में गम्भीर कमी रह गयी है। सौभाग्य से नृत्य–कला विषयक 'लहजा' नामक इस प्रस्तुत लेख–संग्रह के प्रकाशन ने नृत्य–कला विषय स्वतन्त्र ग्रन्थ की कमी कुछ हद तक तो पूरी हो जायेगी और कम से कम उतने के लिए अपने सम्पादन की कमी की गम्भीरता कम होगी, ऐसा दुर्बल सन्तोष में मानना चाहूँ तो मान लूँगा। इसी रीति से शिल्पकला विषयक ग्रन्थ की कमी भी कभी न कभी पूरी होगी, ऐसी आशा की जा सकती है, बस।

जैसा कि पहले कहा जा चुका है, रोहिणी जी ने सर्वांग से यह सत्य समझ लिया है कि सभी ललित कलाओं के विचार में अवकाश का स्थान मूलभूत महत्त्व रखता है और अपने नर्तन तथा लेखन में उन्होंने इसे व्यक्त भी किया है। उनका लेखन पढ़कर और नर्तन विषयक उनके विचार सुनकर कभी–कभी मन में ऐसी बात भी आती है कि भरत मुनि के नाट्य–शास्त्र की

तरह रोहिणी जी को भी नृत्यशास्त्र पर बृहद ग्रन्थ लिखना चाहिए! कोई कह सकता है कि यह अपेक्षा बहुत बड़ी है, पर मेरे अन्तर्मन में उनकी वैचारिक क्षमता के विषय में दृढ़ विश्वास है। उनका नृत्य-कला का कौशल, विद्वत्ता, और मेरे विषय में जननान्तरसौहृद जैसा स्नेहभाव बढ़ता रहे और उसकी अधिकाधिक प्रतीति मेरे शेष जीवन में मिलती रहे, इसके लिए विन्दा करंदीकर के शब्दों में कहता हूँ—"आज प्रार्थना प्राणाएवढ़ी"। रोहिणी जी को सौ वर्षों का स्वास्थ्य-सम्पन्न और नृत्यसाधना का जीवन मिले, और मौज प्रकाशन को उनका शुभंकर प्रेम और सहयोग निरन्तर मिलता रहे।

श्री पु. भागवत

मति अमित गति ललित

नीलिमा अध्ये

मति अमित गति ललित

नृत्य-कला के जगत् में महान नर्तक होते हैं, रचनाकार होते हैं, शास्त्रकार होते हैं, अध्यापक, कवि, संगीतकार, संरचनाकार और समीक्षक भी होते हैं... परन्तु यह अत्यन्त विरल है कि एक ही व्यक्ति इन सारे गुणों का एक समकेन्द्रित समुच्चय हो ! जो नृत्य की प्रत्यक्षता की हर ऊँचाई और गहरायी को स्वयं दिखा सके, और उन्हें पूरी सटीकता के साथ शब्दों में अंकित भी कर सके। इतना ही नहीं, अपनी पूरी जीवन-यात्रा में खोज निकाले सभी तथ्यों को, और अपनी संरचित कला-वस्तुओं को पूरी तरह से बाँटना चाहता हो। केवल अपनी शिष्याओं तक ही नहीं परन्तु सारे नृत्य-यात्रियों तक अपने चिन्तन-मंथन से निकले सार को पहुँचाना चाहता हो, ताकि उन्हें इन कष्टों से गुज़रना ना पड़े, और वे इससे आगे की यात्रा पर अधिक आसानी से चल सकें।

मैं बखान कर रही हूँ अर्थात् मेरी गुरु, गुरु रोहिणी भाटे जी का। मैं इस सम्भावना का पूर्वानुमान लगा सकती हूँ, कि मेरा यह बखान किसी को केवल मेरी निजी भावुक गुरुभक्ति का परिणाम लगे, परन्तु ध्यान से देखें तो ये सभी वास्तविकताएँ हैं। 'मति अमित गति ललित : गणनाथ गौरीसुत :' यह पंक्ति उन्होंने उनके प्रिय गणेश जी के लिए लिखी थी, जिसके साथ मैं उन्हीं के प्रति अपनी भावनाओं को व्यक्त कर रही हूँ।

इस पुस्तक के प्रथम आलेख के आरम्भ में गुरु रोहिणी जी 'नर्तन' शब्द के प्रयोग के बारे में लिखती हैं। शास्त्रों में 'नृत्त' और 'नृत्य' ये दो संज्ञाएँ विशिष्ट उपलक्ष्य में निर्धारित की गयी हैं। इसलिए कला-विधा को सम्बोधित करने के लिए साधारणता के उद्देश्य से उन्होंने 'नर्तन' संज्ञा को चुना है। अब से आगे मैं 'Dance' के लिए समानान्तर 'नर्तन' शब्द का ही प्रयोग करूँगी।

मराठी पुस्तक 'लहजा' के बनने के दौरान गुरु रोहिणी जी और श्री.श्री.पु. भागवत जी के बीच हुई सभी चर्चाएँ और विचारों के आदान-प्रदान के समय मैं उपस्थित थी। फ़ोन पर हुए

वार्तालाप और छोटे-बड़े काम करते हुए मैं उन दोनों के बीच की कड़ी बन गयी थी, जिसके लिए मैं अपने आप को अत्यन्त भाग्यशाली समझती हूँ। इन दो महान हस्तियों को अनेक सालों के बाद एक दूसरे से मिलने पर बहुत ख़ुशी हुई थी, दोनों चाहते थे कि यह पुस्तक अच्छे ढंग से बने और दोनों के रहते प्रकाशित हो, जो ईश्वर-कृपा से हो भी पाया! आज वे दोनों नहीं हैं, लेकिन पुस्तक के द्वारा हमसे ज़रूर मिलते हैं। श्री. भागवत जी ने यह आशा व्यक्त की थी कि ''गुरु रोहिणी जी 'नृत्य-शास्त्र' पर एक बृहद्-ग्रन्थ लिखें''... काश ऐसा हो पाता! परन्तु यह पुस्तक भी किसी सन्दर्भ-ग्रन्थ से कम नहीं है।

सामान्यत: हम देखते हैं कि, अधिकतर नर्तक ख़ुद नर्तन के बारे में लिखने की इच्छा या क्षमता नहीं रखते और लिखनेवालों के पास नर्तन की प्रत्यक्ष अनुभूति नहीं होती। इस पुस्तक की विशेषता यही है कि एक उच्च कोटि के नर्तक की क़लम से निकले ये उद्‌गार पाठकों को उसकी अनुभूतियों के अधिकाधिक क़रीब ले जाते हैं। नृत्य-कला, जो सामान्यत: शरीर भाषा से अपनी अभिव्यक्ति पाती है, वह यहाँ शब्दों के द्वारा अपना हृद्‌गत खोल रही है। उसके अस्तित्व का बीज, उसका स्वरूप और उसकी प्रस्तुति इन सब के बारे में इतना गम्भीर और सटीक विवरण यहाँ दिया गया है कि नर्तन के एक सच्चे अभ्यासक को अपनी धारणाओं में सुस्पष्टता लाने के लिए इन आलेखों द्वारा गुरु रोहिणी जी से व्यक्तिगत मार्गदर्शन मिल सकता

है। यहाँ वे नर्तन के 'साधन' और 'माध्यम' के बीच साधारणतः पाये जानेवाले सम्भ्रम को दूर कर रही हैं। नर्तन के 'माध्यम' के यथार्थ से इस तरह से परिचित करवा रही हैं कि नर्तक को इस साहित्य और संगीत कलाओं को साथ ले कर सम्मिश्र रूप में आविष्कृत होनेवाली कला के पारम्परिक दायरे में रह कर भी केवल अपने माध्यम द्वारा ही अभिव्यक्ति करने का ढंग सिखा रही हैं। उनके आत्मपरीक्षण और कथन में कमाल की सच्चाई और पारदर्शिता होती है। वे अपने आप के साथ अत्यन्त सख़्त रहीं। इस पुस्तक के पाँचवे विभाग के 'माध्यम' नामक आलेख के अन्तिम परिच्छेद में नर्तन के असली माध्यम को उस समय तक पूरी तरह से वश ना कर पाने के बारे में उन्होंने अपनी निराशा आवेश के साथ व्यक्त की है, जिसका दर्द हमारे मन को छू लेता है। यह भी जान लेना आवश्यक है कि माध्यम की खोज की अपनी यात्रा के किसी एक पड़ाव पर उन्होंने यह आलेख लिखा है, जैसे कि इस पुस्तक के अधिकांश आलेख लिखे गये हैं, किन्तु आगे चल कर अपने कार्य के द्वारा उन्होंने ऐसी समस्याओं की पूर्ति भी की है।

'माध्यम' के सन्दर्भ में एक उदाहरण देना चाहती हूँ, १९९२ में उन्होंने बनाये 'तन्मात्र' नाम की एक संरचना का। 'तन्मात्र' जो कि पंचमहाभूतों के सूक्ष्म रूप हैं, प्रकृति की रचना के अनुक्रम में जिनके अस्तित्व का ठोस रूप जब तक बना भी नहीं है, उस अवस्था के विषय को शरीर माध्यम से व्यक्त करना था। इन पाँचों तन्मात्रों का इनके गुणों के आधार पर चित्रण करना था, उदाहरणार्थ पानी के 'पानीपन' को अनुभव कराना था! आकाश – जो हिस्सा सब से अधिक अमूर्त था और जिसकी संरचना आगे उनके दिल के सबसे अधिक क़रीब रही – उस आकाश को नाद से, वायु को स्पर्श से, अग्नि को रूप से, जल को रस से और पृथ्वी को गन्ध से परिचित करवाना था। एक–डेढ महीने तक सुबह नौ से रात नौ बजे तक, नौ नर्तकी और कभी–कभी पाँच संगतकारों के साथ एक उपक्रम चलता रहा। वे स्वयं वहाँ से कहीं जाती नहीं थी और कभी–कभार तो चाय के अलावा कुछ लेती भी नहीं थी। हाँ, हमें ज़रूर समय पर खिलाती थी। मैं इस पूरी प्रक्रिया में सहभागी रह चुकी हूँ और उनकी शब्द–सुर–चलनवलन से युक्त त्रिवेणी प्रतिभा के आनन्दमयी आविष्कार में भीग चुकी हूँ। इस एकमेवाद्वितीय रचना का महत्व अनेक स्तरों पर है, लेकिन मैं यहाँ तीन मुद्दों पर पाठकों का ध्यान आकर्षित करना चाहती हूँ।

एक है उसके संगीत और सहित्य का पहलू। जिन सहचारिणी कलाओं को ले कर नृत्य–कला अपना सम्मिश्र रूप धारण कर चुकी है, उन कलाओं को गुरु रोहिणी जी ने इतना वश में कर लिया था कि किसी अन्य रचनाकारों पर उन्हें इस सन्दर्भ में निर्भर रहना नहीं पड़ता था। एक घण्टे की इस संरचना का पूरा संगीत उनका अपना था। केवल इतना ही नहीं, बल्कि हर तन्मात्र के लिए उपनिषद् से जो दो–दो पंक्तियाँ ली गयी हैं, उनके अलावा यह उनका रचा संगीत ही उस हर रचना का साहित्य भी सिद्ध हुआ! संरचना का स्वरूप इतने अमूर्त स्तर पर है कि सुरों

तथा नर्तन और वाद्य के बोलों ने ही शब्दों की भी भूमिका निभायी। नर्तक जब स्वयं संगीतकार और साहित्यकार बनता है, तब वह अपनी बात किस सुनिश्चितता के साथ कह पाता है, और परिणामत: उसकी कला उत्कृष्टता की चरम सीमा तक कैसे पहुँच पाती है, इस बात का यह उत्तम उदाहरण है।

दूसरा पहलू है समूह नर्तन के विशेष प्रयोजन का। वैसे तो गुरु रोहिणी जी ने पारम्परिक स्वरूप के कथक के एकल नर्तन का महत्व ही सर्वोच्च माना था, और किसी भी अन्य कार्य के लिए अपने ख़ुद के नर्तन को उन्होंने हानि नहीं पहुँचने दी, और हमारे बारे में भी यही आग्रह रखती थी। फिर भी 'तन्मात्र' जैसे कुछ विषय या कल्पनाएँ होती हैं, जिनकी प्रत्यक्षता के लिए एकल नर्तन के बारीकियों से युक्त संवेदनशील नर्तकों के समूह की आवश्यकता होती है। डॉ. अशोक केळकर जी ने अपने संस्मरण में जो कहा है, कि 'रोहिणी जी एकल और समूह नर्तन को एक समान महत्व देती हैं,' उसका मर्म यही है।

तीसरा पहलू है 'माध्यम' के उपयोग का, जहाँ से मैंने 'तन्मात्र' के विषय में प्रवेश किया था। शरीर भाषा के द्वारा नर्तन को जो-जो बात कहनी है, उसे यहाँ इस तरह से सँवारा गया है कि सचमुच इसमें संगीत और साहित्य का अन्तर्भाव होने पर भी नर्तन अपने उचित अर्थात् प्रथम स्थान पर विराजित रहता है। संगीत का उपयोग अलंकरण या भराव के लिए ना करते हुए, विषय वस्तु के सम्प्रेषण के लिए सुनिश्चितता के साथ किया गया है। इसी आलेख में वे कहती हैं— 'भारतीय नर्तन-कला ने अपना पारम्परिक स्वरूप धारण करते हुए अन्य दो कलाओं को साथ चलने का समझौता किया और अपने स्वतन्त्र रूप को या अपनी अस्मिता को खो दिया।' —परन्तु इस अस्मिता को गुरु रोहिणी जी ने पहचाना है, और उबारा भी है :

'स्वतन्त्र' शब्द से याद आया - इस शब्द का अर्थ उन्होंने सिर्फ़ 'अपनी मर्ज़ी के मालिक' के तौर पर नहीं समझा था, बल्कि 'स्व-तन्त्र', अर्थात् '' 'स्व' के तय किये हुए तन्त्र से या पद्धति से चल पाना'' ही माना था, जिसका अवलम्ब वे पूरी उम्र भर करती रहीं। नियम बनाना तो आसान होता है, परन्तु उनके अनुसार अबाधित रूप से आचरण करना अत्यन्त कठिन, जो उनके बस में था।

गुरु रोहिणी जी ने इन सभी आलेखों द्वारा नृत्य-कला के बारे में अपना चिन्तन-मनन प्रस्तुत किया है, परन्तु उनके अपने रचना-विलास के बारे में कुछ भी नहीं कहा है, जिसके बारे में थोड़ा-सा विवरण करना मैं अपना दायित्व मानती हूँ। उनका नर्तन और उनकी रचनाएँ एक ही वक़्त पर अनेकों निकषों पर खरी उतरती हैं। शास्त्रशुद्ध होना, कलात्मक होना, शैलीनिहाय होना, तर्कशुद्ध, वैज्ञानिक और आध्यात्मिक भी होना। सबसे अहम् बात यह है कि जिस तरह उनकी अपनी सोच का पूरा निचोड़ इस लेखन के द्वारा प्रस्तुत हुआ है, ठीक उसी तरह से इस लेखन में प्रतिपादित सभी तथ्य और प्रमेय उनकी रचनाओं से सिद्ध होते हैं, केवल काल्पनिक आदर्श बन कर नहीं रह जाते। 'लहजा' शीर्षक से ही उनके कार्य और व्यक्तित्व पर बनी

फ़िल्म उपलब्ध है, जिसमें उन्होंने निर्माण किये इन सब आदर्शों की प्रत्यक्षता उनके नर्तन से देखी जा सकती है। उन्होंने जो भी कहा वह हमेशा अनुभवसिद्ध ही था। इसी कारण इस पुस्तक में किसी सन्दर्भ-ग्रन्थ सूची का स्थान नहीं है। जो भी सीखा या पढ़ा उन चीज़ों को अपनाकर, अपने अनुभवों की कसौटी पर ताड़ कर, यदि कुछ असन्दिग्ध लगा तो उन्होंने उसे सुलझा कर ही छोड़ा। जैसे कि ग्रन्थों में दी गयी नृत्त-नृत्य की परिभाषाएँ जब तक उन्होंने सम्पूर्ण और समयोचित नहीं बनायी, चैन की साँस नहीं भरी। उन्होंने एक अत्यन्त प्रगल्भ और विस्तृत रचना सम्पदा का निर्माण किया है जिसका अवलोकन करते हुए समझ में आता है, कि उनकी रचना में उपर्युक्त अन्तर्निहित तत्वों के प्रयोग के अलावा कुछ विन्यासात्मक निकषों का पालन भी उन्होंने अवश्य किया है।

एक तो कभी कोई रचना जल्दबाजी में, जोड़-तोड़ कर के नहीं बनायी। निर्धारित कल्पना अपने मन में अंकुरित हो कर प्राकृतिक ढंग से रूप धरने लगे, तभी उसे साकार करने के निग्रह का कठोरता से पालन किया। यह मैं अधिकतर उनकी अमूर्त विषयों पर की हुई संरचनाओं के बारे में कह रही हूँ। पारम्परिक पद्धति की नृत्त तथा नृत्य पक्षों की रचनाएँ करते हुए उनमें से अनेक कल्पनाएँ और अर्थान्तर शीघ्रता से किसी झड़ी की तरह फूटने लगते थे, जिन्हें सँभाल पाना हमारे लिए असम्भव हो जाता था।

इसके बाद दूसरे स्थान पर है उस रचना का रूप। हर नये विषय के अनुसार एक मूलतः नये रूप और तर्कशुद्ध ढाँचे का निर्माण होता था। विषय के अमूर्तीकरण के लिए आधारभूत बननेवाले नये छन्दों का निर्माण वे करती थी। उनकी हर नयी रचना पूरी तरह से एक अलग प्रवृत्ति की दिखायी पड़ती थी, एक नया स्वाद लेकर आती थी।

तीसरी थी संक्षिप्तता। उन्होंने अपनी रचनाओं को किसी भी जगह पर अनावश्यक तौर पर लम्बा खींचने नही दिया। और चौथा प्रतिबन्ध यह था, कि जहाँ चुनी हुई कल्पना का दायरा ख़तम हो रहा हो, वहीं पर रचना का विस्तार भी समाप्त होना चाहिए। जिस मोड़ पर वह समाप्त हो रहा हो, वही भाव अन्त में बना रहना चहिए। केवल तालियाँ बटोरने के लिए चमत्कृतिपूर्ण समाप्ति करने की चाह उन्होंने कभी नहीं रखी। उनकी संरचनाओं का अन्त दर्शक के मन पर गहरा असर छोड़ता है।

उनके आख़िरी १५-२० सालों में भारत भर में कहीं भी हो रहे नृत्य-कला सम्बन्धित संगोष्ठियों में गुरु रोहिणी जी का सहभाग और उनका अभिप्राय स्वागतार्ह ही होता था। उनका औरों के साथ पेश आना इतना संयत, शान्त, प्रसन्न और तेजस्वी होता था कि सामने खड़ा व्यक्ति अपने आप नतमस्तक हो जाता था। उनके प्रतिपादन में किसी तरह का आवेश या प्रभावित करने का उद्देश्य नहीं होता था। उनके स्वतन्त्र और शास्त्रनिष्ठ विचारों की सौम्य और स्वाभाविक प्रस्तुति तथा विचारों में निहित सच्चाई ही सभा को जीत लेती थी।

उनके व्यक्तित्व में विशेष गुणों की जोड़ियों का आश्चर्यकारक संयोग था। जैसे कि – अन्त:प्रज्ञा और मेहनत, स्वच्छन्दता के साथ समयनिष्ठा, श्रेष्ठता होते हुए भी सादगी, गहरायी के साथ साथ संक्षिप्तता, प्रवाहित्व भी और सुनिश्चितता भी, कठोरता के साथ लालित्य भी।

गुरु रोहिणी जी के अध्यापक श्री. फणसे गुरुजी ने उनका नाम 'सुनन्दा' से बदल कर उनके पिता का दिया हुआ 'रोहिणी' रख दिया, ताकि वे अहर्निश 'आरोहिणी' रहें, बढती रहें – जो उन्होंने पूरी तरह से सच कर दिखाया! अपनी असीम प्रतिभा को उन्होंने सतत अनवरत परिश्रम का आधार दिया। उनका यह 'बढ़ने' का सिलसिला केवल इस जन्म तक ही सीमित नहीं था। कहती थीं, 'इस जन्म में किया हुआ सारा अभ्यास ले कर मैं अगले जन्म में एक 'Wonder Kid' बन के आऊँगी ताकि जल्द ही मेरा काम उससे आगे शुरू होगा। इस जन्म में मेरी यात्रा कुछ देर से आरम्भ हुई, अगली बार अधिक नाचूँगी, और बचा हुआ सारा इच्छित कार्य पूरा करूँगी।'

शरीर से दुर्बल हुई अवस्था में भी उनका हर रोज़ का एक रियाज़ था – एकेक पारम्परिक सुभाषित को ले कर अपनी दृष्टि से आज़माना, और एक बोर्ड के सामने कुर्सी पर बैठ कर वह सुभाषित और उस पर किया हुआ विस्तार लिखना, जिससे विचार और ऊँगलियाँ दोनों सक्षम रहें! उनके अस्पताल के दिनों में कई मराठी और संस्कृत पंक्तियाँ या स्तोत्रों का मैं उनके सामने पठन करती थी, जो मैंने याद किये हुए थे। आँखें बन्द करके सुनने में उन्हें बड़ी प्रसन्नता मिलती थी और अपनी अति कोमल बनी वाणी से वे मेरे पठन में सुधार भी लाती थी। वैसे उनको हमेशा से पूरी भगवत् गीता भी मुखोद्‍गत थी और हर रोज़ वे एक–एक अध्याय का पठन भी करती थी। उनके 'बढ़ते' रहने का एक उदाहरण यह भी कहा जा सकता है कि अन्तिम दो सालों में अपने अभ्यास के दौरान उन्हें लगा कि भगवद् गीता में बसे अर्थ की शब्दों में जो प्रस्तुति दी गयी है, उसमें कई सारे गृहीत हैं, और उन्हें तब इससे भी निरपेक्ष और स्वयंभू तत्वों का अभ्यास करना चाहिए था। उनका काम कभी भी थमा नहीं था।

वे कहती थीं कि ज्ञान कभी किसी व्यक्ति के साथ जुड़ा हुआ नहीं होता है, वह अपने आसपास ही लहरों की तरह तैरता रहता है। अगर हम अपने अभ्यास से एक योग्य वाहक बन सकें तो उस ज्ञान को आवाहित करके प्राप्त कर सकते हैं। स्व.पं. मोहनराव जी से मिला गुरुमन्त्र 'करते रहो।' उन्होंने सतत सिर आँखों पर रखा और अपने स्वयं के और नृत्यभारती के कार्य के लिए बोधवाक्य चुना – 'जाणिजे यज्ञकर्म', अर्थात् 'मानिए यज्ञकर्म'!

गुरु रोहिणी जी की आधे से अधिक नृत्य–यात्रा की मैं साक्षी रही हूँ। मेरी आयु के आठवें साल से उन्होंने मुझे सँवारा है। प्रस्तुत पुस्तक में चर्चित सभी विषयों की बारीकियों के साथ उन्होंने हम सब शिष्याओं को सींचित किया है। मैंने समय–समय पर इन आलेखों को पढ़ा और सीखा है। उनका काम ही मेरे संशोधन का विशेष विषय रहा है। मराठी पुस्तक के बनते समय गुरु रोहिणी जी की इच्छानुसार फिर से इनका तुलनात्मक अध्ययन किया है ताकि आलेखों में

२०१६ में नृत्यभारती के ७० वर्ष पूरे होने पर आयोजित कार्यक्रम का एक दृश्य

परस्पर व्याप्ति की कोई सम्भावना ना रहे। उन्होंने श्री भागवत जी की सूचनाओं पर भी मेरे सामने पुनर्विचार किया है। फिर भी प्रस्तुत संकलन पर काम करते हुए मेरे सामने अर्थों की कई नयी परतें खुलीं। मेरा नर्तकों से यही निवेदन है कि इस पुस्तक से लाभ उठाने के लिए वे यथा काल इसे बार-बार पढ़ कर अपने अनुभवों के साथ मिला कर देखें जिससे उनके अनुभव भी प्रगल्भ होते जाएँगे और इन आलेखों से गहराइयों तक लाभ भी मिल पायेगा। 'लहजा' की इस हिन्दी रूपान्तरण की प्रक्रिया के दौरान उनकी सभी संकल्पनाओं और उनके आदर्शों का पालन करने की मैंने पूरी कोशिश की है। हर पंक्ति को पढ़ते हुए वे जैसे मुझ से मिल रही थी, मार्गदर्शन कर रही थी। पहले पुस्तक के चार विभागों के साथ अब तीन और विभाग जोड़ दिये हैं, जिनके बारे में मैं विस्तार से कुछ कहना चाहती हूँ।

'ललित कलाओं के अन्योन्य सम्बन्ध' जो 'लहजा' का प्रथम विभाग है, उसमें गुरु रोहिणी जी ने नर्तन को एक कला-प्रकार के तौर पर उसके सब से व्यापक रूप में देखा है और उसके ललित कलाओं के परिवार के अन्य एकेक कलाओं के साथ होते आदान-प्रदान को परखा है। इस कला के 'नृत्त' और 'नृत्य' अंगों की स्पष्टता अबाधित रखने के लिए इनसे अलग एक सामान्य संज्ञा 'नर्तन' का उपयोग किया है। इस विभाग का पहला आलेख 'नृत्य' इस पुस्तक में की गयी चर्चा की, संकल्पनाओं की नींव रखता है और आगे पुस्तक का कोई भी हिस्सा पढ़ने से पहले यह पूर्वतैयारी आवश्यक है।

दूसरे विभाग 'कथक : वेध, विधि, विधान' में कथक का पारम्परिक कथास्वरूप, उसका सौन्दर्य-बोध और उसमें ठुमरी के महत्त्वपूर्ण स्थान को दर्शाया है, और दूसरी तरफ़ कथक की प्रत्यक्षता को लेकर रियाज़ और प्रस्तुतिकरण का अनुभव कराया है। मूल पुस्तक में तीसरे विभाग 'चिन्तनीय' में वे फिर से अधिक व्यापक विषयों की ओर ले चलती हैं, जो सभी नृत्य-शैलियों के लिए एकसमान हैं, और अन्त में 'छत्रछाया' में अपने सुरू और अपनी नृत्य-यात्रा के बारे में कथन करती हैं।

अब क्योंकि यह हिन्दी रूपान्तरण है, जो कथक में प्रयुक्त काव्य की भाषा है, गुरु रोहिणी जी द्वारा कथक के अभिनय के सभी पहलुओं के लिए रचे काव्य को इस पुस्तक में रखना अत्यन्त स्वाभाविक था। कथक से परिचय कराने वाले दूसरे विभाग के बाद 'कथकानुकूल काव्यविलास' शीर्षक के अन्तर्गत उनकी कला-वस्तु का प्रत्यक्ष स्पर्श अत्यन्त सुन्दर अनुभूति दिलाता है। नवोदित कथक नर्तकों के लिए तो यह एक ख़ज़ाना ही सिद्ध होगा, इसीलिए संक्षिप्त रूप में यहाँ इन काव्यों का तालांकन और स्वरांकन भी दिया हुआ है। तात्विक विवरण की पूरी पृष्ठभूमि पर यह विभाग अपने कलात्मक सारांश से पुस्तक को एक उत्कर्ष-बिन्दु दिलाता है।

'चिन्तनीय' विभाग से पहले कथक को अनुलक्षित जो एक और संग्रह उपलब्ध था, उसे 'कथक : एक दृष्टिकोण' शीर्षक से यहाँ प्रस्तुत किया है। ये सभी आलेख अलग-अलग नृत्य-संगोष्ठियों के लिए गुरु रोहिणी जी ने स्वयं हिन्दी में लिखे थे। 'कथक में अभिनय' के अलावा, जो अँग्रेज़ी में लिखा हुआ था। कई वर्षों में फैली हुई इन संगोष्ठियों में सम्मिलित हुए ये आलेख वैसे तुलनात्मक विचार से नहीं बने थे, फिर भी उनमें कोई भी पुनरावृत्ति नहीं है।

यह बात ज़रूर है कि इस विभाग का आलेख 'कथक की मेरी परिकल्पना' दूसरे विभाग के आलेख 'सिंगार' से समान्तरता रखता है, परन्तु इनमें भी पुनरावृत्ति नहीं है। कथक के अनुक्रम में अर्न्तभूत पहलुओं का सौन्दर्य-बोध एक कराता है, तो दूसरा उस अनुक्रम के संरचनात्मक सन्तुलन पर प्रकाश डालता है। मेरे अनुसार सबसे प्रथम आलेख 'नृत्य' के बाद अत्यन्त आवश्यक है 'कथक की मेरी परिकल्पना' को समझना। मेरा पूरा विश्वास है, अननुभवी परन्तु सतर्क नर्तक इन दो आलेखों से लाभ उठा कर अपने नर्तन को भली-भाँति सँवार सकते हैं। इन नर्तकों के लिए मेरा एक सुझाव है : प्रथम और पाँचवाँ विभाग बाक़ी विभागों की तुलना में कुछ अधिक जटिल है, और कहीं ऐसा ना हो कि आप एकाध आलेख पढ़ने के बाद पुस्तक को दूर ही रख दें, और परिणामतः बाक़ी चार विभागों से वंचित रह जायँ। मेरा यह भी सुझाव है कि अलग-अलग तरीक़ों से उन्होंने जो 'माध्यम' के बारे में जागरूकता को महत्व दिया है, उसे समझ कर अपनायें। कथक को अनुलक्षित बाक़ी विभागों पर आप अपना ध्यान पहले केन्द्रित कर सकते हैं।

आरम्भ में गुरु रोहिणी जी पुस्तक में छायाचित्र देने के विरुद्ध थी, परन्तु हम लोगों ने उन्हें मना लिया, ताकि उनकी कला का अंशतः दर्शन तो पाठकों को मिल सके। इस बार भी मन ही मन उनसे अनुमति ले कर नये विभागों के साथ कुछ और छाया-चित्र जोड़े हैं, जो तर्कसंगत हैं। 'छत्रछाया' और 'संस्मरण' इन आलेखों में उनकी जीवन-यात्रा में सम्मिलित सम्बन्धित व्यक्ति और घटनाओं के छाया-चित्र दिये हैं। अन्य सभी छाया-चित्र उनकी कला को उनकी शरीर-भाषा द्वारा प्रक्षेपित करते हैं।

इस पुस्तक पर काम करते हुए इस रूपान्तरण के संयोजक श्री पीयूष दईया जी से सतत

सहयोग, प्रोत्साहन और प्रसन्न वार्तालाप का अनुभव मिलता रहा और धीरज बाँधता रहा। 'संस्मरण' शीर्षक के आख़िरी विभाग का श्रेय उन्हीं को जाना चाहिए। गुरु रोहिणी जी के अतिरिक्त किसी का भी लेखन उनकी 'लहजा' संकल्पना में सम्मिलित करते हुए मुझे हिचकिचाहट हो रही थी। परन्तु यहाँ दिये गये चार आलेखों में से एक-एक का भाषान्तर मैं जैसे ही करती गयी, मुझे एहसास होता गया कि ये सभी 'लहजा' की संकल्पना की अत्यन्त सुन्दरता के साथ पुष्टि कर रहे हैं। किसी गुरु ने अपने शिष्य के लिए किया हुआ इतना सुन्दर लेखन (सन् १९८४) शायद ही कहीं और देखने को मिले जो स्व.पं. मोहनराव जी ने किया है! एक उच्च कोटि का कलाकार दूसरे उच्च कोटि के कलाकार के व्यक्तित्व को किस तरह से देखता है, उसकी अनुभूतियों को किस तरह से समझता है इसका उत्तम उदाहरण है माननीय कलानिधि जी का आलेख (सन् १९८४)। भाषाविद् और विद्वान स्व.डॉ. अशोक केळकर जी का किया हुआ विहंगावलोकन गुरु रोहिणी जी की कला-यात्रा का सामाजिक सन्दर्भ में एक अलग दर्शन कराता है। माननीय श्री.अशोक वाजपेयी जी का गुरु रोहिणी जी के कार्य का अभिमूल्यन करनेवाला आलेख सचमुच बेजोड़ है। अत्यन्त थोड़े परन्तु मार्मिक शब्दों में उन्होंने गुरु रोहिणी जी की पूरी तस्वीर उतारी है। श्री पीयूष जी ने ही मुझे भी पाठकों को इस पुस्तक से और गुरु रोहिणी जी के व्यक्तित्व से जोड़ने के लिए यहाँ उपस्थित किया है। गुरु रोहिणी जी ने सन् २००६ में श्री अशोक जी से मिल कर इस पुस्तक के रूपान्तरण और भाषान्तर के सन्दर्भ में सहयोग देने के लिए आवाहन किया था। आज श्री अशोक जी ने इस पुस्तक को चुन कर, उसका रूपान्तरण करवा कर गुरु रोहिणी जी की बात का मान रखा है यह बहुत बड़ी बात है!

गुरु रोहिणी जी का लेखन नृत्य-कला से भी आगे जाता है, अन्य ललित कलाओं के लिए भी पथप्रदर्शक बन सकता है। उन्होंने कइयों के जीवन को स्पर्श किया है, सम्पन्न किया है, फिर वे शिष्याएँ हो, सहकलाकार हो, सभी कलाओं के छोटे-बड़े कलाकार हो, या फिर सामान्य व्यक्ति हो। अब तो इस पुस्तक के साथ वे कथक के पूरे परिवार के पास पहुँच रही हैं।

एक बार एक समारोह में पुरस्कार मिलने पर उन्होंने जवाब दिया : ''मैं तो अपने आनन्द के लिए सब करती आयी हूँ, और करती रहूँगी, फिर पुरस्कार की क्या आवश्यकता है।'' वे समझती थीं, कि कला स्वान्त:सुखाय होती है, होनी ही चाहिए, परन्तु यह केवल स्वार्थपरायण कर्म नहीं है। कलाकार अपनी तपस्या द्वारा मानवीय आदर्शों को उच्चतम स्तरों तक ले जा कर अपना सामाजिक उत्तरदायित्व निभाता रहता है और उसी समय अपने अन्दर के ईश्वर की पूजा करता रहता है।

मेरी आँखों के सामने छायी हुई हैं गुरु रोहिणीताई – ऊँची पतली आकृति, लम्बी सुन्दर बाँहें, सम्पूर्णतया जागृत और सुन्दर चेहरा, छोटी-सी परन्तु अवकाश को छेदती हुई आँखें, शानदार अन्दाज़ में सम्हाली हुई पीठ, आग्रहपूर्वक शैली के अनुरूप एक साथ जुड़े हुए पाँव – गोरे,

कोमल – ज़मीन के साथ मीठी गुफ़्तगूँ करते-करते अचानक बिजली जैसी चपत को प्रकट करनेवाले, इस दृढ़ चरणद्वय के आधार पर लचीले मोड़ ले पानेवाली कमर से ऊपर की काया, और इस काया का कहना पूरा करते हुए अवकाश में सुनिश्चित चित्र बनानेवाली हथेलियाँ, कथक की बारीकियाँ सूक्ष्मता से दिखानेवाली ऊँगलियाँ, कलाइयाँ, गरदन और कन्धे, और फिर चुनी हुई बन्दिश या भावच्छटा को सहजता से अपने आप में से प्रवाहित करानेवाला उनका अंगसंचलन।

नाचते हुए ही नहीं, सिर्फ़ सिखाते हुए भी नहीं, किसी भी आम क्षण इसी रूप में उनके शरीर का साज मिला हुआ होता था। और ऊपर से थोड़ा-सा मज़ाक़ का तड़का भी ज़रूर लगता था।

एक दिन कुछ कलात्मक और आध्यात्मिक विषयों पर चर्चा करने के बाद उन्होंने मुझे उनके साथ खाने के लिए बिठाया, और नटखट नज़र के साथ, एक ऊँगली मज़े से मुँह पर रखते हुए कहा, 'जब मैं ऊपर जाऊँगी, तो वहाँ का आकाश यहाँ जैसा संदेह भरे मेघों से घिरा हुआ नहीं होगा। सारी पहेलियाँ तब सुलझ गयी होंगी! फिर मैं वहाँ से तुम सबको देख कर हँसूँगी, क्योंकि तुम सब तब भी लड़खड़ाते ही होंगे। देखो, मेरा यह कहना याद आयेगा तुम्हें!''—

तब मैंने जवाब दिया था : 'अवश्य हँसिये, लेकिन हमारी तरफ़ देखिए ज़रूर!'

अब मैं उनसे कहना चाहती हूँ कि "यहीं पर ही आपने जो इतनी सारी पहेलियाँ सुलझा दी थीं, और कथक प्रेमियों तक ही नहीं बल्कि सारे कला प्रेमियों तक पहुँचानी चाही थीं, वह कार्य आज सम्भव हो रहा है!" और इसके लिए मैं 'रज़ा फ़ाउण्डेशन' को और माननीय श्री अशोक वाजपेयी जी को जितने धन्यवाद दूँ उतने कम ही होंगे!

नीलिमा अध्ये

लहजा : दिशा और स्पर्श

रोहिणी भाटे

लहजा : दिशा और स्पर्श

वर्षों पूर्व किसी एक भाग्यक्षण में नृत्य-कला ने मुझे अपना कहा। उससे पहले, मुझे पूरा याद है, कि नृत्य-कला ने मेरी यथावत् और कस कर परीक्षा ले ली। मेरी खिल्ली भी उड़ाकर देख ली, हर तरह से सताकर मुझे आज़माया और फिर उसकी पसन्द पर मेरे खरा उतरने के बाद ही मेरा 'ठेका' (जिम्मा) ले लिया! 'हमेशा' के लिए! दूसरा और एक 'ठेका' उसने तभी दे दिया मुझे—नृत्य का—वह भी हमेशा के लिए! सर्वथा हृदय के अविरत स्पन्दन के साथ समानान्तर और समलय चलनेवाला! सच कहूँ तो गायन में मुझे काफ़ी गति थी। आवाज़ भी थी—एक अलग जाति की—प्रकृति की। उसे तीनों सप्तकों के सुरों में विचरने का अवसर भी प्राप्त था। और लेखन भी कुछ न कुछ चलता ही रहता था, मेरे गुरुजनों को शालेय स्तर के मेरे मित्रों के लेखन की तुलना में जो अलग और सुगठित लगता था। ऐसा होते हुए भी ना संगीत ने, ना साहित्य ने मुझे 'अपना' कहने तथा उसके लिए मेरी परीक्षा लेने के कष्ट उठाये। कष्ट उठाये तो केवल नृत्य-कला ने और फिर मेरे मन के अस्फुट अवकाश में तत्क्षण एक उमंग उठी। एक निरन्त स्फुरण का उद्भव हुआ। उस स्फुरण की एक निश्चित दिशा थी। उस दिशा ने ही निर्देश किया, एक उज्ज्वल मार्ग की तरफ़, और मैं जितना कभी न कर पायी थी, उतने ही पूरे और प्रेरित मन के साथ उस मार्ग की ओर मुँह करके, उसी क्षण अपनी असली क्रमणा पर चल पड़ी—जो हुआ कुछ साठ साल पहले! फिर वे दिन आये, अपनी इच्छा की पूर्ति के लिए अपने आपको झोंक देने के, धैर्य के साथ ख़तरों का सामना करने के, परिणामों के और यशापयश के बारे में ना सोचने के। सच तो यह की मेरा दैव ही बलवान् कि मेरी क्रमणा, जो मेरे लिए पूरी तरह से अनजान थी, मुझे ऐसी एक अतर्क्यसुन्दर नृत्यविधा की ओर ले जानेवाली सिद्ध हुई!

नृत्यविधा — नृत्य-कला —न जाने इसके अन्तरंग में क्या-क्या समाया हुआ! इसका इन्द्रजाल अति जटिल! सारी ललित कलाओं का मर्म इस कला ने सापेक्षता से जाना हुआ! साहित्य का अर्थवाही स्पर्श, संगीत का मार्मिक अंगीकार, चित्रविधा की रेखाओं के विलास को

इसने अपने आपमें समाहित किया हुआ। शिल्प की सुबद्ध घनता में चैतन्य का साक्षात्कार तराशा हुआ!

समय के प्रवाह में नृत्य के साथ परिचय, मित्रता और फिर उसका पूरा अंगीकार कब हुआ इसे जानने से पहले ही मुझे जो परिचित थी वह सृजन की दिशा अब दसों दिशाओं में घुल जाना आरम्भ हुई। पहले मुझे केवल लेखन का ही स्फुरण होता था। अब लगा, कि इस स्फुरण को नृत्यभाषा के नाद के, दृश्य के, ऐसे अनेक आयाम प्राप्त होने लगे हैं, और इन सब आयामों को समाविष्ट करनेवाली नृत्यरचना की एक नयी, दृश्यात्म या दृश्यकाव्यात्म कहें—ऐसी मेरे सामने खड़ी चुनौती को स्वीकारने के लिए मैं तैयार हो गयी!

कोई एक पंछी आकाश में उड़ान भरते-भरते मानो हौले से मेरे कन्धे पर आ के उतर जाय, वैसे ही अब एकाध नृत्यविषय मन में अचानक प्रकट होने लगा...जो कभी-कभी कथक के तकनीकी विभाग से सम्बन्धित हुआ करता। कोई आमद, परण या कोई लयवाक्य ही मेरे मन के इर्दगिर्द गुँजन करने लगता। कभी एकाध अर्थपूर्ण प्रतिमायुक्त गीत का प्रथम चरण ही अपने अर्थान्तरों के प्रकाशपुँज बिखेरकर मेरे मन में प्रकाश से चित्र बनाने लगता। पेड़ पर फूल आने लगे, सन्ध्यासमय विलीन होते-होते चाँदनी उगने लगे, हवा के हलके झोंके से पानी तरंग धारण करने लगे, उतनी ही सहजता से कल्पनाओं का स्फुरण होने लगा। कई सारी कल्पनाएँ बिखर भी जातीं, और कई नृत्यरूप धारण करते-करते रुक जातीं, रोकती रहतीं और ख़ूब सताती, विलम्ब करातीं, परन्तु प्रयोग कभी फँसता नहीं था—जिसके लिए एक कारण है।

मेरे अनुसार मेरी सभी नृत्यरचनाएँ, उनके सृजन के पूरे होने के बाद भी मनुष्य के शिशु की भाँति बढ़ती, बदलती, सुधरती-सँवरती रही हैं। हर प्रयोग के साथ वे नयी बनती हैं—तो कभी पुरानी भी। नर्तक-नर्तकियों के अंगांगों के झूलों पर झूलते हुए ये रचनाएँ बनी रहती हैं और अपनी 'अबोली' नृत्यबोली से कानाबाती करती हुई वे प्रगल्भ भी होती रहती हैं। इस प्रक्रिया में कुछ नामशेष भी हो जाती हैं। उनका स्मरण और थोड़ी सी विफलता पीछे रह जाती है

किसी विषय पर जब नृत्यनिर्मिति होती है, तब वास्तव में उस विषय की अभिव्यक्ति का, नृत्यात्म संचलन का अनेक विधाओं के रूप में एक आलेख निर्माण होता है। यह आलेख अगर मनपसन्द सिद्ध हो, तो इसके जैसा अक्षय और विलक्षण सुख नहीं! वह केवल आनन्द, वह संजीवनी! पैरों तले से ज़मीन छूटे बिना ही मस्तक आकाश को छूने जैसा लगना, सन्तुष्ट लगना...यह मेरी अपने तरह की, अपक्व समझ की ब्रह्मानन्द पर टिकी अवस्था भी दीर्घकालीन नहीं होती, क्योंकि अगले क्षण ही यह सम्भव होता है, कि दूसरी किसी कल्पना का पखेरू मेरे अभी-अभी ख़ाली हुए कन्धे पर हौले से आकर बैठ जाय!

कुछ विषय तो अति गहन—'समय' या 'काल' जैसे, या 'पंचमहाभूत' जैसे गहन और तरल। सामान्यत: मनुष्य देह जैसे ठोस साधन से अभिव्यक्त होने से रहे। 'समय' तो भूतों का भी

भूत! पंचमहाभूतों के सूक्ष्म रूप यानी 'तन्मात्र'—ये तो सारे ही भूत नृत्य में बद्ध होने के लिए तैयार नहीं होते। इनमें से एक तन्मात्र 'आकाश' तो सबसे अड़ियल! अगर समझें की वह 'है', तो उसके अस्तित्व का साक्षी जो केवल वह 'सर्वसाक्षी' ही है, वह हमारे लिए सहजता से प्रकट होनेवाला तो नहीं। और वह 'नहीं है' कहें, तो सभी दर्शन साक्ष्य देते हैं कि 'वह है'!

ऐसी दुविधा में फँसी मेरी बुद्धि को, अथक मानसिक और शारीरिक कष्टों के बाद, इन सब भूतों को समा लेते हुए उनके लाक्षणिक साक्षात्कार को प्रत्यक्षता देनेवाली नृत्यविधा प्राप्त हो ही गयी। तब मैं 'मैं' थी ही नहीं कुछ समय तक। नवनिर्मिति के दौरान अक्षरशः 'agony' और 'ecstasy' को अनुभव करते हुए मैं खो ही गयी थी। लगा, कि मेरे अन्तर में बसे 'सर्वसाक्षी' के ही आगे ये सभी भूत झुक गये! परन्तु फिर मुझमें से कौनसा 'मैं' वह 'सर्वसाक्षी' है?

'समय', 'तन्मात्र', 'उद्‌गार' (अणुऊर्जा के बारे में एक भाष्य)... ऐसे विषय नृत्य के माध्यम से प्रस्तुत करना विविध चुनौतियों के सम्मुख जाना ही है, परन्तु वही चुनौतियाँ हमें अपनी कला के माध्यम के केन्द्र तक ले जाकर उनका यथार्थ रूप दिखा लाती हैं और उसके बाद ही हमारी मर्मग्राही दृष्टि अनुसरण कर सकती है, इस माध्यम के 'सम्भावना' और 'मर्यादा' नामक दो तीरों का और उनके बीच से बहते हुए 'अर्थ' या 'आशय' का!

मन में बसे किसी विषय का नृत्यात्म आलेख अपनी ही पसन्द पर खरा उतरने से होनेवाले निर्मिति के आनन्द और सुख का अन्वयार्थ मैंने पहले ही विशद किया है, परन्तु उसके अतिरिक्त अनेक वर्ष रंगमंच पर नृत्य करते हुए मेरे भाव-विश्व में दाख़िल हुआ, आनन्द तथा विषाद से परे एक अनाम, अकल्पनीय अनुभव मैं नित्य लेती आ रही हूँ। उसका निर्देश किये बिना यह मेरी अपनी बात पूरी हो पायी, यह मैं नहीं कह सकती!

तो नृत्य-कला इतनी तरल! उसकी रंगमंच पर हो रही नित्य नयी निर्मिति प्रक्रिया का जादू अनुभवते हुए मुझे कई बार आभास होते हैं...नृत्य करते-करते ही मन त्रयस्थ हो जाता है, और कहता है, "तुम्हारा यह थिरकता देह मैं नहीं। तुम्हारे आविष्कार का साधन भी नहीं हूँ मैं— ना कि माध्यम। मैं हूँ प्रत्यक्ष नृत्याविष्कार। नृत्य का दृश्य आशय। आशय की सुभग प्रतीति। आशय के सम्पूर्ण ओर स्व-अर्थ का भान हूँ मैं।"

इस आभास को और अनोखी जागृति को क्या है कोई दूसरा नाम, 'लहजा' के अतिरिक्त?

रोहिणी भाटे

क्रम

विभाग एक

ललित कलाओं के अन्योन्य सम्बन्ध

नृत्य

नर्तन और संगीत

शास्त्रीय नर्तन में संगीत का स्थान

नृत्य और साहित्य

ललित कलाओं का पारस्परिक आन्तरिक सम्बन्ध

१

नृत्य

साहित्य, संगीत, चित्र, शिल्प और नाट्य आदि ललित कलाओं के परिवार में समाविष्ट एक अत्यन्त आकर्षक इकाई के तौर पर 'नृत्य' नामक कला प्रसिद्ध है परन्तु 'नृत्य' नामक अभिधान का आगे एक विशिष्ट शास्त्रीय अर्थ में उपयोग किया जाना है, इसलिए आरम्भ से ही मैं इस कला का उल्लेख 'नर्तनकला' के रूप में ही करूँगी।

विश्व में जहाँ कहीं भी मनुष्य का अस्तित्व है, वहाँ-वहाँ प्राकृतिक या संस्कारित रूप में विविध कलाओं का संचरण मिलता ही है, क्योंकि उनकी निर्मिति और उनका आवाहन दोनों प्रकृतिसिद्ध होते हैं। अन्य कलाओं की अपेक्षा नर्तन का मनुष्य से अधिक आत्मीयतापूर्ण सम्बन्ध है। इस सम्बन्ध को समझना हो, तो मनुष्यमात्र के सांस्कृतिक इतिहास का प्रथम पृष्ठ पढ़ने के लिए ही पहले हज़ारों वर्षों का भूतकाल पार करना होगा। इस प्रथम कोरे पृष्ठ में ही अत्यधिक अर्थ समाया हुआ प्रतीत होता है। एक-दूसरे से संवाद स्थापित करने के साधन के रूप में बोली जानेवाली भाषा मनुष्य की जिह्वा पर पूरी तरह से रची-बसी होने से पहले उसके अंगों-उपांगों का 'चलनवलन' ही उसके वश में, बल्कि कहिये कि उसकी रग-रग में था! इस कोरे पृष्ठ पर इसी विधान का अदृश्य अंकन किया गया है। मनुष्य को 'चलनवलन' को खोजना नहीं पड़ा, और यह भी सम्भव नहीं कि अकस्मात् या संयोगवश उसका पता चला हो। यही नहीं, मनुष्य के जन्म से ही यदि उसके आचरण को देखा जाय, तो स्वीकार करना होगा कि उसकी जीवन्तता का प्राथमिक लक्षण ही यह 'चलनवलन' है। यह 'चलनवलन' आरम्भ में स्वयमेव होता है और उसके मूल में प्राकृतिक प्रेरणा होती है। जो केवल निसर्गक्रमानुसार होती है। कुछ समय तक उस 'चलनवलन' का विकास पूरी तरह स्वयमेव ही होता रहता है। बोध का उद्भव होने के क्षण से ही उस निरुद्देश्य 'चलनवलन' के साथ सकारण और सोद्देश्य 'चलनवलन' होना शुरू हो जाता है।

शरीर के अंगों-उपांगों के निरुद्देश्य 'चलनवलन' को यदि भूतमात्र के चैतन्य-स्वरूप में अन्तर्भूत 'स्फुरण' कहा जाय, तो सोद्देश्य 'चलनवलन' के मूल में भावों को प्रकट करने की

उर्मि होती है। नर्तनकला के प्राथमिक प्रयोजन का स्वरूप इसी चरण में स्पष्ट रूप से सामने आता है। इसके बाद धीरे-धीरे इस 'चलनवलन' का एकसमान और बार-बार उपयोग करने से एक प्रकार की तल्लीनता उत्पन्न होती है और इस तल्लीनता का उपयोग अपनी सुप्त आकांक्षाओं को जाग्रत करते हुए उन्हें 'शक्ति' में रूपान्तरित करने में हो सकता है, सम्भवतः इसी बात का एहसास आदि मानव को हुआ होगा और एक प्रकार के प्राथमिक 'नर्तन' का जन्म हुआ होगा। जिनकी प्राकृतिक कृपा और काल्पनिक दया पर जीवन के प्रत्येक दिन की सुरक्षा निर्भर थी, उन पंचमहाभूतों और भूत-पिशाचों को आवाहन करने के लिए किये जानेवाला यह नर्तन आगे चलकर आदिवासियों के जीवन में एक नित्य-नैमित्तिक विधान के रूप में सिद्ध हुआ। जीवन के सर्वांगव्यापी 'दिक्' और 'काल' नामक तरल सनातन तत्त्वों को आदिमानव ने एक विशिष्ट मूर्त स्वरूप में पहचाना, तो काल के इसी चरण में। इस कारण एक ओर से तो नर्तन में प्रतीकात्मक आकारों का समावेश हुआ, परिधि में निहित 'अवकाश' का सोद्देश्य उपयोग शुरू हुआ और दूसरी ओर से लयबद्धता निर्मित हुई—अपनी परिधि में निहित 'काल' की सोद्देश्य रचना की जाने लगी।

अवकाश और काल नामक सनातन तत्त्वों के बोध के साथ ही मनुष्य को एक और बोध हुआ—'नादतत्व' का! अलग-अलग आवाज़ों और ध्वनि के रूप में मनुष्य का इस नाद से परिचय तो था ही, अब इस परिचय का सोद्देश्य उपयोग करते हुए गायन और वादन का प्राथमिक स्वरूप विकसित हुआ और प्राकृतिक 'चलनवलन' से उत्पन्न नर्तन को द्विविध रूप से साथ मिला। एक ओर तो नर्तन के साथ अर्थपूर्ण या अर्थ रहित गायन आया और पदाघातों से, पाँवों में पहने हुए अलंकारों से और संगत करनेवाले वाद्यों से नर्तन को नाद और स्वर + ताल वादन का सहयोग मिला। आदिवासी नर्तन से लेकर लोक नर्तन तक और लोक नर्तन से लेकर जनपदीय नर्तन तक का विकास होते-होते नर्तन, गायन, वादन इन त्रिविध इकाइयों में जो एकरूपता आयी, वह पौर्वात्य और विशेषकर भारतीय नर्तन में आज भी कायम है। नर्तन की क्रियाओं, आकृतिबन्धों और लयबद्धता में क्रमशः सौष्ठव, विविधता और शुद्धता के गुण जिस मात्रा में बढ़ते गये, उसी मात्रा में गायन-वादन का कौशल भी बढ़ता गया। परन्तु कुछ समय बाद अपनी-अपनी स्वायत्तता को पहचानते हुए गायन और वादन की कलाएँ अपने स्वतन्त्र तथा केवल स्वरूप में सामने आयीं, जबकि नर्तन कला का स्वरूप संकीर्ण ही रहा। इसी स्वरूप में इसे 'कला' के स्तर पर पहुँचने तक सहेजा गया। विकास के जिस चरण में नर्तन, गायन और वादन का मेल हुआ और उस एकरूपता को संगीत कहा जाने लगा, उस चरण में भी अन्य दो कलाओं की अपेक्षा वादन और गायन की तुलना में नर्तन को ही संकीर्ण अस्तित्व मिला और कुछ सीमा तक वह परनिर्भर हो गया। गायन के लिए ताल-वादन की आवश्यकता तो होने लगी थी, परन्तु नर्तन के बिना गायन में असुविधा उत्पन्न होने की कोई सम्भावना ही नहीं थी। वादन के लिए तो इन दोनों कलाओं के सहयोग की आवश्यकता ही

नहीं थी। इस स्थिति में 'नर्तन' कला ही सर्वाधिक परनिर्भर हो गयी। उसकी यह विशेषता आज भी दुनिया भर के अभिजात नर्तन की प्रस्तुति में दिखायी देती है। एक बात तो माननी होगी कि 'परनिर्भर' कहकर नर्तन-कला का एक प्रकार से नकारात्मक वर्णन करते हुए यह भी ध्यान में रखना होगा कि यह कला अनेक समान अंशों के सहयोग के कारण अन्य कलाओं की तुलना में कई गुना आकर्षक सिद्ध हुई। परन्तु मुख्य मुद्दा यह है कि इस सारे मेलजोल के कारण नर्तन का उसके स्वरूप के अनुसार विकास करने की दिशा ही हाथ से छूट गयी। वस्तुतः अपने बीज-रूप का, यानी 'चलनवलन' का, या 'कला' कहलाने के सन्दर्भ में क्रिया का, विकास की दृष्टि से अवकाश का, काल का और उस पर आधारित गति-स्थिति का ही मुख्य रूप से विचार करते हुए नर्तन को इसी मोड़ पर अपनी दिशा बदलनी चाहिए थी। परन्तु न तो भारतीयों ने और पौर्वात्य जनों ने तो बिलकुल ही नहीं, बल्कि पिछले पचास पचहत्तर वर्षों तक पाश्चिमात्य जनों ने भी इस बात पर विचार नहीं किया था। फिर भी, उतनी देर से ही सही, पाश्चिमात्य जनों ने समकालीनता की चुनौती स्वीकार करने के बहाने जिस नव-नर्तन कला को जन्म दिया, साफ़ दिखायी देता है कि उसके मूल में इन्हीं मूल संकल्पनाओं का आधार ग्रहण किया गया है।

ऊपर स्पष्ट किये गये कारणों से भारतीय नर्तन का आज तक का स्वरूप संकीर्ण है। जिस प्रकार वह रसिक जनों के नेत्रों और कर्णों का आवाहन करती है उसी प्रकार उनके हृदय और

बुद्धि को भी आमन्त्रित करती है। उसके आविष्कार में संगीत, वाद्य-वादन, साहित्य आदि कलाओं का प्रत्यक्ष सहभाग होता है। नर्तन को तो नाट्य का उपांग ही माना जाता है। शेष चित्र-शिल्पादि कलाओं के माध्यम में किया जानेवाला रेखा-सौन्दर्य का, घनाकारों का, और अवकाश की त्रिमितियों को सम्हालने और निभाने का जो विचार है, वह नर्तन में भी प्रमुख होने के कारण इन कलाओं के साथ भी नर्तन का आन्तरिक संवाद हो सकता है।

नर्तन-कला के आविष्कार का यह सम्मिश्र स्वरूप जो भरत मुनि के आद्य चिन्तन में था, और वही कम-अधिक मात्रा में भरत मुनि का ही अनुसरण करते हुए ग्रन्थ रूप में नाट्य-शास्त्र की पुनः प्रस्तुति करनेवाले सभी उत्तरकालीन विद्वानों के विचारों की एक मूलभूत मान्यता थी।

इस वस्तुस्थिति का एक कारण सम्भवतः यह हो सकता है—

प्राचीन भारतीयों की संकलनात्मक जीवन-दृष्टि के अनुसार उच्च-कोटि के वैयक्तिक और सामाजिक जीवन में विभिन्न विद्याओं, कलाओं, विज्ञानों और दर्शनों जैसे जीवन के अपार्थिव श्रेयों का समग्र और सुसंगत मेल बिठाने को ही जीवन-कला का एक सर्वश्रेष्ठ मूल्य समझा जाता था। उस समय किसी भी मानवीय क्रिया-प्रतिक्रियाओं से हमेशा ही सत्यं-शिवं-सुन्दरं का मेल साधनेवाली और मानवता के उच्चतम स्तर तक पहुँचने के लिए दर्शन की ओर उड़ान भरनेवाली भारतीय मनोवृत्ति ने कलाओं के सम्मिश्र स्वरूप की अभिव्यक्ति की हमेशा ही सराहना की है। सम्भवतः द्रष्टा शास्त्रकारों की मनोधारणा या विचार यह रहा होगा कि मूलतः

एक ही माध्यम के उपयोग से आत्माभिव्यक्ति में प्राकृतिक सीमाओं के बन्ध अन्य कला माध्यमों को चतुराई और विवेक सहित सुयोजित करने से कुछ सीमा तक ढीले होंगे और नयी-नयी चुनौतियाँ स्वीकार कर उन्हें निभाना प्रतिभा के मुक्त संचार के लिए सहज सम्भव होगा। सारांश यह कि नर्तन की 'कला' की उपाधि प्राप्त करने तक की यात्रा तो संकीर्ण स्वरूप में ही रही और इस बीच बदलते हुए प्रयोजनों के उद्भव के अनुसार उसमें एक निर्धारित दृष्टि से शास्त्रीय विवरण समाविष्ट हुआ। इस विवरण को देखने से पहले अब तक किये गये विचारों का सारांश ध्यान में रखना आवश्यक है।

१. नर्तन-कला का बीज रूप मनुष्य के अंगों-उपांगों का 'चलनवलन' है।
२. इस 'चलनवलन' की क्रियाओं से सौन्दर्य निष्पत्ति होने के लिए अवकाश और काल नामक दो सनातन और तरल संकल्पनाओं का मूर्त या दृश्य तथा श्राव्य स्वरूप में वितरण होना आवश्यक है।
३. समस्त अंगों-उपांगों के साथ मनुष्य का शरीर नर्तन का मुख्य साधन है।
४. नर्तन के प्राकृतिक और प्रमुख दो प्रयोजन हैं—(अ) चैतन्य का स्फुरण और (ब) आत्माभिव्यक्ति। उसके बाद पंचमहाभूतों और भूत-पिशाचों को सन्तुष्ट करने और उन्हें मनाने का प्रयोजन आदिवासी नर्तन के स्तर पर ही उचित है। उसके बाद लोक नर्तन या जनपदीय नर्तन के दो स्तर एक दूसरे से काफ़ी निकट हैं और चैतन्य के स्फुरण और सामूहिक आत्माभिव्यक्ति के साथ-साथ वहाँ मनोरंजन नामक एक नये प्रयोजन का उदय हुआ दिखायी देता है।

इसके बाद की श्रेणी है अभिजात नर्तन की। नाट्य-शास्त्र पर आधारित नर्तन की। उस काल में सभी कलाओं को एक उच्च प्रयोजन प्राप्त हुआ—देवताओं की आराधना का प्रयोजन। इसी के बल पर उन कलाओं का श्रेष्ठ स्तर शताब्दियों तक कायम रह सका। आज बदलते समय के अनुसार यह प्रयोजन समाप्त हो गया है। अब आत्माभिव्यक्ति और स्तरीय लोक रंजन जैसे सामान्य प्रयोजनों को अपने में समेटकर एक अलौकिक स्तर की सौन्दर्य निर्मिति के आनन्द का आदान-प्रदान करने का सर्वश्रेष्ठ प्रयोजन नर्तन-कला में गृहीत है और इसी स्तर की नर्तन-कला के सौन्दर्य पर आगे विचार करना है।

यह नहीं कहा जा सकता कि भरत मुनि द्वारा नाट्य-शास्त्र रचे जाने के बाद मध्यकाल में भरतप्रणीत नर्तन परम्परा ज्यों-कि-त्यों अखण्डित बनी रही होगी। नवीं-दसवीं शताब्दी के बाद धीरे-धीरे भारत के कोने-कोने से प्रादेशिक वातावरण से स्पर्शित परन्तु अभिजात कहलाने जितनी विकसित 'नृत्य' शैलियाँ भारी संख्या में अस्तित्व में आयीं और यह ज्ञात हुआ कि उनके स्वरूप तथा प्रस्तुति में नाट्य-शास्त्र के कई अभिधान, संकेत, नियम और प्रथाओं का अस्तित्व ज्यों-का-त्यों पाया जाता है। इन्हीं संकेतों और अभिधानों के वैज्ञानिक विवरण के

आधार पर परम्परागत 'नृत्य' की प्रस्तुति का प्रपंच तब से अब तक न केवल अबाधित रूप से, बल्कि सफलतापूर्वक जारी है।

भरतनाट्यम्, कथकली, मोहिनीअट्टम्, ओडिसी, कथक, कुचिपुडी और मणिपुरी आदि आज की सभी प्रसिद्ध शैलियों के स्वरूप में अनेकविध भारतीय नर्तन-कला को नाट्य-शास्त्र की नींव के कारण समान मूलभूत संकेतों का एक एकविध आधार मिला है। इस कारण नर्तन विषयक मूलगामी निष्कर्ष प्राप्त करने में यह अनेकविधता सामान्यत: बाधा नहीं बनती। भारतीय नर्तन का एक व्यवच्छेदक लक्षण है उसकी प्रस्तुति में 'नृत्त' और 'नृत्य' के दो अंग, जिनकी प्रातिनिधिक शास्त्र-शुद्ध परिभाषा को यहाँ स्पष्ट करना उचित होगा।

नन्दिकेश्वर के 'अभिनय दर्पण' में प्रमुखता से इसी 'नृत्य' का ही कथन है। उन्होंने 'नाट्य', 'नृत्य' और 'नृत्त' के लिए एक ही अभिधान 'नटन' का प्रयोग किया है और बाद में उनकी संक्षिप्त परिभाषाएँ दी हैं—

'नृत्त' — भावाभिनयहीनं तु नृत्यमित्यभिधीयते।

'नृत्य' — रसभावव्यंजनादियुक्तं नृत्यमितीर्यते।

दशरूपककार धनंजय इन्हीं परिभाषाओं को निम्नानुसार प्रस्तुत करते हैं—

'नृत्त' — 'नृत्त'ताललयाश्रयम्।

'नृत्य' — अन्यद्भावाश्रयं नृत्यम्।

संगीत रत्नाकर में 'नृत्त' और 'नृत्य' का जो रूपकथन दिया गया है, वह कुछ अधिक स्पष्ट है—

'नृत्त' — गात्र विक्षेपमात्रं तु सर्वाभिनयवर्जितम्।
आंगिकोक्तप्रकारेण नृत्तं नृत्यविदो विदुः॥

और

'नृत्य' — आंगिकाभिनयैरेव भावानेव व्यनक्ति यत्।
तन्नृत्यं मार्गशब्देन प्रसिद्धं नृत्यवेदिनाम्॥

इन तीन ग्रन्थों में दी गयी परिभाषाओं से और की गयी टीका-टिप्पणियों से निम्न अर्थ सामने आता है—

'नटन' एक त्रिविध कला है, जिसके 'नाट्य', 'नृत्य' और 'नृत्त' नामक तीन अंग हैं। इनमें से 'नृत्त' में भाव और अभिनय के लिए कोई स्थान नहीं है। ताल-लय के आश्रय से 'नृत्त' का स्वरूप बनता है, वह प्रभावशाली हो जाता है। 'नृत्त' में अंगोपांगों के 'चलनवलन' और

क्षेप पर ही जोर दिया जाता है। इसके विपरीत, 'नृत्य' में रस, भाव, व्यंजना आदि भावाभिव्यक्ति करनेवाले विशिष्ट गुणों का समावेश होता है। 'नृत्य' में एक पात्र दूसरे पात्र के भाव प्रकट करता है। यह भाव-प्रकटन आंगिक, वाचिक, आहार्य और सात्विक नामक चार अभिनय प्रकारों की सहायता से किया जाता है। और एवंगुणविशिष्ट 'नृत्य' का उल्लेख करते समय जानकार लोग इसे 'मार्ग' यानी अभिजात कहते हैं। इन परिभाषाओं से प्रतीत होनेवाले इन क्रिया-विवरणों का विस्तार ग्रन्थों में बहुत अधिक होता है। जैसे कि, केवल 'नृत्त' के लिए उपयोग में लाये जानेवाले हस्त, हस्तों की स्थिति, घुमाव, पादस्थिति आदि के आधार पर 'नृत्त' करना और 'अंगहार', जिसमें अंग रेखाओं और रेखाबन्धों के दरमियान की गति और आदि-अन्त की स्थिति का भी दिग्दर्शन होता है, आदि सभी बातों की गणना 'नृत्त' में होती है।

'नृत्य' का क्षेत्र तो और भी व्यापक है। उसमें अभिनय का आंगिक, वाचिक, आहार्य और सात्विक आदि में चतुर्विध वर्गीकरण; 'नृत्य' के प्रमुख माध्यम आंगिक अभिनय का स्वरूप और विस्तृत विवेचन; संयुत-असंयुत हस्त, उनका सामान्य विनियोग; आगे चलकर इन्हीं हस्तों के 'नवग्रहहस्त', 'बांधवहस्त', 'देवहस्त' आदि विशिष्ट विनियोग; शीर्षभेद, ग्रीवाभेद, दृष्टिभेद; स्थानक, उत्प्लवन, गति और चारी के अलावा रसभेद, रस-प्रक्रिया और उसका विस्तार आदि सभी विषय 'नृत्य' की परिधि में आते हैं। परन्तु भारतीय गुरु-शिष्य परम्परा के अनुसार उपर्युक्त बातों का विवरण प्रत्यक्ष गुरु के मुख से और विद्याग्रहण के दौरान प्रत्येक तकनीकी संकेतों और अभिधानों का प्रत्यक्ष अनुभव लेते हुए होता है। इस कारण ऐसा होने की सम्भावना बहुत कम हो जाती है कि बौद्धिक ज्ञान और रस सिद्धि की प्रक्रिया अलग-अलग हो।

'नृत्त' और 'नृत्य' इन दो अभिधानों के अलावा 'ताण्डव' और 'लास्य' नामक दो अन्य ऐसे अभिधान हैं, जिनके बारे में कई मिथ्या धारणाएँ प्रचलित हैं। वस्तुतः 'नृत्त' या 'नृत्य' का पौरुषयुक्त आविष्कार है ताण्डव और मार्दवयुक्त आविष्कार है लास्य। ये शैलियाँ स्वतन्त्र नर्तन पद्धतियाँ नहीं हैं, बल्कि किसी भी एक शैली में दिखायी देनेवाले नर्तन की दो अलग पद्धतियाँ हैं। 'नृत्त' और 'नृत्य' का जो तकनीकी विवरण ऊपर दिया गया है, वह भी उसी की दो अलग-अलग पद्धतियों, यानी ताण्डव और लास्य के साथ क्रमशः 'नृत्त' और 'नृत्य' का माध्यम है।

यदि भारतीय नर्तन के सौन्दर्य के लक्षण निश्चित करने हों, तो 'नृत्त' और 'नृत्य', इन्हीं दो पहलुओं के आस्वाद-स्थानों पर ध्यान देना होगा। उदाहरणार्थ, 'नृत्त' में गात्रविलास होता है। अंगोपांगों की सौष्ठवपूर्ण क्रियाएँ होती हैं, क्षेप होते हैं। ललित गतियाँ होती हैं और शिल्पसुन्दर स्थितियाँ भी होती हैं। इस सामग्री से उभरनेवाली प्रवाहपूर्ण और सुभग रेखाएँ, सन्तुलित आकृति, उपलब्ध अवकाश में विचरण का अचूक अनुमान और उसके गतिबन्ध किसी अनोखे रूप-सौन्दर्य का अनुभव कराते हैं। साथ ही, इस 'नृत्त' में सूझबूझ के साथ गुँथी हुई लय

का भान रखते हुए, 'नृत्त' की प्रत्यक्ष संगति करते हुए, उसे नादमयता का एक और आयाम देनेवाले तालांकन और तालवादन इस सौन्दर्य विधान को श्रवणसुख की पुष्टि देते हैं।

'नृत्त' में लयबद्धता का गुण रेखाबन्धों के दौरान की गति का सौन्दर्यपूर्ण विभाजन और नियमन करता है, जबकि यही गुण 'नृत्य' में आत्माभिव्यक्ति की ललक के उतार-चढ़ाव या भावोर्मियों के उमड़ने और शान्त होने की गति का अर्थानुसारी विभाजन और नियमन करता रहता है। इस कथन का 'नृत्य' विषयक स्पष्टीकरण यथास्थान किया ही जायेगा।

भारतीय 'नृत्त' में सौष्ठव नामक गुण का अर्थ अलग-अलग शैलियों के सन्दर्भ में बदलता रहता है। उदाहरणार्थ, कथकली, भरतनाट्य, ओडिसी आदि शैलियों के 'नृत्त' में अभिप्रेत विशिष्ट पैंतरों से तैयार होनेवाली कोणाकृतियाँ कथक नृत्त में निषिद्ध हैं। ओडिसी 'नृत्त' के त्रिभंग, कथक के त्रिभंग और भरतनाट्य के त्रिभंग की वक्र रेखाओं का विशिष्ट सन्तुलन केवल उसी शैली की दृष्टि से उसी शैली के सन्दर्भ में अचूक और सुन्दर प्रतीत होता है। इसका अर्थ यही कि प्रत्येक शैली की सौष्ठव विषयक कल्पना को स्वीकार करते हुए ही सम्बन्धित सौन्दर्य का आस्वादन होना चाहिए।

वैसे देखा जाय तो तालबद्धता सभी शैलियों के लिए समान आस्वाद्य गुण है। तालबद्धता की अचूकता के बारे में किसी भी शैली में दो राय नहीं हो सकती। कथक और भरतनाट्य दोनों शैलियों में तालात्मकता का पहलू विशेष महत्त्व रखता है, क्योंकि इन पद्धतियों ने तालशास्त्र के गहन विचार को न केवल स्पर्श किया है, बल्कि उस विचार को आत्मसात् कर अपनी शैली के 'नृत्त' बन्धों को कठिन, सौन्दर्यपूर्ण और विशुद्ध लयकारी में बाँध दिया है। कथक 'नृत्त' में पदन्यास की चमत्कृतिपूर्ण लयकारी को भी कथक का एक विशेष आकर्षक लक्षण माना जाता है। मणिपुरी 'नृत्त' में भी ताल-लयांगों की गहरी समझ और क्रिया है, परन्तु उसमें से लयकारी वक्राकार और अत्यन्त मृदु स्वरूप में होने वाले और वेग के एक ही सतत स्तर पर चलनेवाले 'नृत्त' से अलग होकर उभरी हुई नहीं दिखायी देती।

मणिपुरी और कथकली शैलियों के अलावा कथक, भरतनाट्य, कुचिपुडी, ओडिसी और मोहिनीअट्टम् शैलियाँ मूलतः एकल नर्तन के लिए बनी हैं। आज हम जिसे संरचना (कोरियोग्राफ़ी) की तकनीक मानते हैं, परन्तु जिसका अर्थ 'नर्तन' ही है, उस रचनाबन्ध की तकनीक का पर्याप्त विकास हमारे यहाँ के नर्तन में सौन्दर्य निर्मिति के उद्देश्य से पहले से ही नहीं किया गया है। शास्त्रों में 'पिण्डीबन्ध' या 'शृंखलाबन्ध' जैसे कुछ थोड़े से आकृतिबन्धों का उल्लेख भले ही किया गया हो, पर उन्हें विशेष महत्त्व नहीं दिया गया है। नाट्य-शास्त्र के काल में और मध्य काल में भी अभिजात नर्तन का मुख्य प्रयोजन देवी-देवताओं की आराधना ही रहा है। इसलिए सम्भवतः 'नृत्त' और 'नृत्य' का विचार नित्य अथांग की तरफ़,—विस्तार की अपेक्षा गहरायी की तरफ़ बढ़ता रहा होगा। मनुष्य का शरीर ही नर्तन-कला का मुख्य साधन रहा है, परन्तु ताल-लयबद्धता, भावात्मकता जैसे तरल गुणों के विकास

को पहले अधिक महत्त्व दिया जाता रहा होगा। उस पर, आज की तुलना में तत्कालीन मन्दिरों के सभा-मण्डपों या नाटकों के रंगमंचों की लम्बाई-चौड़ाई सीमित रही होगी, अत: उसके सन्दर्भ में मन्त्र विधि के कुछ प्रचलित आकारों, कुछ प्राकृतिक आकृतिबन्धों तथा नियत दिशाओं से अलग हटकर रचनाबन्धों या गठनों के बारे में विचार किये जाने की सम्भावना कम ही थी।

आगे चलकर मन्दिरों-देवालयों में झंकृत होनेवाला नर्तन दरबार में आया, तब भक्तों के स्थान पर शाही दर्शक आ गये। उनकी महफ़िल अलग हो गयी और नर्तन-मंच या भूमि पर नर्तकों का विचरण, दर्शकों की बैठक की सुविधा के अनुसार करना अनिवार्य होने से वैयक्तिक नर्तन में कुछ अलग एहसास और कुछ नये विन्यासों का समावेश हुआ। आज नर्तन कला को रंगमंच पर प्रतिष्ठा प्राप्त है। इसके जिन तीन गुणों की मुख्य निकषों में गणना की जाती है, वे हैं—'नृत्त' में निहित अंग-सौष्ठव, ताल-लयबद्धता और गति तथा रेखाबन्ध और गति तथा रचनाबन्ध का कौशल।

'नृत्य' का आवाहन 'नृत्त' से भिन्न है। 'नृत्य' का मुख्य अंग है अभिनय। अभिनय के चार प्रकारों में से आंगिक अभिनय तो मुख्यत: 'नृत्य' का ही क्षेत्र है। 'नृत्य' की प्रतीकात्मक भाषा से व्यक्त होनेवाले अर्थ या भाव को भले ही पार्श्वगीतों, कविताओं या श्लोकों के रूप में वाचिक अभिनय के द्वारा पुष्टि मिलती हो, पर उसकी उपस्थिति आहार्य की भूमिका में परोक्ष रूप में होती है। आहार्य अभिनय को नाटक में जितना महत्त्व दिया जाता है, उतना 'नृत्य' में नहीं दिया जाता। नाटक की तरह प्रत्येक भूमिका के लिए अलग-अलग पात्र की योजना 'नृत्य' में नहीं की जाती। एक प्रसंग या घटना की सीमा में आनेवाली सभी भूमिकाएँ नर्तक-नर्तकियाँ स्वयं ही बहुरुपिया की भाँति निभाते हैं। ऐसे समय पर प्रत्येक शैली में 'नृत्य' के लिए सुविधाजनक वेशभूषा वे 'नृत्य' के आरम्भ में एक बार ही धारण करते हैं। उस समय बदलती हुई भूमिकाओं के अनुसार वेष-रंगभूषा को बदलने की आवश्यकता नहीं होती। इसका एक ही अपवाद है—कथकली। परन्तु उसका स्वरूप ही नृत्यनाट्यात्मक होने के कारण उसमें 'नृत्य' की भाँति प्रतीकात्मक आंगिक, नाट्य की भाँति आहार्य का साभिप्राय उपयोग और वाचिक के प्रमुख अंग का मेल पाया जाता है, जिससे उसका नृत्य-नाट्य जैसा कुछ अलग ही रसायन तैयार हो गया है। कथकली का स्वरूप नृत्यनाट्य का है। मणिपुरी 'नृत्य' में अभिनय की आवश्यकता अत्यन्त कम होने के कारण 'नृत्य' का विभाग इकहरा होकर बहुत कुछ 'नृत्त' के स्तर पर आ जाता है। इन दोनों नृत्यों को छोड़ दिया जाय, तो अन्य सभी पद्धतियों के 'नृत्य' में कुछ समान बातें पायी जाती हैं, इस कारण नृत्याभिनय के सन्दर्भ में इन सभी पद्धतियों को ध्यान में रखते हुए मैं एक सामान्य विवेचन करना चाहती हूँ।

नृत्याभिनय का मुख्य माध्यम है मनुष्य के अंगों-उपांगों की क्रिया-प्रतिक्रियाओं से उत्पन्न होनेवाली एक भाव-भाषा।

यह भाषा पश्चिमी मूक अभिनय से काफ़ी कुछ भिन्न है। मूक अभिनय हमेशा यथार्थ से जुड़ा होता है। 'नृत्य' भाषा में व्यावहारिक यथार्थ को मान्य किया गया होता है और इस मान्यता से उठकर यह भाषा प्रतीकात्मकता की ओर बढ़ती है। वैसे देखा जाय तो, प्रतीकात्मकता भारतीय संस्कृति का एक प्रातिनिधिक गुण है। देवी-देवताओं के यन्त्र, बीजाक्षर और मन्त्रादि जिस विचार-धारणा से निकले हैं, उससे समन्वय साधनेवाली प्रज्ञा से ही इस भाषा का निर्माण हुआ है।

'नृत्य' प्रस्तुति में इस भाव-भाषा को सामान्यतः साहित्य की पृष्ठभूमि मिलती है। भावभाषा की समझ अभ्यास के बिना नहीं आती, इस कारण भावों का प्रक्षेपण दर्शकों तक नहीं पहुँच पाता। इस बाधा को दूर करने के लिए ही इस साहित्यिक पृष्ठभूमि का प्रमुखता से उपयोग किया जाता है और नृत्याभिनय शास्त्र का एक अलिखित नियम यह है कि अभिनय करते समय नर्तक इस साहित्य का तनिक भी आधार ग्रहण न करें। शब्दों की सांकेतिक भाषा के जन्म से पूर्व अबोली भावभाषा जन्मी, वही मूल 'नृत्य' भाषा है। वही नर्तक की भाषा है। इस एकमात्र विधान को ध्यान में रखा जाय, तो यह समझ में आ सकता है कि नृत्याभिनय के समय साथ में प्रयुक्त साहित्य का निश्चित स्थान क्या है।

नृत्याभिनय—

१. नृत्याभिनय जब ताल के बिना, परन्तु साहित्य और संगीत के साथ किया जाता है, तब अर्थ-पोषण के लिए और लयमान निर्धारण के लिए संगीत उपयोगी होता है। उदाहरणार्थ, श्लोक, कविता आदि प्रकार के साहित्य का पदार्थाभिनय अभिधा के रूप में ही 'नृत्य' में प्रस्तुत किया जाता है।

२. नृत्याभिनय ताल के बिना, परन्तु साहित्य-संगीत के सहभाव से भी प्रस्तुत किया जाता है। उदाहरणार्थ, कथक में दोहों का अभिनय अभिधा और व्यंजना इन दोनों स्तरों पर प्रस्तुत किया जाता है। भाव-भावनाओं की उभरती-मिटती आँच का नियमन करनेवाले लय-विभ्रम की इसमें प्रतीति मिलती है।

३. ताल के साथ, परन्तु ताल और संगीत की बहुत अधिक सहायता लिए बिना और साहित्य का ज़रा-सा भी उपयोग किये बिना यह नृत्याभिनय किया जा सकता है। उदाहरणार्थ, कथक का गतभाव।

४. यह नृत्याभिनय ताल के साथ गीत की पृष्ठभूमि के साथ किया जाता है। यह गीत, ठुमरी, दादरा, ग़ज़ल, या भजन और पदम्, जावली, कीर्तन आदि किसी भी प्रकार का हो सकता है। इसमें अभिधा का उपयोग उछलने के लिए भले ही होता हो, पर उसकी उड़ान व्यंजना की होती है। तालांकन और संगीत का इसमें उल्लेखनीय योगदान होता है। व्यंजक अभिनय करना और दर्शकों को व्यंग्यार्थ की स्पष्ट प्रतीति

> कराना 'नृत्य' का अन्तिम साध्य होता है। यदि अर्थ प्रकट करने के साधन या भावाभिव्यक्ति के वाहन के रूप में उपयोग किया जाय, तो 'नृत्त' का बहुत सा अंश 'नृत्य' में समाविष्ट हो सकता है, बल्कि कहना चाहिए कि 'नृत्य' को एक सुगठित रूप देने के लिए 'नृत्त' का अच्छा उपयोग हो सकता है। ऐसे समय पर नर्तकों और दर्शकों को चाहिए कि वे 'नृत्त' के सौन्दर्य विषयक नियमों और अनुमानों को एक तरफ़ रख दें। 'नृत्य' में 'नृत्त' का उपयोग करने के बाद सौष्ठव वही है, जो आवश्यक भाव को ही बनाये रखे, लयबद्धता वही है जो भावों की उर्मियों का सुव्यवस्थित नियमन करती है और नादमयता वही होगी, जिसके कारण वातावरण में एक प्रकार का संगीतात्म स्पन्दन निर्माण होता है।

प्रतीकात्मक अभिनय में 'नृत्य' की हस्त-भाषा का महत्त्वपूर्ण स्थान है। ये हस्त अधिकतर अनुकरणात्मक या व्यंजक होते हैं। कथकली जैसी नृत्य-नाट्य-तकनीक के लिए बोलीभाषा जितनी सक्षम समानान्तर भाषा का होना आवश्यक प्रतीत होने के कारण इस तकनीक से निर्माण हुए अनेक हस्त पूर्णतः सांकेतिक हैं।

आंगिक अभिनय में हस्त भाषा, अन्य अंगों-उपांगों का साभिप्राय और पूरक संचालन, कुछ पैंतरे, विविध प्रकार की चालें, आदि का अन्तर्भाव होता है, परन्तु ऐसा बिलकुल नहीं कहा जा सकता कि इतने से मन में उभरनेवाला भावार्थ प्रकट हो सकता है। जब तक सात्विक अभिनय का समर्थ बल न हो, तब तक किसी भी गहन भावार्थ का सम्पूर्णतः प्रक्षेपण होना सम्भव नहीं। यह प्रतिपादन जितना 'नृत्य' के लिए सत्य है, उतना ही नाट्य के लिए भी सत्य है। अष्ट सात्विक भावों में स्तम्भ, स्वेदांबू, रोमांच, स्वरभंग, वेपथू, वैवर्ण्य, अश्रु, प्रलयादि की गणना होती है, ये सारी अनैच्छिक, अनियत भावनात्मक प्रतिक्रियाएँ हैं। भाव-स्थिति के वास्तविक आवेग के बिना नित्य के व्यावहारिक जीवन में मनुष्य के मन में इनका भावन कठिन होता है। प्रत्यक्ष जीवन के कटु-मीठे प्रसंगों का कोई भी आधार न होते हुए भी सात्विक भाव जागृत करने का यह अभ्यास नाट्य में यथार्थ स्तर पर लोकधर्मी स्वरूप में किया जाता है और 'नृत्य' में प्रतीकात्म स्तर पर नाट्यधर्मी पद्धति से उपयोग में लाया जाता है। अश्रुसिंचन के उदाहरण द्वारा यह भेद दर्शाना सम्भव है। नाटक के पात्र की आँखों में दुख के कारण आँसू आ जायेंगे, उन आँखों से आँसुओं की धारा भी बह निकलेगी। 'नृत्य' में भावना की आँच का आँखों से स्पष्ट प्रत्यय मिलेगा और आँसुओं की केवल सूचना ही मिलेगी। फिर हाथ में उपवस्त्र के न होते हुए भी उपवस्त्र के निदर्शक हस्त का उपयोग कर आँसू पोंछने जैसी क्रियाओं का अभिनय किया जायेगा।

उपर्युक्त उदाहरण से नाट्य और 'नृत्य' कलाओं की जो समानताएँ या असमानताएँ ध्यान में आती हैं, उसमें मैं एक और मुद्दा जोड़ना चाहूँगी। संस्कृत नाटकों में 'नृत्त' का उपयोग अलंकरण के रूप में या कभी-कभी दो प्रसंगों को जोड़नेवाले सूत्र के रूप में किया जाता था।

कथानक के पात्रों में यदि कोई नर्तक या नर्तकी हो, तो कभी-कभार 'नृत्य' का स्वतन्त्र अस्तित्व भी दिखायी देता था। आमतौर पर जिन भारी वस्तुओं को रंगमंच पर लाना सम्भव न हो, या जो चाल (जैसे रथ के घोड़े) या घटना (जैसे कोई युद्ध या द्वन्द्व) प्रत्यक्ष में दर्शाना नाट्य के परिणाम पर विपरीत असर करता हो, उस वस्तु, क्रिया, घटना आदि का नृत्याभिनय प्रस्तुत किया जाता था। आज हम देखते हैं कि किसी भावोर्मि की उमड़न को प्रतीकात्मकता के जरिये प्रभावशाली बनाने के लिए नाट्य-दिग्दर्शक कई बार नृत्याभिनय का ही उपयोग करते हैं। प्रस्तुत काव्य-पंक्ति का भावार्थ ही है नृत्य के सामर्थ्य का सम्पूर्ण विधान— 'शब्दांवाचुन कळले सारे, शब्दांच्या पलिकडले।' (बिन शब्दों के जाना, जो है शब्दों से परे)।

माना कि नृत्याभिनय के जितने भी प्रातिनिधिक उल्लेख ऊपर किये गये हैं, उन सबको सोदाहरण स्पष्ट करने का यह स्थान नहीं है, परन्तु 'नृत्य' के व्यंजक अभिनय के बारे में कुछ बताना मुझे उचित प्रतीत होता है। उदाहरणार्थ, बिन्दादीन महाराज की ठुमरी—"श्याम लचक चले, मुकुट धरे आवत" का केवल 'श्याम' शब्द ही देखें, तो आकाश जैसा श्याम, यमुना-जल जैसा श्याम, कमल जैसा श्याम, केशों जैसा, काजल जैसा साँवला श्याम आदि प्रकारों से उसका अर्थ लगाया जा सकता है। जब "मुकुट धरे" कहा जाता है, तब अपनी किरणों से आँखों को चौंधियानेवाला सुवर्ण मुकुट, मोर मुकुट या घुँघराले बालों का माथे पर बँधा जूड़ा और अन्त में चाँद की कोर का मुकुट पहन कर सावन के मेघ की भाँति "मुकुट धरे आवत श्याम" यह अर्थ भी हो सकता है। जितनी और जो भी कल्पनाएँ की जायें, वे कम ही होती हैं।

'नृत्य' के इस व्यंजक अभिनय की संकल्पना के मूल में साहित्य का ही आधार होता है और इस तरह 'नृत्य' के क्षेत्र में साहित्य का वर्चस्व साफ़ दिखायी देता है। परन्तु साहित्य का आलम्बन परम्परागत 'नृत्य' की एक मान्यता ही है। नर्तन की रचना की तकनीक, मूल संकल्पना, उसका एक प्रकार का विधान, विकास, रचना और इसमें चतुराई से समाविष्ट की गयी व्यंजना आदि सभी मामलों में साहित्यिक कल्पना का ही अनुकरण दिखायी देता है। परन्तु एक उल्लेखनीय बात यह है कि साहित्य के पदार्थ या वाक्यार्थ को दृश्यता का आयाम 'नृत्य' से प्राप्त होता है, इस कारण 'नृत्य' से व्यक्त व्यंजना अधिक स्पष्ट और अधिक परिणामकारक होती है। यह स्पष्टता और परिणामकारकता ही 'नृत्य' की वास्तविक शक्ति है।

'नृत्य' का आस्वाद लेते समय उसके अर्थ-भाव-प्रकटन की गहरायी को ध्यान में रखना पड़ता है, उसी तरह समीक्षा में इस बात का ध्यान रखना पड़ता है कि यह द्विविध कार्य 'नृत्य' के ही माध्यम से सम्पन्न हुआ है अथवा नहीं। मुझे लगता है कि किसी भी कला-रचना के सन्दर्भ में जिस प्रकार आशय और अभिव्यक्ति के बारे में सौन्दर्य-चर्चा की जाती है, नर्तन के सन्दर्भ में उससे अलग चर्चा होना सम्भव नहीं है। उत्कृष्ट कला-रचना की प्रस्तुति में निहित शुद्ध आशय या भावाशय एक बन्दिश या बन्ध के स्वरूप में भले ही प्रकट हुआ हो, परन्तु उत्तम नर्तन के मामले में नित्य ही यह अनुभव होता रहता है कि उस बन्ध से परे की सम्भावनाओं

का सूचन भी उसमें छिपा होता है।

मैंने अधिकतम मुद्दों को स्पर्श करते हुए अपने विचारानुसार नर्तन का परिचय कराया है। अब नर्तन तथा अन्य कलाओं की वर्तमान प्रस्तुति में दिखायी देनेवाली एक भिन्नता को दर्ज करते हुए मैं इस बात को पूरा करती हूँ। साहित्य, नाट्य, चित्र, शिल्प और कुछ मात्रा में संगीत आदि सभी की प्रस्तुति में बदलते काल की बदलती परिस्थिति, बोध, जीवन-मूल्य, व्यवहार और उसमें से उभरनेवाले सुख-दुखों का नित्य नूतन स्वरूप आदि बातों का प्रतिबिम्ब तत्काल और सहजता से दिखायी देता है। इसकी तुलना में ऐसा प्रतीत होता है कि नर्तन-कला ही अभी तक पुरातन काल में और कुछ अद्‌भुत-रम्य वातावरण में रमी हुई है। श्री उदयशंकर, श्री शान्तिवर्धन जैसे प्रतिभाशाली व्यक्तियों ने अलग विषयों और अलग तरीक़ों का उपयोग करते हुए इस कला के प्रवाह को वर्तमान की तरफ़ मोड़ने का प्रथम प्रयास किया है। उसके बाद आज भी नवता के कुछ छुटपुट प्रयोग जारी हैं। भले ही इससे निकट भविष्य में नव-नर्तन की एक विशिष्ट शैली के निर्माण होने की सम्भावना न दिखायी देती हो, परन्तु उसके मूल स्वरूप और सामर्थ्य को पहचानने का प्रयास तो इसमें स्पष्ट दिखायी देता है। अतः यह कहना सम्भव नहीं कि नर्तन की प्रस्तुति आज के संकीर्ण रूप में ही सदैव होती रहेगी, या उसे शुद्ध स्वरूप भी प्राप्त होगा।

२

नर्तन और संगीत

संगीत की सर्वपरिचित परिभाषा है : "गीतं, वाद्यं तथा नृत्यं त्रयं संगीतमुच्यते।" आदिमानव के ज़माने से इन कलाओं का विकास एक समय एक साथ हुआ है। कलाओं के इस रूपविकास की प्रतीति हमें पश्चिमी संस्कृति के विचारों और अनुभवों में भी प्राप्त हो सकती है। इधर हमारे शास्त्रकारों ने नर्तन और गायन-कला को वादन-कला के साथ (तत्, सुषिर, धन, अवनद्ध) गूँथ कर संगीत की परिभाषा गढ़ी है।

जब चित्र, शिल्प, साहित्य, नाट्य, नर्तन और संगीत जैसी ललित कलाओं का परिगणन होता है तब अन्य कलाओं के समान नर्तन तथा संगीत के कलास्वरूप का अलग से विचार हुआ ही करता है, फिर भी हम सहज भाव से यह महसूस करते है कि समग्र ललित-कुल में इन दो कलाओं के बीच कोई ख़ास नज़दीकी रिश्ता है। यहाँ इस बात का अनुसन्धान होना आवश्यक है कि इस वस्तुस्थिति के मूल में सदियों से चली आयी नर्तन और संगीत की एकत्रित अभिव्यक्ति करनेवाली मात्र भारतीय परम्परा ही कारणीभूत है या इन कलाओं के मौलिक स्वरूप और अभिव्यक्ति में ही किसी एक अथवा अनेक समान गुणविशेषताओं का अस्तित्व उनके आन्तरिक सम्बन्ध को सिद्ध करने के लिए कारण बन जाता है। इसके लिए हमें प्रथमत: नर्तन-कला के उद्‌भव और विकास की और फिर गायन एवं वादन-कलाओं के साथ उसके बने हुए सम्बन्ध की कुछ पूर्वपीठिका देखना ज़रूरी है।

संसार में जहाँ कहीं मानव का अस्तित्व है वहाँ पर प्राकृतिक अथवा संस्कारित रूप में अन्यान्य ललित कलाओं का संचार मिलता ही है। क्योंकि मानव द्वारा कलाओं का निर्माण और उनके प्रति उसका आकर्षण, दोनों प्रकृतिसिद्ध बातें हैं। उसमें भी अन्य कलाओं की तुलना में नर्तन का मानव से अधिक गहरा रिश्ता है। एक दूसरे के बीच की बातचीत के जरिये भावों का आदान-प्रदान करानेवाली भाषा या बोलियों का प्रयोग मानवमुख के द्वारा होने से पहले मानव के पास शरीर के अंगोपांगों के संचालन के सिवा और क्या साधन था? न तो इस चलनवलन के साधन का आविष्कार स्वयं मानव को करना पड़ा है, न ही अचानक रूप में या संयोगवश

उसके सूझ पड़ने की कोई सम्भावना भी है। यही नहीं, जन्म से ही मानव के व्यवहार का निरीक्षण किया जाय तो, उसकी जीवन्तता का प्राथमिक लक्षण ही तो चलनवलन है। शुरू में यह चलनवलन निरुद्देश्य रहता है और उसके पीछे महज़ प्राकृतिक क्रम के अनुसरण की प्रेरणा ही रहती है। कुछ काल तक तो इस चलनवलन का विकास पूरी तरह अनजाने ही होता रहता है। किन्तु प्रतिबोध या चेतना का उद्‌भाव होते ही इस निरुद्देश्य चलनवलन के साथ ही साथ साभिप्राय अंगसंचालन भी होने लगता है।

अंगोपांगों के अकारण चलनवलन को भूतमात्र में होनेवाला चैतन्यरूपी 'स्फुरण' मान लिया जाय तो उसी आधार पर कह सकते हैं कि सोद्देश्य चलनवलन के मूल में भावप्रकटन की ऊर्मि रहती है। आगे धीरे-धीरे इस चलनवलन का बराबर और बार-बार प्रयोग करने से एक तरह की तन्द्रा पैदा होती और यह तन्द्रा 'शक्ति' में रूपान्तरित हो सकती है। सम्भवतः इस बात का भान आदिमानव को हुआ और उसके एक ढंग के प्रारम्भिक 'नर्तन' का जन्म हुआ। जिनकी प्राकृतिक कृपा पर और काल्पनिक दया पर मानवी जीवन के प्रत्यक्ष क्षण की सुरक्षा अवलम्बित थी, उन पंच महाभूतों को प्रसन्न करने के लिए किया जानेवाला यह नर्तन आगे चल कर आदिवासी लोगों के जीवन में नित्य की एक संस्कार-विधि बन गयी। जीवन के सर्वांग को व्यापनेवाले अवकाश या 'दिक्' एवं 'ताल' जैसे तरल और सनातन तत्त्वों की जो पहचान एक विशिष्ट गोचर रूप में आदिमानव को प्राप्त हुई, वह कालप्रवाह के इस बिन्दु पर हुई। इससे नर्तन में एक ओर प्रतीकात्मक 'आकार' आ गये, चारों ओर होनेवाले 'अवकाश' के सोद्देश्य प्रयोग के लिए गुंजाइश मिली और दूसरी ओर उसमें लयबद्धता पैदा हो गयी अर्थात् उसमें अवकाश में रहनेवाले 'काल' का हेतुपूर्वक विन्यास होने लगा।

'अवकाश' तथा 'काल' के सनातन तत्त्वों के एहसास के अनुक्रम में मानव को 'नाद' नामक एक तीसरे तत्त्व का भान हुआ। यूँ तो अब तक मानव को अलग-अलग क़िस्म की आवाज़ों और ध्वनियों के रूप में इस नाद के तत्त्व की पहचान हुई थी। जब इस पहचान का ही सोद्देश्य प्रयोग होने लगा तब प्राथमिक गायन तथा वादन का निर्माण हुआ और प्राकृतिक चलनवलन से निष्पन्न नर्तन को इन घटकों का दुहरे रूप में साथ मिला। आदिवासी नर्तन में से लोकनर्तन और लोकनर्तन में से जानपदनर्तन तक का विकास होता गया और इस अवस्था तक आते-जाते नर्तन, गायन एवं वादन के त्रिविध घटकों का जो एकरूप मेल हुआ वह पौरस्त्य और ख़ासकर भारतीय नर्तन में अद्यापही अक्षुण्ण रहा है। नर्तन की क्रियाओं, रूपबन्धों एवं लयबद्धता में क्रमशः सफ़ाई, सजीलापन, वैविध्य और चोखापन जैसे गुण जिस अनुपात में बढ़े उस अनुपात में गायन-वादन का कौशल भी बढ़ता गया। किन्तु कुछ कालोपरान्त अपने अपने विभिन्न माध्यमों, उन माध्यमों से मेल खानेवाले साधनों और अपनी जन्मजात स्वायत्तता को पहचान कर गायन तथा वादन-कलाएँ अपने स्वतन्त्र एवं 'केवल' स्वरूप में प्रकट होने लगीं। फिर भी नर्तन-कला का स्वरूप संकीर्ण या मिला-जुला ही रहा और इसी स्वरूप को

लेकर उसे 'कला' की उपाधि मिलने तक उसका संगोपन हुआ। विकास-यात्रा की जिस मंज़िल पर नर्तन, गायन और वादन का एकरूप मिलाप हुआ, जिसे 'संगीत' की संज्ञा प्राप्त हुई, उस मंज़िल पर भी शेष दो कलाओं के मुक़ाबले में नर्तन को ही सापेक्षत: संकीर्ण अस्तित्व प्राप्त हुआ और वह शतकानुशतक तक टिका रहा।

बीसवीं शताब्दी के पूर्वार्ध से ही सामाजिक तथा सांस्कृतिक परिस्थितियाँ शीघ्रता से बदलने लगीं। इससे अपने को समायोजित करने की प्रक्रिया के तौर पर बहुत-सी ललित कलाओं का कालसमान्तरता का अनुसरण करना आवश्यक प्रतीत होने लगा। और इसके फलस्वरूप प्रगतिवादी दृष्टिकोण रखनेवाले नर्तन-कलाकारों को महसूस होने लगा कि अन्य ललितकलाओं का अनुसरण नर्तन को भी करना ज़रूरी है। और फिर इसी के समानान्तर नृत्याभिव्यक्ति में बराबर बदलनेवाले प्रयोजनों का अनुभव भी उन्हें होने लगा। अब नर्तन-कला के प्रयोजन का स्वरूप केवल देवतारंजन अथवा लोकरंजन नहीं रहा। उसमें व्यष्टि-समष्टि की आत्माभिव्यक्ति और उसकी सौन्दर्यविषयक धारणा जैसे अद्यतन विचारों और दृष्टिकोणों को भी स्थान मिल गया। परिणामस्वरूप ऐसे व्यापक आयामोंवाले कलाप्रयोजनों की सिद्धि के लिए जो नर्तन प्रस्तुत होगा उसका समग्रतामूलक विचार अब नर्तन के साधन और माध्यमसम्बन्धी विचारों को घेरने लगा। फिर आनुषंगिक तौर पर नर्तन के प्रदर्शन में विशेष महत्त्वपूर्ण सहभाग और फलत: एक विशेष स्थान रखनेवाली गायन, वादन तथा साहित्य जैसी कलाओं का भी नर्तन में सहयोग कहाँ तक आवश्यक है, उनका अस्तित्व यहाँ पर कहाँ तक श्रेयस्कर एवं फलदायी हो सकेगा, इस प्रकार के प्रश्नों की निर्णायक चर्चा होना भी आवश्यक हो गया।

प्रस्तुत लेख में उपर्युक्त सन्दर्भ में नर्तन के गायन तथा वादन से होनेवाले सम्बन्धों की छानबीन करके देखना है। इस विषय की गहरायी में पैठने से पहले इस लेखन-प्रस्ताव के आरम्भ में ही उपस्थित हुए नर्तन-वादन की कलात्रिपुटी में होनेवाली समान गुणविशेषताओं की ग्रन्थि को हम 'अवकाश' और 'काल' आदि तत्त्वों के साथ-साथ 'नाद' तत्त्व के मूल सन्दर्भ के सहारे खोलने का प्रयास करेंगे। यह अन्वेषण-क्रिया कुछ जटिल और गहन लगेगी, फिर भी मैं मानती हूँ कि वह सार्थक सिद्ध होगी।

हम यह जानते हैं कि विज्ञान, दर्शन तथा और भी अनेक मूलगामी मानवी जीवनांगों को व्याप कर, 'दशांगुलम्' बचनेवाले 'काल' एवं 'अवकाश' तत्त्वों का अस्तित्व ललित कलाओं की अभिव्यक्ति में सूक्ष्म तथा ठोस रूप में महसूस होता रहता है। इन तत्त्वों का अस्तित्व संगीत में कितना और किस प्रकार प्रतीत होता है यह देखना आवश्यक और रोचक है।

अवकाश – यद्यपि प्राचीन नाट्य-शास्त्रीय विचार में (जहाँ 'नर्तन' को 'नाट्य' का ही अंग माना जाता था) स्पष्टत: जो बातें कही गयी हैं उनमें 'अवकाश' को परिगणित नहीं किया गया है तथापि नर्तन के विचार तथा क्रिया में 'अवकाश' अपनी त्रिमिति के साथ अनुस्यूत रहना ही चाहिए, बल्कि वह रहता ही है। गायन और सुषिर तथा तत्-वादन में वह सूक्ष्म रूप में

मौजूद रहता है। उदाहरणार्थ, राग-गायन के आरोही-अवरोही आलाप में, बढ़त में और मींड़ तान, जैसे अलंकारों में ऊँचाई की विमिती रहती है और 'ऊर्ध्व' एवं 'अधः' दिशाएँ होती है। इसी प्रकार मुरकी, खटका इत्यादि में एक ही केन्द्रबिन्दु के साथ क्रमशः चार और तीन सुरों का भूमि-समानान्तर बर्ताव होता है। गमकवाली तान के अलंकार में आभास होता है कि भूमि समानान्तर तथा लम्ब-समानान्तर ऐसी दोनों विमितीयों को स्वरस्पर्श किया जा रहा है।

अवनद्ध तथा घनवाद्यों की गिनती में मृदंग, पखवाज, झाँझ, करताल इत्यादि वाद्यों का अन्तर्भाव होता है। इनमें से तबला, मृदंग (उत्तर भारत में पखावज) आदि पर स्याही अथवा गीले आटे का मुखलेप चढ़ा रहने से पाटाक्षरों की विविधता और उसी अनुपात में नादमाधुर्य जैसे गुणों का लाभ मिलता है। इनकी नादात्म भाषा के अक्षरों के चढ़ाव-उतारवाले नाद में से 'अवकाश' महीन रूप में झाँकता रहता है।

काल – 'काल' तो गायन, वादन, नर्तन तीनों कलाओं की अभिव्यक्तियों को तौल, रेखा, नाप और दायरा प्रदान करके उनमें सौन्दर्य का निर्माण करनेवाले तत्त्व के नाते अत्यन्त प्रबल घटक है। वस्तुतः नर्तन के प्रदेश में 'अवकाश' तत्त्व का ही वर्चस्व रहना चाहिए (जैसा कि वह आधुनिक पाश्चात्य नृत्य में आज है) किन्तु हमारे यहाँ परम्परा से यह महत्त्व 'काल' तत्त्व

को दिया जाता है। नर्तन में 'काल' ठोस रूप में ताल की संज्ञा के स्तर पर और लयकारी के सूक्ष्म रूप में लय तथा ताल के सहयोग से मौजूद रहता है। लय एवं ताल दोनों संकल्पनाओं का नर्तकों की दृष्टि में बड़ा गहरा अर्थ है। और इसी कारण इस सन्दर्भ में उनकी जानकारी और उनका प्रत्यक्षाप्रत्यक्ष अनुभव दोनों ही गहरे और सूक्ष्म रहते हैं, रहने चाहिए।

यह सही है कि गायन और सुषिर तथा तत-वादन के प्रान्त में भी नर्तन की तरह 'काल' ताल के रूप में आधारभूत होता है, फिर भी उसका अस्तित्व नर्तनान्तर्गत काल जितना प्रबल नहीं होता यद्यपि उपर्युक्त कला-प्रकारों में लय अनुस्यूत दशा में खेलती है, फिर भी ऐसा तो नहीं कि नर्तन की तरह उसकी व्यापक और गहरी अनुभूति वहाँ गृहीत रहती ही हो। हाँ, यह कह सकते हैं कि 'घन' तथा 'अवनद्ध' वादन-प्रकारों में 'काल' तत्त्व का एहसास नर्तन की तरह ही बल्कि कुछ अधिक तीव्र मात्रा में रहने की सम्भावना है।

नाद - 'नाद' तत्त्व गायन एवं 'तत' तथा 'सुषिर' वादन में स्वर और उसके दायरे से आनेवाली 'सप्तक', 'स्वरावली', 'रागरूप' इत्यादि संकल्पनाओं में से उजागर होता है।

नर्तन में बराबर गृहीत रूप में रहनेवाली गायन-वादन की साथसंगत को किनारे रख दिया जाय तो प्रतीत होगा कि यही तत्त्व एकरस नादमाधुर्य के निर्माण से निगडित है। इसी में कथक की बोलपढ़न्त अथवा कथकेतर अन्य शास्त्रीय नृत्य-शैली के प्रदर्शन के सिलसिले में नटुवनारोंकी की हुई पढ़न्त से संगीतात्मकता की प्रतीति प्राप्त होती है और पदन्यास के साथ होनेवाली नूपुरों की रुनझुन उसमें चार चाँद लगा देती है। अवनद्ध और घन वाद्य के बारे में भी यही होता है। यहाँ गायन की प्रणाली से नहीं, बल्कि इन विशिष्ट भाषा में होनेवाले इन वाद्यों के पाटाक्षरों की विशिष्ट 'भाषा' में अनुस्यूत नादमाधुर्य के कारण नर्तन के समान ही इस वादन में भी नादात्मकता का अनुभव मिलता है। इस प्रकार हम देखते हैं कि 'अवकाश-काल-नाद' वाली तत्त्वयात्री के साथ सूक्ष्म रूप में या ठोस रूप में संवाद स्थापित करनेवाली नर्तन, वादन, गायन-कलाओं के अतिरिक्त चित्र, शिल्प एवं साहित्य कलाओं में भी अवकाश (स्थल) और काल की सापेक्षता रहती है। किन्तु ध्यान रहे, वहाँ नादसापेक्षता नहीं होती। और ध्यातव्य है कि नाट्यकला के वाचिक अभिनय के लिए तो गद्य की नियत नाद-सापेक्षता के सिवा नाद के पारसस्पर्श की कोई गुंजाइश नहीं दिखायी देती। इसी कारण चित्र, शिल्प, साहित्य, नाट्य जैसी कलाओं की गणना 'संगीत' नामक संज्ञा के अन्तर्गत नहीं की गयी है।

सारांश, नर्तन, गायन, और वादन में 'अवकाश-काल-नाद' तत्त्वों का न्यूनाधिक मात्रा में प्रतीत होनेवाला अस्तित्व और एक सूक्ष्म आन्तरिक 'संवाद' रहता है अथवा इन तीनों कलाओं के भीतरी अंग से जोड़नेवाला गुणविशेष नादात्म सांगीतिकता (musicality) है, यों कहकर हम पूर्वोक्त यक्षप्रश्न के इस उत्तर को रेखांकित करते हुए आगे बढ़ सकते हैं।

गायन, वादन के साहचर्य से नर्तन के लिए क्या लाभ हो सकता है, इस प्रधान विचार को

भारतीय प्रणाली के द्वारा स्पर्श करने से पूर्व हम पहले इस सम्बन्ध में पाश्चात्य कलाकारों के क्या अनुभव हैं, उन्होंने इस दिशा में क्या प्रयोग किये हैं, इस पर तनिक ध्यान दें तो ठीक होगा। नर्तन के सन्दर्भ में गायन-वादन अर्थात् साथसंगत की योजना उन लोगों द्वारा कम से कम पाँच प्रकारों से की हुई पायी जाती है।

१. नर्तन—निर्देशक और संगीत-निर्देशक दोनों के द्वारा एक ही विषय-वस्तु का एक समय और एकत्र विचार करके निर्मित किया हुआ नर्तन एवं संगीत।

२. 'नर्तन'—प्रकार को पहले रचकर पीछे संगीत-निर्देशक के द्वारा उसके लिए बनायी हुई संगीत-रचना।

३. पहले ही बने हुए संगीत-बन्ध का उपयोग करके उसके आधार पर निर्मित नर्तन-बन्ध।

४. एक ओर नर्तन और दूसरी ओर संगीत की रचना अलग-अलग, स्वतन्त्र रूप से करके प्रस्तुति के ऐन मौक़े पर ही उसका एकत्रित प्रयोग; (मर्स कनिंगहैम नामक अमेरिकन नर्तक ने और केज नामक संगीत-निर्देशक ने ऐसा प्रयोग किया है)।

५. नर्तन की विशिष्ट रचना के रूपबन्ध को पहले पक्का करके, उसकी प्रकृति एवं

प्रयोगक्षमता से मेल बैठाने की दृष्टि से पूर्वरचित संगीतबन्ध में समायोजन के द्वारा तथा तान्त्रिक कौशल के द्वारा नर्तन और संगीतबन्ध का एकसाथ प्रस्तुतीकरण।

उपर्युक्त प्रकारों में से पहले प्रकार में संगीत तथा नृत्य को बराबरी का स्थान रहता है, तो दूसरे में नर्तन मुख्य और संगीत गौण हो जाता है। तीसरे में संगीत प्रमुख और नर्तन पृष्ठभूमि में और चौथे प्रकार में संगीत प्रमुख रहता है और संगीत के ही सर्वाधिक प्रभावकारी बनने की सम्भावना भी मानी हुई रहती है। किन्तु पाँचवे प्रकार में (पश्चिमी दर्शकों का भी अनुभव है कि) नर्तन और संगीत का यह अनोखा सम्बन्ध निहायत अनपेक्षित परिणाम पैदा करनेवाला होता है। साथ ही साथ वह अजीब व्यंग्यात्मक और कटाक्षयुक्त तनाव या चमत्कृति पैदा करनेवाला और फलस्वरूप निरर्थकता और वैफल्य जैसे भावों की प्रतीति दिलानेवाला भी हो सकता है।

उपर्युक्त प्रकारों में से चौथे या पाँचवे प्रकारों को नये-नये सृजनात्मक नर्तन-प्रयोग करनेवाले भारतीय नर्तकों तक ने अब तक स्पर्श नहीं किया है। लेकिन अवश्य ही ये प्रयोग करके देखने लायक हैं। मेरी राय में, इससें आशय की कक्षाओं के विस्तारीकरण का कला-क्षेत्र में नित्य प्रतीक्षित कार्य गतिमान हो सकेगा। उपर्युक्त प्रकारों में से शेष तीन प्रकारों में होनेवाला संगीत का उपयोग हमारे लिए नया नहीं है।

इस पाश्चात्य विचार को मन में अध्यहृत रखकर अब कथक और उसकी संगत करनेवाले संगीत के परस्पर सम्बन्ध की छानबीन हमें करनी है।

उत्तर-प्रदेश के मथुरा, नाथद्वारा के मन्दिरों-देवालयों में निरन्तर गूँजनेवाले कथा कीर्तनों के लोक-संगीत से लेकर 'ध्रुपद', 'धमार' शैली के शास्त्रोक्त संगीत तक सभी प्रणालियों से कथक का पूर्वापर नाता तो था ही, लेकिन आगे चलकर ऐतिहासिक स्थिति-संक्रमणों के कारण संस्कृति-संवाद का सामना हो जाने से प्राप्त सुखदुखमिश्रित अनुभवों से गुजरते हुए ख्यालगायन की छाया से युक्त ठुमरी, दादरा, ग़ज़ल इत्यादि संकीर्ण प्रकृतिवाले सुगम शास्त्रीय संगीत का भी सम्बन्ध कथक के साथ स्थापित हो गया। आगे कथक नृत्य-शैली के अलग-अलग पहलुओं के विन्यास के अनुसार उसके लिए प्रयुक्त संगीत और तद्नुषांगिक नर्तन की प्रस्तुति दोनों का स्वरूप कुछ-कुछ परिवर्तित होता गया। फिर भी वह परिवर्तन कदापि खटकनेवाला नहीं लगा, उलटे बदलते हुए नर्तन-तन्त्र और भाव के लिए परिपूरक ही सिद्ध हुआ।

यह तो सर्वविश्रुत है कि भारतीय नृत्यशैली के दो वैशिष्ट्यपूर्ण प्रयोगात्मक पक्ष हैं—(१) 'नृत्त' (भावदर्शन की अपेक्षा न रखनेवाला तथा रेखाओं और आकृतिबन्धों से सजा हुआ नर्तन) और (२) 'नृत्य' (रस, भाव, व्यंजना आदि से युक्त भावदर्शन पर नर्तन)। 'कथक' शैली इन दोनों पहलुओं से सुसम्पन्न है।

कथक में होनेवाला नृत्य का विन्यास ठाठ-आमद-परण-तोड़े-टुकड़े,-तिहाई-ततकार के क्रम से विलम्बित लय से लेकर चढ़ती श्रेणीवाली मध्य लय और द्रुत लय की गति से चलित होता है; तब संगीत का कार्य क्या होता है? 'नगमा' मुख्यतः वातावरण का निर्माण करता है। वह नर्तन को एक सांगीतिक पैमाइश या परिमाण देता है, ऐसा परिमाण जो स्वरविशेषों के माध्यम से तालवाद्य की अपेक्षा अलग तरीक़े से ही लय का एक अतिरिक्त भान नर्तक को देता रहता है। यह 'नगमा' राग-गायन के नियत दायरे में जब लक्षित होता है तब वातावरण में एक अनोखी समृद्धता छा जाती है। नर्तन के मध्य लय तक पहुँचते-पहुँचते नगमा तालमापन भी करने लगता है और साथ ही स्वभावतः ही विभक्त तोड़े-टुकड़े की बन्दिशों से युक्त नृत्य-प्रस्तुति की एकरूपता को सँभालने और उसमें संगति बिठाने का महत्त्वपूर्ण कार्य भी करता है। द्रुत लय के दौरान तालमापन के साथ 'नगमा' तानपुरे से बराबर प्रवाहित होनेवाले स्वर-वलय के समान स्वयं एक स्वर-वलय बन जाता है।

नृत्य में होनेवाले सरगम, त्रिवट, तराने इ. प्रकारों में संगीत का कार्य अधिक व्यापक स्वरूप का होता है। यहाँ पर नियुक्त राग का वातावरण और उस राग का भाव, इस सन्दर्भ में नृत्यविशेष में संक्रमित होता है। इतना ही नहीं बल्कि इस रचना के पूर्वरचित बन्दिशों के रूप में होने के कारण उससे 'नृत्त' को एक तरह का 'संगीतसूचन' प्राप्त होता है। ऐसा सूचन बीच-बीच में बन्दिश की मींड़, मुरकी, खटका, तान, गमक जैसे विविध स्वरालंकारों से भी मिलता और इससे नर्तन-क्रिया को एक अतिरिक्त सौन्दर्य के परिमाण का लाभ हो जाता है।

'तराना' अपनी 'भाषा' के कारण लयकारी का सूचक-भावन करता है। बन्दिश के मर्मस्थल, अन्यान्य नृत्त-भावों का पोषण करते हैं। तराना नाचते समय कलाकार का रुझान बोल-बनाव की ओर होता है। उस हिसाब से 'सरगम' में उपज का प्रभाव कम दिखायी देता है। तथापि सरगम में होनेवाले स्वर-स्थान के आरोही-अवरोही स्वरूपों में से नर्तन-क्रियाओं को दिशा मिल सकती है।

कथक के 'नृत्य' पक्ष में शब्दनिरपेक्ष और शब्दाधारित याने आलापयुक्त गायन और गीत ऐसे दो भाग बनते हैं, उसमें ठुमरी, दादरा की बन्दिश की मूलभूत कर्णमधुरता का और साथ ही उन बन्दिशों के उत्तम, साभिप्राय भावपूर्ण गायन का नृत्य की यशस्विता में बहुत ही योगदान रहता है। तथापि नृत्य-क्षेत्र का एक अलिखित संकेत यह भी है कि इन बन्दिशों की धुन या स्वरमेल और उनका तालांकन सुगम, मधुर, सादा, सरल और सहज रहना चाहिए।

'कथक' शैली के अध्वर्यु स्वं.पं. बिन्दादीन महाराज की नृत्य के लिए ही रची हुई ठुमरी-भजन-अष्टपदी-दादरे की बन्दिशें इस दृष्टि से आदर्श है। उनमें संगीतात्मकता विपुल मात्रा में होने पर भी वे 'कूट' नहीं है, अलंकारप्रचुर नही हैं, उचित से ज़्यादा ध्यान अपनी ओर खींच लेने का 'अपराध' उनसे कभी नहीं होता।

'नृत्त' और 'नृत्य' के नर्तनविशेषों से बनी हुई नर्तन-भाषा याने कि नर्तन-कला का जो माध्यम है उसका मूल अधिष्ठान 'अवकाश' और उसका वाहन 'काल' है। 'नाद' नर्तन को मिली हुई एक अतिरिक्त मिति है। उसका सौन्दर्य नर्तन-सौन्दर्य के लिए परिपूरक है, किन्तु अत्यावश्यक नहीं। अतः स्पष्ट है कि नादतत्व पर आधारित गायन-वादन के साथ नर्तन का मेल भले ही बिठाया जाय या न बिठाया जाय नर्तन की स्वायतत्ता स्वयंसिद्ध ही है। वास्तविकता यही है, तथापि नर्तन-कला का परम्परा से निर्मित विविधांग-विभूषित प्रदर्शन इतना अभिराम है कि उसकी प्रस्तुति को देखकर तेज जड़ाव का है या रत्न का, ऐसा सन्देह दर्शक के मन में कभी-कभी पैदा हो सकता है और फिर भी सोचते-समझते हुए संगीत की भूलभुलैया में खो जाना ही वह पसन्द करता है।

इस स्थिति के लिए उपाय भी क्या हो सकता है!!

३

शास्त्रीय नर्तन में संगीत का स्थान

'शास्त्रीय नर्तन में संगीत का स्थान' नामक शीर्षक में मैं 'नृत्य' के स्थान पर 'नर्तन' शब्द का प्रयोग कर कुछ बदलाव करने की स्वतन्त्रता ले रही हूँ—इस बदलाव का कारण केवल इतना है कि जिस कला को 'नृत्य-कला' कहा गया है, उसका मूल नाम 'नर्तनकला' ही है और सामान्य रूप में भले ही उसे ही 'नृत्य-कला' कहा जाता हो, पर 'नृत्य' नर्तनकला के दो पहलुओं में से एक है। ये दो पहलू हैं—'नृत्त' और 'नृत्य'; और इस बात की ओर विशेष ध्यान देना आवश्यक है कि इन दोनों पहलुओं या विभागों के सन्दर्भ में संगीत का स्थान, योगदान और उसके अस्तित्व का प्रयोजन सभी कुछ अलग-अलग होता है।

परम्परागत रूप से भारतीय नर्तनकला को संकीर्ण और सम्मिश्र माना गया है। इसका अर्थ यह कि जिस प्रकार परम्परागत मान्यता के अनुसार गायन या वादन की महफ़िल में नर्तन की सहभागिता जरा भी आवश्यक नहीं होती, वैसी स्थिति नर्तन कला के साथ नहीं है। वैसे, नर्तन की प्रस्तुति में नर्तन के बाद साहित्य और विशेषकर संगीत की सहभागिता होती ही है। प्राचीन काल से चली आ रही इस परम्परा में 'नर्तन' को नाट्यकला का उपविभाग माना जाता था और इसी सन्दर्भ में भरतमुनि ने नाट्य-शास्त्र के जरिये इस कला का आदिम निरूपण कर रखा था। शताब्दियों तक भारतीयों के मन-मस्तिष्क में यही निरूपण, यही प्रथा रच-बस गयी। 'नर्तन', 'संगीत' और 'साहित्य' का यह शास्त्र-प्रणीत मेल त्रिवेणी की भाँति चित्ताकर्षक होने के कारण उसने दृश्य-श्रव्य कला के एक अत्यन्त लोकप्रिय प्रकार का स्वरूप ग्रहण किया।

परन्तु...

परन्तु नर्तन स्वभावत: संकीर्ण और सम्मिश्र कला न होकर पूर्णत: स्वायत्त कला है। ललितकला-संकुल की अन्य कलाओं की भाँति ही उसके विषय में किये गये मूलभूत चिन्तन में उसका साध्य-साधन-माध्यम-विचार स्पष्ट होता है। अपने अंगों-उपांगों सहित मनुष्य का सम्पूर्ण शरीर ही नर्तन का मुख्य साधन है। इसके अतिरिक्त जीवन के आदितत्व—'अवकाश' और

'काल' के स्थूल और सूक्ष्म अस्तित्व का बोध या अनुभूति को नर्तन का सूक्ष्म साधन कहा जा सकता है और एक माने गये गृहीत 'अवकाश' में, परिधि में, क्षेत्र में, कलाकार द्वारा नियत लय में मानव-देह के अंगक्षेपों की, गति-स्थिति की, उड़ानों और उत्प्लवनों की, हस्त भेदों की, चक्र भ्रमरियों की संचलनात्मक मूक भाषा नर्तन का माध्यम होती है। ऊपर बताये गये साधनों और माध्यमों की सहायता से मनुष्य की देह का गतिमान शिल्प जिस किसी 'अवकाश' में प्रतीत होता है, वही है नर्तन! इस शुद्ध नर्तन में 'अवकाश' के विविध (दिशा, स्तर, छेद आदि) आयामों के उपयोग से रेखाओं और आकृतियों का निर्माण होने वाला इन्द्रजाल मनुष्य के आन्तरिक चैतन्य का उद्रेक होता है। यह चैतन्य-विलास मनुष्य के केवल अस्तित्व की अमूर्त भाव-प्रतीति होती है! क्योंकि नर्तक का भावभावन इस प्रकार की तरल प्रस्तुति के जरिये बोली भाषा के स्थूल स्तर पर एकाएक नहीं उतर सकता। रसिक दर्शकों तक उसका पहुँचना भी मात्र भाव लहरियों, भाव कम्पनों के प्रकार का होता है। इसमें से यह भावभावन और भावदर्शन जब कुछ ठोस बात कहने के स्तर पर उतरता है, तब देह की अबोली भावभाषा का जन्म होता है। यहीं से 'नृत्त' से 'नृत्य' की तरफ़ यात्रा शुरू होती है। यहीं से नर्तन के आविष्कार से साहित्य, काव्य, शब्दकलाओं और उसके अर्थान्तरों के सन्दर्भ जुड़ने शुरू होते हैं और नर्तनकला का तथाकथित संकीर्ण और सम्मिश्र व्यवहार शुरू हो जाता है। एक बात तो माननी होगी कि नर्तन का 'संगीत' और 'साहित्य' से होनेवाला यह मेल, यह सहयोग अत्यन्त मनोहर होने के कारण दर्शकों को बहुआयामी सौन्दर्य का अनुभव

कराता है, यह एक सांस्कृतिक सत्य है और सदियों से वह अबाधित ही रहा है। नर्तन की सामान्यत: जनमान्य प्रस्तुति में 'नृत्त' से 'नृत्य' की ओर जाने की प्रक्रिया के दौरान 'अथ' से लेकर 'इति' तक साहित्य नहीं, परन्तु संगीत उसका साक्षी अवश्य बना रहता है। संगीत के इस सतत साक्षित्व का अनुरेखन करना ही इस लेखन का विषय है।

तीन सहभाव रखनेवाली कलाओं को एक सूत्र में पिरोनेवाली इस परिभाषा को, यानी ''गीतं, नृत्यं तथा वाद्यं त्रयं संगीतमुच्यते'' को फ़िलहाल अलग रखकर हम अभी के लिए यह मान लें कि 'संगीत' यानी गायन (तत्, सुषिर वाद्य) और तालवाद्य-वादन (घन, अवनद्ध वाद्य)। इससे यह बात स्पष्ट हो जायेगी कि इस त्रिविध प्रकार के संगीत का शास्त्रीय नर्तन में क्या स्थान है और वह कितना महत्त्वपूर्ण है, तथा उसका किस तरह का और कितने प्रकार या योगदान है।

भारत में एक-दो नहीं, सात अभिजात नर्तन शैलियाँ हैं और भारत के शिखर से चरण तक उनका विचरण है। ईशान्य में 'मणिपुरी', वहाँ से देश के पूर्वी किनारे से होकर दक्षिण की तरफ़ आगे बढ़ते हुए 'ओरिसा' में 'ओडिसी', तंजावर और तमिलनाडु में 'भरतनाट्य', तेलंगाना में 'कुचिपुड़ी' और भारत के एकदम दक्षिणी छोर की परिक्रमा करते हुए पश्चिमी किनारे को स्पर्श करते हुए केरल में 'कथकली' और 'मोहिनीअट्टम्' नर्तनशैलियों के अतिरिक्त सातवीं नर्तन शैली 'कथक' का पर्यवेक्षण करते समय पश्चिम किनारे से उत्तर की तरफ़ सरकते सरकते राजस्थान, राजधानी दिल्ली और उत्तर-प्रदेश जैसे राज्यों में भी जाँच करनी पड़ती है!

इन सातों नर्तन शैलियों की तन्त्र-शास्त्रों में आश्चर्यजनक भेद और फिर भी उल्लेखनीय समानताएँ मिलती हैं। इनमें से एक सुस्पष्ट और प्रस्तुत विषय से सम्बन्धित समानता यह है कि इन सभी शैलियों की रंगमंचीय प्रस्तुति के दौरान नर्तनाविष्कार में निश्चित रूप से प्रतीत होनेवाला संगीत और साहित्य का सहयोग! इनमें से संगीत के तुलनात्मक सहयोग के विषय में मुख्य रूप से विचार करना है, जो मैं छह नर्तनशैलियों के विषय में कुछ संक्षेप में और कथक के विषय में विस्तार से करूँगी, क्योंकि कथक ही मेरे अध्ययन का मुख्य विषय है।

कथक के अतिरिक्त अन्य अभिजात नर्तन शैलियों के सम्बन्ध में स्थूल रूप से यह कहा जा सकता है कि उनके 'मार्गम्' में (यानी विविध नर्तन प्रकार और उनके प्रदर्शन का पारम्परिक प्रस्तुति में क्रम) जिन नर्तन प्रकारों का समावेश होता है, वे सभी पूरी तरह संगीताधीन होते हैं। प्रातिनिधिक उदाहरणस्वरूप यदि भरतनाट्य नर्तन शैली को देखें, तो मुद्दा अधिक स्पष्ट हो जायेगा। भरतनाट्य के कार्यक्रम की प्रथम प्रस्तुति होती है 'अलारिपु'—यानी एक अमूर्त, तरल वंदना। उसमें पाटाक्षरों का स्वरयुक्त पठन होता है। 'जतिस्वरम्' में सरगम गायन का महत्त्व तालविलास जितना ही होता है। शब्दम्, पदम् वर्णम् ये अभिनयाधारित नृत्य-प्रकार पूरी तरह संगीत और साहित्य प्रधान होते हैं। प्रसिद्ध परम्परागत और नयी रची सुबद्ध रचनाओं का इनमें उपयोग किया जाता है। उत्तर भारत की 'तराना' जैसी रचना 'तिल्लाना' का कुछ समय

तक कथक के नगमे जैसा उपयोग करने के बाद, आगे चलकर अन्तरा जैसी बन्दिशों में संगीतप्रधान नर्तन किया जाता है, साथ ही नर्तन के आरम्भ से पहले वातावरण निर्मिति के लिए आवाहनात्मक विस्तृत रागालाप आदि से भरतनाट्य में संगीत के महत्त्वपूर्ण स्थान और योगदान का पता चलता है। भरतनाट्य में इसकी जितनी प्रतीति मिलती है, रसिक दर्शक अनुभव करते हैं कि अन्य शैलियों की प्रथा में भी थोड़े बहुत अन्तर के साथ संगीत को उतनी ही प्रधानता प्राप्त है। जैसा कि ऊपर मैंने कहा है, कथक के मामले में संगीत के सहयोग के बारे में मैं कुछ गहरायी में जाकर और कुछ अधिक विस्तार से विचार करना चाहती हूँ।

प्रस्तुति की जिस रूपरेखा को 'मार्गम्' कहा जाता है, वैसी कोई सुनिर्धारित रूपरेखा 'कथक' में नहीं होती, परन्तु अलग-अलग घरानों के भिन्न-भिन्न अनुशासन के अनुसार दो बातों का ध्यान सामान्यतः सर्वत्र रखा जाता है। पहली बात यह कि 'नृत्त' और 'नृत्य' नामक दो पहलुओं की रंगमंच पर अलट-पलटकर रोचक प्रस्तुति करना और दूसरे, सामान्यतः ठाय लय के नर्तन से तेज गति के नर्तन की तरफ़ कार्यक्रम को केन्द्रित करते हुए एक उत्कर्ष बिन्दु तक पहुँचकर महफ़िल समाप्त करना। इनमें से नृत्त की शुद्ध तकनीक को, यानी किसी भी ताल-रचना को, 'लहेरा' या 'नगमा' नामक ताल के खण्ड़ उसका चलन और उसकी प्रस्तुति के समय बने हुए कलाकार के मूड या भूमिका को दर्शानेवाली एक आवर्तन की बन्दिश की ही संगत होती है। वह बन्दिश राग गायन की दृष्टि से तो 'पूर्ण' होती ही है, परन्तु ऐसी बन्दिश तालांकन करते और बार-बार आवर्तन करते समय सुरों के जरिये ताल की निरन्तरता को सम्हालने और उसके भागते हुए काल-क्षणों का भान रखने जैसी महत्त्वपूर्ण बातों को बख़ूबी और ख़ुशी के साथ निभाती है। ताल की सम का 'राजस' आगमन सुझाते समय नगमे का बर्ताव इतना सूचक और शोभायमान होता है कि उसका वर्णन सुनने की बजाय उसे अनुभव ही किया जाना चाहिए। नर्तन के लिए संगीत का साथ किस तरह का होना चाहिए इसका एक अति रम्य उदाहरण है उत्तम बन्दिशवाला नगमा और पूर्णतः आदर्श पद्धति से यानी सारंगी द्वारा उसका वादन।

'तराना', 'त्रिवट' जैसी सांगीतिक बन्दिशों के नृत्त रूप में प्रस्तुति के दौरान मुख्यतः ताल दिखायी देता है और बन्दिश का संगीत तत्त्व उसी का अधोरेखन करता है। 'सरगम' को नाचते समय स्वरों की अभिव्यक्ति और मेलोडी को प्रधानता मिलती है, नर्तन मानो संगीत की बन्दिश का ही अन्तरंग खोलकर दिखा रहा हो। 'चतुरंग' नामक गायन प्रकार में 'साहित्य', 'सरगम', 'तराना' और 'त्रिवट' को बन्दिश में ही समाविष्ट किया जाता है। जब नर्तन के लिए चतुरंग को विशेष रूप से रचा जाता है, तब वह केवल संगीत प्रधान ही होता है। चतुरंग के संगीत का वर्णन करते हुए कहा जा सकता है कि यह एक ही राग के अनेक अमूर्त भाव दर्शानेवाला या नर्तन प्रकारों को अलग-अलग स्वरूपों में रचे जाने के कारण रागों के विशेष बर्ताव की तरफ़ निर्देश करनेवाला होता है।

सारांश यह कि 'नृत्त' के सन्दर्भ में संगत के लिए प्रयुक्त संगीत उन नर्तन प्रकारों पर सामान्यत: 'हावी' नहीं होता। महत्त्वपूर्ण होते हुए भी नर्तन से बढ़कर नहीं होता। परन्तु 'नृत्य' के क्षेत्र की माँग ही अलग होती है। वहाँ आवश्यकता होती है संगीतबद्ध साहित्यिक बन्दिशों की—ठुमरी, गीत, भजनों की, कभी-कभार काव्य-बन्धों और दोहों की भी। और फिर उन पर समग्र दृष्टिकोण से विचार करना आवश्यक होता है, जैसे कि उनके स्वरबन्धों की सरलता की, सुलभता की, उनमें की गयी शब्दों की विशिष्ट योजनानुसार अर्थप्रतिमाएँ निर्माण करने की, और अन्त में, ताल के सहज-सुलभ अन्दाज़ को सतत अबाधित रखने, उसे नष्ट न होने देने की। बीसवीं शताब्दी के आरम्भ में कार्यरत कथक के लखनऊ घराने के नर्तकश्रेष्ठ स्व. बिन्दादीन महाराज द्वारा केवल नर्तन के लिए ही रची गयी अनेक बन्दिशें तो अर्थपूर्ण भाषाविलास और प्रासादिक संगीत का सर्वांग-सम्पूर्ण मिलाप ही है। स्व. बिन्दादीन महाराज की बन्दिशें आसान नहीं हैं, क्योंकि स्वस्थ सादगी को निभाना वैसे भी आसान नहीं होता। उन बन्दिशों की स्वरलीन सादगी को निभाना कठिन प्रतीत होता है, परन्तु जैसे-जैसे उसे निभाते जाते हैं, वैसे-वैसे वह अर्थ की अनेक छटाओं का मायाजाल बुन सकती है! अपना स्वरविलास

नृत्य के साथ निरन्तर चलते रखने के बावजूद वह उसे नृत्य पर हावी होने नहीं देता। इन बन्दिशों का रागगायन रूढ़, सनातनी नहीं है—बल्कि जैसे वह अनुराग गायन होता हो! इन्हीं कारणों से यह आवश्यक प्रतीत होता है कि नर्तक नृत्य के लिए बन्दिशों का चयन करते समय स्व. बिन्दादीन महाराज का आदर्श सामने रखें।

अब तक नर्तन के क्षेत्र में संगीत की 'गायन' कला के योगदान के सम्बन्ध में ही विचार किया गया है। साथ में बजाय जानेवाले स्वर वाद्यों, यानी सारंगी, संवादिनी, सितार, बाँसुरी और तबला या पखवाज जैसे तालवाद्यों में से सारंगी और संवादिनी का ताल रचना के सन्दर्भ में 'लहेरा' या 'नगमा' के रूप में जो सहयोग मिलता है, वह कथक की एक अद्‌भुत विशेषता है। यों तो ये स्वर वाद्य वातावरण निर्मिति में अनमोल सहयोग देते हैं और गायन के दरमियान

आनेवाले विराम-क्षणों को सुरीली समृद्धि प्रदान करते हैं। तबला और पखावज जैसे ताल वाद्यों का ढंग इससे कुछ अलग है। ये वाद्य नर्तन के 'काल' नामक तत्त्व को प्रमुखता से आविष्कृत करते हैं और अधोरेखित भी। नर्तन को 'ताल' नामक संकल्पना की एक सुभग श्रव्य चौखट प्रदान करते हैं, सौन्दर्यकारक सीमा रेखाएँ खींचते हैं और साथ ही उसी सीमित परिधि में रहकर चतुराईपूर्वक यह भी सूचित करते हैं कि 'मुक्त' लयविलास की छूट किस प्रकार प्राप्त की जाय। निश्चित ही इस साथ का, वाद्यों का महत्त्व नर्तन और विशेषकर 'नृत्त' में अभूतपूर्व ही माना जाता है। कई बार तो वह नृत्त से बढ़कर अपना अस्तित्व जताता है। श्रेष्ठ कलाकार ही इसे सम्हाल पाते हैं।

उपर्युक्त विवेचन से स्पष्ट होता है कि नर्तन के 'नृत्त' और 'नृत्य' नामक दो पहलुओं के साथ हमेशा संगत करनेवाले समग्र संगीत का अस्तित्व असाधारण रूप से महत्त्वपूर्ण है और शास्त्रीय नर्तन में उसका स्थान भी अडिग है। संगीत का योगदान यदि उचित मात्रा में हो, तो वह विशुद्ध आनन्द से परिपूर्ण सार्थक और सुफलित सिद्ध होता है। इसीलिए तो संगीत के साथ अपना यह मैत्री भाव मूलतः 'स्वायत्त' नर्तन कला ने भी स्वयं ही शताब्दियों से सम्हाला-सहेजा है!

४

नृत्य और साहित्य

'नृत्य और साहित्य' का विषय वैसे है तो अत्यन्त व्यापक। साहित्य के रूप तथा अर्थ और उनके आस्वाद के सम्बन्ध में जिन्होंने गहरायी से विचार किया होगा, उनका, जिन्होंने नृत्य-कला की सैद्धान्तिक पृष्ठभूमि और उसकी तकनीक का प्रत्यक्ष, अनुभवात्मक अध्ययन किया हो, उनके साथ संवाद होगा, वस्तुतः तभी इस विषय का पार पाना सम्भव हो सकता है।

साहित्य सम्बन्धी मेरी भूमिका केवल आस्वादक और जन्मजात साहित्य-प्रेमी की है, जबकि नृत्य के सम्बन्ध में इन दो भूमिकाओं के साथ ही अध्येता और थोड़ी बहुत 'जानकार' की भी! क्योंकि मेरे निष्ठापूर्वक इस अध्ययन का आरम्भ किये पचास वर्ष बीत चुके हैं! जो भी हो, साहित्य और नृत्य-कला दोनों के साथ मेरे सम्बन्ध एक समान अर्थात् अत्यन्त आत्मीयतापूर्ण हैं। आरम्भ में ही यह छोटा-सा निवेदन प्रस्तुत करने में मेरा एक विशेष उद्देश्य है। यह आलेख पढ़नेवाले विचारकों के ध्यान में यह बात आ जाय कि सम्बन्धित विषय पर मेरा विवेचन विशुद्ध अन्तःप्रेरणा और अनुभव पर आधारित है और ऐसा क्यों है और साथ ही, उद्देश्य यह भी है कि इस बहाने होनेवाली चर्चा के जरिये मेरी विचार-पद्धति की त्रुटियाँ मेरे ध्यान में आयें और मेरे भावी अध्ययन को योग्य दिशा प्राप्त हो।

प्रचलित जन-स्वीकृत गणना के अनुसार ललित कलाओं में सामान्यतः सात-आठ कला विशेषों का समावेश किया जाता है। ये कलाएँ हैं—साहित्य, संगीत, नाट्य, नृत्य, चलचित्र, मूर्तिशिल्प, वास्तुशिल्प आदि। ललितकला की उपाधि प्राप्त करने के लिए विशेष रूप से किसी 'कर्म-कौशल' में जितने न्यूनतम गुण होने सम्भव हैं, उतने गुण कम-अधिक मात्रा में इन सबमें समान रूप से परन्तु अलग-अलग स्वरूप में सिद्ध होते हैं। इस कथन का स्पष्टीकरण निम्नानुसार है—

स्थल, काल, ऊर्जा और नाद नामक जो वैश्विक तत्त्व या सूक्ष्म अस्तित्व मनुष्य जीवन की सभी प्रकार की धारणा के लिए मूलभूत हैं, उन अस्तित्वों का या उनकी अनुभूतियों का ज्ञान

और एक अलग ही स्तर पर उनका सूक्ष्म परन्तु फिर भी प्रत्यक्ष बोध ललित कलाओं की प्रस्तुति में प्रतिबिम्बित होते समय मानवीय जीवन को 'प्राणी' के स्तर से हलके से ऊपर उठाकर एक अनोखी समृद्धि प्रदान करता रहता है। मनुष्य के जीवन के मूल स्रोत का वेध लेते और खोज करते हुए जीवन के सारतत्व को स्पर्श करनेवाली ललित कलाएँ मानो तरल दर्शन ही हैं। वैसे तो ललित कला संकुल की सभी कलाएँ किसी-न-किसी प्रकार से एक-दूसरे के साथ आन्तरिक सम्बन्ध बनाये रखती हैं और उनका अलग-अलग प्रकार से वर्गीकरण हो सकता है। ऐसा करने से प्रत्येक दो कलाओं के बीच का अलग-अलग दृष्टिकोण से जाँचा गया नाता, उनके मूलद्रव्य, उनके साधन, माध्यम, अभिरुचि के निकष आदि से सम्बन्धित विचार स्पष्ट करने में सहायक होना सम्भव होता है। उदाहरणार्थ, निम्न वर्गीकरण देखिए—

१.
- क्षणजीवी प्रयोगकला
  - संगीत
  - नृत्य
  - नाट्य
- स्थिरजीवी प्रदर्शनकला
  - चलचित्र
  - चित्रकला
  - मूर्तिशिल्प
  - वास्तुशिल्प

२.
- श्रव्यकला
  - संगीत
- दृश्यकला
  - मूर्तिशिल्प
  - वास्तुशिल्प
  - चित्रकला
- दृश्यश्रव्य कला
  - नृत्य
  - साहित्य
    - दृश्य वाचन
    - श्रव्य पठन
  - नाट्य

३.
- अवकाश-सापेक्षकला
  - मूर्ति-शिल्प
  - वास्तु-शिल्प
  - चित्रकला
- कालसापेक्ष कला
  - संगीत
    - गायन
    - वादन — तत, सुषिर
    - वादन — घन, अवनद्ध
- अवकाश + काल सापेक्षकला
  - नृत्य
  - नाट्य
  - चलचित्र
  - साहित्य

४. प्राचीन परम्परा के कारण हुए अधिक साहचर्य के कारण एक दूसरे से सम्बद्ध—(अ) संगीत (गायन + वादन) और नृत्य, (आ) साहित्य और नृत्य (इ) वास्तु-मूर्ति शिल्प और नृत्य, (ई) वास्तुशिल्प तथा चित्र और नृत्य।

५. व्यवसाय के कारण सम्बद्ध हुईं कलाएँ—(अ) नृत्य और संगीत, (आ) नृत्य और साहित्य, (इ) चित्र और नृत्य, (ई) मूर्तिशिल्प और नृत्य...आदि अनेक...

उपर्युक्त वर्गीकरण के विविध प्रकारों से यह पता चलता है कि 'साहित्य' एक अलग ही स्वयंसिद्ध, स्वतन्त्र और अत्यन्त मूलभूत महत्त्व रखनेवाली विशिष्ट कला है। यह तो स्पष्ट है कि नृत्य, नाट्य और संगीत कलाओं की भाँति साहित्य प्रयोगजीवी कला नहीं है। इस अर्थ में वह कला क्षणजीवी भी नहीं है या यदि साहित्य को दृश्य-श्रव्य कला न मानें, तो यह भी सत्य है कि नाटक, कविता या कथा-कथन आदि ललित साहित्य वाचन-पठन के रूप में वह 'श्रव्य' भी हो सकता है और लिखित स्वरूप में वह 'दृश्य' भी होता है। चित्र-शिल्प कलाओं की भाँति साहित्य न तो अवकाशनिष्ठ है और न संगीत की भाँति कालनिष्ठ कला है। यह कहते ही स्पष्ट पता चलता है कि ललित साहित्य में काल और अवकाश का सर्वसाक्षी, सर्वगामी व्यवहार दिखायी देता है। अत: साहित्य नामक कला-प्रकार एक अलग ही विभाग में 'एकमात्र' कला के रूप में ध्यान देने योग्य प्रतीत होता है। उसके विचरण का

समस्यापूर्ति : 'के हि कारण सुन्दर हाथ जल्यो'

क्षेत्र ही अलग है और साथ ही इस विशिष्ट कला का एक अनोखा महत्त्व और मूलगामी योगदान अन्य सारी कलाओं के सन्दर्भ में भी स्वयंसिद्ध है। इस विषय पर विचार तुरन्त आगे नृत्य के सन्दर्भ में मैं करूँगी ही।

नृत्य-कला की दृष्टि से विचार करें तो नृत्य और साहित्य के सम्बन्ध अनादि काल से बहुत निकट के और आत्मीयतापूर्ण रहे हैं और एक उत्क्रान्तिस्वरूप सांस्कृतिक इतिहास इसका कारण है। भारतीय परम्परा ने नृत्य-कला के अस्तित्व का संकीर्ण और सम्मिश्र रूप में ही पालन-पोषण किया है, उसे विकसित किया और सहेजा है। आज की जिन सात प्रमुख नृत्यशैलियों को 'शास्त्रीय' या 'अभिजात' माना जाता है, उनकी प्रस्तुति और प्रदर्शन में भी साहित्य की सहभागिता आवश्यक मानी जाती है। यह 'साहित्य', 'काव्य'—रूप ही होता है और अधिकतर श्रेष्ठ स्तर के काव्य को ही नृत्य के उपयोगार्थ चुना जाता है। आजकल रंगमंच पर साकार होनेवाली नृत्य-प्रस्तुतियाँ यानी 'नृत्य', 'साहित्य' और 'संगीत' कलाओं की कम-अधिक मात्रा में की गयी प्रस्तुति का एक-सा मेल ही होता है। नृत्य-कला के माध्यम की शुद्धता का विचार करते समय यह वास्तविकता उचित तो प्रतीत नहीं होती, परन्तु वह जिस रूप में है, उसी रूप में यह मेल लोकप्रिय भी है और सौन्दर्यपूर्ण भी! इसीलिए

शिव जी का वर्णन : 'भृकुटि भंग, रहे भवन दंग!'

ऊपरी तौर पर विचार करनेवाले को यह वास्तविकता खटकती भी नहीं। इस बात का निश्चित कारण तो नहीं बताया जा सकता कि नृत्य-कला का स्वरूप इस प्रकार संकीर्ण और सम्मिश्र क्यों हो गया, परन्तु उचित होगा कि उसके ऐसा होने के कारणों पर यहाँ थोड़ा-बहुत विचार कर लिया जाय।

'नृत्य' और 'नृत्त' ये दोनों विधाएँ जिसमें समाविष्ट हैं, वह है 'नर्तन' और इस नर्तन का 'मूलधन' यानी मनुष्य के शरीर की प्राकृतिक हलचल या चलनवलन। यह मानवीय चेतना का, ऊर्जा का स्फुरण होता है। भले ही नवजात शिशु न रोये, न कोई आवाज़ करे, परन्तु ऐसा नहीं हो सकता कि साँस पर आधारित उसके वक्ष का सूक्ष्म कम्पन न चलता हो। यह कम्पन, यह स्फुरण यानी नृत्य का मूल, मूलधन, मूलद्रव्य। अपनी भीतरी आवाज़ और अपने आसपास की प्रकृति की पुकार का उत्तर देते हुए अपने 'हलचल' नामक मूलद्रव्य से जब 'नर्तन' स्पष्ट आकार धारण करने लगा, तब यह हलचल आस्वाद-सौन्दर्य के स्तर पर सोद्देश्य और निरुद्देश्य होने लगी। कभी-कभी यह हलचल अनुकरण से आगे बढ़कर तरल, तो कभी प्रतीकात्मक और कभी-कभी सांकेतिक भी होने लगी। विकास की इस प्रकार की यह समानान्तर प्रक्रिया 'नर्तन' के साथ ही संगीत और साहित्य की जड़—यानी बोली-भाषा में भी अखण्डित रूप से चलती रही। सारे आलेख सम-समानान्तर थे। नर्तन के विकास के चरण थे—आदिवासी-नर्तन, लोक-नर्तन, नागर-नर्तन और अन्त में अभिजात-नर्तन। यह समझ आ रहा था कि इन चरणों को पार करते समय प्रत्येक मोड़ पर बोली-भाषा के साथ, यानी गीत और संगीत के साथ नर्तन का नाता अधिकाधिक घनिष्ठ होता जा रहा है। इन सोपानों की परम्परा के शिखर पर स्थित थी अभिजात नर्तनकला। भरत मुनि प्रणीत 'नाट्य-शास्त्र' जैसे एक आदिम प्रमाण ग्रन्थ में नर्तनकला का प्रवेश भी हो चुका था—विचक्षणा और विवेचना के एक विस्तारित पहलू के रूप में; परन्तु इस ग्रन्थ में नर्तन का जो स्थान था और है, वह नाट्य के एक सहयोगी अंग के रूप में; और इसका स्वरूप भी साहित्य और संगीत के सहभाव के कारण सम्मिश्र ही माना गया है, और वह ऐसा है भी।

वस्तुतः स्व-रूप के विकास के प्रमुख चरणों को पार करते समय साहित्य और संगीत कलाओं ने अपने-अपने माध्यमों, तकनीकों और स्व-भाव का विचार करते हुए उचित समय पर अपनी अलग गृहस्थी बसा ही ली थी, लेकिन नर्तन के मामले में उचित समय पर किये जानेवाले इस काम की ओर ध्यान नहीं दिया गया। और परिणामस्वरूप अपने मूल माध्यम का विचार अलग रख दिया गया। अपने माध्यम की स्वयंपूर्णता की बजाय नर्तन ने अपनी प्रस्तुति का फल साहित्य और संगीत के सहयोग तथा योगदान पर ही निर्भर कर दिया।

स्वाभाविक हलचलों से निर्मित अंग-विक्षेपों की भाव-भाषा को पार कर बोली-भाषा ने जब आदिमानव के जीवन में प्रवेश किया, यह कहने में कोई हर्ज़ नहीं कि एक बड़ी क्रान्ति ही घटित हुई। 'अर्थ' और 'नाद' नामक दो आयामों से युक्त 'शब्द' नामक मूलधन पर आधारित

प्रसून कुण्डल कान परे

बोली–भाषा के उपयोग के कारण संवाद सहज और सरल हो गया। मन में उत्पन्न होनेवाली भावनाओं के कवि–कल्पना पर सवार होने की सम्भावना निर्मित हुई और इस कल्पना विश्व में साहित्यिक गुणों ने अपनी जड़ें जमा लीं। मनुष्य की यह बोली–भाषा जैसे–जैसे साहित्यिक बनने लगी और लिखित स्वरूप भी धारण करने लगी, तब भाषा विकास के अनुसार अनेक तरल भावनाओं–कल्पनाओं का संचार नर्तन–विलास में भी दिखायी देने लगा। तरल कल्पनाओं और दूरान्वित प्रतिमाओं का उपयोग नृत्याभिनय में होने लगा, तो काव्य की समझ के आधार पर ही। विचारों, भावनाओं का मन या बुद्धि में बोली–भाषा ही वहन करती है। यह तय होने के बाद उसकी प्रगति और विकास के आलेख के समानान्तर नर्तन कला की प्रगति का

‘वेगी भेटवा का!’
अर्थात् : ‘मेरे श्रीकृष्ण से मुझे कोई शीघ्र ही मिलाइये...!’

आलेख तैयार होने लगा। भाव-भाषा की सीमित सम्भावनाओं के कारण नृत्याभिनय में प्रत्यक्ष अर्थ प्रकट करने में जो सम्भाव्य त्रुटि निर्मित हो रही थी, उसे ‘शब्द’ नामक साहित्यिक संकेत का आधार लेकर ही दूर किया जाने लगा।

साहित्य की अभिधा, लक्षणा और व्यंजना इन शब्दशक्तियों का उपयोग भी नृत्य के भाव प्रकटीकरण को एक अलग ही घनता देने में उपयोगी सिद्ध होने लगा। उदाहरणार्थ, अभिधा के स्तर पर कृष्ण को ‘गिरिधर’ कहकर पुकारते समय एक अलग प्रतिमा और ‘मुरलीधर’ या ‘कंसारी’ कहते समय अलग प्रतिमाएँ निर्माण करना सम्भव होने लगा, इसी प्रकार ‘नटराज’ या ‘त्रिपुरारी’ कहकर शिव की आराधना करते समय या उसका इस तरह उल्लेख करते समय अलग-अलग अभिनय की सम्भावनाएँ ध्यान में आना सुगम हो गया। ‘घूँघट’

या 'लौंग' या 'नथ' को हस्ताविर्भावों द्वारा दर्शाते ही दर्शकों के मन में स्त्री की प्रतिमा उभर पायी तो 'लक्षणा' के ही कारण। व्यंजना और ध्वनि तत्त्व के आधार से तो किसी काव्य चरण को बहुआयामी भाव-सन्दर्भ देते हुए भाव-भाषा की पँखुड़ियों को खुलवाना भी सम्भव हुआ। स्पष्टीकरण के लिए नृत्य का एक परम्परागत उदाहरण देखिए :

'बाजी घर आयी'—इस एक दोहे के प्रथम चरणार्ध का शब्दार्थ 'कोई एक घर लौट आयी' इस प्रकार लिया जा सकता है, परन्तु केवल वैसा ही अर्थ मानकर अभिनय करने की यहाँ आवश्यकता नहीं रही है। अलग अर्थ से, भिन्न-भिन्न लय प्रवाहों के प्रत्यक्ष उपयोग से नृत्यात्म अभिनय के जरिये एक बहुआयामी भाव-सन्दर्भ यहाँ साकार हो सका है तो व्यंजना के कारण ही। 'बाजी' यानी 'कोई एक' और 'बाजी' यानी 'बजी' यह इस शब्द की आड़ में छिपा श्लेषार्थ दृश्यात्म हुआ, वह भी व्यंजना के कारण ही! यह दर्शाना सम्भव हुआ कि 'बाजी' यानी 'कोई एक घर' लौटी तो क्यों लौटी—जब बाँसुरी के मधुर सुरों ने गोकुल के सारे परिसर को मदमस्त कर दिया, तब उसके मन में अचानक अत्यन्त व्याकुलता भर गयी! उसे लगा कि जो कल हुआ, जो परसों हुआ, वह आज भी होगा—मैं स्वयं को भूलकर पुलीन पर रमी रहूँगी और हमेशा की तरह फटकार सुननी पड़ेगी घरवालों की! नहीं चाहिए वे स्वर, वह मोह, नहीं चाहिए वह अवहेलना; बेहतर तो यही है कि मैं उलटे पाँव घर लौट जाऊँ! 'बाजी घर आयी' केवल इन तीन शब्दों से बने एक चरणार्ध के अभिनय को 'ध्वनि' और 'श्लेष' की सहायता से घनता और ठेठ अर्थ के आयाम प्राप्त हुए काव्य की सहभागिता के कारण, यह तो निर्विवाद ही है। 'ध्वनि तत्त्व', 'व्यंजना' और 'श्लेष', तथा उपमा, उत्प्रेक्षा, अपन्हुति, वक्रोक्ति और अन्य कई प्रकार के साहित्यिक अलंकारों के कारण नृत्याभिनय को जाने-अनजाने गहरायी प्राप्त होती है यह तो सच ही है, परन्तु विशेष रूप से कथक नृत्य की प्रस्तुति की साथ-संगत में साहित्य एक और रूप में सहयोग देता है। कथक में कविता, छन्द, दोहे, श्लोक आदि का अभिनय-विभाग में सतत संचरण होता रहता है। काव्य के ये प्रकार कभी-कभी गाये जाते हैं, उसी प्रकार कई बार उनका गद्य पाठ भी नृत्य की संगत करता है। ऐसे समय पर 'छन्द', 'कवित्त' के स्वयं के नादानुसारी शब्दालंकारों, अनुप्रासों और यमकों की सौन्दर्य-प्रतीति के आयाम भी नृत्य के अन्तिम, मिश्रित सौन्दर्यानुभव और आस्वाद-माधुर्य को बढ़ाने वाले होते हैं। उदाहरण के लिए कथक के सन्दर्भ में एक कविता देखिए—

हाट घाट नित तकत बाँट यह छेड करत सखि बरजोरी
ठाठ अजब बड़ा मो पे गजब मनमोर करे ऐसी चितचोरी
लै मटकी दध की पटकी अटकत पग में छिट की साड़ी
आंचल ओढी मग ठाडी मैं जोड़ी कर और चुप सी खड़ी

इस कविता के नृत्याभिनय को साथ के काव्यपठन से निर्माण होनेवाले नाद सौन्दर्य का जब साथ मिलता है, तब रस परिपोष और रसानुभाव में लक्षणीय वृद्धि होती है यह निश्चित है।

इसके अतिरिक्त, नृत्य के लिए चुने गये काव्य के मूल छन्द के कारण पद या काव्य के छन्दबद्ध न होने पर छन्दमुक्त काव्यबन्ध के शब्दों के विशिष्ट गठन के कारण निर्माण होनेवाले लयबन्ध नृत्याभिनय के मुख्य भाव प्रदर्शन में अनेक छटाएँ और रंग निर्माण करने में सहायक होते हैं।

नृत्य को काव्य का जो सुफल सहयोग मिलता है, उसे एक बार स्वीकार कर लेने के बाद यह कहने में कोई हर्ज़ नहीं है कि काव्य नृत्य को कितनी मात्रा में और कितनी पद्धतियों से समृद्ध कर सकता है, इस बात को विस्तार से कहा जा चुका है। अब इसी सन्दर्भ को कुछ उलटकर देखते हैं।

अचूक अर्थ–प्रकटन और अभिव्यक्ति की, बोली–भाषा और तदनुसारी भाषा की, साहित्य की क्षमता नृत्य के अंगविक्षेपों, शरीर–भाषा और भाव भाषा के माध्यम में न होने के कारण अर्थ की सुस्पष्टता की खोज में नृत्य को साहित्यिक भाषा और शब्दों के सहयोग की आवश्यकता होती है, इसी प्रकार शब्दों से परे के अर्थ को स्पर्श करने और कभी–कभी उसे घेर लेने की जो क्षमता शरीर–भाषा में होती है, वह साहित्य को दृग्गोचर अर्थ–प्रतीति देती है। एक प्रकार से प्रत्यक्ष दर्शन कराती है। सन्त ज्ञानेश्वर जी ने अपनी सुप्रसिद्ध विराणी (विरहकाव्य) ''घनु वाजे घुणघुणा'' में जीव और शिव के अलिखित नाते के जिस अमूर्त अनुभव को एक विरहिणी स्त्री की आर्त मन:स्थिति के वर्णन के जरिये सामान्य जनों के लिए मूर्त बनाने का सफल प्रयास किया, उसी मूर्त अनुभव को दृश्यों के जरिये केवल उत्कट, गहन भाव प्रकटन के द्वारा फिर से अमूर्तता की तरलता प्राप्त होती है श्रेष्ठ नर्तकों के नृत्याभिनय से और नृत्य में समाहित नाट्यधर्मिता और भावोत्कटता के कारण। 'सत्व' के आविष्कार के कारण गुरुवर्य टैगोर की 'गीतांजलि' के 'मौन' नामक एक काव्यबन्ध की वह शब्दों के विश्व से परे की संकल्पना नृत्यांकन के जरिये कितनी तरलता से प्रतीत हो सकती है, या आकाश, वायु, तेज, आदि सभी महाभूतों का वर्णन करनेवाले श्लोकबद्ध, ऋचाबद्ध काव्यों से ऊपर ये सारे 'भूत' नृत्यांकन के जरिये किस प्रकार 'उभरकर' आते हैं, जागृत होते हैं और फिर भी अपनी तरलता को गँवाते नहीं...ये सारे अनुभव नृत्य की प्रतीकात्मकता, भावोत्कटता और समग्र क्षमता के विषय में बहुत कुछ कह जाते हैं।

नृत्य और साहित्य नामक दो कलाओं के आपसी सम्बन्धों पर विचार करते हुए यह तो स्पष्ट है कि 'नृत्य' नामक अभिधान केवल साभिनय नर्तन, यानी अभिनय की अपेक्षा रखनेवाले नर्तन के सन्दर्भ में ही माना जाता है, 'नृत्त' के सन्दर्भ में नहीं। शुद्ध अंग–रेखाओं की माललयात्मक अंगक्षेपों पर, ललित पैंतरों पर, रंगमंच को घेरे हुए अवकाश के इस्तेमाल पर जहाँ सौन्दर्यानुभूति और आस्वाद पूरी तरह निर्भर होते हैं, वह 'नृत्त' विभाग साहित्य पर रत्ती भर भी निर्भर नहीं होता। 'नृत्त' में भावदर्शन शब्दों से परे का सूक्ष्म और तरल अवर्णनीय और विशेषकर 'माध्यमनिष्ठ' ऐसा क्षेत्र है।

'मिल जावै नंद को ढोठा'

ललितकला-संकुल की प्रत्येक कला की प्रस्तुति-क्षमता की अपनी कुछ सीमाएँ हैं और कुछ क्षमताएँ भी हैं। इन क्षमताओं पर विचार करते समय प्रत्येक कला के मूलद्रव्य का और उसके अनुसार माध्यम का विचार करना आवश्यक हो जाता है। कलाओं के आपसी सम्बन्धों का निर्धारण करते समय इन विचारों की मौलिकता की तरफ़ विशेष ध्यान जाता है। नृत्य और साहित्य कलाओं के आन्तरिक सम्बन्धों के बारे में अन्तिम विचार-विनिमय करने के लिए नर्तन की परिभाषा और उसके माध्यम सम्बन्धी विधान निम्नानुसार हो सकता है।

उपलब्ध अवकाश और सुबद्ध लय से युक्त मानवी शरीर का गतिमान शिल्प है नर्तन। ऐसे नर्तन में जब निर्धारित अवकाश में शैलीनिहाय सौन्दर्यपूर्ण आकृतिबन्ध, गतिविशेष और मनोहारी पैंतरे निर्माण करने और उसके साथ ही लयताल में निहित चमत्कृति दर्शाने की प्रधानता होती है, तब उसे 'नृत्त' कहना चाहिए, और इस गतिमान शिल्प से जब कोई साहित्यिक अर्थ, कोई कल्पना, कोई प्रसंग, विचार या किसी तरल भावना का आवाहन

किया गया प्रतीत हो, तब उस विधा को 'नृत्य' कहना चाहिए।

'नृत्त' और 'नृत्य' नामक दो भिन्न विधाओं से युक्त नर्तनकला की उपर्युक्तानुसार परिभाषा देने के बाद अन्त में 'नृत्य' और 'साहित्य' कलाओं के आपसी सम्बन्धों के विचार के मूल में चिन्तन की जो एक संक्षिप्त तालिका है, उसे उद्धृत करना उचित होगा।

नृत्य	साहित्य
मूलधन—मनुष्य शरीर के अंगोपांगों के सोद्देश्य या निरुद्देश्य 'अंगक्षेप';	मूलधन — अर्थ और नाद इन दोनों गुणों से युक्त 'शब्द';
मूल साधन—मनुष्य का शरीर;	मूल साधन — अर्थपूर्ण नाद;
स्थल-काल-सापेक्षता : सूक्ष्म, परोक्ष, प्रत्यक्ष स्तर पर भी ठोस रूप में;	स्थल-काल-सापेक्षता : सूक्ष्म और परोक्ष स्तर पर;
क्षणजीवी प्रदर्शनकला;	'नाटक' के स्वरूप में कथन-पठन के स्वरूप में क्षणजीवी; पुस्तक रूप में स्थिरजीवी प्रस्तुति;
परम्परागत रूप से साहित्य और संगीत कलाओं से जुड़ी होने के कारण इसे सम्मिश्र माना जाता है, परन्तु मूलतः स्वायत्त कला;	स्वायत्त कला;
दृश्य-श्रव्य प्रस्तुति, अन्य कलाओं को नियत मात्रा में योगदान;	दृश्य-वाचन; श्रव्य-पठन-कथन; अन्य कलाओं को मौलिक योगदान;
अप्रत्यक्ष और तरल जीवन दर्शन, व्याप्ति सीमित।	जीवन का समग्र पर्यवेक्षण अधिक व्याप्ति तथा गहरायी के साथ और प्रत्यक्ष रूप में।

५
ललित कलाओं का पारस्परिक आन्तरिक सम्बन्ध

विज्ञान, कला, विद्या, दर्शन आदि जीवन के विविध अंग हैं, जो यह सिद्ध करते हैं कि प्राणियों के जीवन की तुलना में मनुष्य के जीवन में अधिक आयाम हैं। जब मनुष्य की अन्न, पानी, वस्त्र और आश्रय नामक प्राकृतिक आवश्यकताएँ पूरी हो जाती हैं, तब जीवन के उपर्युक्त अंगों का, जो उतने ही प्राकृतिक हैं, जीवन के अलग-अलग स्तरों पर निर्माण होता है और इस प्रकार से कई स्तरोंवाला मानव जीवन प्राणी-जीवन के समानान्तर चलनेवाले मानव जीवन की तुलना में कई गुना समृद्ध होता है। व्यक्ति के और व्यक्ति-व्यक्तियों के मेल से बननेवाले समाज जीवन की समृद्धि में हाथ बँटानेवाले विज्ञान, कला, विद्या, आदि जीवन के विविध अंगों की गणना में भी कला अपना विशिष्ट महत्त्व रखती है, क्योंकि कलाओं का मूल कार्य विश्लेषणात्मक न होकर संश्लेषणात्मक है। विघटन नहीं, बल्कि संगठन है। वस्तुतः संश्लेषण, संगठन आदि कार्य आरम्भ से अन्त तक सकारात्मक होते हैं और जीवन को एक सूत्र में बाँधनेवाले होते हैं। कलाओं की गणना में अनेक कलाओं का समावेश होता है, परन्तु जीवन में उपयोग के सम्बन्ध में विचार किये बिना, या सहजता से न होते हुए आविष्कृत होना जिनका स्वभाव धर्म है, उन कलाओं को हम 'ललित कला' कहते हैं।

ललित कलाएँ सात मानी गयी हैं—नाट्य, नृत्य, संगीत, साहित्य, शिल्प, चित्र और वास्तुकला। मूल विचार-विनिमय के लिए और उनमें निहित कुछ स्पष्ट-अस्पष्ट समानताओं के कारण ही उनका एक 'परिवार' बना है। इन ललित कलाओं के स्वरूप और प्रस्तुति के विषय में कुछ समान कथन किये जा सकते हैं—

१. ललित कलाओं के मूल में आत्माविष्कार की प्रबल प्रेरणा होती है और उसका प्रयोजन निरुद्देश्य, उच्च कोटि के आनन्द रस का निर्माण करना ही है।

२. मानव-मन में स्थित 'आशय' जब किसी भी कला के माध्यम से अभिव्यक्त होता है, तब वह अपना स्वरूप या आकार भी स्वयं चुनता है।

३. प्रत्येक कला की स्वायत्तता प्रकृति-सिद्ध होती है। प्रत्येक कला के स्पष्ट अथवा अस्पष्ट माध्यम, उसके लिए प्रयुक्त सूक्ष्म या ठोस (घन या द्रव) साधन तथा अभिव्यक्ति के भिन्न स्वरूप के कारण इस स्वायत्तता की प्रतीति होती है।

४. ललित कलाओं का आविष्कार होता है एक कलाकार और कलाप्रेमी के बीच हुआ, हो रहा, या होनेवाला संवाद। यह संवाद ललित कलाओं के आविष्कार की सिद्धि का एक प्रमाण है।

५. ललित कलाओं के आविष्कार में 'स्थल' और 'काल' नामक तत्त्व कम-अधिक तारतम्य के साथ सूक्ष्म या ठोस सौन्दर्यपूरक या सौन्दर्यवाहक रूप में विचरण करते हैं।

पूरे विश्व की ललित कलाओं के सन्दर्भ में यह कथन सर्वसमावेशक माना जा सकता है, तथापि, प्रत्येक देश की प्रत्येक कला अपने-अपने देश के संस्कृति-संचित, प्रादेशिकता और काल-समानान्तरता की विरासत से युक्त होती है और उन प्रत्येक कलाओं तथा कलाभिव्यक्तियों के स्वरूप, नियम, अनुमान आदि के सम्बन्ध में किये गये कथन स्वाभाविक ही कुछ भिन्न होते हैं।

यदि आज हम भारत की कलाओं का स्वरूप देखें, तो एक दृष्टि से वह भी सम्मिश्र, कुछ अनिश्चित और उलझन में डालनेवाला है। इसका कारण यह है कि ललित कलाओं में से भारतीय संगीत और नर्तन अभी भी काफ़ी हद तक पारम्परिक स्वरूप में है। उनके साथ भारतीय संस्कृति के विशिष्ट सन्दर्भ जुड़े हुए हैं, (भले ही वे सन्दर्भ कलाकार के आधुनिक जीवन-क्रम से चले ही क्यों न गये हों।) इसके विपरीत, साहित्य, चित्र, शिल्प और मन्दिरों की शिल्पकला ने पश्चिमी कलाओं की प्रगति का रुख़ देखते हुए अपनी तकनीक, अपने परम्परागत अभिव्यक्ति के साधन, अपनी परिभाषा और मुख्यतः अभिव्यक्ति की पद्धति, आदि को बहुत कुछ बदल डाला है। आशय के चयन में भी क्रान्ति हो गयी है। इस परिस्थिति में, यदि इन कलाओं के आन्तरिक सम्बन्धों को केवल भारतीय सन्दर्भों के परिप्रेक्ष्य में ही जाँचना चाहें, तो स्थिति यह है कि कल के उदाहरण आज उपयोगी सिद्ध नहीं होंगे और आज के उदाहरण कल स्वीकार नहीं किये जायेंगे। इसलिए इन कलाओं का वर्गीकरण कुछ अलग पद्धति से करना होगा।

शास्त्रों में कहा गया है कि 'नृत्यं, गीतं तथा वाद्यं त्रयं संगीतमुच्यते'। इस नियम के आधार पर, अथवा शास्त्रकर्ताओं ने यह नियम क्यों बनाया होगा, इस प्रश्न पर विचार करने के बाद यह कहा जा सकता है कि इनमें से 'नृत्य' और 'संगीत' का आपस में बहुत निकट का सम्बन्ध है। यह भी स्पष्ट है कि 'नाट्य' और 'नृत्य' भी लगभग एक ही जातिकुल की कलाएँ हैं। परन्तु, 'नाट्य' और 'संगीत' के आपसी सम्बन्ध उनके 'नृत्य' के साथ स्वतन्त्र रूप से होनेवाले सम्बन्धों जैसे

एलोरा के 'कैलाश' मन्दिर में

घनिष्ठ बिना किसी विशेष कारण के नहीं बनते। 'शिल्प', 'चित्र' और 'मन्दिर-शिल्प' कलाओं का एक समूह बनाया जा सकता है। इस सामान्य तौर पर किये गये वर्गीकरण के आधार पर आइये, सबसे पहले इस बात पर विचार करें कि प्रत्येक कला-प्रकार का दूसरे कला-प्रकार के साथ कैसे, कितना और किस प्रकार का सम्बन्ध हो सकता है।

मेरे विशेष अध्ययन का विषय 'नर्तन' है, स्वाभाविक ही मैं 'नर्तन और संगीत', 'नृत्य और नाट्य', 'नृत्य और साहित्य', 'नर्तन' और 'शिल्प-चित्र-मन्दिरशिल्प कला' इस क्रम से ही और अधिकतर सम्पूर्णतः नर्तनानुभव के आधार पर ही इन आन्तरिक सम्बन्धों का अवलोकन करूँगी।

जिस प्रकार 'नर्तन' ('नृत्य' + 'नृत्त') और 'संगीत' कलाओं का (गायन तथा तन्तुवाद्य, सुषिरवाद्य और घन तथा अवनद्ध वाद्यों का वादन) निकट का सम्बन्ध होने की वस्तुस्थिति के कई कारण हैं, उसी प्रकार पौर्वात्य और विशेषकर भारतीय मानव का पारम्परिक, सांस्कृतिक और सामाजिक प्राचीन इतिहास भी इस निकटता का साक्षी है।

एलोरा के 'कैलाश' मन्दिर में

यदि 'नर्तन', 'गायन' और 'वादन' के सम्बन्ध में गहरायी से विचार किया जाय, तो पता चलेगा कि इन तीनों कलाओं की अभिव्यक्ति के साधन मूलत: मनुष्य के शरीर में ही प्राकृतिक रूप से निहित हैं। उदाहरणार्थ, 'नर्तन' का मूल बीज और अभिव्यक्ति का साधन है मनुष्य के शरीर का निरुद्देश्य या सोद्देश्य चलनवलन, जो शरीर के जरिये ही प्रकट होता है। 'गायन' का मूल है 'आवाज़', और 'आवाज़' से लेकर स्वर-व्यंजनों आदि के उच्चारणों तक की उस आवाज़ की यात्रा मनुष्य की श्वसन-क्रिया और उसके गले में स्थित स्वरयन्त्र के कारण सम्पन्न होती है। दोनों हाथों की हथेली से बजायी जानेवाली ताली या चुटकी द्वारा जो श्रव्य घात होते हैं, उनसे अवनद्ध वाद्यों के वादन का मूल प्रतीत होता है। यानी, शरीर के अवयवों के जरिये ही इन कलाओं की निर्मिति और उनका व्यवहार आरम्भ होता है। इसके विपरीत, बाक़ी सभी कलाओं के साधन मनुष्य ने अपनी बुद्धि से अपने अस्तित्व के बाहर से निर्माण किये हुए होते हैं। उपर्युक्त निरीक्षण से कुछ हद तक यह बात स्पष्ट हो सकती है कि संगीत और नर्तन कलाओं का एक-दूसरे के साथ इतना घनिष्ठ सम्बन्ध क्यों है। इसके अलावा एक और महत्त्वपूर्ण मुद्दा यह है कि उपर्युक्त तीनों कला-क्षेत्रों में मनुष्य की प्रगल्भ

अनुभूति में निहित काल, अवकाश, ऊर्जा और नाद नामक मूलभूत धारणाओं का अत्यन्त अचूकता, गहरायी तथा विशिष्ट और समान संवेदनशीलता के साथ विचार किया गया है, जिसके कारण इन तीनों कलाओं का मेल त्रिविध और फिर भी एकीभूत प्रतीत हो सकता है।

नर्तन का गायन–वादन के साथ सम्बन्ध परम्परा और साहचर्य के कारण इतना घनिष्ठ है, कि नृत्त और नृत्य के साथ गायन–वादन भले ही पृष्ठभूमि में रहता हो, परन्तु कई बार नर्तनाभिव्यक्ति में एक प्रमुख भूमिका करते हुए इतराता है। कथक जैसी उत्तर भारतीय नर्तन शैली में 'बड़ा ख्याल' के अलावा उत्तर भारतीय अभिजात संगीत के अन्य सभी प्रकारों को अपनाया गया दिखायी देता है। इसके कारण नर्तन को निरन्तरता, नाप, आकृति का सूचन, एक प्रकार का सौन्दर्यपूर्ण अधोरेखन और नादमयता के स्पष्ट आयाम प्राप्त होते हैं। इसके अतिरिक्त, अभिजात नर्तन अभिजात संगीत से ही सम्बद्ध होने के कारण गायकी के संकेतों का जैसे राग और उसके भाव, राग और समय, आदि का उपयोग भी नर्तन के लिए महत्त्वपूर्ण सिद्ध होता है।

कथक के अतिरिक्त अन्य छह नर्तन शैलियों में न तो 'पाटाक्षर' हैं, न 'सार्थ' शब्द हैं और न उनमें 'नगमा' या 'लहेरा' जैसा कोई संगीत होता है। इसलिए उन शैलियों के सम्बन्ध में संगीत और साहित्य का योगदान अलग–अलग दर्शाना हो, तो 'जतिस्वरम्' + 'तिल्लाना', और 'पदम्', 'वर्णम्', 'जावली' आदि के जरिये ही दर्शाया जा सकता है और वह भी केवल भरतनाट्यम् शैली का ही उदाहरण लेते हुए। मणिपुरी, ओडिसी, कुचिपुडी आदि के सम्बन्ध में स्वतन्त्र रूप से ही अलग विचार करना होगा। परन्तु यहाँ मुख्य विषय वह नहीं है। मूल निवेदन कथक के सन्दर्भ में ही है।

कथक में 'तराणा', 'त्रिवट', 'सरगम' आदि प्रकारों के अतिरिक्त 'नगमा' या 'लहेरा' नामक एक संगीत–प्रकार होता है, जो नर्तन के लिए बहुत पोषक होता है और फिर भी सामान्यतः नर्तन पर उसके हावी होने की सम्भावना लगभग नहीं होती। नर्तन की 'नृत्त' और 'नृत्य' दोनों विधाओं में परिणामकारकता की दृष्टि से उत्तम संगीत की संगत चाहे जितनी उपकारक क्यों न होती हो, पर वह नियत मात्रा में ही रहे, इस बात का ध्यान नर्तक को ही रखना चाहिए, क्योंकि नर्तन के विशिष्ट माध्यम के अभिव्यक्ति–सामर्थ्य की सुप्त शक्ति को केवल वही पहचानता है।

नर्तन और संगीत की तरह 'नर्तन' और 'साहित्य' के सम्बन्ध भी आत्मीयतापूर्ण हैं। कथक नृत्य के 'गतभाव' को यदि एक ओर रख दें, तो कथक सहित अन्य सभी भारतीय नर्तन शैलियों में 'शब्द' या 'काव्यात्म शब्द' आवश्यक प्रतीत होता है। परम्परा और प्रकृति ने ही यह बाधा डाल रखी है। यद्यपि यह बार–बार दिखायी देता है कि किसी प्रातिनिधिक अकेले शब्द को कभी अभिनय द्वारा प्रस्तुत किया जाता है और कभी वही शब्द किसी वाक्य का स्पष्ट भाग होने के नाते वाक्यार्थ की सीमा के भीतर रहकर अभिधा, लक्षणा और व्यंजना जैसी शब्द शक्तियों के आधार पर अपनी अलग–अलग लीला प्रकट करता है; तथापि शब्द नर्तन का

रोहिणी जी की नृत्य के लिए बनी संगीत और साहित्य रचनाओं पर हुई अनेक चर्चाओं में से एक

माध्यम नहीं है; इसलिए नृत्याभिनय जब विवरणात्मक होता है, तब नर्तक को शब्द का आधार छोड़ देना चाहिए, यह नृत्यानभिनय करनेवाले का प्रमुख गृहीत होता है। यद्यपि नर्तन के माध्यम के सम्बन्ध में विचार करने पर यह भली-भाँति पता चलता है कि नर्तन के नृत्य (साभिप्राय नर्तन) नामक पहलू की प्रस्तुति में शब्द या साहित्य का समावेश न भी हो, तब भी काम चल सकता है—बल्कि काम चलना चाहिए; तथापि, इस वास्तविकता को दृष्टि से परे नहीं किया जा सकता कि साहित्य की समझ बोली-भाषा से ही उत्पन्न होती है और अपने मन में उत्पन्न भावों, विचारों और कल्पनाओं के अस्तित्व के लिए भाषा या साहित्य का ही अवलम्बन होता है। यह तो सत्य ही है कि साहित्य के परिचय और बोध से ही प्रतिमाओं का निर्माण होता है, कल्पनाओं को उड़ान मिलती है, भावनाओं को विविध छटाओं की परतें मिलती हैं और तब नृत्याभिनय अधिक सघन, गाढ़ा और गहरा हो सकता है। इसीलिए निश्चित ही मनुष्य के रूप में जीते हुए भाषा के इस अस्तर को जीवन से खींचकर निकाल फेंकना असम्भव और अप्राकृतिक है। परन्तु इसका अर्थ यह नहीं कि शब्दों के अर्थ से परे जा सकनेवाले अभिनय की क्षमता से सम्पन्न नर्तन (नृत्य) को शब्दों पर ही निर्भर रखा जाय। साहित्य को नृत्य का यह योगदान ही है कि नृत्याभिनय से, शब्दों के माध्यम से मूर्त हुई कल्पनाओं की अमूर्त प्रेरणाएँ हमें प्रत्यक्ष मिलती हैं।

दो हज़ार वर्ष पहले ही भरत मुनि यह विधान कर चुके हैं कि नाट्य और नर्तन की दो विधाओं में से नृत्य एक ही जाति के हैं। उन्होंने 'नृत्य' को नाट्य का ही एक अंग माना था। शब्दों से

परे होनेवाले भावों को व्यक्त करने, रंगमंच पर प्रत्यक्ष दर्शाये जा न सकनेवाली बातों को दर्शाने के लिए नृत्यात्म अभिनय करने, केवल अलंकरण के रूप में या किसी प्रसंग को सौन्दर्य-सम्पन्न बनाने तथा मध्यान्तर की या वातावरण में परिवर्तन की सूचना देने आदि के लिए नृत्तात्मक संचलन का समावेश नाटकों में किया जाता था। यह थी संस्कृत नाटकों के अन्तर्गत जटिल प्रसंगों पर भी सफलता से मात करने के लिए अपनायी जानेवाली नाट्यधर्मी युक्ति! रूपक और उपरूपक; यानी नाटक तथा नृत्य और नाट्य के विविध प्रकारों के जोड़ से बननेवाले उसके अनेक उप प्रकारों (या दस विशेष) का शास्त्रकारों द्वारा किया गया वर्गीकरण उपयोग में लाया जाता था। इसके आधार पर यदि किसी निष्कर्ष तक पहुँचना हो, तो कहा जा सकता है कि नाटकों में नाट्याभिनय अधिक लोकधर्मी और नृत्याभिनय सांकेतिक प्रतीकात्मकता से युक्त यानी नाट्यधर्मी हुआ करता था। स्वाभाविक ही इसमें नर्तन के माध्यम यानी मानव के अंग-प्रत्यंगों के सोद्देश्य या निरुद्देश्य संचलन से बनी शरीर-भाषा का उपयोग किया जाता था। 'नर्तन' के 'नृत्त' नामक सुरेखित रूप का प्रयोग केवल अलंकरणात्मक, तकनीकी समृद्धि से परिपूर्ण और मंगल सूचक के रूप में किया जाता था।

'नाट्य' और 'नृत्य' की तुलना करते समय दोनों में जो एक समान गुण दिखायी देता है, वह है अभिनय क्षमता। उसके 'नाट्यधर्मित्व' और 'लोकधर्मित्व' के भेद का स्पष्टीकरण ऊपर किया ही जा चुका है परन्तु नाटक का नाट्यगुण वास्तव में क्या होता है, इसका विचार करने पर और अभिनय के मूल चार प्रकारों का नाट्य और नृत्य में कितने परिमाण में और किस प्रकार उपयोग और व्यवहार किया जाता है, इसे समझ लेने पर ही नाट्य और नृत्य का आपसी सम्बन्ध स्पष्ट हो सकता है।

जीवन-व्यवहार में जहाँ संघर्ष होता है, आमना-सामना होता है, दृश्यादृश्य तनावों का एहसास होता है, घटनात्मकता होती है, वहाँ नाट्य होता है, नाट्य के उद्रेक की सम्भावना होती है। वहाँ नाट्य का निर्माण होता है...इस मायने में अभिनय दर्पण का 'नाट्यं तन्नाटकं चैव' यह वाक्यार्थ सार्थक सिद्ध होता है। हमारे अध्ययन या पठन के क्रम में नित्य ही विविध परिभाषाएँ सामने आती हैं, जैसे कि 'नाट्य' 'रसाश्रयी' होता है, जबकि 'नृत्य' 'भावाश्रयी'; 'नाट्य' में 'अवस्थानुकृति' होती है और 'नृत्य' में 'भावानुकृति', आदि। अनुभवों की कसौटी पर इन परिभाषाओं की सार्थकता परखते हुए मुझे निम्नानुसार विधान करने हैं—

१. आवश्यक नहीं कि नृत्य में अभिनय का स्पष्टीकरण संहितात्मक ही हो (यानी, विषयवस्तु के अनुरूप ही हो)। कई बार यह केवल किसी एक भाव की ही पुष्टि करता है। जब कभी उस भाव दर्शन के लिए किसी सम्पूर्ण कथात्म विषय का आधार होता है, तब उस शुद्ध और केवल भावात्मता को 'नाट्य' का स्पर्श होता है। नृत्याभिनय मूलतः भावात्म, प्रतीकात्म और काव्यात्म ही होता है।

२. चूँकि नाटक जीवन के साथ, जीवन-व्यवहार के साथ अधिक संलग्न होता है, इसलिए

उसमें निहित नाट्य लोकधर्मी पद्धति से जीवन की वास्तविकता की प्रतीति कराता है। नृत्य की वास्तविकता दूरान्वित होती है, प्रतीकात्म होती है, शरीर-भाषा होने के बावजूद भी तरलता की प्रतीति कराती है।

३. नृत्य अपने भावों के प्रक्षेपण के लिए लय तत्त्व का अत्यन्त चतुराई से उपयोग करता है। यानी, नृत्य के साथ गाये जानेवाले गीतों के स्वर और उनके मोड़, लगाव, उनके शब्दों का उच्चारण आदि पहलुओं के कारण लगातार उत्पन्न होनेवाले और विलीन होनेवाले छोटे-छोटे लयबन्ध और उन गीतों के काव्यार्थ के अनुसार कम-अधिक मात्रा में गहनता के प्रक्षेपण का 'लहजा', तथा चाल, गति आदि का जब एक-दूसरे के साथ उत्तम ताल-मेल होगा, तभी नृत्याभिनय प्रभावी हो सकता है। सामान्यतः नाट्य में इस प्रक्रिया को 'टाइमिंग साधना' कहा जाता है, परन्तु नृत्याभिनय में लय तत्त्व का विचार 'टाइमिंग' से अलग और अधिक संकीर्ण होता है।

४. नाट्याभिनय का मुख्य साधन होता है वाचिक अभिनय, गौण साधन आहार्य अभिनय (वेशभूषा, रंगभूषा, नेपथ्य, प्रकाश-योजना आदि बाहरी सुविधाओं की सहायता) और इसका प्राण अंग होता है अभिनेता और दर्शकों के सत्व को स्पर्श करने वाली सात्विक भावाभिव्यक्ति! नृत्याभिनय का मुख्य साधन होता है आंगिक (शरीर के अंगोपांगों का सूक्ष्म या ठोस प्रचलन) और गौण साधन आहार्य (शैली के अनुरूप वेशभूषा, प्रकाश-योजना, संगीत आदि), और नाट्याभिनय की भाँति ही सत्व को स्पर्श करनेवाला परन्तु प्रतीकात्मक, तरल और वस्तुभावात्मक भावाभिव्यक्ति नृत्याभिनय का प्राण अंग होता है!

५. वैसे तो नाटक का 'वाचिक अभिनय' नामक साधन सामान्यतः सामर्थ्यशाली होता है, फिर भी कभी-कभी संहिता (कथावस्तु) के शब्दों के आगे-पीछे के गहन अर्थांशों को स्पष्ट करने की आवश्यकता कलाकार गहरायी से अनुभव करते हैं और तब नृत्याभिनय के समान प्रतीकात्मक और प्रतिमायुक्त आंगिक अभिनय की ही कसौटी पर नाटक को कसना पड़ता है। आधुनिक नाटकों में विशिष्ट अवसरों पर अपनायी जानेवाली शरीर-भाषा का निरीक्षण करने पर यह बात स्पष्ट होगी।

६. 'संगीत' यानी 'गायन, वादन और नर्तन', और इन कलाओं की भाँति नाटक नामक कला भी प्रयोगजीवी है। नर्तन की भाँति उसमें भी 'काल' और 'अवकाश' तत्त्वों का सूक्ष्म और ठोस स्तरों पर उपयोग किया जाता है। नाटक में पात्रों का संचरण, अलग-अलग पैंतरें, बैठकें आदि का महत्त्व होने के बावजूद यह कहने में कोई हर्ज़ नहीं है कि संरचना अर्थात् कोरियोग्राफ़ी का शास्त्र उसमें ठोस नहीं, बल्कि सूक्ष्म स्तर पर समाहित होता है। रंगमंच का उचित उपयोग—उसमें निहित अवकाश को सचेत या 'शून्य' बना देना, उसमें शिथिलता या तनाव उत्पन्न करना—इस खेल का अनुभव

समय-समय पर नाट्य और नृत्य दोनों में मिलता है। परन्तु दोनों कलाओं की प्रस्तुति से प्रकट होनेवाला उस खेल का ढंग अलग-अलग प्रकार का, स्वाद का, पद्धति का होता है। 'नर्तन' के 'नृत्त' और 'नृत्य' दोनों विभागों में यह खेल बड़ी चतुराई के साथ खेला जाता है।

७. 'आहार्य' अभिनय का उल्लेख पहले किया जा चुका है; परन्तु उसमें विशेष रूप से ध्यान देने योग्य बात यह है कि 'नृत्य' कला का यह खेल बहुरुपिये के खेल जैसा होने के कारण नर्तन में 'आहार्य' का उतना महत्त्व नहीं है, जितना कि नाट्य में होता है। नाटक में प्रत्येक भूमिका निभाने के लिए अलग-अलग पात्र होते हैं। उस सम्बन्धित पात्र की मनोभूमिका, परिस्थिति, व्यक्तित्व और नाटक में उसकी भूमिका में आनेवाले उतार-चढ़ावों पर उसकी वेशभूषा निर्भर होती है। नृत्य में इस प्रकार के विवेक + विचार की आवश्यकता नहीं होती, बल्कि उसकी आवश्यकता केवल इतनी है कि शैलीनियुक्त और तकनीक के निर्वाह के लिए सुविधाजनक और सरल वेशभूषा की व्यवस्था की जाय। सूचक सजावट, प्रकाश-योजना और ध्वनि-संयोजन—बस इतनी ही आवश्यकता—अभिजात नाटक का स्वरूप सामूहिक, जबकि अभिजात नर्तन प्रकारों में से पाँच शैलियों का स्वरूप पूर्णतः 'एकल नर्तन' का। केवल 'कथकली' और 'मणिपुरी' हैं तथाकथित अपवाद, वस्तुतः ये अपवाद हैं ही नहीं...क्योंकि 'कथकली' शुद्ध नर्तन नहीं है, बल्कि नाट्य-नृत्य का प्रकार है और मणिपुरी नर्तन लोक शैली तथा अभिजात नर्तन का बीच राह में होनेवाला मेल है। इसलिए इन दोनों कला-प्रकारों के सम्बन्ध में अलग ही दृष्टिकोण से विचार करना पड़ता है।

यहाँ तक नाट्य और नृत्य-कलाओं की आपसी समानताओं और भेदों का विवेचन करने के बाद अब सभी मुद्दों पर एक ही दृष्टिक्षेप में विचार करना सम्भव हो, इसलिए नाट्य, नृत्य और नृत्त की परिभाषाएँ और नाट्य तथा नृत्य विधाओं के साम्य-भेदों को स्पष्ट करनेवाली तालिकाएँ आगे दी गयी हैं। कृपया उन पर ध्यान दें।

नाट्य—नाटक की परिभाषा—केवल इतिहास-पुराणों में से नहीं, बल्कि समाज में घटित होनेवाली अनेक अघटित घटनाओं के मूल में जो कार्य-कारण भाव होता है, उस पर विचार करते हुए, या बिलकुल अलग विकृत और अनाकलनीय मानसिकता को लक्ष्य बनाते हुए, कभी पुराने श्रेय को ताज़ा करते हुए या कभी-कभार नये जीवन मूल्यों का विचार प्रस्तुत करनेवाली, आदि में से या इनके अतिरिक्त भी किन्ही सरस, सार्थ विषयों पर योग्य कारणों से संहिता लिखकर आंगिक, वाचिक, आहार्य और सात्विक नामक चारों अभिनय विधाओं का उपयोग करते हुए प्रत्येक भूमिका के अनुरूप पात्र योजना करनेवाली तथा मुख्य रूप से संवादात्मक भाषा के माध्यम से की जानेवाली दृक्-श्रव्य प्रस्तुति यानी नाटक!

नर्तन : नृत्त और नृत्य की परिभाषा—उपलब्ध अवकाश में, सुबद्ध लय में विचरते हुए मनुष्य

शरीर का गतिमान शिल्प यानी 'नर्तन'। ऐसे नर्तन में जब निर्धारित अवकाश में सौन्दर्यपूर्ण आकृतिबन्ध, गति विशेष और मनोहर पैंतरे निर्माण करने और उसके साथ लय-ताल में चमत्कृति दर्शाने को प्रधानता दी जाती है, तब उसे 'नृत्त' कहना चाहिए; और जब इस गतिमान शिल्प से किसी साहित्यिक अर्थ, किसी कल्पना, प्रसंग, विचार या किसी तरल भावना का आवाहन किया जाता है, तब उसे 'नृत्य' कहना चाहिए।

तालिका-१

आचार्य नन्दिकेश्वर का मत

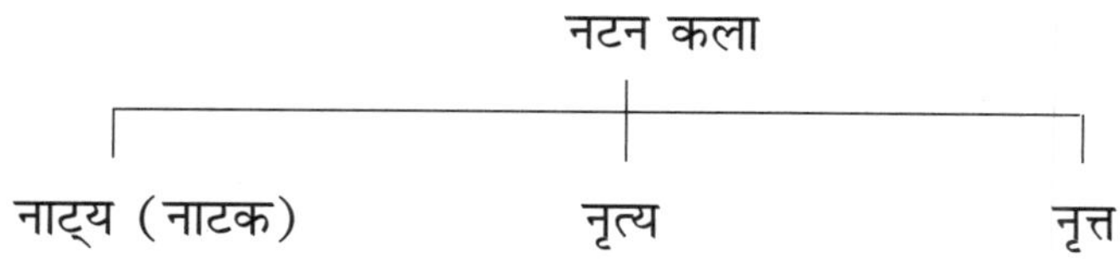

तालिका-२

मेरे विचार में तालिका निम्नानुसार होनी चाहिए

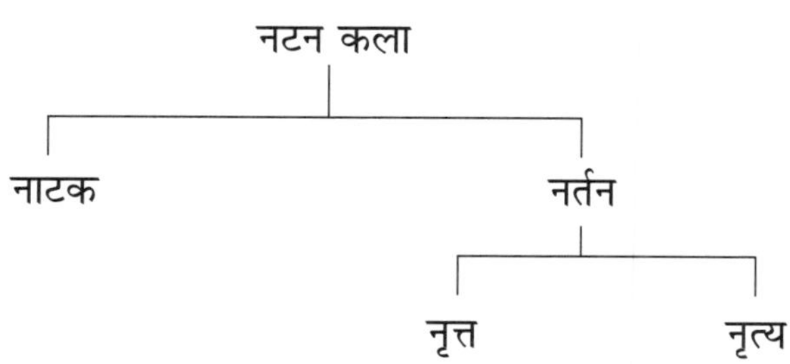

'नृत्य' और 'मूर्ति शिल्प' कला के उन्नीसवीं शताब्दी तक के आपसी सम्बन्धों को देखें, तो पता चलेगा कि एकमात्र कथक का अपवाद छोड़कर, बहुत अलग दृष्टिकोण से, और अलग तरीक़े से वे सम्बन्ध आत्मीयतापूर्ण हैं। अभिजात नृत्य के शिल्पबद्ध मूर्त रूप मानो चट्टानों पर जड़े गये नृत्य के प्रतिबिम्ब ही हैं। वस्तुस्थिति तो यह है कि अभिजात नृत्य से सम्बन्धित शास्त्रीय विधानों को इन मूर्ति-शिल्पों में जाँचा जा सकता है और मूर्ति शिल्पों के अभिजातत्व को निश्चित करने के लिए उन्हें उन शास्त्रीय विधानों की कसौटी पर परखा जा सकता है। प्राचीन मन्दिरों में जो मूर्ति- शिल्प दिखायी देते हैं, उनमें नृत्य-मूर्तियों की संख्या अधिक होने पर भी मानव के व्यावहारिक जीवन का वास्तव भी कई स्थानों पर कई बार अभिव्यक्त हुआ है। बीसवीं शताब्दी में दृष्टिकोण में जो परिवर्तन होना आरम्भ हुआ, उसके कारण आधुनिक शिल्प पारम्परिक नृत्य-कला से पहले की भाँति सम्बद्ध नहीं है। तो फिर, वह किस प्रकार सम्बद्ध

तालिका–३

नाटक (नाट्य) और नृत्य के साम्य तथा भेद

नाट्य नाटक	निकष	नृत्य
१. मनुष्य देह	साधन	मनुष्य देह
२. सात्विक अभिनय का कोई विकल्प नहीं है। वाचिक प्रमुख है, आंगिक पूरक और आहार्य पात्र के व्यक्तित्व के अनुरूप और विशिष्ट। नेपथ्य और अन्य सुविधाओं के सन्दर्भ में आहार्य का परिपूर्ण उपयोग।	अभिनय	सात्विक अभिनय का कोई विकल्प नहीं है। आंगिक प्रमुख है। आहार्य सुविधा और शैली निहाय। आहार्य की तरह एक भाग के रूप में वाचिक उपयुक्त होता है, जिसका प्रयोग आवश्यकतानुसार किया जाता है।
३. वाचिक अभिनय प्रमुख होता है। उसके द्वारा अभिधा, लक्षणा और व्यंजना आदि शब्द शक्तियों के बल पर सिद्ध हुई, बोली–भाषा उस नाटक का माध्यम होती है।	मध्यमा	आंगिक अभिनय के आधार पर प्रतिमाओं से युक्त व्यंजक, सारांश रूप में अनुकरणात्मक, और कभी–कभी सांकेतिक, प्रतीकात्मक शरीर–भाषा नृत्य का माध्यम होती है।
४. अधिकांश रूप से लोकधर्मी (सीधा, सहज, प्राकृतिक—जैसा हम दैनिक व्यवहार में बर्ताव करते हैं, उसी प्रकार या उस जैसा।) कुछ अधिक सुस्पष्ट।	विधा	अधिकांश रूप से नाट्यधर्मी (अप्रत्यक्ष निर्देश) परन्तु सारांश में कथन। रंगत बढ़ाते हुए, उभारते हुए, सूचकता के साथ अर्थ की अभिव्यक्ति। प्रतिमानों और वस्तुभाव का उपयोग।
५. नाटक की संहिता के रूप में कथावस्तु का अखण्डित आधार आवश्यक।	कथावस्तु	स्फुट प्रसंग या स्फुट घटनाएँ भी पर्याप्त होती हैं।

६. रस निष्पत्ति निश्चयपूर्वक।	रस निष्पत्ति	भावनिर्माण निश्चयपूर्वक। यदि भावनिर्माण करने, अभिव्यक्त करने के लिए पर्याप्त समय मिले, तो रस निष्पत्ति का अनुभव मिल सकता है।
७. चर्वणा से रस निष्पत्ति।	चर्वणा (रसास्वादन)	कई बार चर्वणा के लिए पर्याप्त समय नहीं मिल पाता।
८. प्रत्येक भूमिका के लिए अलग-अलग पात्र निर्माण करना आवश्यक।	पात्र योजना	एकपात्री—एकल नृत्य प्रयोग महत्त्वपूर्ण। बहुरुपिये की भाँति एक ही पात्र द्वारा कई भूमिकाओं का अनुभव कराना आवश्यक।
९. टाइमिंग के रूप में लय तत्त्व का उपयोग। ताल की प्रत्याशा नहीं होती।	काल सापेक्षता	लय और ताल के खेल का महत्त्व अनन्य साधारण होता है। इसमें से भी लय तत्त्व के विषय में विशेष विचार और अनुभव किया और कराया जाता है।
१०. अवकाश के प्रभागों का ध्यान रखते हुए वहाँ उनकी सत्ता जागृत करना।	अवकाश का अभिभावन (संरक्षण)	अवकाश का परोक्ष भान रखना आवश्यक होता है। उसके आयामों का प्रत्यक्ष उपयोग किया जाता है। जिसके परिणामों की सम्भावनाएँ भी अनेक होती हैं।
११. संगीत नाटक में गीत और गायन का महत्त्व। संगीतिकाओं का माध्यम ही गीत है। बाक़ी में संगीत का उपयोग केवल आवश्यकतानुरूप या पार्श्वसंगीत के रूप में होता है।	गीत-संगीत का सहयोग	यद्यपि परम्परानुसार नृत्य के साथ संगीत का साहचर्य आवश्यक माना गया है, तथापि संगीत के बिना भी नर्तक नृत्य का (नृत्त का भी) सफल मंचन कर सकता है। यह मंचन प्रत्ययकारी भी होता है। सब कुछ विषयवस्तु पर निर्भर है।
१२. गद्यात्म सीधे संवाद और स्वगत भी होते हैं।	संवाद, स्वगत, स्व-संवाद	मौनात्म स्व-संवाद।

है ? इस प्रश्न पर विचार करने से पहले आइए, यह समझने का प्रयास करें कि प्राचीन शिल्प-शास्त्र और नृत्य-शास्त्र के नियमों और कार्य पद्धतिविषयक समझ में कौन-सी समानताएँ हैं ?

बहुत प्राचीन काल से लेकर सोलहवीं शताब्दी तक की भारतीय शिल्पकला पर, या यों कहें कि मूर्ति शिल्पकला पर भारतीय अभिजात नर्तन का बड़ा ही असर दिखायी देता है। नर्तन कला की अवकाश तत्त्व पर प्राकृतिक रूप से जो निर्भरता है, वह शिल्प कला के सन्दर्भ में भी उतनी ही प्राकृतिक है। इसके परिणामस्वरूप देखने में आता है कि नर्तन के संचलन में जो हृद्य गति और स्थिति होती है, उसे प्राचीन काल से ही शिल्पकारों ने अपने माध्यम में भारी मात्रा में जड़ा दिया है। शिल्पशास्त्र में 'ब्रह्मसूत्र', 'मान' (रेखावलम्बित माप) और 'ताल' (अवकाशावलम्बित माप); नर्तन के प्रसिद्ध पैंतरों में निहित 'सम', 'त्रि' और 'अति' नामक त्रिविध भंगों की संकल्पना, मानव देह की अस्थि-रचना और जोड़ों का मूलभूत विचार, 'मान' (ऊँचाई), 'मात्रा' (चौड़ाई) 'उन्मान' (लम्बाई) और 'परिमाण' (वर्तुल का सम्पूर्ण माप), नृत्यात्म हस्त परिभाषा और 'स्थानक', 'मण्डल' जैसे तकनीकों के विवरणों का अचूक विनियोग, आदि के आधार पर 'शिल्प' और 'नर्तन' कलाओं का आन्तरिक घनिष्ठ सम्बन्ध सिद्ध होता है। अन्ततः कहा जा सकता है कि भारतीय अभिजात नर्तन शताब्दियों से सुलझती रही एक अखण्ड कला परम्परा है और भारतीय मूर्ति-शिल्प उस कला के शास्त्र को प्रस्तरों के माध्यम में अंकित किया गया शास्त्रीय विधान है!

शिल्प-शास्त्र की बदलती हुई दिशा के अनुसार आज के शिल्प और कल के या आज के पारम्परिक तथा आधुनिक नर्तन के सम्बन्ध में विचार करें, तो कहा जा सकता है कि मनुष्य के देह का और वह देह जिस अवकाश में संचार करनेवाला होता है, या शिल्पित अवस्था में साकार होने वाला होता है, उस अवकाश का विचार नर्तन और शिल्प में एक प्रकार के प्राकृतिक सम्बन्ध को कायम रखता रहेगा। मनुष्य की देहबोली नर्तन का माध्यम होती है। वह जिन 'लोकधर्मी' और 'नाट्यधर्मी' नामक दो वाहिनियों का सतत उपयोग करती है, उनके विचार को भी शिल्पकार को सन्दर्भ के अनुसार महत्त्वपूर्ण मानना पड़ता है।

ललित कलाओं के आन्तरिक सम्बन्धों का अवलोकन करने के इस उपक्रम के आरम्भ में प्राकृतिक रूप से सह-संवेदनशील और कला व्यवहार में सहभागिता की अपेक्षाएँ रखनेवाली 'नर्तन', 'नाटक' और 'संगीत' (गायन और वादन) इन तीनों कलाओं का एक समूह विचारार्थ लिया गया था; क्योंकि इन कलाओं के स्वभाव में एक और समानता यह है कि नर्तन, नाटक और संगीत (गायन और वादन) ये तीनों कलाएँ 'प्रयोगशरण' कलाएँ हैं और जिनकी रग-रग सचेतन है। रंगमंच पर उनके अवतरण का प्रत्येक क्षण यानी उनके 'आदि' और 'अन्त' का अंकन होता है। ऐसे सहस्रों आद्यन्तों की शृंखला को ही इन कलाओं की एक अखण्डित प्रस्तुति कहा जा सकता है। इस प्रस्तुति में जो 'काल', 'अवकाश' जैसे अनादि, अनन्त परतत्व होते हैं, वे भी अपना वह तात्कालिक 'आद्यन्त' स्वीकार करते हैं! 'चित्र', 'शिल्प' और 'मूर्ति'

या 'मन्दिर-शिल्प' कलाएँ उपर्युक्त अर्थ में चेतन नहीं हैं। रसिक दर्शकों में जो सौन्दर्य-बोध होता है, वह उन्हें जीवन्तता के क्षणों का वरदान देता है, उनमें 'काल' जम जाता है, ठहर जाता है, ठीक उस तरह, जिस तरह भक्तवर पुण्डिलिक की प्रतीक्षा में विट्ठल भगवान ईंट पर प्रतीक्षारत खड़े रह गये थे!

नर्तन की तरह 'शिल्प' और 'मन्दिर-शिल्प' कलाएँ भी 'त्रिमिति' अवकाश का निरन्तर प्रत्यक्ष अनुभव लेती-देती रहती है, परन्तु 'चित्र-कला' 'त्रिमिति' की चुनौती स्वीकार कर कभी-कभी 'द्विमिति' अभिव्यक्ति पर उसका रंग चढ़ाती है, उसका आभास उत्पन्न करती है। और, कभी-कभार नर्तक कलाकार भी अपने अभिनय के जरिये इसी प्रकार के इन्द्रजाल की रचना करते हैं! इस विवेचन से यह तुरन्त स्पष्ट हो जाता है कि चित्र-कला और नर्तन-कला का सम्बन्ध केवल सतही तौर पर नहीं है। ये सम्बन्ध रेखा-रेखांकन, बिन्दु का अवकाश में रखाव और आशयपूर्ण असंख्य आकार-आकृतियों के जरिये या आसपास की गति-स्थितियों की लुकाछिपी के जरिये अभिव्यक्त होते रहते हैं। उनके रंग इतने पारदर्शी होते हैं कि भावछटाओं के सूक्ष्म रूपों को सम्हाल सकें और इतने सक्षम कि गहरायी को व्यक्त कर पायें। इस प्रकार रंग और रेखा इन चित्र-कला के माध्यमों के सूक्ष्म और ठोस दोनों स्तरों पर होनेवाले बोध के कारण शैली निहाय अंग संचलन में उत्पन्न होनेवाले सौन्दर्य और प्रातिनिधिक सन्दर्भ क्रमशः 'नृत्त' के साथ-साथ 'नृत्य' को भी (यानी कुल मिलाकर नर्तन-कला को ही) समृद्ध करते हैं। बिन्दु, रेखा और अवकाश में उनके उचित रखाव की तकनीक चित्र कला की तरह ही नर्तन के लिए भी समान रूप से महत्त्वपूर्ण है, बल्कि कहना चाहिए कि उपर्युक्त समस्त विवरण के आधार पर ही नर्तन की संरचना (कोरियोग्राफ़ी) का शास्त्र स्थित है।

अन्त में, नर्तन कला के साथ मन्दिर-शिल्प-कला के सम्बन्ध पर विचार करते हुए कहा जा सकता है कि वह सूक्ष्म रूप में होता है। भले ही ऐसा प्रतीत हो कि मन्दिर की वास्तु की नियत भूमि में न्यास, अवकाश को सीमाबद्ध करते समय उसे घेरते हुए वास्तु की संरचना, उस संरचना के मूल में निहित रचना-तत्व और सन्तुलन की संकल्पना, और इन सबसे सम्बन्धित विविध दृष्टिकोण सौन्दर्यात्मक, विनियोगात्मक, स्वास्थ्यदायक, पंच महाभूतों का आवाहन करनेवाले आदि सबका समन्वय होना दूरान्वय से प्रतीत होने या मानने के बावजूद भी नर्तन-कला से जुड़ा हुआ ही है।

जिन कलाओं का माध्यम एकपक्षीय है, संकीर्ण स्वरूपवाला नहीं है, (उदाहरणार्थ, चलचित्रों के अलावा अन्य ललित कलाएँ) ऐसी प्रमुख ललित कलाओं का नर्तन-कला के साथ जो प्राकृतिक सम्बन्ध है, उन्हें अब तक समझने का प्रयास करने के बाद जो तथ्य हाथ आये हैं, उनके तथा कला के क्षेत्र की विद्यमान परिस्थिति के सम्बन्ध में कुछ शब्द लिखने की इच्छा है...ललित कलाओं में से नाटक, चित्र, मूर्ति-कला और मन्दिर-शिल्प तथा साहित्य, आदि ने पाश्चात्य विचारों से प्रेरणा लेकर और भूमण्डलीकरण के भँवर में फँसकर कलाओं के साधन,

आशय और अभिव्यक्ति आदि सभी मामलों में हुए आमूलाग्र परिवर्तनों को दृढ़ता से सम्मिलित किया है। किसी भी कला के मूल माध्यम में परिवर्तन हो ही नहीं सकता, इसलिए वह 'माध्यम' भले ही ठीक अपने स्थान पर 'अडिग' और स्थिर रह सकता हो, परन्तु कला की उपासना के 'साध्य' के सम्बन्ध में अब यह हवाला नहीं दिया जा सकता। परन्तु 'संगीत' और 'नर्तन' कलाएँ उपर्युक्त दिशा में आधुनिकीकरण को अपनाने का प्रयास करते हुए कुछ सीमा तक ही सही, शताब्दियों की अपनी यात्रा के दरमियान एकत्रित अप्रवाहित्व को अलग करके अपना स्वत्व बनाये रखने का प्रयास करती दिखायी देती हैं।

वर्तमान में सभी कलाओं के प्रवर्तक विविध कलाओं की विशिष्ट स्वायत्तता को, सम्भावनाओं, कमियों को भली भाँति पहचानने लगे हैं। इसलिए, अब भविष्य में कला के क्षेत्र में सम्मिश्र कला-प्रकारों के अधिकाधिक उदाहरण सामने आयेंगे परन्तु हम आशा करते हैं कि यह योग्य कारण से ही होगा! परम्परा, रूढ़ियाँ, मज़ा, नशा या साहस आदि कारणों से या मात्र हीन लोकरंजन के उद्देश्य से नहीं होगा।

विभाग दो

कथक : वेध, विधि, विधान!

कथा कहे सो कथक!

सिंगार

ठुमरी और कथक

रियाज़

कथक : एक सौन्दर्यानुभव

१

कथा कहे सो कथक!

घरानेदार कथक नर्तकों के आद्य व्यवसाय और कथक नृत्यशैली के मूल स्वरूप से सम्बन्धित कथन जैसी यह परिभाषा—'कथा कहे सो कथक'—मेरे नृत्य जीवन के दौरान काफ़ी विलम्ब से मुझ तक पहुँची, और उस समय इस परिभाषा ने मेरी समझ पर कोई प्रभाव नहीं डाला। कारण यह कि उस समय जिस समकालीन कथक से मेरा परिचय था और किसी भी प्रकार की कथा का उस कथक से कोई सम्बन्ध प्रतीत नहीं हो रहा था, समझ में नहीं आ रहा था! इससे यह बोध होता था कि कथा कहनेवाला वह 'कथक', पर यह बोध इकहरा था। कथक नर्तन की प्राचीनता और सांस्कृतिक विरासत का यह एक ऐतिहासिक प्रमाण ही प्रतीत हुआ था। कुछ वर्षों बाद 'कथा कहे सो कथक' यह वाक्य हर किसी की ज़ुबान पर था और वह मेरे चिन्तन में भी प्रवेश कर गया। और, जब कथक के साथ मेरा थोड़ा-सा परिचय हुआ, उस कालखण्ड से मैं अब जब आधी शताब्दी दूर आ चुकी हूँ और उस वाक्य के साधारण अर्थ से इतने अधिक विशेष अर्थ अंकुरित हुए हैं कि मुझे लगता है, उस अर्थ ने कथक के शत रंगोंवाली अस्मिता का ही रूप धारण कर लिया है—'कथा कहे सोहि कथक'...सर्वार्थ से!

कथा के गर्भ से कथक का जन्म कैसे हुआ, इस बारे में खोजने की तीव्र इच्छावश दस-पन्द्रह वर्ष पहले मैं दिल्ली के एक प्रसिद्ध और घरानेदार कथा-वाचक के सान्निध्य में एक महीने तक रही, तब इस पहेली की परतें खुलनी आरम्भ हुईं।

पं. ओंकारप्रसाद मिश्र...बीसवीं शताब्दी के उत्तरार्ध के अग्रणी कथकाचार्य पण्डित बिरजूमहाराज के ओंकार मामाजी! महाराज के ननिहाल में कथा-वाचकों की परम्परा रही और उनके पिताजी और दादा-परदादा दरबारी नर्तक थे। कथा-वाचन और दरबारी नर्तन की प्रथाओं से नर्तन का वृक्ष फला-फूला और उसका संवर्धन करनेवाले आश्रयदाता उसे मिले, फिर भी कथा-वाचन का अस्तित्व केवल उत्तर-प्रदेश की अयोध्यानगरी के आसपास के देहातों में ही टिका रहा। उपर्युक्त प्रकार के वातावरण में पले-बढ़े मान्यवर कथा-वाचक थे पं. ओंकारप्रसाद...बहुश्रुत, भाषाप्रभु, अभिनय-चतुर कलाकार, नाट्यपूर्ण निवेदन में कमाल के माहिर! दिल्ली के कथक

केन्द्र में आयोजित कथा-वाचन के प्रयोग में रुचि न रखनेवाले होनहार नर्तक-विद्यार्थियों के सम्मुख कथा का आरम्भ हुआ, तो पल भर के लिए वे बेचैन दिखायी दिये और अगले ही क्षण आख्यान आरम्भ होते ही एकदम निश्चिन्त हो गये...वे स्वयं और उनके साथ श्रोता-दर्शक भी।

'हारी गयी मैं तो पिया से बचनिया'—आख्यान का यह प्रथम चरण आख्यान का सारतत्व ही था। ओंकारनाथ जी का खड़ा स्वर। हल्की सी खरखराहट परन्तु सुरीला गाता गला। मैं नहीं जानती थी कि बार-बार गाये जानेवाले इस चरणार्ध के इर्दगिर्द एक या अनेक कथाओं के धागे पिरोये जानेवाले थे, और उसका अर्थ था—'मैं अपने प्रिय व्यक्ति को वचन देकर हार गयी हूँ!'

पहला आख्यान था मीरा का—जिस समय मीरा की भाभी कृष्ण के मन्दिर की ओर जा रही थी, उस समय छोटी मीरा भी उसके साथ हो लेती है। जाते समय सड़क से जाती बारात में दूल्हा-दूल्हन को देखकर मीरा अपनी भाभी से पूछती है, ''दूल्हा क्या होता है? क्या कोई खाने की वस्तु होती है?'' भाभी उत्तर देती है—''नहीं बेटा, दूल्हा वह होता है, जिसके आधार पर लड़की पराये घर को अपना मानती है।'' ''भाभी मैं लड़का हूँ या लड़की? अगर लड़की हूँ, तो मेरा दूल्हा कहाँ है? कैसा है? मुझे उससे मिलाओ, तुरन्त! अभी!'' यहाँ पण्डित जी ने मीरा की मुग्धावस्था का अत्यन्त मर्मस्पर्शी वर्णन करते हुए उसकी निरीहता की तुलना कर आज की 'तथाकथित' मुग्धा का छद्मी वर्णन करते हुए जारी कथा को मानो श्रोताओं के लिए अद्यतन बना दिया! साथ ही, उसी रौ में बाएँ हाथ में चने लेकर उसमें से एक-एक चना दाहिने हाथ से मुँह में डालने का निश्छल आविर्भाव करते हुए ऐसी दुडकी चाल से वे चलने लगे,

सभी कठिनाइयों पर मात करते हुए अपने प्रिय से मिलने के लिए जा रही 'अभिसारिका नायिका'

कि उनके स्थान पर सबके लिए सबके सामने कोई मुग्धा ही साक्षात् खड़ी हो गयी! इस बीच ऐसा लगा मानो कथा का सूत्र खो गया है, इतने में पण्डित जी मूल स्थान पर आ गये और बोले, मीरा को समझाने के लिए उसकी भाभी ने मन्दिर के गोपालकृष्ण की मूर्ति के सामने मीरा को खड़ा कर कहा, ''यह देखो, तुम्हारा दूल्हा!'' उसी क्षण मीरा कृष्ण के प्रति सम्पूर्णतः समर्पित हो गयी और बोली, 'हारी गयी मैं तो पिया से बचनियाँ।' मीरा की उस उत्कट कथा में आगे चलकर सन्दूक से नाग निकला, प्याले में विष भेजा गया इत्यादि सारा विवरण निवेदन, गीत, नृत्य, अभिनय हस्ताभिर्भाव आदि सारे साधनों का कथा को उत्कर्ष बिन्दु तक पहुँचाने के लिए अचूक मेल करते हुए। मीरा अन्ततः बेसुध-सी नृत्य करती है, कहती है, मेरे साथ कुछ भी कीजिए, चाहे तो मुझे नदी में डुबो दीजिए, मेरी चमड़ी उधेड़ दीजिए, मुझे पहाड़ से नीचे धकेल दीजिए, बिच्छुओं की शय्या पर मुझे सुलाइए, पर...पर मेरे कृष्ण से मुझे बिछड़ने मत दीजिए। 'प्रीत न छुड़ाओ गिरिधर की।' क्योंकि 'हारी गयी मैं तो पिया से बचनियाँ।' मुझे लगा आख्यान अब समाप्त हुआ, समाप्त तो हुआ था, पर मीरा का। क्योंकि आगे उसी सूत्र से, उसी पंक्ति से फिर से पूरे सामर्थ्य के साथ सामने आयी एक अलग कथा—जानकी की कथा। एक नये, अपरिचित अननुभूत प्रसंग-विशेष की। 'हारी मैं तो पिया से बचनियाँ' इस चरण को एक अनोखा अर्थ और नया सन्दर्भ देनेवाली।

जानकी अपने विवाह के उपरान्त अयोध्या में आयी। सास-ससुर की सेवा करना उसका नित्य नियम था। वह आँगन बुहारती, घर के सारे काम करती। एक रात कुछ अधिक देर तक जागरण हुआ, तो उठने में विलम्ब हुआ। आँगन बुहारते हुए सीता को याद आया की सासु माँ को दातौन देना तो वह भूल ही गयी है। उसने हाथ में पकड़ा झाड़ू वहीं छोड़ दिया और वह जल्दी-जल्दी में पानी और दातौन लाने चली, तब वहीं पड़ा झाड़ू उसके गोरे-गोरे पैरों में चुभ गया और उसमें से रक्त निकलने लगा। जानकी चिल्लाई—'जल न गयी! जल जाय मुई!'' उसका यह क्रोध देखकर तीनों सासुमाँएँ बहुत घबरा गयीं और बोलीं, यह बहू तो बड़ी तेज है। बहुत गुस्सैल है...कल को यदि हममें से किसी के पाँव दबाते हुए कोई बात हो जाय, तो यह हमें भी श्राप दे देगी। इतना कहकर उन्होंने तत्काल सारी बात श्री राम को बतायी और जानकी से सेवा करवाने से मना कर दिया। राम ठहरे मातृभक्त। बोले, ''सेवा न करवाना जैसे कोई उल्टा-सीधा निर्णय न लें। मैं बात को सम्हाल लूँगा।'' तब श्री राम ने जानकी को अपनी शपथ देते हुए उससे उसका क्रोध ही माँग लिया। उसे एकदम नर्महृदय बना दिया। इसी कारण जब पंचवटी में सीधे घुसकर रावण ने जानकी का हाथ पकड़कर उसे लक्ष्मणरेखा से बाहर निकाल लिया, और उसका अपहरण किया, तब भी जानकी का सतीत्व रावण को श्राप देने और स्वयं की रक्षा करने के लिए निष्फल ठहरा। वचन जो दे बैठी थी पति को—'हारि गयी मैं तो पिया से बचनियाँ!'

कथा से उपकथा, प्रसंग से प्रसंगविशेष और सूत्र से उपसूत्र पर रुकते-ठहरते अचानक मूल

'उड़ान' : एक साधक की क्रमणा
अथक प्रयास के फलस्वरूप मिला पथ-प्रदर्शन

पद पर आनेवाली उस कथा की रंगत का अनुभव कर मैं चकित भी हुई और चिन्तित भी! क्योंकि अब इस प्रकार की कथा-वाचन की प्रथा का मूल और उसके विकास की दिशा को भी जानने की आवश्यकता उत्पन्न हो गयी!

रामायण काल में वाल्मीकि ऋषि की उपस्थिति में और उन्हीं के निर्देशन में श्री राम के सम्मुख ही 'रामकथा' गानेवाले लवकुशों को एक मायने में पं. ओंकारप्रसाद जी के घराने के और सभी कथकों के पूर्वज कहा जा सकता है। उस काल में कथा केवल गायी जाती थी। जैसे और जिस क्रम से घटनाएँ घटित होती थीं, उसी क्रम से गायक उन कथाओं को प्रस्तुत करते जाते थे...मुख्य बात यह थी कि कथा और उसे सुनाने के बाद होनेवाले उद्‌बोधन के परिणामों को महत्त्व दिया जाता था, कथनशैली या कथा गायन को नहीं।

रामायण के बाद महाभारत काल में कथा-कथन एक व्यवसाय में बदल गया था, एक वृत्ति बन गया था। यह व्यवसाय करनेवाले ब्राह्मणों का एक सम्प्रदाय था, जिन्हें 'कथक' कहा जाता था। व्यावसायिक आवश्यकता के कारण या समय के प्रवाह में मुसलमानों के शासन के कारण निर्मित संस्कृति-संकर को स्वीकार करने की धुन में कथकों ने कथा के निवेदन के लिए गायन-वादन के साथ ही नृत्य-विशिष्ट अभिनय की तकनीक भी अपनायी। नृत्य-विशिष्ट अभिनय का अर्थ है हथेली से जुड़ी नृत्य-मुद्राओं या हस्त का उपयोग कर, या पूरे शरीर की क्षेपों के जरिये कथा के प्रवाह में नृत्त-सदृश्य पैंतरों का उपयोग कर किया गया ऐसा अभिनय, जो वास्तविकता से अलग, प्रतीकात्मक हो। हाँ, इस अभिनय को सीमित मात्रा में अपनाकर, लोक रंजन और लोक प्रबोधन के अपने व्यावसायिक लक्ष्य को स्मरण रखकर ही कथकों ने इस नयी शैली को अपनाया और अनेक कलाओं के सुस्पष्ट संयोग से कथन का यह नया रसायन कई सम्भावनाओं से पुष्ट हुआ।

महाभारत तो एक महान कथाकोष ही है! उस कथाकोष की भूलभुलैया में प्रवेश करनेवाले किसी भी क्षेत्र के कलाकार को जिस प्रकार आज भी उसकी कथाएँ-उपकथाएँ मोह लेती हैं, उसी प्रकार उन्होंने कथा-वाचकों को भी मोह लिया। अब कथा को सीधे-सीधे सहजता से सुलझाने के बजाय उपकथा, उपप्रसंग और उपसूत्र की त्रिविधांग शैली से कथाकथन होने लगा। मूल कथा समृद्ध थी, जो अनेक पात्र, अनेक स्वभाव, अनेक घटनाओं आदि की पारस्परिक प्रतिक्रियाओं से सतत समस्या उत्पन्न करनेवाली थी। प्रत्येक समस्या को सुलझाने या उसे हल करने की ज़िम्मेदारी तो इस कथा ने उठायी ही नहीं थी, इस कारण अपनी-अपनी क्षमतानुसार इन समस्याओं को सुलझाने के प्रयास में एक-एक कथा के अलग-अलग मौखिक पाठभेद भी निर्मित होते गये...कथा-वाचकों ने उनका निरन्तर उपयोग भी किया। पहले कही गयी जानकी की कथा इन्हीं में से एक है। समस्या यह थी कि रावण को सीधे-सीधे श्राप देकर जानकी उपस्थित संकट से मुक्त क्यों नहीं हो पायी, इस समस्या का उत्तर है यह कथा। श्रोता यह समझ ही नहीं पाये कि अनुत्तरित प्रश्नों के उत्तर कथा के प्रवाह में

खोजते समय अभिजात पुराण-कथाओं से लोक कथाएँ, दन्तकथाएँ और मिथक किस प्रकार सहजता से निर्मित हो गये।

पन्द्रहवीं-सोलहवीं शताब्दी में मधुरा-भक्ति सम्प्रदाय के उत्थान के बाद कथक कथा नाचने भी लगी और भागवत के तथा मुख्यतः भक्ति पन्थ की कृष्ण लीला, ब्रज भूमि के कृष्ण की बाल लीला, बंसी लीला, दान लीला, मान लीला, गजतारण लीला, रास लीला आदि लीलाओं के आधार पर पुष्ट हुई। यही नहीं, कथक कला को अपने विशिष्ट आविष्कार का माध्यम भी अलग रूप में प्राप्त हुआ।

ग्यारहवीं-बारहवीं शताब्दी से भारत पर लगातार होते रहे विदेशी आक्रमणों के कारण दर-दर भटकने को विवश कथकों को मिलनेवाला मन्दिरों का आश्रय भी छिन गया था, परिणामतः छोटे-बड़े राजा-रजवाड़ों और दरबारों का आश्रय उन्हें लेना पड़ा था। इसे क्रान्ति या कहिये, उत्क्रान्तिस्वरूप रूप परिवर्तन, उससे मूल कथा-वाचकों का एक नया स्वरूप सामने आया—कथक-नर्तक। इन नये कथकों के नर्तन में संगीत, साहित्य और मुख्यतः विकासोन्मुख स्तर के नृत्त का सुन्दर और सुफल मेल दिखायी दिया। हिन्दू दरबार के कथकों ने अपनी नर्तन-प्रस्तुति से पुराण-कथाओं का धागा छूटने नहीं दिया, जबकि नवाबों के आश्रय में रहने आये नर्तकों को आश्रयदाताओं की रुचि के अनुसार अपना चेहरा-मुहरा पूरी तरह बदलना पड़ा। अब मूल कथक-कथा का आख्यान स्वरूप नष्ट हो गया और उसने नर्तन स्वरूप अपना लिया, वह तकनीकी दृष्टि से परिपूर्ण होने लगी, उसका स्वरूप लघु हो गया...उसके कथा विषय पुराण-कथाओं को छोड़कर दैनिक जीवन-व्यवहारों से ही चुने जाने लगे और 'प्रसंग' तथा 'लीला' के स्वरूप में मंच पर प्रस्तुत किये जाने लगे। 'पनघट प्रसंग' और 'मथुरागमन लीला' के साथ ही 'पतंग' नृत्य, 'नौका' नृत्य, 'मयूर' नृत्य जैसी गतें, गत निकास और गत भाव कथकों के अभिनय-संग्रह में शामिल हो गये। 'कथक' की मूकाभिनय की एक विधा का निर्माण हुआ और उसमें संकेतों के, प्रतिमाओं के पल्लव प्रस्फुटित हुए। भाव-प्रस्तुति पर आधारित नृत्य को शुद्ध नृत्त का जोड़ इस काल में मिलने के कारण आदिम कथक-कथा में भारी मात्रा में अर्थान्तर होने लगे और ये अर्थान्तर समझ की सम्पूर्ण ठोस परिधि से निकलकर कुछ सीमा तक तरलता की परिधि में आ गये।

आज के कथक को इसी कथा की विरासत प्राप्त है। मन्दिरों के सभागारों, दरबारों से, हिन्दु, मुग़ल और ब्रिटिश शासन के उथल-पुथल से एक असाधारण मार्गक्रमण करते हुए अन्ततः कलात्मक रंगमंच पर उतरी हुई यह कथा आज इक्कीसवीं शताब्दी के आरम्भ में सभी दृष्टियों से समृद्ध हो गयी है, उभरकर आयी है।

कलात्मक रंगमंच पर आत्मविश्वास के साथ विचरण करनेवाली आज की कथक कथा की परिधि में अन्तराल, आसपास का वातावरण और काल की समुचित समझ में आयी हुई समानान्तरता...ऐसा प्रतीत होता है कि इस बदलती परिस्थिति में नवतासम्पन्न कथक-कथा

का विकास आज की साहित्यिक कथा के विकास के लगभग समानान्तर है। उदाहरणार्थ कुछ कथक 'प्रसंग'—'गुलाब'—एक शिष्या अपने गुरु से मिलने के लिए जाते समय एक बड़ा-सा खिला हुआ गुलाब का फूल लेकर गयी...यहाँ-वहाँ, हर सम्भावित स्थान पर शिष्या ने उन्हें खोजा, पर वे कहीं मिले ही नहीं और गुलाब तो मुरझा गया। एक सादा परन्तु भावपूर्ण यह प्रसंग।

भरत की पत्नी माण्डवी की एक अद्‍भुत नृत्य-कथा या 'एक श्लोकी' रामायण से सामने आ सकने वाला पूरा रामायण।

'Time Flows, Time Freezes, Time Inspires, Time Teases' केवल इन दो पंक्तियों से उत्पन्न हुई 'काल' या 'समय' के विषय पर नृत्यात्म चिन्तनिका...

ताऽताऽताऽऽ थैऽथैऽथैऽऽ की मिश्र लय के छन्दों से कई तरह के बोलों की संकीर्ण बुनावट से बुने हुए पदन्यासों से सुनायी गयी सुमधुर लय कथा।

अपनी देह के अवयवों के ललित क्षेपों और सुबद्ध पैंतरों से अवकाश के सभी आयामों से सन्धान साधते हुए और उसे नियत काल का, यानी ताल का जोड़ देते हुए मंच पर प्रस्तुत की गयी 'नृत्त कथा'...सभी कथक कथाएँ ही तो हैं!

हम जैसे कोने-किनारों से साहित्य-क्षेत्र की गतिविधियों को देखनेवाले कथकों को आज की साहित्यिक कथा के विषय में क्या जानकारी होती है? क्या अनुभव होता है?

'कथा' यानी बस 'कथा'। आरम्भ, उत्कर्ष और अन्त जैसे घटनाओं के उतार-चढ़ावों को सहेजनेवाली 'कथा' यानी कहानी। पानी के प्राकृतिक प्रवाह जैसी प्रवाहित...मोड़ों-घुमावों पर मिलनेवाली बाधाओं को टालते हुए अचानक ही वेग, दिशा...सब कुछ बदल देनेवाली और कभी-कभी केवल इन बदलावों को ही अंकित करनेवाली! या फिर कथा यानी केवल कुछ घटित होना—Happening! एक ही घटना, कदाचित कथा-विषय रहित, जाने किसकी, जाने किसने सुनायी हुई, इसमें से कुछ भी समझ न आये ऐसी घटना! कथा, जो कोई एक बात कहने का आविर्भाव करते हुए कुछ और ही कहनेवाली...कथा दीर्घ, लघु, दुःखान्त-सुखान्त...बहिर्मुखी...आत्ममग्न...

कथा के ऐसे कितने प्रकार कितने आविष्कार! 'कथा कहे सो कथक' इस उक्ति में व्यक्त परम्परागत कथक कथा ने इतिहास के बहते प्रवाह में इन सारे प्रकारों का हल्का-सा स्पर्श किया है...और...मनुष्य की प्रज्ञा तथा प्रतिभा से आगे भी जो नये प्रकार निर्माण होंगे, उन सबको भी कथक-कथा घेरे हुए रहेगी, यह तो निश्चित ही है!

२
सिंगार

कथक के नित्य व्यवहार का एक अति संवादी शब्द है 'सिंगार'। सिंगार, श्रृंगार, सजावट, शोभा। मूल वस्तु का अंगभूत सौन्दर्य दोगुना करे, उभर कर आये, आँखों में समा जाय, इस प्रकार विशेष रूप से की गयी सोद्देश्य व्यवस्था यानी सिंगार। यह सिंगार कहाँ नहीं होता? मनुष्य के सामान्य जीवन के प्रत्येक क्षण में, प्रत्येक चरण में और मानवीय मनोजगत से साकार होनेवाली सभी कलाओं और कौशलों की संकल्पनाओं में सिंगार का संचार होता है।

कथक नृत्य से परिचय होने के बाद से आज तक मैंने कई बार 'सिंगार' देखा, चखा और अनुभव भी किया; परन्तु इस विशिष्ट शब्द के या कल्पना के नवनवोन्मेष अब मोहने लगे हैं और इनकी तरल अर्थ छटाओं की प्रतीति आजकल लगातार हो रही है!

नृत्य एक प्रयोगशरण कला है। नाट्य, संगीत जैसी अन्य प्रयोगशरण कलाओं की तरह नृत्य में भी नर्तन कौशल के साथ प्रस्तुति के कौशल का भी महत्त्व होता है। अंग-लालित्य, ताल-लय की अच्छी और चुस्त समझ, भाव-प्रदर्शन की गहरायी—इनके आधार पर कलाकार को दर्शकों से दाद मिलेगी ही इसकी सम्भावना निश्चित नहीं होती। नृत्य प्रस्तुति की सम्पूर्ण सफलता अन्ततः आपकी रंग-वेशभूषा पर, रंगमंच पर नृत्य के अलावा होनेवाले आपके विचरण पर, आपके जागृत व्यक्तित्व का प्रमाण देने पर यानी, कुल मिलाकर नृत्य के आसपास की सजावट के वलयों पर भी निर्भर होती है।

यह है सजावट का, सिंगार का महत्त्व और उसके साथ ही नये-पुराने, सूक्ष्म-तरल अनुमान नित्य के नृत्य के अनुभव और अभ्यास से मन ही मन खुलते-समझते गये, फिर भी ऐसा नहीं होता कि कलावस्तु और उसकी सजावट का आदर्श मेल हमेशा हो ही जाय। इस वास्तविकता का भी अनुभव मुझे मिला था। सजावट को 'सजावट' के रूप में और 'गौर' (देवी) का गौर के रूप में स्वतन्त्र रूप से सुन्दर प्रतीत होना, दिखायी देना, इसमें जैसा सजावट का, वैसा ही गौरी का भी निषेध ही है ना? तो फिर, क्या अलग-अलग सन्दर्भों में सजावट भी अलग-

अलग होनी चाहिए? क्या सिंगार सम्बन्धित वस्तु में रिस जाना चाहिए? वह कैसे रिस जाय? वह वस्तु से अलग बचे ही ना, तो कैसे?...अब मेरी विचारधारा इन यक्ष प्रश्नों के उत्तर खोजने की दिशा में प्रवाहित होने लगी।

कथक की विविधरंगी गोप (अनेक रंग की डोरियाँ) जैसे कलाविष्कार की एक-एक लड़ को खोलकर प्रत्येक पहलू के सिंगार के बारे में मैंने विचार करना शुरू किया तो ऐसे ही सन्दर्भ में। वस्तु और सिंगार के एक-दूसरे से होनेवाले सम्बन्ध को जानने पहचानने की धुन में।

प्रत्येक भारतीय शास्त्रीय नृत्य शैली की प्रस्तुति के दो पक्ष होते हैं—'नृत्य' और 'नृत्त'। मनुष्य के अंगोपांगों के सुगठित, ताल-लयात्मक अंगक्षेपों से विविध आकारों-आकृतियों का निर्माण करते हुए रंगमंच की चौखट के अवकाश को सचेत करना नृत्त की विशेषता है। क्या इसे अवकाश का नृत्त सिंगार कहा जाय? या मनुष्य के अंगोपांगों का सिंगार कहा जाय? नर्तक का बाहरी व्यक्तित्व नृत्त से शोभित होकर उभरता है या नर्तन के अंगविलास से अवकाश

सजता है? अनगिनत लयांगों की लीलाओं से ताल की रुचि बढ़ती है या ताल-लय के आनुषंगिक साथ से नृत्त सर्वांग से खिल उठता है? क्या नर्तन के रेखा-विलास जैसी किसी गोचर बात में, क्रिया में अवकाश जैसे 'तरल' को सजाने की शक्ति हो सकती है? —इन प्रश्नों से उद्वेलित मन के जलाशय पर 'सिंगार' नामक विचार के वलय पर वलय उठने लगे।

'ठाठ' कथक की वंदना के बाद का भाग है, जिसे पूरी तरह आत्मलक्षी स्वरूप से प्रस्तुत किया जाय, निभाया जाय, परन्तु 'ठाठ' को इस प्रकार सजाया जाय कि इस आत्मलक्षित्व की लहरें दर्शकों-श्रोताओं तक भी पहुँचे। उसकी गठन में उसका मर्मस्थान निश्चित होना चाहिए। 'ठाठ' की प्रस्तुति से ही उस मर्मस्थान का निर्देश भी मिले। अर्थात्, 'ठाठ' इतने ठाठ से प्रस्तुत किया जाय...'ठाठ' का सिंगार किया जाय, तो बस इसी तरह।

कथक प्रस्तुति की पहली बन्दिश है—'आमद'। वह शान्त, अंगरेखाओं के आन्दोलन निर्माण करनेवाली और अवकाश में बनी रही आकृतियों का भार उठाने में सक्षम या प्रेरणा देनेवाली होनी चाहिए! उसे सजाया जाय दृष्टि के आनुषंगिक क्षेपों से। जो रेखाएँ शरीर से आकार ग्रहण करेंगी, उन्हें नर्तक की देह के बन्धन से मुक्त किया जाय आँखों के द्वारा, रेखाएँ असीम हो जायें...पैर और पाँव से ताल का सम्मान करते हुए देह का धरती से जो नाता है, उसे पक्का बनाये रखें। इस तरह 'आमद', 'ठाठ' के भीतर से उठकर खड़ा होगा...नृत्त के अश्वत्थ की

शाखाओं का भार सम्हालने के लिए...

ये शाखाएँ यानी लम्बछड़ 'परण'—'ध'कार की चुनौतीपूर्ण भाषा। बोलों की गठन पेचीदा जैसे चोटी को गूँथा गया हो—कभी तीन लड़ों में, कभी पाँच लड़ों में, तो कभी नाग जैसी बलखाती हुई; 'धातिट धातिट धाधातिट किड्धातिट धेध्धातिट धिकिट धाधिन्ता किड्धाधिन्ता तकधाधिन्ता तकिट धिकिट धागे दिगिनागे तिटिकता कतिट तकिट तक (त्रक धिकिट धाऽण धाऽऽऽ)[३] । परण के सारे 'धा' महाप्राण की तरह पदन्यास से उभरने चाहिए। हाथों का चलन दीर्घ परन्तु सुड़ौल हो—असीम रेखाएँ निर्माण करनेवाला न हो! गति को महत्त्व दिया जाय। सर्वांग से परण को झुलाते हुए जोश देते हुए सम से भिडते समय अप्रत्याशित पैंतरा होना चाहिए। यदि सम्भव हो, तो परण की रंगत बढ़ाने के लिए साथ देनेवाला वाद्य नादगम्भीर पखावज होना चाहिए। या फिर तबले पर खुला बाज! यानी, इसका अर्थ यह हुआ कि परण को सजाने के लिए योग्य साथ के सिंगार की एक और प्रत्याशा होती है!

'परमेलू' का अर्थ है तबला, पखावज और नृत्त के विशिष्ट पाटाक्षरों को छोड़कर लोकवाद्यों की या कभी-कभार पक्षियों आदि की ध्वनियाँ रचना में गूँथकर तैयार की गयी नादात्म बन्दिश। 'तगुन थरिकिट झिटक नगधर खिर्र्र् झिटकिट तगुन झे' या 'झिंकृत कुणथरि किटनग धिमिथरि' या बिलकुल सभी छोटे-बड़े नर्तकों द्वारा पठित 'दृगझांगिर दृगझांगिर झंग

झंग' आदि सभी बन्दिशों की बुनावट में ही नादवैचित्र्य है। यदि इन बन्दिशों को नृत्य से प्रकट करते समय सम्बन्धित वाद्यों के ढंग के अनुसार नृत्तकरणों से सजाया जाय, तो 'नादवैचित्र्य' नामक उनका एक और आयाम उभरकर सामने आयेगा। वैसे भी परणों की अपेक्षा ये बन्दिशें कभी भी अलग उभर कर दिखायी देती हों, तभी उनका समावेश करना उचित होता है, और तभी कथक नृत्त के समग्र व्यवहार में परमेलुओं का समावेश शोभनीय और मौलिक माना जायेगा।

वैसे तो कथक बन्दिशों में टुकड़ों का स्थान और उनके सिंगार का वर्णन भी किया जा सकता है, पर मेरे विचार अलग ही मोड़ पर मुड़ गये देखते–देखते। अनेक कार्यक्रमों में कथक नृत्त का रंगमंच पर रचना विन्यास और प्रस्तुति को अकसर देखते समय अनुभव हुआ कि कई बार नर्तक की सभी बन्दिशें स्वतन्त्र रूप से तो उत्तम होती हैं, परन्तु प्रस्तुति के सन्दर्भ में एक–दूसरे से मेल न खानेवाली और इसलिए रंगभंग करनेवाली या निस्तेज प्रतीत होती हैं। यदि कोई 'ठुशी' पहने, 'बकुलावलि' भी उसपर पहन ले, 'कोल्हापुरी साज' तो है ही, तो उसे क्यों न पहनूँ, उसके नीचे 'तन्मणि' पहनूँ, कहते हुए विविधालंकार एक के ऊपर एक पहन ले, तो परिणामस्वरूप सारे अलंकार भद्दे दिखायी देंगे और उन्हें पहननेवाली कामिनी तो अदृश्य ही हो जायेगी। ठुशी, बकुलावलि, कोल्हापुरी साज, तन्मणि—ये महाराष्ट्र में प्रचलित गले में

पहने जानेवाले पारम्परिक आभूषण हैं—शास्त्रीय गायन-वादन की महफ़िल में तो कई बार इस वास्तविकता का अनुभव मिला है। एक जैसे कई राग बिना किसी विशिष्ट कारण के एक के बाद एक प्रस्तुत किये जाने, या जिस राग का वातावरण महफ़िल में तत्काल महकता हो, उस एक सक्षम राग के तुरन्त बाद कोई एकदम धीमा सा जलनेवाला राग पेश किये जाने का अनुभव हुआ है, परन्तु गायन-वादन में रागदारी का एक-एक राग यानी महफ़िल की रूपरेखा का अलग-अलग अंग भी माना जा सकता है। उनके आलापने के लिए पर्याप्त अवधि देना, समय मिलना सम्भव होता है। परन्तु कथक नृत्त की प्रस्तुति में थाट, आमद, परण, टुकड़े, तत्कार आदि सभी घटकों के लिए यह आवश्यक होता है कि सीमित स्वतन्त्रता के भीतर अपना प्रभाव दर्शाते हुए भी समग्र महफ़िल की एकरूपता निर्माण कर उसे बनाये रखे। इसलिए सम्पूर्ण महफ़िल का, कम से कम उसके सम्पूर्ण नृत्त विभाग का एकत्र विचार करके ही क्या नृत्त का उचित सिंगार करना नहीं चाहिए?

नृत्त की रेखाओं, गतियों, क्षेपों और आकृतियों से अवकाश सजता है, इसी प्रकार कथक के विशिष्ट पदन्यास से, लय-ललित तत्कार से ताल सजता है और वस्तुतः काल भी! तत्कार की उत्तम सजावट के चार अंग होते हैं। तत्कार से सभी नादाक्षर साफ़ पारदर्शी निकलने चाहिए, उसमें लयकारी होनी चाहिए। लयकारी पहले से ही कठिन, संकीर्ण होने के बावजूद भी उसे निभाने की सहजता के कारण वह श्रोताओं को सुगम प्रतीत हो, सुखदायक लगे। तत्कार में वेग का अलग-अलग दर्जा, स्तर होना चाहिए। जलद गति में तत्कार धाँधली करनेवाला न लगे और इन सारे अंगों को यथोचित रूप से निभाते समय तत्कार की मधुर नादमयता और कर्णमधुरता खो ना जाय।

नृत्य-शैली की प्रस्तुति का दूसरा पक्ष है 'नृत्य' का। विविधांगी नृत्याभिनय से साकार हुए छोटे-बड़े कथा प्रसंगों का, व्यक्ति-विशेषताओं का। नृत्त के विविध अंगों की भाँति नृत्य में भी अनेक आनुषंगिक (गौण) अंग होते हैं।

'वंदना' या 'स्तुति' का अर्थ है किसी श्लोक द्वारा रंगभूमि के इष्ट देवता या नर्तक के इष्ट देवता का गुण वर्णन और बाद में उस देवता का आवाहन करना। परम्परा यह है कि ऐसा आवाहन विघ्नहर्ता गणेश, गुरु या हिन्दु देवताओं में से नर्तन-कुशल देवताओं, जैसे शिव, कृष्ण आदि का किया जाता है। यह अपेक्षा की जाती है कि ऐसे दैवी गुणों के वर्णन पर आधारित श्लोकों की भाषा ओजस्वी संस्कृत भाषा होनी चाहिए और इन श्लोकों के पार्श्वगायन के लिए नियत स्वर-मेल राग-संगीत पर आधारित होना चाहिए। एक प्रकार से यह संकल्पना वंदना के परिणामकारी वातावरण के निर्माण के सन्दर्भ में सिंगार का ही एक भाग है।

श्लोक के प्रत्येक पद का अर्थ अभिनय के जरिये व्यक्त करते समय अर्थ की स्पष्ट अभिव्यक्ति के लिए 'आंगिक' अभिनय, यानी अंग-प्रत्यंगों के क्षेपों का सुडौल उपयोग आवश्यक होता है। उसके साथ होती है आंगिक अभिनय की पूरक सात्विक यानी सत्व से जागृत हुए भावों

की उसी क्षण आँखों में उतरती हल्की सी झलक! उतनी सारी अलग-अलग, किन्तु सत्व से स्फुरित दृष्टिक्षेप से किसी देवता की गुण विशिष्टताओं और व्यक्तित्व के पूरे दर्शन होने का ही अर्थ है 'वंदना' में रंग भरा जाना और वंदना यशस्वी होना। इसके अतिरिक्त ख़ास तौर से रचे गये किसी लम्बछड़ छन्द पर आधारित कविता-नृत्य में भी चरण के प्रत्येक शब्द का अर्थ सम्बन्धित शब्दोच्चारण के साथ ही आंगिकों द्वारा दर्शाते समय मन में उस शब्द के इर्द-गिर्द के अर्थ-सन्दर्भ, संक्षिप्त ही सही, आँखों में तैरने आवश्यक होते हैं। यहाँ कविता-नृत्य के परिणामकारकत्व को सात्विक अभिनय का सुस्पष्ट आधार प्राप्त होता है।

'गतभाव' तो कथक की एक उल्लेखनीय विशेषता ही है। इसमें शब्दों के आधार के बिना किये जानेवाले और अन्य नृत्य-शैलियों में न पाये जानेवाले अभिनय-सामर्थ्य के दर्शन होते हैं। वैसे तो गतभाव के विषय सरल और क्रिया-सुलभ होते हैं। यहाँ नृत्य का रुझान नाट्यमयता की ओर अधिक होता है। गतभाव को सजाना हो, तो उसमें स्वयं चयनित स्थल-काल विषयक विधि-निषेध मन में सदैव जागृत रहना आवश्यक है। यदि किसी स्थान पर कदम्ब वृक्ष का होना मान लिया जाय, तो उस आभास को वहाँ मूर्त बनाये रखना पड़ता है। एक बार दर्शाये गये स्थान पर ही छींका, गोपी बनके जिस कोने में छांछ मथी, वहीं वो मथने का खम्भा आदि स्थान-विशेषताओं का ध्यान न रखा जाय, तो सम्बन्धित आभास बने नहीं रह सकते, अभिनय उभरकर नहीं आता। गतभाव का सिंगार प्रत्ययकारी नहीं हो पाता।

परन्तु 'ठुमरी', 'भजन' या किसी 'गीत' को सजाना हो, तो पहले अपने माध्यम का भान होना चाहिए। अर्थ की स्पष्ट अभिव्यक्ति के लिए भरत मुनि द्वारा 'नर्तन' अभिधान में सम्मिलित किये गये 'नृत्य', 'नृत्त' और 'नाट्य' नामक तीनों अंगों का योग्य पद्धति से, योग्य मात्रा में उपयोग करते समय यह विचार हमेशा जागृत रखना होता है कि ठुमरी, भजन या गीत कहीं नाट्य के वश में ना चले जायें! नृत्याभिनय के दो सर्वश्रुत पहलू हैं—'नाट्यधर्मा' और 'लोकधर्मा'। कथक के सन्दर्भ में उन पर विचार करते समय यह ध्यान रखना होता है कि कथक के अभिनय का नाट्यधर्मित्व या सांकेतिकता भी लोक धर्म की तरफ़, यानी वास्तविकता की तरफ़ रुझान रखनेवाली है। इस वास्तविकता के कारण नाट्याभिनय कथक नृत्याभिनय के काफ़ी निकट आ जाता है और उन्हें एक-दूसरे से अलग करनेवाली सीमा-रेखा बिलकुल धुंधली हो जाती है। माध्यम की सही पहचान का, अभ्यास का और उन पर आधारित उपयोग का प्रश्न यहाँ महत्त्वपूर्ण हो जाता है।

अभिनय का आधारभूत साहित्य ऐसा होना चाहिए, जिसे गाया जा सके। नर्तक ने अपने अनेक वर्षों के अनुभव के आधार पर यह अनुमान लगाया होता है कि गाते हुए अर्थ स्पष्ट हो और बन्दिश का गठन ऐसा हो कि वह ताल-लय सहित सर्वांग में विचरण करे...चुने गये गीत-प्रकार का संगीत सुमधुर तो हो, पर उसमें अधिक नक़्क़ाशी न की गयी हो और ऐसा हो जो स्वयं की तरफ़ आवश्यकता से अधिक ध्यान आकर्षित न करे। भले ही ऐसी कोई ठुमरी,

कोई अष्टपदी या भजन धुन और ताल दोनों मानदण्डों पर उचित सिद्ध हो, पर साहित्य की दृष्टि से उसका चयन करते समय कुछ और बातों का भी परहेज़ रखना पड़ता है। चुनी गयी रचना में कम से कम एक चरण तो ऐसा हो कि जिसमें से व्यंजना के जरिये अनेक अर्थ-छटाएँ सूचित हों। उस चरण के अर्थ का सिंगार करते समय अभिनय की गहरायी बढ़ाने के लिए एक-एक उपांग के क्षेपों का इस्तेमाल इस प्रकार किया जाय, जैसे किसी विशिष्ट अस्त्र का प्रयोग सम्हालकर परन्तु निशाना लगाते हुए किया जाता है। एक-एक हस्त...कोई एक दृष्टिक्षेप...हलकी सी हलचल...इस तरह से उचित अनुपात के साथ अभिनय में रंग भरा जाय। सूक्ष्मता से ठोस अभिनय की तरफ़ और ठोस अभिनय से सूक्ष्मता की ओर सहजता से 'आना-जाना' सम्भव हो। सामान्यत: गीत का ताल पदन्यास के जरिये सम्हालते समय अभिनय में अलग-अलग भाव-छटाओं पर आधारित सूक्ष्म लय का खेल अविरत चलता रहे। इससे अभिनय को घनता प्राप्त होती है।

इस प्रकार से सिंगार की अलग-अलग सन्दर्भोंवाली परिभाषाएँ देते हुए मन एकाएक अतीत में खो गया। याद आ गया वह कालखण्ड़ १९६१ से १९७२ तक का, पं. लच्छू महाराज के सम्मुख बैठकर अभिनय के रहस्यों को आज़माने में बिताये हुए वे दिन, वे घण्टे...पं. लच्छू महाराज अपनी विशिष्ट उत्तर-प्रदेशवाली शैली में गोपियों का, राधा का सिंगार दर्शाया करते थे। महाराष्ट्र के गहने अलग, उन्हें पहनने का तरीक़ा अलग और उत्तर-प्रदेश के 'ज़ेवर' अलग। यदि उन्हें पहनना हो, तो स्वाभाविक ही उपयोग में लाये जानेवाले हस्त भी अलग। हमारी कंघी और कुंकुम रखने की लकड़ी की पिटारी अलग और उनका सिंगारदान अलग! देखते-देखते महाराज ''पाँव में पाजेब, कमर में कौंधनी, गले में माला, नाक में नथबेसर, माथे पे बिन्दिया, बाँहों में बाजुबन्द, कलाई पे चूड़ियाँ, अंगूठी में आरसी'' कहते-कहते सज-सँवर जाते और फिर ''आँखों में काजल, मुख में तम्बोल, माँग में सिन्दूर और भाल पे टीका'' रेखित करते! इस नारी-श्रृंगार को देखते-देखते मन के दर्पण में प्रतिबिम्ब उभरता तो केवल किसी सजी-धजी कामिनी का नहीं...बल्कि 'कथक' नामक किसी विशिष्ट उत्तर-प्रदेश की नृत्य-शैली से परावर्तित होनेवाली भारतीय संस्कृति के एक रूपांश का...जिस शैली से, जिस समझ से और जिस प्रतीकात्मकता से यह 'सिंगार' का अभिनय किया जाता था, उसे देखकर यह निश्चयपूर्वक अनुभव होता था कि उस शैली में, उस समझ में और उस प्रतीकात्मकता में उस-उस काल का अंश, उस मानव वंश के इतिहास का अंश और तत्कालीन संस्कृति तथा परम्परा का निचोड उसी तरह सहेजा गया है, जिस तरह इत्र की शीशी में इत्र को सहेजा जाता है! यदि उस सिंगार को देख-देखकर, समझकर आत्मसात् करना सम्भव हुआ, तो साज सिंगार के 'हस्त' केवल कर पाना सम्भव हुआ, इतना ही सन्तोष नहीं, बल्कि उसके साथ संस्कृति का वह सारतत्व हमारे भीतर भी उतर गया हो जैसे, ऐसी धन्यता का अनुभव होता था!

फिर कुछ समय के बाद तो सिंगार के इस अर्थ की एक और रंगगर्भ पँखुड़ी खुल गयी थी।

मूल स्रोत का विचार करें तो स्पष्ट है कि कथक उत्तर भारतीय नृत्य है। परन्तु शताब्दियों की ऐतिहासिक छननी से और संस्कृति संकर के भँवर से गुज़रकर भी सही–सलामत रही और समृद्ध हुई इस कथक शैली की आन्तरभारतीयता समझा देने की आवश्यकता नहीं है। ऐसे कथक की भारतीय शैली में मराठी विषयों का, विशिष्ट मराठी संस्कृति का प्रतिबिम्ब भी उतना ही स्पष्ट झलक सकता है...वह सुन्दर भी दिखायी दे सकता है, यह बात समझ में आयी कथक के अन्तरंग की इन विशाल सम्भावनाओं का बोध होने के कारण ही। फिर उस सिंगार का 'शृंगार' होने पर भी (यानी उत्तर भारत में जिसे सिंगार कहा जाता है, वह महाराष्ट्र के आभूषणों में आकर शृंगार कहलाने के बावजूद) वह भारतीय संस्कृति के अर्क़ में डूबे हुए मराठी संस्कृति के अर्क़ को भी परावर्तित कर सकता है। और फिर भी, उससे 'कथक' के 'कथकपन' को कोई धक्का नहीं लगता! पैरों की उँगलियों में 'जोड़वी', हाथों में 'कंगन', 'तोडे', 'पाटल्या', बाजु में 'वाकी', गले में 'मणि–मंगलसूत्र', 'तन्मणी' और नाक में 'नथ'...शृंगार सम्पूर्ण रूप से मराठी। (जोड़वी, तोडे, पाटल्या, वाकी, मणि–मंगलसूत्र, तन्मणी ये सभी महाराष्ट्र के आभूषणों के नाम हैं) पर इससे न कथक के मूल स्वरूप में कोई कमी आती है और न उसकी अर्थवाहकता में कोई बाधा।

सिंगार को एक नया अनादि सुर प्राप्त हुआ, एक नयी अनन्त की लय मिली, गौर (देवी) मानो नये सिरे से सज गयी! वह और उसका सिंगार श्रेष्ठ जनों की कलाकृतियों की तरह एकरूप हो गया। उसके सुन्दर सजाये हुए आसन से भारतीय शब्द, स्पर्श, रूप–रस–गन्ध की, परम्परा और संस्कार से मधुरिमा ग्रहण की हुई सुगन्ध मन्दिर में जलते धूप की तरह उमड़ने–घुमड़ने लगी।

३

ठुमरी और कथक

संगीत–प्रेमी रसिक जनों को यह अलग से बताने की आवश्यकता नहीं है कि ललित गायन का एक प्रकार 'ठुमरी' गायन के क्षेत्र में जितना लोकप्रिय है, उतना ही आज उत्तर भारतीय शास्त्रीय नर्तन शैली कथक के क्षेत्र में भी लोकप्रिय है।

स्वतन्त्रता प्राप्ति के बाद भारत में सभी ललित कलाओं के पुनरुत्थान की जो प्रक्रिया आरम्भ हुई, उसे अब पचास से अधिक वर्ष हो चले हैं। इस दौरान हीन मनोरंजन की केंचुली उतारकर, शरीर को झंझोड़कर, महफ़िल का पुराना रंगमंच कुछ अलग हटाकर रंगमन्दिर में स्थानापन्न हुए समकालीन कथक के प्रयोग में, उसके अभिनय की 'अदाकारी' को पूरा मौका देनेवाली 'ठुमरी' का बहुत बड़ा योगदान सिद्ध हो चुका है।

दो हज़ार वर्ष पहले के काल–प्रवाह में बहते आये हुए आज के 'नृत्त' और 'नृत्य' इन दोनों पहलुओं से समृद्ध और इसीलिए 'सम्पूर्ण' बने रूप को धारण करनेवाले कथक नृत्य को 'ठुमरी' नामक गीत–प्रकार मिला लगभग डेढ़ दो सौ वर्ष पहले; परन्तु ठुमरी का अन्तर्भाव कथक में होने के इस कालखण्ड से पहले से कथक की प्रवृत्ति में कथारहित, अभिनयरहित, शुद्ध नर्तन (नृत्त) और कथा या प्रसंगों पर आधारित अभिनय प्रधान नर्तन (नृत्य) के दो विभाग, दो आयाम तो थे ही। मूलतः कथक की निर्मिति और उत्क्रान्ति में दो–तीन प्राचीन प्रयोगधर्मी कलात्मक परम्पराओं का योगदान है। इनमें से एक परम्परा है भरत मुनि के नाट्य–शास्त्र पर आधारित शास्त्रीय नर्तन की, जो उस कालखण्ड के भारत के सांस्कृतिक इतिहास की नर्तन की एकमात्र परम्परा थी – इस परम्परा का मूलाधार जिस तरह भरतनाट्य, कथकली, कुचिपुडी, मणिपुरी आदि आधुनिक सभी अभिजात शैलियों को मिला है, उसी तरह कथक को भी प्राप्त हुआ है; इसके अतिरिक्त रामायण, महाभारत आदि महाकाव्य, जैन वाङ्मय–पुराण आदि ग्रन्थों में जिन 'कथक', 'कथिक', 'कहुग', जैसे मूल और अपभ्रष्ट शब्दों का प्रयोग मिलता है, उन 'कथक' नामक जाति के कथा–वाचकों की परम्परा भी कथक के मूल में है। पन्द्रहवीं शताब्दी के रासधारी लोगों ने वैष्णव सम्प्रदाय के प्रचारार्थ जिस रासनृत्य का

निर्माण किया, कथक पर उसका भी सूक्ष्म असर दिखायी देता है; और नर्तन, गायन कलाओं का विकास भी एक साथ होने के कारण गायन की ध्रुपद शैली की ताल–लयात्मकता का भान भी कथक में स्पष्ट रूप से दिखायी देता है। इस तरह देखें तो पता चलता है कि कथक के विकास के आलेख में मुग़ल काल के आने तक कथक का स्वरूप अधिकतर कथाधारित ही था। उसके लिए काव्य, भजन, गीत आदि प्रकारों का संगीतपूर्ण साथ कथक के लिए बहुत आत्मीयतापूर्ण था।

परन्तु मुग़ल दरबार की वास्तविकता भिन्न सिद्ध हुई। दरबार का 'माहौल' प्रतिस्पर्धापूर्ण होने के कारण अब तक कथक नृत्य में तकनीक का अस्तित्व जो अस्पष्ट था, उसे एकाएक महत्त्व प्राप्त होकर वह प्रबल भी हो गया। कथक के मूल कथाकथन पर आधारित अभिनयप्रभुता के पहलू का महत्त्व क्रमशः घटता गया और कविता, दोहे, भजन, धृपद, धमार आदि का स्थान 'ठुमरी' नामक गीत–प्रकार और उसकी लचीली गायन शैली ने ले लिया। इस बदलाव का एक कारण यह भी था कि आराधना भाव के स्थान पर शृंगारिक विषयों का इसमें अन्तर्भाव हो गया था। इस बदलाव के होने तक अठारहवीं शताब्दी का अन्तिम चतुर्थांश शुरू हो चुका

था। यहाँ से कथक की ठुमरी से हुई जान-पहचान, वह नवाब वाजिद अली शाह के सांगीतिक कर्तृत्व के कारण घनिष्ठ हो गया; और आगे की कथक की सारी यात्रा ब्रिटिश शासन की सांस्कृतिक दुर्दशा से सही-सलामत बाहर निकलने की गड़बड़ी में भी ठुमरी के साथ से ही हुई।

डॉ. प्रेमलता शर्मा, डॉ. चन्द्रशेखर पन्त आदि विद्वानों को ठुमरी के आज के स्वरूप में नाट्य-शास्त्र में उल्लिखित 'आसारित', 'ध्रुवा' आदि प्रबन्धों की समानता दिखायी देती है और वे यह प्रतिपादित करते हैं कि नाट्य-शास्त्र के काल में नृत्याभिनय के समर्थ वाहन के रूप में इस प्रबन्ध का जो कार्य था, वही कार्य आज 'ठुमरी' नामक गीत-प्रकार कथक के क्षेत्र में कर रहा है। यह कहने में कोई हर्ज़ नहीं है कि इन बुज़ुर्गों के इस मत के अनुसार कथक का ठुमरी से जो नाता है, वह पहले से चलते आये इन दोनों के अन्तस्सम्बन्धों से भी सिद्ध हुआ है। उन्नीसवीं शताब्दी में नवाब आसफ़उद्दौला के शासनकाल में पहले प्रकाश जी कथक में सम्मिलित हुए, तब उपर्युक्त कथक और ठुमरी के सम्बन्ध को नया निखार मिला और कथक अभिनय का मुख्य वाहन 'ठुमरी' ही तय हो गया।

पं. प्रकाश जी के तीन पुत्र हुए—पण्डित दुर्गाप्रसाद, पण्डित ठाकुरप्रसाद और पण्डित भैरवप्रसाद। नवाब वाजिद अली शाह के शासनकाल में पण्डित ठाकुरप्रसाद जी को 'नृत्यगुरु' के रूप में सम्माननीय स्थान प्राप्त था। यह वास्तविकता ध्यान देने योग्य है कि नृत्यगुरु पं. ठाकुरप्रसाद और उनके कई शिष्य न केवल गुणी 'कथक' थे, बल्कि उत्तम ठुमरी गायक भी थे तथा ठुमरी गाकर उसके अनुसार भाव-अदाकारी करने की कला में भी माहिर थे। पण्डित ठाकुरप्रसाद के ठुमरी गायन और अदाकारी की विरासत उनके भतीजे और पण्डित दुर्गाप्रसाद के सुपुत्र स्वर्गीय बिन्दादीन महाराज को विपुल मात्रा में प्राप्त हुई थी। यही विरासत उनके भतीजे, यानी बीसवीं सदी के श्रेष्ठ नर्तक स्वर्गीय अच्छन महाराज, गुरु लच्छू महाराज और 'अभिनय-सम्राट' की उपाधि से नवाजे गये स्वर्गीय शम्भुमहाराज को भी उल्लेखनीय मात्रा में प्राप्त हुई थी। आज के रसिक दर्शक गण पूरी तरह जानते हैं कि ठुमरी गाकर उसके अनुसार भाव-अदा पेश करने की यह पद्धति और उसका बेजोड़ कौशल स्वर्गीय अच्छनमहाराज के सुपुत्र प्रसिद्ध नर्तक पं. बिरजूमराहाज को भी कितनी अधिक प्रचुरता में प्राप्त है।

गुरु लच्छु महाराज जी को मैंने स्वयं कई बार ठुमरी भाव की अदायगी करते हुए देखा है। उनके विशिष्ट पद्धति के गायन और भावाभिव्यक्ति की विधा का मैंने विश्लेषण भी किया है। साथ ही, एक दो बार ही सही, पर कानों तक पहुँची और स्मृतिपटल पर अंकित की गयी स्वर्गीय शम्भूमहाराज की दर्दभरी, भावोत्कट आवाज़, उनकी पारदर्शी दृष्टि और भाव-प्रदर्शन की अनोखी पद्धति को मैंने अपने प्राणों को आँखों में लेकर देखा है और उसके चित्र आज भी मेरे मन:पटल पर ताज़ा हैं!

मेरे दूसरे गुरु पण्डित मोहनराव स्वभाव से ही मितभाषी और संकोची वृत्ति के थे। गुरुजनों की गुण-विशेषताएँ अचूकता से बतानेवाले, उसी रौ में उन्हें प्रत्यक्ष कर दिखानेवाले, परन्तु

समग्र रूप से बैठक के तौर पर भाव अदाकारी पेश करने के लिए नम्रतापूर्वक इनकार करते थे। सौभाग्य की बात यह रही कि एक चर्चासत्र के दौरान उन्होंने जो भावप्रदर्शन किया, वह मुझे 'ठुमरी' और कथक के अटूट सम्बन्ध का उत्कट अनुभव दे गया और सदा के लिए स्मरण में रह गया।

कथक की वैयक्तिक प्रस्तुति में (एकल - सोलो प्रस्तुति में) पहले नृत्त का यानी किसी एक ताल का चयन कर (त्रिताल, झपताल, धमार आदि) उसके अनुसार ठाठ, आमद, परन, टोडेटुकडे, तिहाई, तत्कार जैसी कथक की रचना-विशेषताओं की प्रस्तुति की जाती है। इस प्रस्तुति के जरिये दर्शकों को कलाकार के नर्तन-सौष्ठव, तैयारी, ताल-लय पर उसका प्रभुत्व आदि गुणों का प्रत्यय मिलता है। इसके बाद कुछ रुचि-बदलाव के लिए और कलाकार को विश्राम भी मिले, इसके लिए अभिनय की प्रस्तुति की जाती है, वह सामान्यतः 'ठुमरी' के जरिये। 'ठुमरी' को खमाज, पिलू, मांड़, झिंझोटी, तिलंग जैसी मधुर राग-रागिनियों में बाँधा जाता है और जिस तरह से ठुमरी उन रागिनियों का थोड़ा-बहुत स्वच्छन्दता के साथ परन्तु निर्धारित विधा के अनुसार प्रयोग करती है, वह पद्धति, वह विधा भावदर्शन की दृष्टि से कथक में बहुत पोषक सिद्ध होती है। ठुमरी के दीपचन्दी, पंजाबी, अद्धा, दादरा आदि ताल उस गायन के लचीलेपन को सम्हालते हैं और भावदर्शन को अलग तरह की विचित्रता का

आधार देते हैं।

कथक के लिए गायी जानेवाली ठुमरियाँ अधिकतर श्रृंगार रस पर आधारित होती हैं। श्रृंगार की संयोग और वियोग दोनों अवस्थाओं की भाव-भावनाओं की प्रस्तुति ठुमरी के जरिये अकसर अनुभव की जा सकती है। ठुमरी के काव्य में नाट्य-शास्त्र में उल्लिखित श्रृंगार-नायिकाओं में से 'खण्डिता', 'विरहोत्कण्ठिता' और 'अभिसारिका' नायिकाओं का ही वर्णन विपुल मात्रा में पाया जाता है। इसके लिए स्वर्गीय बिन्दादीन महाराज की रचनाओं के उदाहरण दिये जा सकते हैं। 'खण्डिता' नायिका पति की रात भर प्रतीक्षा करने के बाद उसके सुबह लौटने पर उसकी हाजरी लेते हुए कई सन्देह दर्शानेवाली—'काहे को मेरे घर आये हो'? ऐसा सवाल करनेवाली; 'विरहोत्कण्ठिता' नायिका पति के विरह में डूबी; होली का त्यौहार आ गया है, पर पति घर पर नहीं है। रंग खेले भी तो किसके साथ? 'कासे खेलूँ पिया घर नाही'! इन नायिका-विषयों के अतिरिक्त रंगपंचमी का वर्णन करनेवाली 'होरी' और कृष्ण-गोपी-राधा की नटखट छेड़छाड़ के प्रसंग भी ठुमरी के विषय बनते हैं और रोचक भाव-प्रदर्शन का अवसर प्रदान करते हैं।

ठुमरी की व्युत्पत्ति में 'ठुमकने' का जो ठोस या सूक्ष्म अन्दाज़ है और ठुमरी गायन में जो स्वाभाविक स्वच्छन्दता है, वह कथक के अभिनय को बेहद उभारती है। लखनऊ के बुज़ुर्ग नर्तकों का, गुरुजनों का दावा और स्वयंसिद्ध अनुभव है कि अठारहवीं-उन्नीसवीं शताब्दी के लखनऊ के राजसी जीवन की 'नफ़ासत' और 'नाज़ुकमिज़ाजी' पर पोषित ठुमरी कथक की मुक्त अभिनय परम्परा को एक अलग ही अदब, अनोखा चैन और ग्रेस, लचीलापन, लालित्य और नखरा देती है। रसिक दर्शकों से गवाही लें, तो वे ठुमरी को कथक के 'भावों का आईना' मानते आये हैं। ठुमरी के पार्श्वगायन के आधार पर नर्तक अभिनय में कल्पना की उड़ानों और भावपूर्ण व्यंजना की सुन्दर प्रतीति कराते हैं।

कथक के दो मुख्य घराने हैं और कुछ उप-घराने भी हैं। इनमें से जयपुर घराने की कथक प्रस्तुति में 'ठुमरी' पर अभिनय करने की अपेक्षा लम्बछड़ गतभावों, भावगम्भीर भजनों, धृपदों और भक्तिपरक रचनाओं पर अभिनय करने की प्रथा है। बनारस घराना कहलानेवाली एक शाखा का अभिनय ठुमरी के साथ-साथ लम्बछड़ कविताओं पर भी आधारित होता है। बनारस का जानकीप्रसाद घराना भजनों और दर्शनाधारित काव्यरचनाओं पर भी अपने अभिनय को निर्भर रखता है और लखनऊ, जो आज का प्रमुख कथक घराना है, ठुमरी को ही अभिनय का मुख्य आधार मानता है। वैसे, यह स्वाभाविक भी है, क्योंकि बीसवीं शताब्दी के प्रथम दशक के बुज़ुर्ग रसिक जनों ने जिनके अभिनय कौशल की अत्यन्त सराहना की, उन स्वर्गीय बिन्दादीन महाराज ने तो पन्द्रह सौ से अधिक ठुमरियाँ, दादरा, सादरा, भजन, धृपद और अष्टपदियाँ लिखकर अपने नर्तन भावकौशल के साथ-साथ अपना नायकत्व भी सिद्ध किया है।

कथक में आज बिन्दादीन महाराज की इन रचनाओं का काफ़ी प्रचार और प्रचलन है। भले

ही विषय चयन की दृष्टि से इन रचनाओं में पर्याप्त अर्थ-नवीनता न हो, पर भाव दर्शन की दृष्टि से अत्यन्त सुभग और प्रसादपूर्ण शब्दचयन और श्रवण-सुन्दर धुनें, जो मधुर होते हुए भी बहुत आलंकारिक न हों, यह बिन्दादीन महाराज की ठुमरी-दादरों का वैभव है। इनमें से कई रचनाएँ ऐसी हैं, जिन्हें छोटा ख्याल की भाँति गाया जा सकता है, (जैसे 'कान्ह देखो ठाडे हैं ब्रिज की ओर', और 'काहे छेड़त मोहन गिरिधारी रे' या 'देखो छेड़े ना मोहे जावो') और कुछ रचनाएँ चौदह या सोलह मात्राओं के दीपचन्दी ताल के साथ ठुमरी के विशिष्ट बाज को सम्हालते हुए गायी जानेवाली तथा अभिनय की जानेवाली हैं। जानकार और अधिकारी पार्श्वगायक इन ठुमरियों को 'बोलबांट' और 'बोलबनाव'—दोनों प्रकारों से गाकर कथक अभिनय में रंग भरते हैं।

स्वर्गीय बिन्दादीन महाराज की रचनाओं के अलावा अन्य भी कई लोकप्रिय ठुमरियाँ कथक गुरुओं के संग्रह में हुआ करती थीं, आज भी हैं। परन्तु उनका प्रयोग पहले की भाँति 'बैठकर गाते हुए अभिनय करने' जैसा कदाचित ही होता है। पहले यानी २०-२५ वर्ष पहले के उदाहरण देने हों, तो स्वर्गीय शम्भुमहाराज की उत्कट आवाज़ में 'अटरिया पे चढ़के हो गयी बदनाम', 'पानी भरे री' और 'कौन गलिन गयो श्याम' जैसी ठुमरियों का दिया जा सकता है, जो मेरे कर्णरन्ध्रों में रच-बस गयी हैं। गुरु लच्छु महाराज 'पानी भरे री' पर अभिनय प्रस्तुत तो करते ही थे, परन्तु स्वर्गीय बिन्दादीन महाराज की रचनाएँ—'डगर चलत देखो श्याम कर गहिया' और 'मोहे छेड़ो ना नन्द के सुनहूँ छैल' उनकी हथकण्डा ठुमरियाँ थीं!

अभिनय के जरिये ठुमरी में रंग भरने का कथक का एक अनोखा तरीक़ा होता है। उसके द्वारा ठुमरी अपनी रचना के ताल-सुरों के कवच से कुछ बाहर निकलकर विविध अर्थान्तरों के साथ सज-सँवर के खिल उठती है और रसिकों को मुग्ध कर लेती है!

'डगर चलत'...में 'डगर' शब्द के ही कई अर्थ किये जायेंगे और अकल्पित रूप से कई प्रकार के हस्त उन अर्थों के वाहक बनेंगे...फिर आयेगा यह वाक्य—'देखो श्याम'। 'श्याम' आकाश जैसा 'सतेज', सावन के मेघों जैसा 'साँवला', सुरमे की तरह धूसर अंगकान्तिवाला श्याम, देखिए तो सही! और आगे 'कर गहिया' पर अनेक ललित क्रिया विशेष—'अरी उसने मेरा तो हाथ पकड़ लिया', यह अर्थ सूचित करनेवाले कई सारे विभ्रम! प्रथम नयन भाव...केवल नज़र के ही खेल...इशारे...फिर कर भाव...फिर सीमित मात्रा में अंगों को मोड़ना...सारे माध्यमों से संचारी भावों की तरल अभिव्यक्ति!

खमाज राग में बाँधी गयी 'तोरी मैं न मानूँगी झूठी बतिया करत' यह स्वर्गीय बिन्दादीन महाराज की रचना है जो मध्यलय त्रिताल में निबद्ध है, जिसमें खण्डिता नायिका का अपने पति के अपराध के प्रति क्रोध, और स्वयं की अवस्था को लेकर विवशता इन भावों को गहरायी से व्यक्त करने के लिए यह रचना किस प्रकार स्वभावतः सहायक है, यह गुरु मोहनराव अभ्यास के दौरान सार्थक अभिनय के द्वारा दर्शाया करते थे; परन्तु यह भी सच है कि मूलतः स्वर्गीय

बिन्दादीन महाराज की ये और इसके जैसी ही रचनाओं की धुनें तथा उनके शब्दचयन की प्राकृतिक एकरूपता कथक पद्धति के भावप्रदर्शन को उभारनेवाली हैं।

यह कहना ग़लत नहीं होगा कि यदि कथक के अभिनय के उत्कर्ष और गहरायी का अनुभव करना हो, तो यह ठुमरी के जरिये ही सम्भव है। यद्यपि यह सच है कि भजनादि अन्य रचनाओं के मूल में आराधना या भक्ति के भाव माने जाते हैं, परन्तु अनुभव यह है कि अभिनय दर्शाने का तरीक़ा भजनों के मामले में ठुमरी जैसा ही हो सकता है। 'ऐसे राम जगत हितकारी' यह 'भजन', 'निरतत ढंग' यह 'अष्टपदी' और 'शेषफन डगमगे' यह सादरा इन स्वर्गीय बिन्दादीन महाराज महाराज की रचनाओं पर किया गया अभिनय उपर्युक्त विधान की पुष्टि के लिए उदाहरणस्वरूप दिये जा सकते हैं।

उपर्युक्त मुद्दों पर कुछ अधिक स्पष्टीकरण देना आवश्यक प्रतीत होता है। ठुमरी का प्रथम चरण ही सामान्यतः अनेकार्थी, व्यंजक होता है, अर्थात् ऐसे चरण से अनेक अर्थ निकाले जा सकते हैं। इस चरण का एक-एक पद भी सूक्ष्म हावभावों के जरिये अलग-अलग अर्थों को उभारनेवाला हो सकता है। इस प्रथम चरण से ठुमरी के मूल विषय का प्रथम सर्वमान्य विधान किया जाता है और आगे आनेवाली प्रत्येक कड़ी इस विधान की सत्यता अनेक उदाहरणों से पुष्ट करती रहती है। भजन, अष्टपदियों का दर्शन अभिनय से कराते समय भी नर्तक के अभिनय का क्रम और बर्ताव इसी प्रकार का होता है। आशय यह कि कथक में 'ठुमरी' केवल विशिष्ट गीत-गायन का प्रकार या ढंग नहीं है, बल्कि विशिष्ट प्रकार की अभिनय शैली का भी 'बाज' है। यह कहना ग़लत नहीं होगा कि इसी कारण ठुमरी ने कथक को एक दोहरे रिश्ते से घेर रखा है।

४

रियाज़

केवल कलाकार के ही नहीं, बल्कि किसी भी क्षेत्र में विशेष कार्य करने के इच्छुक किसी भी व्यक्ति के जीवन-क्रम की एक महत्त्वपूर्ण बात है रियाज़—अभ्यास...स्मरणपूर्वक मेहनत। कला और क्रीड़ा क्षेत्र में तो है इसका विशेष महत्त्व!

प्रत्येक क्षेत्र में किये जानेवाले रियाज़ का स्वरूप, उसकी पद्धति—उस रियाज़ के लिए आवश्यक समय—आवश्यक शारीरिक श्रम...इसमें भले ही काफ़ी अन्तर हो, पर यह कहने में कोई हर्ज़ नहीं कि उस रियाज़ के मूल में निहित मानसिकता, उसमें गृहीत सुधार करने की लगन...प्रगति और परागति की क्रमशः प्राण दान देनेवाली और प्राण लेनेवाली अनुभूति, काफ़ी कुछ एक जैसी ही होती है।

मेरा चुना हुआ क्षेत्र था वह था अभिजात नृत्य-कला की उपासना; उसमें से भी मुख्यतः कथक और कुछ समय तक जिसकी शिक्षा-दीक्षा प्राप्त की थी और स्वाभाविक ही जिसके अनुसार रियाज़ भी किया था, वह भरतनाट्य!

भरतनाट्य कुछ अधिक नहीं, पर मैंने चार-पाँच वर्ष तक जिसे 'बाक़ायदा' कहा जाता है, वैसे सीखा—उसका 'बाक़ायदा' रियाज़ भी किया। परन्तु वह भरतनाट्य के अध्ययन की दृष्टि से लाभदायक होकर भी कथक के लिए मारक होने की नौबत आ गयी! वैसे, मेरे मन में प्रथम स्थान कथक का ही होने के कारण भरतनाट्य के लिए अनुपम मार्गदर्शन करनेवाले गुरु प्राप्त होने के बावजूद मुझे उस शैली के अध्ययन को छोड़ देना पड़ा, तदनुसार उसके रियाज़ को भी! इससे समय रहते ही यह सिद्ध हो गया कि अभिजात नृत्य पद्धतियों के सीमित कलाक्षेत्रों में भी अलग-अलग शैली के संकेतों के अनुसार रियाज़ की पद्धतियों में ज़मीन-आसमान का फ़र्क़ हो सकता है।

कथक नृत्य की मेरी शिक्षा तीन शिक्षकों और दो गुरुओं के मार्गदर्शन में हुई। 'शिक्षक' और 'गुरु' नामक दो उपाधियों के बारे में मेरी एक स्पष्ट परिभाषा है—जिन्होंने मुझे नृत्य की तरफ़

देखने की, नृत्य का अनुभव करने की 'नज़र' दी वे मेरे गुरु और जिन्होंने कुछ चरणों पर मेरा 'मार्गदर्शन' किया, वे मेरे शिक्षक!

मुझे याद नहीं आता कि मेरी नृत्य शिक्षा के २०-२१ वर्ष की अवधि में मेरे गुरुओं ने 'रियाज़ कैसे करें?' इस बारे में ख़ास तौर पर कुछ बताया हो, या सूचनाएँ दी हों। मेरे जीवन में मुझे ही नृत्य के प्रति इतनी अधिक लगन थी, कि गुरुओं द्वारा सिखाया गया सब कुछ मैं ही बार-बार दोहराती रहती थी और सिखायी गयी बातों पर मैं काम कर ही चुकी होती थी, इस बात का अनुभव मेरे गुरुद्वय को होने के कारण उन्होंने मुझे कम-अधिक रियाज़ करने का उपदेश तो कभी नहीं दिया... बल्कि मैं जो कर रही थी वह रियाज़ सही दिशा में हो रहा है, यह तो वे मानकर ही चल रहे थे! अपनी 'प्रॅक्टिस' को मैं रियाज़ कहूँ, उस समय मुझे ऐसा नहीं लगा, क्योंकि विशिष्ट वातावरण में ले जानेवाले भारी-भरकम शब्द या अभिधान उस वक़्त में बड़े-बड़ों के विचार-विनिमयों में भी नहीं हुआ करते थे। आज जब पीछे मुड़कर समय का हिसाब लगाती हूँ, तो हमेशा यही लगता है कि कम से कम मेरे एक गुरु महाराज ने तो मेरे अभ्यास करने की तरफ़ जागरूकता से ध्यान दिया होता, तो कितने सारे ग़लत अभ्यास की समझ कब की आ गयी होती और आयु तथा शक्ति का अकारण हुआ अपव्यय टल गया होता। साधारणत: नर्तन का अच्छा दिखना और उसका सर्वांग सुन्दर तथा नृत्यविज्ञान के अनुरूप होना इनमें जो महत्त्वपूर्ण भेद है, वह समय रहते ही स्पष्ट समझ में आया होता, अंकित हो गया होता मन पर! घड़ी-घड़ी मन की उमंग को नष्ट करनेवाली विफलता सहनी न पड़ती! पर गुरुजनों की बात भी सही! कोई भी बात—कला, 'इल्म' धीरे-धीरे ही आता है, 'हासिल' होता है, होना चाहिए और उस कला का, विद्या का, 'इल्म' का धीरे-धीरे सुन्दर-स्वच्छ होते जाना गुरु शिष्य परम्परा के अनुरूप ही तो है...बल्कि यह तो उस परम्परा का गृहीत तथ्य ही है, ऐसी उन श्रेष्ठ जनों की अपने जीवनानुभवों के कारण बनी हुई धारणा थी।

नृत्य अध्यापन का मेरा अनुभव जैसे-जैसे बढ़ता गया, वैसे-वैसे मेरे जीवन में ऐसी परिस्थिति उत्पन्न होती गयीं कि जिसके कारण मुझे लगने लगा कि रियाज़ का कोई निश्चित तन्त्र होना चाहिए—और होते-होते उसका एक कच्चा, आरम्भिक कामचलाऊ ढाँचा पक्का हो गया।

उसके योग्य-अयोग्य परिणाम भी प्रत्यक्ष अनुभूत होने लगे। मूलतः कुछ सुविधाओं की आवश्यकता अनुभव हुई और उसे तत्काल पूरा करना पड़ा। पहली आवश्यकता थी लय-ताल बतलाने के सन्दर्भ में अचूकता लाने, 'लघुओं' के हिसाब निश्चित रूप से समझने और उसके कारण आत्मविश्वासपूर्वक अभ्यास करने के लिए 'मेट्रोनम' नामक एक वस्तु (आज इलेक्ट्रॉनिक्स के ज़माने में इस मेट्रोनम के अन्य कई विकल्प उपलब्ध हो गये हैं, पर उस समय वे नहीं थे।)। दूसरी जिस सुविधा की आवश्यकता थी वह 'यदि हो सके तो' की श्रेणी में आती थी। वह थी—अभ्यास के स्थान पर उपलब्ध हो सकनेवाला बड़ा दर्पण, या कम से कम एक पूरी देह की गठन और उसके नृत्यात्मक संचलन से निर्माण होनेवाली आकृतियों (आकृतिबन्ध नहीं), पैंतरों, आदि का जिसमें सूक्ष्म निरीक्षण किया जा सके, उतने बड़े आकार का दर्पण। मन के दर्पण में जागरूकता से अपना प्रतिबिम्ब देखने की क्षमता आने से पहले यह लौकिक दर्पण बहुत महत्त्वपूर्ण होता है! इसके बाद, बल्कि इससे पहले ही दोषरहित स्थिति में कम से कम तबला, तम्बोरा, हार्मोनियम, संवादिनी आदि वाद्य हों, और सबसे महत्त्वपूर्ण बात यह कि प्रति दिन न सही, पर सप्ताह में दो-तीन बार उपस्थित रह सकें, ऐसे वाद्यवादक! मेरे सौभाग्य से ये सारी सुविधाएँ उस काल की सभी आर्थिक, सामाजिक कठिनाइयों के बावजूद मेरे लिए शीघ्र उपलब्ध हो गयीं, क्योंकि मुझे इन चीज़ों को संग्रहित करने की लगन थी। यही मेरा प्रमुख निवेश था—नृत्यसाधना की व्यावहारिक दृष्टि से। रियाज़ के लिए आवश्यक ठोस आवश्यकताओं की पूर्व तैयारी 'व्यवसाय' करनेवाले नर्तकों के मामले में इतनी तो होनी ही चाहिए, ऐसा मुझे लगता रहा। परन्तु ऐसा बिलकुल भी नहीं कि इन सुविधाओं के अभाव में रियाज़ नहीं हो पायेगा। स्वयं के भीतर, स्वयं के अन्तर में तीव्रता से उमड़नेवाली नृत्योर्मि ही रियाज़ की मूल नींव है, स्फूर्ति है, सूक्ष्म साधन है!

नृत्य-कला के सम्मिश्र स्वरूप के कारण उसमें इतने अधिक सौन्दर्य आयाम हैं, कि उसके रियाज़ में भी उतने ही आयामों की शाखाएँ पल्लवित होना स्वाभाविक है; उसमें से भी कथक को अन्य अभिजात शैलियों की अपेक्षा एक-दो अलग परिधियाँ और प्रस्तुति की पूरी तरह अलग रूपरेखा प्राप्त होने के कारण कथक का रियाज़ करते समय एक अलग ही जागरूकता रखनी पड़ती है। इस शैली का अपना एक अनोखा व्यक्तित्व है, एक अनोखा ही उसका परिचय है। वैयक्तिक (एकल) नृत्य प्रस्तुति करते समय नर्तक को योग्य और सरस भाष्य के साथ, स्वच्छ दानेदार 'पढन्त' करते हुए और सर्वांग सुन्दर नृत्य प्रदर्शन के जरिये कथक का परिचय श्रोताओं-दर्शकों को कराना पड़ता है और इसीलिए ही अनेक आयामोंवाले रियाज़ की आवश्यकता होती है।

अपने अनुभव के आधार पर मैं कहूँगी कि रियाज़ की प्रत्यक्ष कार्रवाई साधारणतः ऐसी होनी चाहिए—

'मेट्रोनम' के साथ या तत्सम वाद्य के साथ या तबलावादकों के साथ एक धीमी लय बांध लें

और कथक के मूलाक्षरों का, 'ताथैथैतत् आथैथैतत' का अभ्यास वर्णमाला के अनुरेखन की तरह लगातार करते रहें। जब वह मूल तत्कार चल रहा हो, तब शरीर का वजन किसी भी एक पाँव पर सरकाकर तत्कार की शान न बिगड़े, इस बात पर ध्यान देते हुए दोनों क़दमों के घातों से एक सी ध्वनि निकालने पर ध्यान दें। पाँवों के नाद का सन्तुलन साधने के बाद उसके साथ ही पँजों और बाहुओं के संचलन और क्रमशः क्षेप—उसके साथ झुकना और मुड़ना इस क्रम से वॉर्मिंग अप (warming up) करने के बाद लयकारी के और पाँवों के विविध न्यासों की पद्धति के कारण बननेवाले अनेक प्रस्तारों में से एक-दो प्रस्तार को तो पूरी ताक़त और योग्य गति से नाचने चाहिए। बाद में कोई एक 'ताल' पूरी तरह प्रस्तुत करें। उसमें प्रस्तुति के क्रम का पालन करें। नृत्य की भाषा के प्रास-अनुप्रासों को सम्हालते हुए स्वच्छ दानेदार पढ़न्त करते चले जायें। इसके लिए बोल नाच लेने के बाद दम-साँस बना रहता है या नहीं, कितना रहता है, इसका अनुमान लगाते रहें। इसके बाद कम से कम दस मिनट शान्त बैठें या शवासन करें। चाहें तो शरबत या 'इलेक्ट्रॉल' जैसा कोई पेय ग्रहण करें और फिर शान्त-स्थिर मन से अभिनय के लिए चुने साहित्य की एक-एक पंक्ति या चरण लेकर उस पर रचे गये या नये अच्छे लगनेवाले अर्थान्तरों और उनको बरतते समय निश्चित की हुई संरचना—रचनाव्यूह—

कोरियोग्राफ़ी का स्वतन्त्र अध्ययन करें; अन्त में या चाहें तो आरम्भ में ही स्वयं के अंगविक्षेपों में (नृत्य के सन्दर्भ में) जमे हुए क्षेपों, पैंतरों, चालों और गति के अंगदोषों को धीमी लय में नृत्य करते हुए अपने प्रतिबिम्ब की तरफ़ दर्पण में ठीक से ध्यानपूर्वक देखते हुए सुधारने का प्रयास और अभ्यास करें।

वॉर्मिंग अप छोड़कर शेष रियाज़ का क्रम अपने स्वास्थ्य, उपलब्ध समय और शरीर के 'दमखम' को स्वीकार हो, उस तरह से बदला जा सकता है, परन्तु जिस तरह हम भोजन को कभी छुट्टी नहीं देते, स्नान को कभी छुट्टी नहीं देते, उसी तरह रियाज़ नामक कर्म-धर्म को भी छुट्टी नहीं देनी चाहिए...दृढ़तापूर्वक! और इस सारी साधना को सुफल बनाने के लिए मन और शरीर के स्वास्थ्य की ओर पूरी नेकी के साथ ध्यान दें, यह मैं विशेष जोर देकर कहूँगी—कह रही हूँ!

रियाज़ एक अभ्यास है, मेहनत है, यह तो सच है ही, परन्तु उत्तम प्रकार से और निष्ठापूर्वक किया गया रियाज़ प्रत्यक्ष स्फूर्ति का रूप धारण कर लेता है, योग्य जागृति और नज़र देता है। नृत्य सौन्दर्य के अनेक दालान खोलते हुए रियाज़ सभी को गर्भगृह का मार्ग दिखाता है। एक अर्थ से क्या रियाज़ गुरु नहीं है?

५

कथक : एक सौन्दर्यानुभव

अनायास ही साधनेवाले सहज हावभावों से, प्राकृतिक अर्थयुक्त हरकतों से और मुखर परन्तु सूचक हस्तक्षेपों से दर्शकों के अन्तरंग से बातें करनेवाला नृत्य होता है—'कथक'। सहज ललित पैंतरों से, सीमित पर मुलायम वक्राकारों से, उर्ध्व की ओर लहराती रेखाओं से, आसमान से नाता जोड़नेवाला नृत्य होता है—'कथक'। ताल तथा लय के साथ कभी गहरायी से पेश आनेवाला तो कभी खिलवाड़ करनेवाला, कभी सुस्पष्ट तो कभी अत्यन्त तरल रूप से सन्धान बाँधनेवाला मन तथा बुद्धि को भी विस्मित करनेवाला नृत्य होता है—'कथक'!

वैसे हमेशा ही उसकी आँखे नहीं बोलेंगी, कभी-कभार हाथ की ऊँगलियाँ ही बोलेंगी आप से, आँखों के पखेरू जब चुपचाप हों—कभी सब कुछ बता के ख़त्म होने जैसी मूक होंगी आँखें—अपने आपसे ही हँसती हुई। और हाथ भी होंगे बँधे हुए—हस्तान्दोलन करने जैसे एक दूसरे में गूँथे हुए—पर मुखर होंगे उस समय नूपुर : सुझा रहे होंगे शब्दब्रह्म के पार का कुछ...बोल रहे होंगे काँसा के मृदु मधुर नाद द्वारा—तानपुरे से अविराम झरनेवाली 'पसांसांसा' के नादावर्तन की भाषा—उतनी ही अपनी धुन में मस्त!

नर्तक दर्शकों के सामने खड़ा होगा—नज़रें गड़ी होंगी सामने—लेकिन दृष्टि अन्तर्मुख रहेगी। दिया बाहर जलाया नहीं होगा, अन्तर्मन में ज्योति झिलमिलाती होगी—उसके धीमे प्रकाश की दीप्ति लहराती होगी नर्तक के चेहरे पर—ठाठ के मुलायम पैंतरों से सहजता से जागृत होनेवाला लय-ताल का एहसास, भोर की प्रशान्त बेला में जग जानेपर पलकों पर दिये ठण्डे पानी के छींटो जैसा सुखकारक होगा।

इतने में लय ने उँगली पकड़ ली होगी ताल की—और एकाध साम्राज्ञी की तरह 'सम' आयेगी शान से, अन्दरूनी ऐश्वर्य की प्रभा दर्शाते : इतने में तबला—पखावज मुखरित होंगे—स्तुतिस्तवन गाने लगेंगे—'सम' के, छन्द—परनों से—देंगे अंजुरी भरभर के अर्ध्य लय के—और बहती रहेगी एक सततधारा तालाक्षरों की।

उतने में नर्तक के पाँव हो जायेंगे अधीर—उसी स्तवन में अपना स्वर मिलाने के लिए। दो छोटे से पाँव पर पूरे बावन मातृकों को समाने जैसे बोलेंगे—आख़िर संकेतों को ही अपनानी होगी शरणागति—ता कहूँ या थै कहूँ—धा कहूँ या धिट कहूँ

नृत्याक्षरों के तालाक्षरों के साथ होंगे कुछ पल के लिए वादसंवाद...संवाद ही होंगे अधिकतर—कभी द्वैत की भाषा निकलेगी भी—सिद्धान्तों को उल्टा पुल्टा घुमाया जायेगा बुद्धि की सनक के अनुसार लेकिन मेल होगा अद्वैत पर ही आख़िर—

लय और सौष्ठव का मिला जुला आविष्करण एक साथ प्रारम्भ होगा। परनों की 'ध'कार युक्त भाषा घनगम्भीर नाद को बिखराती होगी तब वातावरण में मन्दिर के कोने-कोने में भरी धूपारति की सुगन्ध महकेगी। पखावज—तबलों को समन्दर—जैसी गरज चढ़ेगी—हस्तक्षेपों में चढ़ेगा जोश—चित्र की मृदु रेखाएँ स्पष्ट हो जायेंगी—प्रभावी लगेंगी। एक-एक आकार स्पष्ट होगा—परम्परा जागेगी-दमकेगी पल दो पल—और फिर तेजी से दौड़नेवाले श्वास युगलों की खींची जायेगी लगाम—अब चाल थोड़ी धीमी पड़ेगी—श्वासों की उमंग को थोड़ा सा समेटा जाता है कि इतिहास का पन्ना ही पलटने जैसा लगेगा आपको—सामने होनेवाला दृश्य परिवर्तित होते देख महफ़िल की संगमरमर की जाली के पीछे से लय-तालरूपी मयूर ने अपने पंखे को सँवार लिया होगा—और कपोल पर फेरा जायेगा एक ही मयूर पंख—

वातावरण में आ गयी होगी एक प्यारी सी मिठास—नर्तक के संचलन में एक लोच।'गतनिकास' की निकासी होगी एक अनोखे अन्दाज़ में—मदमस्त गजगामिनियाँ। दृष्टिपथ में आयेंगी—यौवन के अन्तर्गत सौन्दर्य की ओर से सूक्ष्म गवाही देगी 'कसक मसक'—और 'कलास' दाद देंगे नर्तक के एक-एक हाव-भाव की सम्पूर्णता को।'पूर्णात् पूर्णमादाय पूर्णमेवावशिष्यते' के ईशावास्यप्रणीत वाक्य को नया सन्दर्भ मिलेगा इस पल...

किन्तु सम्भवत: सब कुछ बताने वाला और वैसे देखा जाय तो कुछ भी न बताने वाला 'गतनिकास' आपको उलझन में डाल रहा है ऐसा सोचकर आप बेचैन होंगे पर तभी खुलने

लगेगा एक पट अनादि अनन्त कथा-विश्व का—कृत, त्रेता, द्वापर, कलि—इस युग-परम्परा से खुलेगा मनुष्यत्व का अर्थ—मनुष्य का क्रोध, मोह, मद, मत्सर, उसके पराक्रम, उसकी पराजय—उसकी दरिद्रता—उसका ऐश्वर्य—मन का और पार्थिव—इस प्रकार मनुष्य की पूर्ण पहचान होगी नये तरीक़े से—शायद एक बहुरुपिया के रूप में, नियति के हाथ के खिलौने के रूप में—जीवसृष्टि के एकमात्र बलशाली पशु के रूप में—ईश्वर के अंश में या असुर के अंश के रूप में।

कृष्ण की बाल लीलाओं को प्यार से निहारते-निहारते कालिया के उभरते फन से निकले विषैले फूत्कार सुनायी देंगे। पाँसो पर पाँसे पलटने से द्यूत के गर्त से कभी बाहर आ न सकनेवाले भाग्यहीन धर्मराज की अपमानित आहें सुनते-सुनते द्रौपदी की पुकार पर कृष्ण ने दिये वस्त्र-प्रावरणों की सरसराहट सुनकर मन को तसल्ली मिलेगी। क्रौंचवध देखकर आँखों में छायी नमी के देखते-देखते फूल बनेंगे—आदि कविश्रेष्ठ की काव्यपंक्ति 'मा निषाद' से निकले रसास्वाद के कमाल से...जटायू के विद्ध पंखों की छटपटाहट सहन नहीं होगी—सत्य असत्य की लुकाछिपी का यह खेल आपका दम घोंट लेगा शायद...

लेकिन उतने में यह भी इन्द्रजाल जायेगा घुल और नर्तक लेगा एक नया पैंतरा। अब नन्हे-नन्हे टुकड़ों की शुरू हो जायेगी आतशबाजी—लय के आवर्त सीमित हो जायेंगे—पल भर के लिए मज़ाक़ से हँसी उड़ानेवाले। —ताल मुट्ठी में समाया-सा लगेगा—लेकिन बर्ताव सीधा नहीं—शरारत भरा होगा। 'सम' कृष्ण पक्ष के इकलौते तारे की तरह खुलती-मिटती चमकती होगी बीच-बीच में...

इतने में 'तिहाई' आयेगी कानों आँखों को अकस्मात् थर्राते हुए। बिजली की चमक और मेघ गर्जना एकसाथ होने जैसा चमत्कृतिजन्य होगा एक आभास!

...और अन्त में बरसात सिर्फ़ नूपुरों के झँकार की। एक निरन्तर अभिषेक—किसी अनामिक सुरस्त्रोत का। इस आनन्द समाधि से हौले से जागते समय समझ में भी नहीं आयेगा कि नूपुर शान्त हुए कब और अन्तरिक्ष में छायी पखावज की अनवरत गूँज समायी कब।

फिर आप ही अचानक अन्तर्मुख हो जायेंगे, अधीर हो जायेंगे उस सौन्दर्यानुभव को इत्र की शीशी में सँभाली गयी सुगन्ध की तरह अपने मन की गहरायी में सँभालकर रखने के लिए!

चित्रावली

नृत्य की विभिन्न मुद्राओं में गुरु रोहिणी भाटे

विभाग तीन
कथकानुकूल काव्यविलास

गणेश वंदना

शिव वंदना

जुगल कीर्तन

दोहा

तराणा समधुन गीत

ठुमरी

कवित्त :

गणेश स्तवन

कृष्णाभिसारिका

ताल बैजमोहन

खण्डिता

छेड़छाड़ कवित्त

दुर्गा स्तवन

खण्ड जाति कवित्त

कालियादमन

मूल मराठी पुस्तक 'लहजा' में काव्य रचनाओं का यह विभाग अन्तर्भूत नहीं था परन्तु गुरु रोहिणी जी की साहित्यिक प्रतिभा का यथार्थ दर्शन कराने, ख़ास कथक के लिए हिन्दी में रचे हुए उनके काव्य को इस प्रस्तुति में सम्मिलित करना आवश्यक था।

भारतीय नृत्य-कला का पारम्परिक स्वरूप पूरी तरह से संकीर्ण माना गया है। कथक शैली की सुन्दरता के लक्षण साहित्य और संगीत के कलाविशेषों के साथ इस तरह पिरोये गये हैं कि आज हम उनके बग़ैर कथक के प्रदर्शन की कल्पना भी नहीं कर सकते। कथक के इतिहास में सभी आदर्श गुरु और रचनाकार नृत्य के साथ-साथ इन दोनों कलाओं में भी माहिर रहे हैं और परिणामत: स्वाधीन तथा प्रभावशाली भी। परन्तु एक सामान्य नर्तक को उसकी अभिव्यक्ति के लिए उचित काव्य ढूँढ़ना पड़ता है और योग्य संगीत की भी आवश्यकता होती है। ऐसे नर्तकों को यहाँ चुनी गयी रचनाओं से मार्गदर्शन और प्रेरणा मिल सकती है।

गुरु रोहिणी जी ने इस पुस्तक में कहा है : ''नृत्य के लिए संगीत का शास्त्रीय होकर भी सरल होना और काव्य का रुचिपूर्ण होकर भी सहज होना यह नृत्य-कला की मर्यादा नहीं किन्तु आवश्यकता है। अर्थात् यह ध्यान रखना ज़रूरी है...कि ये सहचारिणी कलाएँ प्रत्यक्ष नृत्य पर कभी हावी ना हों। इन दो भारतीय कलाओं के अपने-अपने विश्व तो अति समृद्ध हैं ही...और नृत्य-कला का अपना विश्व भी। लेकिन ख़ास नृत्य के लिए रचे हुए संगीत और काव्य का विश्व अब भी बहुत विरल है।'' और इस क्षेत्र में किया गया गुरु रोहिणी जी का योगदान अतुलनीय है। कथक के सभी पहलुओं को उनका रचनास्पर्श हुआ है। उन्होंने कथक नृत्य के लिए अनुकूल बन्दिशों के नये आदर्श निर्माण किये हैं। इन दोनों कलाओं पर गुरु रोहिणी जी का उत्कट प्रेम था और उतना ही प्रभुत्व भी, जिसे उन्होंने संयमित करके कथक नृत्य को समर्पित रचनाओं में ढाल दिया!

यहाँ दी गयी सभी काव्य-रचनाओं को गुरु रोहिणी जी ने संगीत से भी सँवारा है और स्वयं नृत्यांकित भी किया है। यहाँ प्रस्तुत संक्षिप्त जानकारी के अलावा उनको सही ढंग से जानने के लिए पाठकों से निवेदन है कि नृत्यभारती संस्था के अध्यापक वर्ग से अवश्य सम्पर्क करें।

— नीलिमा अध्ये

गणेश वंदना

ताल : अध्धा राग : मिश्र कामोद

प्रस्तुत काव्य में गुरु रोहिणी जी ने मदनसम सुन्दर गणेश जी के रूप और बीन तथा मृदंग की संगत में खिलते हुए उनके नृत्य का वर्णन किया है। सरगम, नटवरी बोल, परण तथा गतों जैसी नृत्य-विधाओं से अलंकृत और भावमनोहर इस एक रचना से ही गुरु रोहिणी जी के रचनाविशेषों की प्रतीति मिल सकती है, अर्थात् इस रचना के उपविभागों की उपयोजना उनके जैसा सिद्धहस्त कलाकार ही कर सकता है। पारम्परिक निकषों पर पूरी तरह से खरी उतरती और फिर भी नये आकृतिबन्ध में सजी यह रचना कथक नृत्यशैली की अपने आप में एक सम्पूर्ण प्रतिमा है।

सिंधूरवदन मदन सम सुन्दर।
लम्ब उदर शशि पाशांकितकर॥

सिन्दूर चर्चित शुण्डदण्ड अरु।
मलयजलेपन भालपटल पर॥

बीन बजत सुनिनादत गम्भीर।
मन्द्र मध्य अरु तार मधुर सुर॥

मृदंगवादन विविध भाँति अति।
ललित अलंकृत नृत्य मनोहर॥

धाऽऽ धिंऽऽ धाऽ ×	धाऽऽ धिंऽऽ धाऽ	धाऽऽ तिंऽऽ ताऽ	ताऽऽ धिंऽऽधाऽ
सिंऽऽ धूऽर वऽ	दऽन ऽमऽ दऽ	नऽऽ समऽ सुंऽ	ऽऽद ऽरऽ ऽऽ
पऽग मऽरे साऽ	साऽसा ऽगऽ गम	रेसाऽ सऽधृ साऽ	ऽऽ रेग ऽरेऽ ऽऽ
लंऽऽ बऽउ दऽ	रऽऽ शशिऽ पाऽ	ऽऽऽ शांऽऽ किऽ	तऽक ऽरऽ ऽऽ
सा रेऽ पऽप पऽ	पऽऽ पपऽ गम	पनिसां निऽध पऽ	पध पप मऽ मग पम गरे

शिव वंदना

ताल : तेवरा | राग : बैरागी भैरव

यह रचना गुरु रोहिणी जी की त्रिवेणी प्रतिभा का एक उत्तम उदाहरण है। किसी से की गयी फर्माइश पर इस मिश्र जाति शिववंदना ने जन्म लिया। शब्द, संगीत और नर्तन एक ही समय पर उनकी प्रतिभा से उमड़ते, एक-एक पंक्ति के रूप धरते ही वे उसे शिष्यों पर प्रतिबिम्बित कर देतीं और उसके पूरे होने तक गायक-वादक भी उसमें समभाव हो जाते। शिव जी के भोले स्वभाव को सतत बखानते हुए गुरु रोहिणीजी ने इसमें उनकी कई प्रतिमाएँ चित्रित की हैं। इसकी सांगीतिक रचना से अत्यन्त सहज किन्तु गहरी तल्लीनता का अनुभव होता है।

बं बं बं ×	भोले शिव ×
चन्द्र शेखर ×	डमरु कर धर ×
गंग जल जट ×	धगत् त्रिनयन ×
लसत कान्ति ×	अनुप भूषण ×
सर्प बाहु ×	ग्रीव विहरण ×
सर्प किंकिणी ×	सर्प भूषण ×
रुण्ड माल ×	विभूति लेपन ×
व्याघ्र चर्म ×	सुरंग सुवसन ×

वृषभ वाहन त्रिपुर दाहन
× ×

बटु किरात विरूप धारण
× ×

उग्र नर्तन त्रिशूल ताडन
× ×

दुरित हारण भय निवारण
× ×

आशु कोपि अनंग दाहन
× ×

योग योगी सदानन्दन
× ×

पार्वती पति भव निकन्दन
× ×

शन्नो शिव शिव सनातन
× ×

धा	धिं	ता	तिटी	कता	गेदि	गेन	धा	धिं	ता	तिटी	कता	गेदि	गन
बं	ऽ	ऽ	बं	ऽ	बं	ऽ	भो	ऽ	ऽ	ले	ऽ	शि	व
सा	सा	सा	सा	सा	रे्	म	रे्	रे्	रे	सा	सा	सा	नि़्
×							×						
गं	ऽ	ग	ज	ल	ज	ट	ध	ग	त्	त्रि	न	य	न
सा	सा	रे्	म	म	म	म	म	प	म	प	प	प	प
×							×						
ल	स	त	कां	ऽ	ति	ऽ	अ	नु	प	भू	ऽ	ष	ण
म	प	म	रे्	ऽ	रे्	रे्	रे्	मपनि़्प	म	रे्	ऽरे्	प	म
×							×						

जुगल कीर्तन

ताल : भजनी ठेका | राग : जनसम्मोहिनी

कीर्तन परम्परा से उपजी कथक नृत्यशैली में कीर्तन आज भी रंगमंच पर अपना विशेष रूप बनाये हुए है। गुरु रोहिणी जी ने प्रस्तुत कीर्तन द्वारा रासनर्तन का सुन्दर चित्रण किया है। हर पंक्ति राधा और कृष्ण के रूप का वर्णन करती आधी–आधी पंक्तियों से बनती है, जिसका नृत्यांकन भी उन्होंने दो नर्तकों के साथ करके राधा–कृष्ण के जुगल रूप को साकार किया है। पूरे समूह में से नर्तकों की एकेक जोड़ी बारी बारी से नृत्य करती है और बाक़ी सब उस जुगल रूप का प्रेमादर सहित बखान करते हैं।

राधे राधे राधे राधे गोविन्द।
वृन्दावन छन्द राधे गोविन्द॥

माथे बिन्दिया मुकुट सिर धरे।
कर्णफूल इत कुण्डल सोहे॥
कुंकुंम भाल तिलक चन्दन इत।
जुगलरूप मन मोहे ॥

रतनमाल गले इत बैजन्ती।
कर कंकण इत केयूर सोहे॥
चिर रेशम इत कामरी कारी।
जुगलरूप मन मोहे ॥

गौर अंग इत साँवरी सूरत।
ठुमक चाल इत उछंग सोहे॥
पैंजण किंकिणी उत नूपुर धुनि।
जुगलरूप मन मोहे ॥

केश घटा घन लट घुघुवारी।
स्मित मुख इत मुख मुरली सोहे॥
दो तन हैं मन एक निरामय।
जुगलरूप मन मोहे ॥

दोहा
राग : मिश्र मांड

नृत्य और संगीत में लयविलास का एक विशेष रूप होता है, जिसे 'timing' कहने से ही शायद उसका अर्थ सुनिश्चित होता है। यह पहलू गुरु रोहिणीजी की कला का अहम् पहलू है और उसका उपयोग उनकी दोहों की नृत्यरचनाओं से अत्यन्त सुन्दरता के साथ उभरता है और ताल की उपस्थिति के बग़ैर भी प्रभावशाली सिद्ध होता है।

प्रस्तुत दोहे को उन्होंने एक मीरा भजन के आरम्भ में प्रस्तावना के तौर पर जोड़ा है। पाठक अनुभव कर सकते हैं कि यह दोहा कैसे भजन के मुख्य भाव की तरफ़ ले जाता है और उसे अधिक उत्कट बनाता है। भजन है—'तनिक हरि चितवो जी मोरी ओर!'

श्यामल मेह सरसरसभीने
देखत होत अधीर
पर चातक मन तेहि हर्षावै
नित जब बरसत नीर॥

श्यामल अंग सरसरसरंग
देखत होत विभोर
पर अधीर चित तेहि सुख पावै
चितवत जब चितचोर॥

तनिक हरि चितवो जी मोरी ओर!

तराणा और समधुन गीत

राग : तीनताल | ताल : बागेश्री

गुरु रोहिणी जी की अनेक अनवट रचनाओं में से यह एक पुरानी रचना है। कथक के नृत्त और नृत्य पक्षों का यह एक सुन्दर जुगल स्वरूप है। तराना प्रस्तुत करने के बाद तराने की धुन से पूरी तरह समान्तर धुन में एक गीत को प्रस्तुत किया गया है, जिसे उन्होंने 'समधुन गीत' कहा है। दोनों बन्दिशें पूर्णतः एक ही स्वर–योजना में निबद्ध हैं। तराने के अव्यक्त बोलों की प्रेरणा से नृत्त उभरता है और समधुन गीत के शब्दों की प्रेरणा से नृत्य!

तराणा

देरेना देरेना देरेना देरेना दिर दिर दिर
दानी तदियन
तदियन तदारे
तारेदानी दिर दिर दिर तोम्
दिर दिर दिर तोम् दिर दिर दिर तोम् तनन

देरेना दीम् देरेना दीम् दीम्
ना दिर दिर तदानी तदानी तदानी तुं दिर दिर
दानी दानी तारेदानी दिर दिर दिर तोम्
दिर दिर दिर तोम् दिर दिर दिर तोम् तनन

समधुन गीत

लगन लगी री मगन भयी मैं जिया सुख
पाये आली मोरे
आली मोरे पिया के
मतवारे नैनवा
चैनवा री मनवा नहीं जाने

जा रे जा अब ना सता जा
ऋतु है रंगीली रंगीली रसीली नार
नवेली हूँ मैं अलबेली छुनक छुन्
मधुर धुन पायलिया झनकाए

स्थायी

ल ग न ल | गी री म ग | न भ यी मैं | जि या सु ख |
दे रे ना दे | रे ना दे रे | ना दे रे ना | ऽ दिर दिर दिर |
ध नि् ध म | नि् ध म ग् | रे म ग् रे | ऽ सा नि़् सासां |
× ०

पा ऽ ऽ ऽ | ऽ ऽ ये ऽ | आ ऽ ली ऽ | मो ऽ रे ऽ |
दा ऽ ऽ ऽ | ऽ ऽ नी ऽ | त ऽ दि ऽ | य ऽ न ऽ |
नि् ऽ ऽ ऽ | ध ऽ ऽ ऽ | म ऽ मनि् ध | धसां नि् सां ऽ |
× ०

आ ऽ ली ऽ | मो ऽ रे ऽ | पि ऽ या ऽ | ऽ ऽ के ऽ |
त ऽ दि ऽ | य ऽ न ऽ | त ऽ दा ऽ | ऽ ऽ रे ऽ |
म ऽ मनि् ध | धसां नि् सां ऽ | ध ऽ ध प | नि् ऽ ध ऽ |
× ०

म ऽ त ऽ | वा ऽ रे ऽ | ऽ नै ऽ न | वा ऽ ऽ ऽ |
ता ऽ रे ऽ | दा ऽ नी ऽ | ऽ दिर दिर दिर | तों ऽ ऽ ऽ |
म ऽ ग् ऽ | रे ऽ सा ऽ | ऽ रे नि़् सा | म ऽ ऽ ऽ |
× ०

ऽ चै ऽ न | वा ऽ ऽ रि | म न वा न | हीं जा ऽ ने |
ऽ दिर दिर दिर | तों ऽ ऽ दिर | दिर दिर तों ऽ | ऽ त न न |
ऽ म ग् म | ध ऽ ऽ नि् | ध नि़् सां ऽ | ऽ रे सा नि् |
× ०

ठुमरी

ताल : त्रिवेणी | राग : मिश्र खमाज

गुरु रोहिणी जी ने तीनताल, झपताल और रूपक इन तालों को इसी क्रम से एक मालिका में रख कर ३३ मात्राओं के 'ताल त्रिवेणी' की रचना की है। किसी भी और ताल की तरह इस ताल की भी अनेकों बन्दिशों के साथ सम्पूर्ण प्रस्तुति उन्होंने कई बार दर्शकों के सामने रखी है। इस संकल्पना को समग्र रूप में विस्तारित करते हुए उन्होंने इस ठुमरी की रचना की है। ३३ मात्राओं के इस ताल को यह ठुमरी अत्यन्त सहजता से सजाती है।

ना छेडो ना छेडो ना करो बरजोरी
कंकरि मारि फोरि गगरि
भीज गयी सारी।

लट खींचे चोटि खींचे पट खींचे खींचे घट
गर देखे महातारी
देंगी तोहे गारी।

छबि तोरी प्यारी न्यारी चितवन मतवारी
देख देख बनवारी
जाऊँ तो पे वारी।

स्थायी

ना ऽ छे डो | ना ऽ छे डो | ना क रो ब | र जो ऽ री ||
× ०

प सांनि् नि्ध धप | पनि धऽऽप म ग | सा ग म प | ध नि ऽ सां ||
× ०

कं क | रि मा रि | फो रि | ग ग रि ||
× ०

गरे म | ग सानि् सा | ग म | नि्ऽऽध प म ||
× ० ०

भी ज ग | ई सा | ऽ री ||
०

नि सां पसांऽनि | रेंसां नि् | धप ध ||
०

अन्तरा

ल ट खीं चे | चो टि खीं चे | प ट खीं चे | खीं चे घ ट ||
× ०

ग म मनि्ऽध ध | नि सां नि सां | ऽ पनि ऽसां ऽरें | सांनि रेंसांऽनि् नि्ध ध ||
× ०

ग र | दे ऽ खे | म हा | ता ऽ री ||
× ०

ग म | सानि्ऽध सानि ध | ग म | ग ऽ सा ||
× ०

दें गी तो | हे गा | ऽ री ||
०

ग म प | ध नि | ऽ सां ||
०

कवित्त

कथक नृत्यशैली में छन्दबद्ध कविताओं को 'कवित्त' कहते हैं, जो अधिकतर तीनताल में ही पाये जाते हैं। गुरु रोहिणी जी ने विविध तालों में निबद्ध अनेक कवित्त रचे हैं। उनके ये कवित्त चुने हुए ठेके को इस तरह से निभाते हैं कि उनकी वजह से एकाध अनवट ताल भी तीनताल जितना स्वाभाविक और सरल लगने लगता है। यहाँ विविध विषयों पर और अलग-अलग तालों में रचे कुछ कवित्त दिये हैं, जिनके तालांकन से गुरु रोहिणी जी के उन्हें नृत्य-प्रस्तुति में ढालने के विचार के बारे में एक हद तक कल्पना की जा सकती है।

॥ १ ॥

गणेश स्तवन

ताल तीनताल : १६ मात्रा

जय गौरी सुत गजमुखमण्डन
×

शूर्पकर्ण लम्बोदर त्रिनयन
०

भालचन्द्र मुषकांकित वाहन
×

शूलपाणि पाशांकुश धारण
०

रक्तवसन भवसंकट तारण
×

कलाकल्पविधि विघ्नविदारण
०

जय नृत्य प्रणेता ऽऽऽ
×

जय बुद्धि प्रदाता ऽऽऽ
        ०

जय भाग्यविधाता
                ×

॥ २ ॥

कृष्णाभिसारिका

ताल रूपक : ७ मात्रा

मेघ गरजन घनन घन ज्यौं भेरि सिंग अरु बजत ढोल
× × × ×
भेरि सिंग अरु बजत ढोल
× ×

फार दीन्हों गगन पट अस चमक चपला गति विभोर
× × × ×
चमक चपला गति विभोर
× ×

घोर तम घन ग्रसत रजनी सनन सन चले पवन जोर
× × × ×
सनन सन चले पवन जोर
× ×

निकसि कामिनि मनलुभावनी खोये सुध चित पिय की ओर
× × × ×
खोये सुध चित पिय की ओर
× ×

कछु जाने ना सबै देखत सुनत हि
× ×

ऽऽ नूपुर खनखन करत शोऽऽऽर
× × ×

नूपुर खनखन करत शोऽऽऽर
× ×

नूपुर खनखन करत शोर
× ×

॥ ३ ॥

कवित्त

ताल बैजमोहन : ८ मात्रा

रोके डगर कर मोरा पकर
× ०

ऐसो कंकर मारे ढीठ लंगर
× ०

दधि माखन जाए रही बेचन
× ०

फोरी गगरी ऐसी झक झोरन
× ०

छिन झपट फारी मोरी चुनर
× ०

माई कन्हाई ऐसो तेरो निडर
× ०

धिट धातिट धिट धिट धातिट
× ०

तिट तातिट तिट तिट तातिट
× ०

धिट धिट धातिट धाऽण धाऽऽऽ धाऽण धाऽण धाऽऽऽ
× ० ×

धिट धिट धातिट धाऽण धाऽऽऽ धाऽण धाऽण धाऽऽऽ
० × ०

धिट धिट धातिट धाऽण धाऽऽऽ धाऽण धाऽण धा
× ० ×

१	२	३	४	५	६	७	८–½
धी ×	ना	धी	धी	ना	तीऽऽकड़्	तींतीं	नाधीना
रो ×	के	ड	ग	र	कर	मोरा	पकर

॥ ४ ॥

खण्डिता

ताल झपताल : १० मात्रा

भोर होत घर आए। कहाँ बीति सारि रात॥
× ० × ०

किन सौतन संग प्रीत। रंग रलियाँ किन्ही मीत॥
× ० × ०

नैना अलस रतनारे। कारे होंठ कजरारे॥
× ० × ०

महावर के रंगे हाथ। बीति रैन किन साथ॥
× ० × ०

लट बिखर पट बिखर। डगमगत पग चलत॥
× ० × ०

जाओ जावो उत जाओ। जिन संग किन्ही प्रीत॥
× ० × ०

धिट धातिट धाधातिट धा। तिट धातिट धाधातिटधा॥
× ० × ०

धिट धातिट धाधा धिट धा। तिट धाधा धिटधातिट धा॥ धा
× ० × ० ×

॥ ५ ॥

छेड़छाड़ कवित्त

ताल झपताल : १० मात्रा

अति चतुर अति निठुर, मग रोके है नटनागर।
अति गहन व्रज कानन, डर लागे है मन हि मन॥
सिर गागर टेढ़ि डगर, लै लकुटि ठाडे लंगर।
आगे देखूँ पाछे देखूँ, कैसे पलट जाऊ मैं घर॥ १॥
× ० × ०

नित मंद बहे जमुना, नीको लागे है जलन्हान।
पर जाऊँ उत कैसे, जित देखूँ तित कान्ह॥
नित करत मोसे रार, नित देखत ब्रजनार।
नित रिसत सासननदि, गारि दै दै बारंबार॥ २॥
× ० × ०

अति कपटि अति चंचल, पर रूप? मानो मयन।
जिन देख नही चैन, दिन रैन जागे नैन॥
गो दहन गौ चारण जलभरन दधिबेचन।
छोड काम छोड धाम कैसे जाऊँ मिलूँ श्याम॥ ३॥
× ० × ०

चितचोर मनमोर करूँ बिनती करजोर।
कोई जावो समझावो माने नाही करे शोर॥
थक गयी मैं हाय दैया, रिस गयी मैं हाय दैया।
हार गयी मैं जसुदा मैंया, परत हूँ मैं तोरे पैंया॥ ४॥
× ० × ०

॥ ६ ॥

दुर्गा स्तवन

ताल एकताल : १२ मात्रा (तिश्र जाति)

जय दुर्गे भवभयहारिणी करकृपाण असिधारिणी
रण रागिणी मन हारिणी खरनखर असुरदारिणी

जय जय जय जय दे महिषासुर निर्दालिनी
मदमर्दिनी नित नित स्मरामि नित नमामि ते देवी

नित नित स्मरामि नित नमामि ते देवी
नित नित स्मरामि नित नमामि ते देवी

जय दुऽर्गेऽ	भवभय हाऽ	|	रिणी करकृपा	ऽण असिधाऽ	|
×			०		
रिणी रण राऽ	गिणी मनहाऽ	|	रिणी खरनख	र असुर दा ऽ	|
२			०		
रिणी जय जय	जय जय दे ऽ	|	महिषा ऽ सुर	नि ऽ र्दाऽलिनी	||
३			४		
मदम ऽ र्दिनी	नित नित स्मरा	|	ऽ मि नित नमा	ऽ मि ते ऽ दे ऽ	|
×			०		
वी ऽ १ऽ२ऽ	नित नित स्मरा	|	ऽमि नित नमा	ऽ मि ते ऽ दे ऽ	|
२			०		
वी ऽ १ऽ२ऽ	नित नित स्मरा	|	ऽमि नित नमा	ऽ मि ते ऽ दे ऽ	||
३			४		
वी					
×					

॥ ७॥

सकला कला स्वरूप
(लमछड कवित्त)

ताल तीनताल : १९ मात्रा (खण्ड जाति)

मधुमधुर धुनमुरलि घनगहन गतमृदंग।
×

खिटखिटत करताल रंगदंग मुरछंग॥
लयललित पग चलत छुनछुनुन नुपुरधुन।
०

खिलखिलत करकमल खनखनक करकंगन॥ १ ॥

झुमझुमत शिरपाग हिलमिलत बनभाल।
×

उलउलझ कचपाश झिलमिलत बेंदिभाल॥
नटनटक थटथटक लटलटक मनअटक।
०

कटि ठुमक पगपटक धिटधिटक तिटतिटक॥ २ ॥

धाऽधाऽन धाऽधाऽन गतचाऽल सुनिकास।
×

ताऽथैथै तत् आऽथैथै तत् ताऽथैथै तत् ताऽऽऽऽ॥
ताऽथैथै तत् आऽथैथै तत् ताऽथैऽतत् आऽथैऽतत्।
०

कसकसक मसमसक करकलाई सुकलास॥ ३ ॥

उरतिरप ताऽथैऽऽ झुरमुरन तथैय्याथैऽ।
×

वलढलन ताथेताऽथै डुलडुलन ताऽऽथैऽ॥
लयचपल भौं चलन ताऽऽथैऽ ऽथैऽऽऽ।
०

मधुमधुर मुसकान चमचमक दसदसन॥ ४ ॥

मृदुमन्द बहे पवन झुमझुमत तरुतरुण।
×

खिल उठत सुमसुमन भये मगन मृगमीन॥
तजकाज तजलाज रसरसिक चखचखत।
०

दृगनयन बहबहत सुधबिसर भये बौर॥ ५ ॥

॥ ८ ॥

कालियादमन
(लमछड कवित्त)
ताल तीनताल : १६ मात्रा

बनमाल गले सिर मोरपखा
कटि पीत पिताम्बर अति सोहे
ले गेंद हाथ सब सखा साथ
चले पग पटकत मेरो मन भाये॥

छाँव सुशीतल कदमन की
अरु मन्द सुगन्धित पुरवाई
इत धेनु चरावत ग्वालबाल
उत स्वाद लेत सब दहीमही॥

फिर कृष्ण कहत चलो खेले खेल
यह गेंद हाथ लो रचो मेल
तुम उत ठाडो तुम पास इधर
तुम लोग दूर इत नन्द को छैल॥

खेल मजे का लागी लगन
अरु ग्वालबाल भये मस्त मगन
इतने में उछला गेंद गगन
अरु चकित भये सब थकित नयन॥

सनननननन गेंद गिरा
ज्यों लोल गगन छत से निकला
यमुनाजल थिरपल हो चंचल
और नागवधू को गेंद मिला॥

एक गोप इधर कहे रो रो कर
कहाँ गेंद ढूँढ लो जी नटवर
यह खेल तुम्हारा खेलो निडर
पर लौटा दो मेरा गेंद इधर॥

सरसरसर चढ़े नन्दकुँवर
खड़े कदमन की एक डारीपर
पड़े कूद कि मानो तीर चला
जब कालिया कुल से तल उछला॥

तीर पे शोर मचा बड़ा भारी
आकुल ब्रज व्याकुल ब्रजनारी
धाये नन्द धाये महतारी
रोये पुकारे राधा सखि प्यारी॥

प्रभु तुम शरण दीन दुखभंजन
संकटहरण करो भव मोचन
कालिया कुल संघार करो प्रभु
मिलवावो सबको प्रियदर्शन॥

प्रियदर्शन श्री नन्द को नन्दन
प्रकट करे कालिया फन नर्तन
तत्ऽताता थैऽथैऽ ताथैऽ ताथैऽ ताऽ
ताथै ऽ ताथै ऽ थै ऽ झननन नननन॥

देवसृष्टि करे पुष्पवृष्टि
भये चकित दृष्टि सब ग्यानी मुनी
मृग खग विहग दंग दृगलोलुप
गगन पुरित जय घोष ध्वनि॥

जय जय गिरिधारी।
जय कृष्णमुरारी
जय कालिया तारी॥

विभाग चार

कथक : एक दृष्टिकोण

कथक की मेरी परिकल्पना

कथक नृत्य की विभिन्न शैलियों में एकरूपता एवं अन्तर

कथक में हस्तकों का प्रयोग

कथक में प्रयोग

'कथक' नृत्य की अस्मिता और इक्कीसवीं सदी

कथक : गुरुओं से प्राप्त संचित

कथक में अभिनय

कथक : जयपुर घराने का वैशिष्ट्य और सौन्दर्य शोध

१

कथक की मेरी परिकल्पना

कथक : एक शैलीदार नृत्य, एक परम्परासम्पन्न अभिजात नृत्याविष्कार परम्पराओं का स्नेहबन्धन, तथा कला–विश्व में नये आयामों की आहट, इनका परस्पर विरोधी अनुभव एक साथ कराने वाला एक अनोखा नृत्यपन्थ।

कथक नृत्य से मेरा सम्बन्ध गत चालीस सालों से है। मेरे पूज्य गुरुजी ने कथक के सागर में मुझे भली–भाँति तैरना सिखाया। किन्तु संजोग से मेरी तैरने की चाह ही डूबने की, अतः पूर्ण रूप से भीगने की चाह में बदल गयी। परिणामवश, आज भी उसी सागर का तल छूने के प्रयत्न में भीतर ही भीतर खींची जा रही हूँ। इसी चेष्टा के मध्य मेरे हाथ कुछ ऐसे तथ्य आये हैं, जिनका अनुभव कथक की मेरी आज की समझ में, प्रतिबिम्बित न होना असम्भव था, असम्भव है। इस अनुभव के दो सार मानस हैं—एक आत्मिक, तथा एक दैहिक।

प्रथमतः अन्तःस्तर, जिसका सम्बन्ध मेरी अर्थात् नर्तक की आत्मा से है। कलाकार के प्रस्तुति के पूर्व अपना सत्व, अपनी एक भूमिका निश्चित करने से है। मैं अधिकतर देख रही हूँ कि, कथक नर्तक अपने को एक entertainer, अपनी अंग चेष्टाओं से दर्शकों का मनोरंजन करनेवाला, या उनकी बुद्धि को स्तिमित कर देनेवाला एक रंगयात्री समझता है। मेरी कल्पना में, नर्तक या किसी भी कलाक्षेत्र का उपासक सौन्दर्य का, और सौन्दर्यतत्वों का प्रबोधक होता है। कला के जिस तरल सौन्दर्य को कलाकार अपनी दिव्य प्रतिभा से स्पर्श करने का आन्तरिक सामर्थ्य रखता है, उसका दर्शकों के समक्ष अवतार सम्भव है। मेरा आग्रह है कि नर्तक की भूमिका यही रहे।

नर्तक की भूमिका प्रथमोल्लेखित तरह से यदि सिद्ध हो, तो उसी भूमिका की निश्चितता या स्थिरता, अविच्छिन्न रखने के लिए, नर्तक को अपने अभ्यासविषय कथक के सम्बन्ध में निरन्तर चिन्तन की आवश्यकता निर्माण होती है। कथक नृत्य का दृश्य आकृतिव्यवहार, उसके आविष्कार का प्रमुख आशय, आयोजना, "नृत्य" और "नृत्त" इन मूलगामी तथा

शास्त्रीय पहलुओं का कथक प्रस्तुति में सन्तुलनपूर्वक प्रचलन, अवकाश तथा काल आदि संकल्पनाओं का ठोस तथा सूक्ष्म विचार और बोध, कथक के अभिनय के आविष्कार में ''नाट्यधर्मित्व'' तथा ''लोकधर्मित्व'' इन गुणों के बीच की सूक्ष्मातिसूक्ष्म सीमारेखा का ज्ञान, इन सब सौन्दर्यकक्षाओं पर अखण्डित विचार-विमर्श, इस 'भूमिका' के उसी मानस सार को, मेरी कल्पना से दूसरा छेद है। यद्यपि इन दो मानस सारों के सहारे ही, कथक प्रस्तुति को गौरव प्राप्त होने की तथा कथक शैली के अष्टगुण सौन्दर्य निखर आने की सम्भावना है, महत्त्व की बात यह है, कि सभी सौन्दर्यतत्वों का कथक की रंगमंच प्रस्तुति द्वारा, प्रत्यक्ष दैहिक तथा ठोस अनुभव, दर्शकों को होने में ही कलाकार का अन्तिम उत्कर्ष है।

कथक की समग्र रंगमंच प्रस्तुति के सन्दर्भ में मैं पहले मेरा एक साधारण मत प्रकट करना चाहूँगी। जिस मत का सम्बन्ध प्रस्तुत विचाराधीन नृत्यशैली के 'कथक' नाम से है। कथक शब्द का एक विशिष्ट अर्थ है, जो ऐतिहासिक सन्दर्भों से आज तक न बदला है, न हटा है। 'कथा कहे सो कथक' यह कहावत इसी तथ्य का एक पूर्वप्रचलित प्रमाण है। इसी कारण किसी भी कथक प्रस्तुति में कथा का, भावाभिनय का महत्त्वपूर्ण समावेश होना मुझे आवश्यक लगता है।

यह रहा 'कथक' की मेरी समझ का मानसिक विवरण, तथा कथक की रंगमंच प्रस्तुति के सन्दर्भ में मेरा साधारण विचार। किन्तु मैं चाहूँगी कि कथक के 'नृत्य' तथा 'नृत्त' इन प्राथमिक पहलुओं के सौन्दर्यबोधक आविष्कार के सम्बन्ध में मेरे कुछ विशिष्ट विचार भी आज की सभा को ज्ञात हों।

नर्तक की नृत्य-कला के प्रति नैतिक धारणा, तथा अभ्यासविषय का नित्य चिन्तन, इनका कथक प्रस्तुति के आरम्भ में किये जाने वाली वंदना तथा 'ठाठ' इन विभागों से गहरा सम्बन्ध है, यह मेरी भावना है। आज के कलाकारों को गत काल की तरह किसी भी देवता के नाम से वंदना प्रस्तुत करते हुए, धार्मिकता का अनुभव होना तो सम्भव नही। किन्तु आध्यात्मिकता का अनुभव अवश्य हो सकता है, यदि नर्तक की अपनी भूमिका निश्चित रूप से अन्तःसौन्दर्य के प्रबोधक की हो। 'ठाठ' इसी वंदना का किंचित् बाह्य आशय है, होना चाहिए, जो ताल चुना गया है, उसका भाव, उसकी नादाक्षरान्वित देह, उसकी चाल, इन सब चीज़ों का परिचय भी ठाठ से ही होता है, किन्तु तरलता के साथ, व्यंजकता के साथ। कथक के दर्शन की अभिव्यक्ति में लय का, कालगति का, अन्तर बहुत विस्तृत है। अतिविलम्बित-विलम्बित गति से लेकर द्रुत अणुद्रुत तक के बीच के सभी लयप्रभागों का विनियोग, कथक की अभिजातता का एक विशेष उदाहरण है। और इसमें से विलम्बित लय का आयोजन, ठाठ बरतने में बड़ा ही स्वस्थ-सौन्दर्य निर्माण करता है।

'आमद' को तो मैं ठाठ का ही बन्दिश—रूप विस्तार समझती हूँ—जिसमें कथक की ललित रेखाओं के स्थलसापेक्ष सौन्दर्य का साक्षात्कार होता है। साहित्य, चित्र, शिल्प, नृत्य और नाट्य

इन पाँच ललितकलाओं में 'नृत्य' एक ऐसी प्रायोगिक कला है, जिसके रूप सौन्दर्य का निखर आना, मूलत: अवकाश या स्थलसंकल्पना और तत्पश्चात् कालसंकल्पना की समग्र समझ तथा कलाविष्कार के दौरान इन तत्त्वों का इसी श्रेणी से और समझ-बोध के साथ विलम्बित लय में आमद से अवकाश की स्थितियों को स्पर्श करना, एक बहुत मनोवैज्ञानिक अनुभव हो सकता है। इसीलिए आमद में अंगसंचलन स्वस्थ, यथावकाश हो, उसमें रेखाओं का मुक्तसंचार दिखायी दे यह मेरी आमद की सिद्धि में अपेक्षा है—चाहे वह नटवरी आमद हो या परण आमद... ।

परणों का विचार स्वभावत: आमद से अलग होगा, क्योंकि परणों की भाषा-विशेष स्वतन्त्र है, भाव भिन्न हैं और उनकी स्थायी तथा जलद गतियों में संचार की पद्धति भी अलग होती है। 'ध' कार युक्त आक्रामक भाषा से सूचन होता है गत्यात्म तथा आवेशयुक्त अंगसंचलन का, हाथ पैरों का प्रक्षेपण 'नियत' होता है, न कि आमद की तरह असीम। कथक के इस ऊर्जा सम्पन्न घटक के सिद्ध हुए नृत्तोत्कर्ष को विरोधरूप पुष्टि देते हैं 'टुकड़े', 'परमेलू' या तत्कार का नादात्म मध्यान्तर।

तत्कार सीधा सादा हो या संकीर्ण लयसहित, पैरों के संयत आघातों से एक अर्थपूर्ण लयवाक्य—तोड़, मुखडा या तिहाई सदृश—या एक लयपरिच्छेद लड़ी, प्रस्तार, जाति विस्तार के समान-निर्माण होना चाहिए। तत्कार केवल पल्टे ना हो—केवल कष्ट ना हो—न केवल गतिविस्तार हो। तत्कार संगीतात्म होना चाहिए। नादाक्षरों के आरोहण अवरोहण का सांगीतिक अनुभव तत्कार से मिले।

'नृत्त' सौन्दर्य का यह विवरण निकासगतों के उल्लेख के बिना सम्पूर्ण नहीं हो सकता। कथक के विशिष्ट आकृतिरेखन का वैशिष्ट्यपूर्ण अनुभव तथा अनुमान कराने वाली निकासगतें (गुणीजनों की गणना से निकासगतों के सौ के ऊपर भिन्न-भिन्न प्रकार हैं) कथक के नृत्तपक्ष का एक आवश्यक अंग है।

तराणा, चतरंग तथा सरगम इत्यादि पर आधारित नृत्ताविष्कार को मैं कथक का तकनीकी विलास या विकास मानती हूँ। इसलिए इनके आविष्कार में तोडेटुकड़े या तत्कार का अकारण तथा प्रमाणातीत प्रयोग करना मुझे अर्थहीन लगता है। ऐसे नृत्ताविष्कारों में आवश्यकता होती है संगीतात्मता के आधार पर संशोधित नये आकृतिबन्धों के, रेखाओं के, गतियों तथा पैंतरों के नवनिर्माण की और नृत्त के रचनाशास्त्र अर्थात् choreography के अनुसार नये प्रस्तुति अंगों का स्वीकार करने की। choreography का अर्थ है प्रस्तुत विषय और उसकी प्रस्तुति इनका अच्छा सरल मेल जमाना। न कि दौड़-दौड़ के रंगमंच की लम्बाई-चौड़ाई नापना।

नृत्यपक्ष में कथक के क्षेत्र में इतनी विविधता, गहरायी, प्राकृतिक तथा सूक्ष्म प्रतीकात्मकता है, कि इस सम्बन्ध में जितना कहूँ मुझे कम ही लगेगा।

गतभाव, कविता, या छन्दनृत्य तथा दोहा, भजन, ठुमरी इत्यादि की अभिनयक्षमता रखनेवाले नृत्यप्रकारों में नृत्यपक्ष बरतने की भिन्न-भिन्न धारणाएँ कथक प्रदर्शन में सम्भाव्य हैं, यह कथक शैली का महत्त्व असाधारण है। कविता या छन्दनृत्य में लम्बछड़ कविता हो, तो कविता के पदों के उच्चारण के साथ ही साथ ठेठ तथा घन (intense) भावाभिव्यक्ति की आवश्यकता रहती है—जिससे कविता का भाव अधिकतर आंगिक अभिनय से ही व्यक्त होते हुए भी उनमें होने वाला जागृत सात्विक भावों का अधिष्ठान तत्समय ही दृष्टिगोचर हो।

भजन, ठुमरी, दादरा, सादरा इन सब सांगीतिक प्रकारों में जिस प्रकार का भाव हो उसको पुष्टि देनेवाली गति का प्रयोग करना चाहिए, तथा भावप्रकटन में अनेकानेक सारों पर अभिनय क्षमता विकसित करनी चाहिए, इत्यादि सर्वसाधारण तत्त्वों से सभी कलाकार न्यूनाधिक परिमाण में परिचित होंगे। मैं केवल अपने माध्यम की शुद्धता अबाधित रखने के विषय में, तथा अभिनय के दौरान ताल की खण्डबद्ध चौखट के भीतर ही मात्रागणना के परे लय के खेल का महत्त्व रखने की आवश्यकता के बारे में कुछ कहना चाहूँगी।

नृत्य-कला का मूल द्रव्य सहेतुक मानवी अंगसंचलन, साधन मानवी देह, तथा माध्यम नृत्य की अंगसंचलनात्मक (नाट्यधर्मी तथा लोकधर्मी) भाषा है। यह विधान सर्वश्रुत है। किन्तु मैं देखती हूँ, आज के नृत्यमंच पर नृत्य के संगीत साहित्यादि सहायक घटकों का अन्तर्भाव तथा परिमाण न रह कर अधिक होता जा रहा है। नर्तक आधार लेता है साथ गाये या पढ़ने जानेवाले साहित्य के शब्दों की अर्थप्रवणता का, न कि अपने आंगिक सात्विक अभिनय के माध्यम का। नृत्यानुषंगी शब्द ही सारा भावार्थ व्यक्त करता है ठेठ अंगसंचलन के बजाय। इससे न अपने माध्यम का असली बोध होता है, न इस माध्यम के अन्तरंग की सुप्त शक्यताओं के अंकुरित होने की सम्भाव्यता निर्माण होती है। मेरी धारणा इस विषय में यह है कि नृत्य के पार्श्व संगीत में काव्यरूप या पद्यरूप शब्द जितना ही भावगर्भ या अर्थवाही हो, नर्तक का अपना अवलम्बन अपने अनेकार्थी अंगसंचलन पर रहे। दर्शकों को सामान्य स्तर पर अर्थबोध कराने का अपना कार्य शब्द करता रहे, किन्तु अपने ही माध्यम द्वारा अपना अन्तःस्तरीय आशय प्रक्षेपित करने में नर्तक पूर्णरूप से मन से व्यस्त रहे।

अन्त में, अभिनय में लयसंकल्पना का परिणामकारक प्रयोग करने से कितनी गहरायी निर्माण होती है, इस विषय में मेरे कुछ विचार हैं :-

अभिव्यक्त होने वाली भावनाओं का रूप कभी एकांगी नहीं होता—मिश्र होता है। इन सम्मिश्र भावच्छटाओं को अलग-अलग करके भिन्न-भिन्न अंगभंगिमाओं द्वारा भिन्न मात्रा में व्यक्त करते-करते अभिनय में एकसन्ध परिणाम निर्माण करना अभिनय में घनता लाना है और निश्चय ही, जितने लयक्षणों पर, मीमांसों पर सवार होके ये भावछटाएँ मन में संचरती हैं, उनकी उतनी समझ, पहचान और अभिनयकाल में प्रयोग, इन पर ही यह परिणाम निर्भर होता है। मेरी उपर्युक्त परिकल्पनाओं या कथक के आदर्श, मेरी शिक्षा, समग्र चर्चा और

चिन्तन आदि के मंथन से निकले हुए तथ्यों के रूप में मुझे मार्ग दर्शाते आये हैं। मेरी धारणा यह नहीं है कि इन आदर्शों को समझते–बूझते मैं आदर्शों तक पहुँच गयी हूँ। सत्य तो यह है कि आदर्श वही होते हैं, जो कभी पूर्णतया प्राप्त नहीं होते, सिद्ध नहीं होते, किन्तु सिद्धि के मार्ग में दीप बनकर प्रकाश देते दिग्दर्शन करते रहते हैं। इस प्रकाश के सहारे आदर्शों की ओर चलते रहना...न कि पहुँचना...मैं मेरा नृत्यधर्म समझती हूँ।

२

कथक नृत्य की विभिन्न शैलियों में एकरूपता एवं अन्तर

'कथक नृत्य की विभिन्न शैलियों में एकरूपता एवं अन्तर' यह इस चर्चासत्र के लिये निर्धारित किया हुआ विषय मेरे ख्याल से पहले ही बहुचर्चित है। इस विषय में विचारविनिमय से अधिक, बहस होने की सम्भावना, बरसों से रही है। तथा कथक की विद्यमान शैलियों की सौन्दर्य-प्रमाणों पर आधारित विचक्षणा के अलावा, उनके आपसी भेदों को स्पष्ट करते हुए शैलियों की ऊँचे-नीचे का निर्धारण करने का प्रयास भी बहुत हो चुका है। इसलिए मेरे इस निबन्ध में मैं विचाराधीन कथकशैलियों की अंगभूत गुणसमानता की ओर ही निर्देश करना चाहूँगी। ऐसा करने से कथक के 'स्व-भाव' की सुन्दरता, विशिष्टता तथा सर्वसमावेशकता निखर आयेगी और इन शैलियों के अन्तर्भेदों का विवरण भी सौन्दर्यतत्वों के निकषों के बल होने की सम्भावना रहेगी, यह मेरा विश्वास है।

भारत वर्ष में कथक के अतिरिक्त और छह अभिजात नृत्यशैलियों की गणना है। यद्यपि इन सभी नृत्यशैलियों का मूल आधार भरतमुनि विरचित नाटयशास्त्र ही है, और भारतीयता इन सबों के अन्तरंग में तरल रूप से स्थित है, इन शैलियों के बाह्य रूप तथा आविष्कार, इनमें बहुत अन्तर दिखायी देता है और संस्कृतिसंकरों का सामना करते-करते कथक नृत्य तो इन सभी नृत्य-पद्धतियों से सर्वथा निराला लगता है। यदि तुलना की जाय तो कुछ मुख्य तथ्य हाथ आ जायेंगे :

१. कथक का नृत्याविष्कार अधिक मुक्त तथा प्रयोग प्रधान महसूस होता है। 'उपज' की सम्भावना (नृत्त में, नृत्य में) तो कथक में पूर्ण रूप से है।

२. नाटयशास्त्रादि शास्त्रग्रन्थों में ग्रथित नृत्यविज्ञान का मूलाधार अन्य शैलियों में जितना दृढ़ और स्पष्ट है, उतना कथक में नहीं। तरलरूप है।

३. तथापि, 'किंकिणीलक्ष्मणम्' का शास्त्रविहीत नियोजन तो कथक में ही दिखायी देता है। अर्थात् पैर में बन्धे हुए घुंघरूओं की संख्या, घुंघरू रस्सी में बांधने की रीति, रूप, नाद, तथा उपयोजन इन सभी कक्षाओं में कथक में ही 'किंकिणीलक्षणम्' का यथाशास्त्र पालन होता है।

४. भूमितिनिविष्ट आकारों में से कथक की नृत्यक्रियाओं में सरल रेखाओं का तथा सीमित रूप से वक्राकारों का संचार है, कोणों का (भरतनाटय, तथा कथकली शैली), या पूर्ण वक्राकारों का नहीं (मणिपुरी तथा ओडिसी शैली)।

५. पार्श्वगायन में सम्मिलित साहित्य की भाषा अधिकतर हिन्दी, और हिन्दी की ब्रज, अवधी, मैथिली आदि उपभाषाएँ या उर्दू होती है।

६. साथ का वाद्यसंगीत या गायन पूर्णतया उत्तर भारतीय शैली का होता है।

७. साहित्य के आधार बिना अभिनयाविष्कार की सम्भावना होती है (गतभाव)।

८. नाचे जानेवाली बोल बन्दिशों की स्वयं नर्तक द्वारा पढन्त, नृत्य प्रदर्शन का एक अंग बन गया है।

यह तुलना मैं बहुत ठोस स्तर पर तथा संक्षिप्त रूप से कर रही हूँ। किन्तु इससे एक वस्तुस्थिति स्पष्ट होती है, कि उपर्युक्त आठ आविष्कार वैशिष्टयों से मण्डित कथक के व्यापक रूप से कारणवश निर्माण हुई विभिन्न शैलियों में भी इन्ही वैशिष्टयों का अस्तित्व महसूस होता है, होना चाहिए और वही उन शैलियों की एकरूपता का प्रत्यन्तर भी है।

इन शैलियों की एकरूपता के और भी पहलू हैं जो महत्त्वपूर्ण है, और जिनका सम्बन्ध कथक की आज सुस्थित लगनेवाली विचार-धारणा के मूल स्त्रोतों से है।

इन मूलस्त्रोतों में से प्रमुख है कथा-वाचकों की परम्परा—जिससे कथक के प्रदर्शन में तथा प्रस्तुति के सिलसिले में अधिकांश रूप में 'कथा' का अस्तित्व होना आवश्यक और मूलगामी ठहरा है। दूसरा स्त्रोत है रासधारियों की रास नर्तन परम्परा का तथा वैष्णव भक्त कवियों की कृष्ण भक्ति, और कृष्ण संकीर्तन का। इन परम्पराओं से कथक को देन स्वरूप मिली नाट्यात्मता, तथा भक्ति से ओतप्रोत गीत साहित्य द्वारा, काव्यात्मता। पन्द्रहवीं सदी में ध्रुपदगानशैली का असर कथकों पर हुआ और उनके आविष्कार में काललयकारी की समझ, जानकारी तथा आकर्षण दिखायी देने लगा। मन्दिरों से हटकर हिन्दू तथा मुस्लिम राजदरबारों में स्थित कथक में तैयारी, परिणामकारी प्रस्तुति की समझ इत्यादि गुण सम्मिलित हुए। और भारतवर्ष को स्वाधीनता प्राप्त होने के बाद सर्वथा बदले हुए माहौल का योगदान रहा है, एक नया प्रयोजन—सौन्दर्य का निर्माण, आत्माविष्कार, तथा नृत्यनिर्माण, और नृत्यप्रदर्शन के

सन्दर्भ में एक नया विचार 'संरचना' का—chorography का—रंगमंच जिसमें समाया गया है, और त्रिमितिसे जो बद्ध है, ऐसे अवकाश के यथाविधि यथासंकल्पना नियोजन का।

सारांश, कथाप्राधान्य (ठुमरी, भजन, गीत, गतभाव),ताललयकारी की विशेष समझ तथा जानकारी, नृत्ताकृतियों में सरल रेखाओं तथा सीमित वक्राकारों का सुन्दरता के साथ गठन, अंगसुभगता के साथ तैयारी का सशक्त प्रदर्शन, 'नृत्य' एवं 'नृत्त' इन पहलुओं के साथ नाट्यात्मता का सुविध मेल, मनोरंजन के साथ सौन्दर्य— निर्माण के तथा आत्माविष्कार के प्रयोजन की उपलब्धि इन गुणों का समावेश कथक में व्यापक रूप से है। एवं यही कथक शैलियों की एकरूपता का मेरी अल्पमति से तात्विक स्तर पर किया गया सविस्तार विधान है।

यदि वास्तविक तथा व्यावहारिक स्तर पर भी 'एकरूपता' को निहारना हो तो कुछ ऐसे सर्वसाधारण प्रमाण भी मिल जायेंगे।

१. नृत्यप्रदर्शन के आरम्भ में किसी एक देवता की स्तुति या 'वंदना' की प्रस्तुति।
२. नृत्य में श्रृंगार और भक्तिरस को प्राधान्य।
३. 'तत्कार' तथा 'चक्कर' या 'भ्रमरी' की प्रभावशाली योजना।
४. विलम्बित से द्रुत लयों तक का विस्तृत गतिप्रमाण।
५. 'नृत्य' में ठुमरी, भजन, गीतप्रकारों का तथा 'नृत्त' में 'ठाठ' और बोलबन्दिशों का तथा तराना, चतरंग जैसे नृत्तबन्धों का नृत्य प्रदर्शन में समावेश। इति।

दो दृष्टिकोणों से और दो स्तरों पर 'एकरूपता' की चर्चा करने के अनन्तर कथक शैलियों के आपसी अन्तर के बारे में कुछ कहने के पहले मैं 'शैली' इस संज्ञा के कुछ सन्दर्भ परख़ने की चेष्टा करती हूँ।

कला क्षेत्र में 'शैली' का अर्थ है भावाभिव्यक्ति का ढंग, पद्धति, तरीक़ा।

किसी एक व्यक्ति के पुष्टगुण वैशिष्टयों से एक विशिष्ट 'शैली' का निर्माण हो सकता है। तथा एक गृहीत कालखण्ड में प्रचलित जीवनदृष्टि के अनुसार विशिष्ट मानव समूह के भावाविष्कार पद्धति का जब एक सुस्पष्ट ढाँचा बन जाता है, वह उस समूह की 'शैली' कहलाता है। किसी अखण्डित परम्परा से चलते आये हुए कलाविष्कार के संस्कृतिमान्य ढंग को भी 'शैली' कहते हैं। शास्त्रविहित कलाविज्ञान का सदियों से कलाकारों द्वारा अनुसरण होते-होते, शास्त्रोक्त एवं अभिजात 'शैलियों' का निर्माण, धारणा, तथा पोषण होता है, यह

तथ्य भी 'शैली' के सन्दर्भ में लक्षणीय है। और ये शैलियाँ जब कभी कारणवशात अपनी काल समान्तरता खो देती हैं, तब नये विचारों और नये आविष्कार पद्धतियों को अपनानेवाली तथाकथित आधुनिक शैलियों का प्रचलन होता है, यह बात भी अनुभव सिद्ध है।

'शैली' के अर्थ सन्दर्भों की पार्श्वभूमि पर जब विद्यमान कथक शैलियों पर दृष्टिक्षेप करते हैं, तो लगता है, कि इनका मूलरूप एक समूह के कलाविष्कार के 'ढंग' सा है। कथा-वाचन, पठन, गायन, नर्तन, नाट्य आदि सभी कला माध्यमों का कुशलतापूर्वक उपयोजन करनेवाली 'कथक' नामक ख्यातकीर्त जमात की यह अपनी विशिष्ट शैली है। इस शैली का पुरस्कार करनेवाले सिद्धहस्त नर्तक जैसे-जैसे एक स्थान से दूसरे स्थान चले गये, प्रादेशिकता के रंग उनके मूल आविष्कार में मिलते गये। और मूल शैलियों में कुछ-कुछ अन्तर दिखायी देने लगा। दरबार में पेश की गयी कथक शैली में तथा मन्दिरों के सभामण्डपों में प्रस्तुत की जानेवाली कथक शैली में तो दीवार सी खड़ी हो गयी। आगे चलकर कथक आचार्यों की गुणविशिष्टता का प्रभाव शैली शैली पर पड़ने लगा और सुस्पष्ट रूप से शैलीभेद उभर आये।

किसी एक शैली में भाव-अभिनय की गाढ़ी समझ, और अंगमरोड की ख़ूबियाँ, तो किसी अन्य शैली में स्वच्छन्द और गहन ताल-लयकारी, तैयारी। तीसरी शाखा में करभावों का प्राबल्य, लमछड़ तथा सुभग बोलबन्दिशों का संग्रह, एवं उनका जोशपूर्ण और चमकदार प्रस्तुतिकरण। तो अन्य शैलियों में कवितानृत्य का प्रत्ययकारी प्रचलन। एकाध शैली कथक की गतिविधियों की विशुद्ध अंगरेखाओं से तथा अलंकरण से प्रचुर तो दूसरी शैली में नृत्यसंचार भावविभोर मन्दगति के साथ।

यह रहा 'शैली' संज्ञा के अर्थसन्दर्भों का, तथा इस संज्ञा के उत्क्रान्त रूप से कथक जगत् में प्रतीत होनेवाले भेदों का सर्वसाधारण वर्णन। यदि वर्तमान कथक शैलियों के बारे में सुस्पष्टता सहित पर तात्विक बैठक से कुछ निष्कर्ष रूप तथ्यों की ओर निर्देश करना हो, तो पहले तो यह कहना पड़ेगा, कि एक दो विद्यमान आचार्यों का उदाहरण छोड़ अन्य सभी शैलियों के आचार्यों ने एवं प्रमुख नर्तकनर्तकियों ने या तो दो दो शैलियों के तन्त्रमन्त्रों को छूने की चेष्टा की है, या अन्य शैली के अन्तस्तत्वविधान को अपनाना चाहा है और इस वस्तुस्थिति से शैलियों का गुणविशिष्ट अन्तर बहुतांश मिट गया है। इस प्रक्रिया के बीच जैसे एकाध शैली के अंग-संचलन के कुछ दोषों का अपने आप निवारण हुआ है, वैसे दूसरी तरफ़ अंगसंचलन की विशिष्टता तथा विविधता रखनेवाली कुछ स्वयंप्रकाशी गतिविधियाँ नामशेष हो गयी हैं। इति।

कथक जगत् का आज का दृश्य कुछ ऐसा है। कथक के अंगसंचलन का एक सर्वप्रमुख ढाँचा सर्वदूर छा गया है। वह बहुत सुन्दर है, इसमें कोई सन्देह नहीं। पर इसी शैली की प्रतियाँ सभी जगहों पर दिखायी देने से एक monotony महसूस हो रही है। अंगसंचलन के और दो ढंग अस्तित्व में हैं। किन्तु कथक के मूल रेखा सौन्दर्य की कसौटी पर वे सुभगता के साथ निखर

नहीं आते। एक ओर acrobatics का उपयोजन भी हो रहा है, जो तारक नहीं, कथक के माध्यम की समझ के लिए मारक है। दूसरी तरफ़ सुसंस्कारित अंगसंचलन को लेकर चमकदारी की चरम सीमा तक पहुँचने की कोशिश में, नृत्य की आन्तरिक सहृदयता को खोने की चेष्टा भी दिखायी देती है।

जगन्नियन्ता के चरणों में मेरी यही प्रार्थना है कि वे कथक जगत् का अच्छा नियन्त्रण करें। बहुत सारी शैलियों को अपना गुणवैशिष्ट्य सँभालकर रखने में शक्ति दें। और कथक नृत्य का समग्र रूप सदा सहस्त्रदलकमल की तरह सर्वांग सुशोभित रखने में कथक प्रेमियों की सहायता करें।

३

कथक में हस्तकों का प्रयोग

उत्तर भारत की शास्त्रीय नर्तन शैली 'कथक' निश्चय ही एक सम्पूर्ण, समग्र नर्तन कला है। इस कला के आविष्कार में 'नृत्त' और 'नृत्य', तथा आवश्यकता के अनुसार 'नाटय', इन तीनों महत्त्वपूर्ण पहलुओं का उत्तम स्तर पर रूप विलास दिखायी देता है।

कथा-वाचक कथकों की कथक कला से प्राचीन काल में निर्माण हुआ 'कथक' अपने विकास के सदियों के इतिहास के दौरान सर्वांगों से समृद्धि पाता गया। रासलीला से नाटयगुण, ध्रुपदगान शैली से संकीर्ण रूप में ताल लयात्मता तथा अठारहवीं शताब्दी में पूर्णतः दरबार-नर्तन में रूपान्तरित होने के बाद, नर्तन के तन्त्रमन्त्रों की उपलब्धि भी कथक को प्राप्त हो गयी।

मन्दिरों के परिवेश से हटकर राजदरबार में और उस माहौल से भी विदा लेने के बाद, आज के प्रतिष्ठित साधनसिद्ध प्रेक्षागृह के रंगमंच पर विराजित होते-होते, कथक को संरचना तथा समूह संचलन जैसी और कई नयी उपलब्धियों का लाभ हुआ। किन्तु कथक की इस विकासावस्था में कथक का स्वरूप, आविष्कार तथा प्रस्तुति इत्यादि बाबत कुछ दोषारोप भी प्रकट होते रहे, जो आज के कथक प्रस्तुति के सन्दर्भ में, आज की अल्पक्षमता में मुखरित होते सुनायी देते हैं।

इनमें से एक आरोप यह है कि 'कथक में भाव और अभिनय का पक्ष बहुत दुर्लक्षित है तथा कथक की अभिनय की अदाकारी में वैविध्य तथा गहरायी की मात्रा अत्यल्प होती है और ऐसा होने से 'हस्तपरिभाषा' जैसा नृत्याभिनय का एक सबल माध्यम कथक में सक्षम नहीं बन सका है। कथक में हस्त सीमित संख्या से हैं। और उनका विनियोग-व्यापार भी जितना अपेक्षित है उतना विस्तृत नहीं।'

'कथक में हस्तकों का प्रयोग' इस विषय की परिचर्चा के दौरान मेरा एक दृष्टिकोण यह भी रहेगा कि 'हस्तकों' बाबत उपर्युक्त दोषारोपों का मैं यथाशक्ति खण्डन करूँ।

भरत मुनि के नाटयशास्त्र के अनुसार 'अभिनय' के आंगिक, वाचिक, आहार्य तथा सात्विक ये चार मूलभूत माध्यम हैं। इनमें से आंगिक माध्यम की हस्तपरिभाषा : यह एक अविभाज्य

और प्रमुख अंग माना गया है। विशेषत: नृत्य विभाग में ठेठ भाव संवहन के लिये हस्तों का स्थित (in Pose) और संचलनात्मक (in Movement) प्रयोग, यह एक प्रभावी साधन बनता है, यह बात भी स्वयंसिद्ध है। ऐसी पार्श्वभूमि पर कथक के विशिष्ट सन्दर्भ में हस्तों का प्रयोग परखना हो तो प्राथमिक स्तर पर यह जानना आवश्यक है कि,

१. क्या कथक हस्तकों की संख्या, शास्त्रानुसार हस्तकों की निर्धारित संख्या से मिलती जुलती है?

२. क्या कथक में हस्तकों का प्रयोग नाम-संज्ञा इत्यादि सहित शास्त्र का अनुसरण करता है?

३. कथक में हस्तकों का प्रयोग 'नाटयधर्मी' है या 'लोकधर्मी'?

४. हस्तकों के प्रयोग के सहित हस्तकों के करणों का (करकरणों का) भी प्रयोग कथक में प्रचलित है या नहीं?

नाटयशास्त्र और अभिनयदर्पण जैसे आद्य प्राचीन ग्रन्थ, तथा उनका बहुतांश अनुसरण करने वाले, तत्पश्चात लिखे गये संगीतरत्नाकरादि प्रादेशिक नर्तनग्रन्थ—इन सबों में विहित हस्तों की संख्या-परिभाषा-नाम इत्यादि में थोड़ा-थोड़ा भेद है। इसलिए मेरे विवेचन की सीमा मैं अभिनयदर्पण तक ही रखना चाहूँगी।

अभिनयदर्पण में असंयुक्त हस्तों की संख्या २८ + ४ और संयुक्त हस्तों की संख्या २३ है। असंयुक्त हस्तों के नाम हैं :

पताका, त्रिपताका, अर्धपताका, कर्तरीमृख, मयूर, अर्धचन्द्र, अराल, शुकतुण्ड़, मुष्टि, शिखर, कपित्थ, कटकामुख, सूची, चन्द्रकला, पद्मकोश, सर्पशीर्ष, मृगशीर्ष, सिंहमुख, कांगुल, अलपद्म, चतुर, भ्रमर, हंसास्य, हंसपक्ष, सन्दंश, मुकुल, ताम्रचूड़, त्रिशूल, व्याघ्र, अर्धसूची, कटक और पल्लि।

संयुक्त हस्त इस प्रकार से हैं :

अंजलि, कपोत, कर्कट, स्वास्तिक, डोला, पुष्पपुट, उत्संग, शिवलिंग, कटकावर्धन, कर्तरीस्वस्तिक, शकट, शंख, चंक्र, सम्पुट, पाश, कीलक, मत्स्य, कूर्म, वराह, गरूड़ नागबन्ध, खट्वा और भेरूण्ड।

इन सामान्य हस्तों के बाद, देवहस्त, दशावतारहस्त, जातिहस्त, बांधवहस्त इत्यादि, (संयुक्त और असंयुक्त हस्तों के मेल से तथा क्रियाओं से विधिरूप रचाये गये अनुबन्धित) विशेष हस्तों की तथा नृस्तहस्त और उनकी गतिविधियाँ विषयों की जानकारी अभिनयदर्पण में समाविष्ट है।

हस्तकों की संख्या कथक के प्रचार में निर्धारित नहीं है। किसी नये कथा विषय के साथ कतिपय नये पुराने हस्त कथक में कभी भी सम्मिलित हो सकते हैं और हस्तकों की संख्या बढ़ सकती है, बढ़ती रहती हैं।

विशिष्ट कथक हस्तकों के विशिष्ट नाम प्रचार में नहीं हैं, इसलिए इसके सम्बन्ध में कोई नियम भी नहीं हो सकता। एक अलिखित नियम मात्र यह है, कि, विशिष्ट प्रकार के हस्तक, विशिष्ट प्रकार से ही कथक के नृत्त या भावपक्ष में प्रचलित हो सकते हैं, और उसी का वह विशिष्ट स्वाद या विशिष्ट बरतना ही कथक की अपनी पहचान होती है।

हस्तकों के (१) आवेष्टित (२) उद्वेष्टित (३) व्यावर्तित तथा (४) परिवर्तित इन चार करणों का उल्लेख नाटयशास्त्र में है, परन्तु अभिनयदर्पण में नहीं। इन चारों करणों का व्यवहार कथक में स्वाभाविक और सरल रूप से नित्य होता है।

करणों के अतिरिक्त नृत्तहस्तों की पाँच गतिविधियाँ अभिनयदर्पण में उद्धृत हैं : उर्ध्व, अधर, उत्तर, प्राची तथा दक्षिण। अर्थात् ये नाम दिशाओं के हैं, तथा लक्षणा से, इन पाँच दिशाओं में किये जाने वाली हस्तक्रियाओं की तरफ़ निर्देश करते हैं। इधर पश्चिम दिशा का उल्लेख नहीं है, किन्तु कथक की कक्षा में उर्वरित पाँच दिशाओं सहित पीछे की तरफ़ की पश्चिम दिशा भी हस्तों के प्रचलन के सन्दर्भ में गृहीत मानी गयी है।

भरतनाटय तथा कथाकलि आदि और शास्त्रीय नर्तन शैलियों की तुलना में कथक नर्तन का, (अधिकतर भावपक्ष के सन्दर्भ में) आविष्कार लोकधर्मी है। इसलिए उसके लोकधर्मित्व का असर कुछ मात्रा में कथक के हस्तकों के प्रयोग पर भी दिखायी देगा यह बात एक गृहीत सत्य है। किन्तु कथक का लोकधर्मित्व बाहर से जितना ठोस और स्पष्ट लगता है, उतना ही उसके अन्तर्यामी छिपा नाट्यधर्मित्व सूक्ष्म रूप है, तरल है। इस सूक्ष्मता का तथा तरलता का परिणाम कथक के हस्तकों के प्रयोग में भी उतर आया दिखायी देता है।

अभिनयदर्पण के हस्तकों की एक तालिका बन सकती है, जिससे मेरा विवेचन अधिक स्पष्ट हो जायेगा।

<table>
<tr><td colspan="4">अभिनयदर्पणानुसारी हस्त</td></tr>
<tr><td colspan="2">नृत्तहस्त</td><td colspan="2">नृत्यहस्त</td></tr>
<tr><td>असंयुक्त</td><td>संयुक्त</td><td>असंयुक्त</td><td>संयुक्त</td></tr>
<tr><td>पताका, शिखर
हंसास्य,
अलपद्म,
कपित्थ</td><td>स्वस्तिक,
डोला,
कटकावर्धन,
शकट, पाश,
कीलक, कूर्म</td><td colspan="2">देवहस्त, जातिहस्त, बांधवहस्त,
दशावतारहस्त, नक्षत्रहस्त इ.</td></tr>
</table>

ऐसी ही एक तालिका यदि कथक हस्तकों की बनायी जायेगी तो विवेचन अधिक सुलभ होगा।

कथक हस्तक	
नृत्तहस्त (असंयुक्त-संयुक्त) पताका, अराल, हंसास्य, अर्धचन्द्र (मृगशीर्ष के समान), चन्द्रकला, चतुर, मुकुल- अलपद्म, मुष्टि, दो पद्मकोश	नृत्यहस्त (असंयुक्त-संयुक्त) देवहस्त (इन्द्र, ब्रहम्, विष्णु, महेश, राम, कृष्ण, नारद, सरस्वती, लक्ष्मी, पार्वती, काली, गणेश) जातिहस्त (ब्राम्हण, क्षत्रिय, वैश्य, शुद्र) दशावतार हस्त (मत्स्य, वराह, नरसिंह, वामन, परशुराम, राम, कृष्ण, कल्कि) नक्षत्रहस्त (सूर्य चन्द्र) बांधव हस्त (पति-पत्नी, पुत्र-पुत्री, सास, ननद)

उपर्युक्त तालिकाओं की तुलना करने से पता चल सकता है कि शास्त्रोक्त नृत्तहस्तों में से शिखर डोला, स्वस्तिक, अंजलि, कटकावर्धन, पाश, कीलक, कूर्म, हस्तों का कथक के नृत्तपक्ष में विनियोग नहीं होता। नृत्यहस्तों में उद्धृत देवहस्त विशेष हस्तप्रकारों में से कुछ कम हस्तक अनुबन्धित रूप में आज कथक के प्रचार में हैं यह भी सम्बन्धित तालिका से स्पष्ट होता है।

शास्त्रविहित संयुक्त और असंयुक्त हस्तों के नाम निर्देश मैं पहले कर चुकी हूँ। परन्तु कथक के पारम्परिक तथा विधिवत् कलाव्यापार में भी हस्तकों के प्रचलन की शिक्षा बिना किसी नामनिर्देश ही निर्भ्रान्त चलती आयी दिखायी देती है। शास्त्रनिविष्ट हस्तों में से कई हस्तों का प्रचार कथक में नियमित रूप से पाया जाता है। कई हस्तों का प्रचलन कथक में है ही नहीं, अथवा मैंने देखा नहीं और इन हस्तों के अतिरिक्त ऐसे अनेक हस्त कथक के अभिनयपक्ष की प्रस्तुति में नित्य दिखायी देते हैं, जिनके नाम की उपाधि न होने से उनका मौखिक निर्देश कठिन है।

पताका, त्रिपताका, अर्धपताका, कर्तरीमुख, मयूर, अर्धचन्द्र, अराल, मुष्टि, शिखर, कपित्थ, कटकामुख, सूची, चन्द्रकला, पद्मकोश, सर्पशीर्ष, मृगशीर्ष, सिंहमुख, अलपद्म, चतुर, हंसास्य, मुकुल, अर्धसूची, कटक इ. असंयुक्त तथा अंजलि, कपोत, कर्कट, पुष्पपुट, शंख, सुंपुट, पाश, गरूड़, मत्स्य, इ. संयुक्त हस्त, कथक के नृत्यपक्ष में प्रवाहित सौम्य तथा ललित रूप से नित्य उपयोग में लाये जाते हैं। यह बात स्वाभाविक है। क्योंकि अंगसंचलन में नियतता (precision) का निरन्तरता (continuity, fluidity) के साथ मेल रखने का कथक का सहजधर्म है। अर्थात् इस सहज स्वभाव का प्रभाव हस्तकों के ललित व्यापार पर पड़ना सर्वथा अनुरूप है।

भावपक्ष में कथक हस्तक तीन प्रकारों से संचालित होते दिखायी देते है।

१. अनुकरणात्म : वस्तु का आकार या गति का अनुकरण करनेवाले हस्तक।

२. व्यंजक-सूचक : वस्तु के अस्तित्व का निचोड़ दिखाने वाले हस्तक।

३. अनुबन्धित : अन्य हस्तकों से या हस्तकों की क्रिया से अनुबन्धित होकर अर्थ प्रकट करने वाले हस्तक।

हस्तकों का यह तीन प्रकारों से विभाजित सामान्य वर्गीकरण स्वभावत: प्रतीकात्मक (symbolic) होता है, किन्तु संकेतप्रधान नहीं। Mime अथवा pantomime तथा मूकाभिनय के क्षेत्र में दिखायी देने वाले हस्त प्रचलन की तरह वास्तविक (realistic) तो कतई नहीं। यह हस्तसंचलन सूक्ष्मत: नाटयधर्मी है।

हस्तकों के सही प्रयोग से सही तरीक़े से वस्तु अथवा कल्पना, तथा सही मात्रा में सही भाव व्यक्त हों, इसलिए कथक नर्तकों को एक तरह की मानसिकता (feel) तथा सूक्ष्मता बरतने की क्षमता (exact sense of timing) अति आवश्यक होती है। यह कथक के नाटयधर्मित्व का एक प्रमुख लक्षण तथा सूक्ष्म पहलू है।

हस्तकों के प्रचलन के साथ ही साथ दृष्टि का प्रचलन कथक में नाटयधर्मी है। अर्थात् दृष्टि से अनुबन्धित न हो, तो किसी भी हस्तप्रयोग से किसी तरह की उपलब्धि नहीं हो सकती।

संयुतासंयुत हस्तों के पूरे विवरण के बाद अभिनयदर्पणकार एक श्लोक उद्धृत करते हैं।

यतो हस्तस्ततो दृष्टिर्यतो दृष्टिस्ततो मन :।
यतो मनस्ततो भावो यतो भावस्ततो रस :॥

रससिद्धि की प्रक्रिया का निर्देश करनेवाले इस अन्वयार्थक श्लोक के पहले चरण में, जो एक महत्त्वपूर्ण विधान पाया जाता है, उसका अवलम्ब कथक में भी यथा स्वभाव होता है। 'जिधर हस्तक्षेप हो, दृष्टि उधर जाय'। कथक नृत्त में दृष्टि हस्तकों के प्रचलन के बहुतांश समान्तर दिशा में जाती है। तथा भावपक्ष में दृष्टिक्षेपों से ही हस्तकों का और हस्तकों द्वारा वस्तु वा कल्पना वा भाव का निर्देशन होता है।

हस्तकों के प्रयोग स्वरूप तान्त्रिक विवरण इधर समाप्त होने जा रहा है। अन्त में मैं कुछ हस्तों के प्रयोग प्रत्यक्ष रूप से दिखाना चाहूँगी जिनका प्रयोग मैंने अपने गुरुद्वय द्वारा देखा है, समझा है और चखा है।

४

कथक में प्रयोग

कथक—यह एक ऐसी अभिजात नृत्यशैली है जिसके रूप में निर्मितिकाल से आज तक बहुत परिवर्तन होते आये हैं। सदियों पहले मन्दिर से सम्बन्धित कथा-वाचकों की परम्परा से निर्माण हुई यह नृत्य-कला मुग़ल काल में दरबार में जा बसी और अँग्रेज़ो के राज में तो इस नृत्य को इतनी कठिनाईयों से लडना पड़ा कि अगर इस कला में एक आन्तरिक सामर्थ्य न होता तो इसका नामोनिशान मिट जाता। दैववश स्वतन्त्रता प्राप्त होने के बाद भारतीय संस्कृति के पुनरूज्जीवन की विचारधारा से सभी कलाओं को नवसंजीवन मिला और पुनः एक परिवर्तन का युग आया। वैसे परिवर्तन दो तरह का होता है। आन्तरिक तथा बाह्य। अधिकांश बाह्य परिवर्तन तो भारत के सभी अभिजात नृत्यशैलियों के लिए तारक ही सिद्ध हुए हैं। क्योंकि इसका सम्बन्ध स्वातन्त्र्योत्तर समाज जीवन में समय के अनुसार जो परिवर्तन हुआ है, उसी के साथ है।

छोटी-छोटी महफ़िलों के लिये छोटे कला दालनों की जगह आज के बड़े रंगमंच, समय का बन्धन, परिवहन सुविधा से तथा दूरचित्रवाणी के आगमन से, अन्य नृत्यशैलियों से तथा कलाविष्कारों से दर्शकों का परिचय और परिणामवश रुचि भिन्नता तथा अन्यशरणता (distractions), ये बदलते हुए सांस्कृतिक जीवन के कुछ दो चार प्रातिनिधिक उदाहरण हैं। इस सद्य:स्थिति का सामना करते-करते नृत्य का आज का स्वरूप, मेरे ख्याल से कुछ चुस्त, गतिमान् तथा गायन वादन की कुशल संगति से नाद मधुर अवश्य बन गया है और एक 'दृश्यश्रव्य सौन्दर्यानुभूति' यह नृत्याविष्कार का स्वरूप कुछ हद तक सफल, सार्थक करने लगा है। तथापि यह परिवर्तन पूर्ण रूप से इस शैली के आन्तरिक सामर्थ्य के बल नहीं है। अगर नृत्यकारों को अपनी कला को आज के समाज के सांस्कृतिक जीवन का एक प्रमुख अंग बना के, अपना विशेष स्थान प्रस्थापित रखने की, व्यवसायवश आवश्यकता न होती, तो नृत्य-कला के रूप में तथा प्रस्तुतिकरण में आज जैसा, और आज जितना, परिवर्तन होता या नहीं, यह संशोधन का विषय हो सकता है।

'कथक में प्रयोग' यह आज का व्याख्यान विषय होते हुए भी मैं 'परिवर्तन' की बात कर रही हूँ, इसकी एक सुयोग्य वजह है। 'परिवर्तन' और 'प्रयोग' इन दो संज्ञाओं का अर्थ साधारण तौर पर समान तो नहीं है, यह जानते हुए भी, बहुत बार परिवर्तन के परिणाम को प्रयोग का श्रेय दिया जाता है। किन्तु असल में जानबूझ कर तथा सोच-समझ से सद्य:स्थिति में परिवर्तन कराने की जो कोशिश की जाती है उसी की व्याख्या 'प्रयोग' शब्द से होनी चहिये और इसी भावार्थ से मेरे ३२/३५ वर्षों के अध्ययन काल की अवधि में ख़ास करके कथक के रूप में तथा आविष्कार के ढंग में जो परिवर्तन मैंने महसूस किया, उसमें 'प्रयोग' संज्ञा से, किन नृत्य घटनाओं का निर्देश हो सकता है, यह देखने की मैं कोशिश करती हूँ।

३०/३५ सालों की इस अवधि में पूर्ण रूप से कथक तन्त्र पर आधारित नृत्यनाटयों का प्रथम प्रस्तुतिकरण हुआ और इस महत्त्वपूर्ण प्रयोग के साथ कथक की प्रदर्शन पद्धति में बहुत सारे नये पहलुओं का समावेश होने लगा। नेपथ्य, प्रकाश-योजना, तथा वाद्यवृन्द द्वारा संगीत—इन चीज़ों के साथ 'नृत्यनाटय' का प्रयोग कथक नृत्य के लिये बहुत परिणामकारी सिद्ध हुआ। इसी घटना के समान्तर काल में व्यक्तिगत कथक आविष्कार के साथ 'जुगल' नृत्य तथा सीमित रूप से समूह नृत्यों की भी योजना होने लगी। अभिनय पक्ष में ठुमरी, दादरा, भजन, ग़ज़ल आदि उपशास्त्रीय गीत-प्रबन्धों के माध्यम से होने वाले भावार्थ तथा अर्थान्तर प्रकटन के अतिरिक्त छोटे-बड़े कथा प्रसंग संगीत या साहित्य के बिना प्रस्तुत करने के लिए 'गतभाव' का प्रयोग भी किया गया। गद्य परन्तु छन्दात्मक कविता-पठन के साथ, अभिनय का आविष्कार करने का प्रचार भी साथ ही साथ होने लगा। तथा तालनिबद्ध बोलों की बन्दिशों का अभिनय के लिए उपयोग करने का भी प्रयोग हुआ। आज जितने गुरुकुल कथक के क्षेत्र में प्रतिष्ठित हैं, उन सभी गुरुकुलों से सम्बन्धित प्रथितयश तथा प्रतिभाशाली कथकाचार्यों का इस कलात्मक परिवर्तन में बेजोड़ योगदान रहा है। मेरे मत से कथक के ये सभी रूपान्तर 'प्रयोग' कहलाने लायक हैं। किन्तु इसी नींव के ऊपर संवर्धित कथक के स्वरूप के सम्बन्ध में आज भी प्रयोग की आवश्यकता है, इसमें कोई सन्देह नहीं।

किसी भी कला का रूप प्रवाहहीन पानी की तरह नि:सार न हो जाय, और कला सदा विकासोन्मुख रहे, इस हेतु कलाक्षेत्र में प्रयोग की आवश्यकता नित्य होती है। किन्तु कला के मूल रूप में छिपे हुए बीज को विकसित करने के उद्दिष्ट से तथा योग्य दिशा में प्रयोग किये जाते हैं तब ही कला-क्षेत्र में प्रगति होती है। अन्यथा अनुचित प्रयोगों से तो कला के स्वरूप-विशिष्ट तथा परम्परा-विशिष्ट सौन्दर्यमूल्यों की हानि होने की ही सम्भावना अधिक है।

कथक के विशिष्ट सन्दर्भ में आज करने लायक प्रयोगों के उद्दिष्ट तथा दिशा का विचार करने से पहले मैं कथक के सौन्दर्यमूल्यों का थोड़ा विवरण करना चाहूँगी।

ठोस रूप से 'अंग', 'भाव', तथा 'ताललयांकन' ये तीन पहलू कथक के 'नृत्त' तथा 'नृत्य' इन दोनों घटकों के लिए मौलिक महत्त्व रखते हैं। अंग का अर्थ है—कथक-वाचक सरल

रेखाएँ और अंशमात्र वक्राकारों का सन्तुलनपूर्वक ललित मेल, 'भाव' पक्ष में अंगोपांग, हस्त, गतिविधियाँ, पैंतरे आदि माध्यमों द्वारा सरल, तथा सूचक भाव एवं अर्थान्तर का प्रकटन और ताल लय पक्ष में लक्षणीय तालबद्धता तथा पदन्यास द्वारा संकीर्ण लयकारी आदि चीज़ों का अन्तर्भाव होता है। 'अंग', 'भाव' तथा 'ताल लयांकन' इन तीन घटकों का 'कथक' के आविष्कार में सन्तुलित रूप से मेल होना चाहिए। कथक के विशिष्ट स्वरूप का निर्धारण करने के लिये इनमें से जिस घटक का जिस परिमाण में योगदान आवश्यक महसूस होता है, उसी परिमाण के अनुसार उस घटक का आविष्कार में महत्त्व होना चाहिए। इस प्रमेय के बल, तथा 'कथा करे सो कथिक कहलावे', इस कथक नृत्य की पूर्वपरम्परा का सूचन करने वाली व्याख्या के अनुसार कथक के आविष्कार में 'नृत्त' पक्ष से 'नृत्य' पक्ष का आधिक्य या समानता रखने की आवश्यकता, मेरे विचार से एक गृहीत तथ्य के समान है।

कथक के सौन्दर्य मूल्यों का यह सीमित विवरण, आज के रंगमंच पर प्रकट होने वाले कथक का स्वरूप तथा प्रस्तुतिकरण का ढंग इस विषय में मेरे चन्द विचार आपके सामने रखने के लिए काफ़ी हैं।

आज के दर्शक अधिक से अधिक २।२॥ घण्टों का ही नृत्य-कार्यक्रम एकाग्रता के साथ देख सकते हैं। समय की यह पाबन्दी ध्यान में रखते हुए, 'नृत्त' तथा 'नृत्य' के सभी पहलुओं को स्पर्श करने की नर्तकों की अच्छी कोशिश दिखायी देती है। आकर्षक वेष, रंगभूषा, सूचक

नेपथ्य तथा चतुर प्रकाश संयोजन, कर्णमधुर तथा भावमधुर संगीत आदि सहित प्रदर्शन–कला का परिणामकारी उपयोग सभी छोटे–बड़े नृत्य कार्यक्रमों का आकर्षण कई गुना बढ़ा देता है। भ्रमरी, तथा पदन्यास में तैयारी का अंग बहुत ही विकसित हुआ है। व्यक्तिगत नृत्याविष्कार में आज के रंगमंच के विस्तारित अवकाश का पूरी तरह संक्रमण करना आवश्यक लगने से नृत्य गतिमान और विस्तृत रेखाओं से सम्पन्न हुआ है। अभिनय पक्ष में ही केवल लक्षणीय प्रगति नहीं है। इसलिये प्रयोग करने की आवश्यकता तो पहले अभिनय क्षेत्र में है। नये कथा–विषयों की खोज, तथा उन कथा–विषयों के आविष्कार की सफलता के लिए नये सहज तथा सूचक नृत्याकारों का निर्माण आदि में प्रयोग की आवश्यकता बहुत महसूस होती है। कथक के अतिरिक्त अन्य नर्तनशैलियों में जो हस्त परिभाषाएँ प्रचलित हैं, उन से कथक की हस्तपरिभाषा बहुत निराली है। इसमें बोली–भाषा के एक–एक शब्द के लिये एक–एक समान्तर संकेत नहीं है। किन्तु एक–एक चीज़ के 'सत्वविशेष' का सूचक निचोड़ दिखानेवाला आविर्भाव है। ऐसी तर्क–प्रणित हस्तपरिभाषा का अधिकाधिक विकास होना बहुत आवश्यक है, जिससे नये–नये कथाबीज नृत्याभिनय द्वारा अंकुरित होकर अभिनय की आर्तता तथा गहरायी बढ़ाने की क्षमता पायेंगे।

'नृत्त' विभाग में 'गतिविधि और 'रचनाबन्ध' के तन्त्र में प्रयोगों की बड़ी गुंजाइश है। इसका कारण यह है कि 'देश' और 'काल' इन मूल तत्त्वों में से काल तत्त्व का आविष्कार तो

'ताललयविचार' के रूप में कथक में बहुत गहरायी तक हो चुका है। तथापि 'देश' अर्थात् Space पर पूरी तरह से ना विचार हुआ है ना कृति। हो सकता है कि इस दिशा में प्रयोग होने से व्यक्तिगत नृत्य के करणों में तथा गतिविधियों में और कथक के सामूहिक प्रस्तुतिकरण के अन्तर्गत रचनाबन्धों में नयी कल्पनाएँ, नये स्तर, और चिर वैचित्र्य, निर्माण होगा।

अन्त में आन्तरिक परिवर्तन का एवं कथक नृत्य के प्रस्तुतिकरण के प्रयोजन का, एक ही विषय रह गया है, जो मेरे लिए बहुत महत्त्वपूर्ण है। इतिहासवशात् इस नृत्यशैली का मन्दिर परम्परा से सम्बन्ध टूटने के बाद इसके प्रदर्शन का देवताओं की आराधना का अंगभूत भाव पूरा खो गया था। तथा मध्यकाल में दरबारों में और शाही महफ़िलों के वातावरण में पलने के कारण, 'दर्शकों का मनोरंजन' यह एकमेव प्रयोजन प्रमुख हो गया था, जो दुर्भाग्य से आज के कथक प्रदर्शन में भी अंशतः उसी तरह महसूस होता है। वैसे दर्शकों के साथ संवाद बनाये रखना, यह तो कथक का एक असाधारण गुणवैशिष्टय है। परन्तु 'संवाद' का अर्थ है कला के आनन्द की 'लेन देन'—न केवल दर्शकों के उत्तेजित प्रतिसाद की अपेक्षा में चमत्कृतिपूर्ण प्रदर्शन—न केवल मनोरंजन। मेरी तो यह श्रद्धा है, कि उपर्युक्त 'संवाद' की भूमिका की दीपिका के मार्गदर्शक प्रकाश में किया गया कोई भी प्रयोग, कथक की पुष्टि ही करेगा, दर्शकों को सदा तुष्टि ही दिलवायेगा।

५

'कथक' नृत्य की अस्मिता और इक्कीसवीं सदी

कथक मेरा मनपसन्द अभ्यास विषय है। इस नृत्यविधा से, गत पचपन सालों से मेरा परिचय है। लखनऊ घराने के प्रसिद्ध आचार्य स्व. पं. लच्छू महाराज, तथा, जयपुर और लखनऊ, इन दोनों घरानों से जुड़े हुए, पं. मोहनराव कल्याणपूरकर, मेरे गुरु। इनके परिपूर्ण मार्गदर्शन के लम्बे, और सार्थक दौर के दरमियान, कथक का मेरा परिचय न रहकर, अच्छी पहचान बन गया। कथक का साक्षात् अनुभव मैंने किया। एक आमरण शिक्षार्थिनी और रंगमंच पर सक्रिय नर्तकी होने के नाते, उस अनुभव का रूपान्तर दिनोदिन साररूप, विचाररूप, चिरधारणारूप होने लगा। फिर यथा इतिहास, यथापरम्परा, यथाश्रुति कथक का विशेष 'ज्ञान' और गहरी 'समझ' पाने का मेरा अभ्यास शुरू हुआ। इस प्रक्रिया के परिणामवश कुछ तथ्य हाथ आये जिनको मैं इस विद्वत्सभा के सामने प्रस्तुत करना चाहूँगी।

कथक नृत्य की एक सर्वसाधारण प्रतिमा, रसिकों की मनोधारणा के अनुसार बन गयी है, जैसे कि : कथक नृत्य एक जलदगति, आकर्षक और सर्वथा दैहिक नृत्य विधा है। तालाधार को कथक में बहुत एहमियत है। 'चक्कर' या 'भ्रमरी' की चमत्कृतिपूर्ण क्रिया, तथा अचम्भा पैदा करने लायक 'तत्कार' की तैयारी, इस नृत्य की मानों पहचान है। अभिनय पक्ष कथक में न सशक्त है न गहरा। अलंकारिक, decorative है। कथक की प्रस्तुति में दो संस्कृतियों का संकर है। इत्यादि...

मेरे मन में कथक की परिकल्पना, प्रचलित प्रतिमा से बहुत अलग है। मुझे लगता है कि कथक नृत्य एक स्वयंपूर्ण नृत्यविधा है। इस नृत्य को शास्त्राधार है। 'नृत्त' और 'नृत्य' इन पहलुओं का विकास इस शैली में पूर्णरूप से दिखायी देता है। 'ताण्डव' और 'लास्य' इन विधाओं का भावानुसारी विलास, तथा 'नाटयधर्मित्व' और 'लोकधर्मित्व' का उपयोग करने का अन्दाज़, हर तरह का 'पदसंचलन', 'भ्रमरी', 'उत्प्लवन' तथा 'हस्तपरिभाषा' के प्रयोग कथक में दृग्गोचर होते हैं। कथा-वाचकों की प्राचीन परम्परा से मूलत: निर्माण हुआ कथक आज भी कथा करता है। चाहे वह कथा आत्मलक्ष्यी 'ठाठ' की हो, या 'आमद' नामक ताल

प्रस्तुति की पहली बन्दिश की हो कथा ‘लय’ की होगी, ‘ताल’ की भी। कथा सरल अंगरेखाओं की होगी, वक्राकारों की भी, कथा होती रहती है दिशाओं की, कक्षाओं की, एवं, अवकाश की समग्रता की। ‘कथा कहे सो कथक कहलावै’ कथा होती आयी है, पुराणकालीन, तथा नवोद्‌भव कथायुक्त प्रसंगों की। मानव के भावविश्‍व में से उभरती, मिटती, थिरकती भावच्छटाओं की।

कथक का वस्तुक्रम, ‘मार्गम्’ भी वैविध्यपूर्ण होता है। किन्तु प्रस्तुति के ठोस नियमों के अलावा, नर्तक-नर्तकियों को स्वतन्त्रता-आज़ादी भी रहती है, वस्तु क्रम थोड़ा बहुत बदलने की। वैसे ‘वंदना’ से ही नृत्य का आरम्भ करने की प्रथा है। वंदना आम तौर पर नृत्यकुशल देव दैवतों की यथापद शब्द नाची जाती है, या कभी-कभी देवत्व का वातावरण विशद करने वाली, वाक्यार्थानुसारी। वंदना के बाद प्रस्तुत होने वाली ताल-क्रिया कथक के ‘नृत्त’ की नींव है। बहुत महत्त्वपूर्ण है। अलग सोचवाली है। और दूसरी नृत्य शैलियों में, ताल में बन्धी हुई बन्दिशें नाची जाती हैं। इधर कथक में ‘ताल’ ही नाचा जाता है। सजाया जाता है—बन्दिशों से, तत्कार-तिहाईयों से जिनसे ताल का भेद और चाल तथा स्व-भाव निखर आता है। बन्दिशों में से तोडे, परण, परमेलू, टुकडों की भाषा अलग, और प्रस्तुति भी अलग ढंग की होती है। ‘तराना’, ‘त्रिवट’, ‘चतुरंग’, ‘सरगम’ आदि उत्तर भारतीय संगीत के स्फुट प्रकार, कथक का तकनिकी विस्तार करते-करते, अंगसंचलन के वैविध्य को आगे लाते हैं।

कथक का अभिनय विभाग विद्यमान कथक नर्तक नर्तकियों ने जितना महत्त्वपूर्ण समझना चाहिए, उतना नहीं समझा है, तथापि पं. लच्छू महाराज, पं. शम्भुमहाराज जैसे दिवंगत वरिष्ठ नृत्याचार्यों का इस विषय में सिद्ध हुआ बेजोड़ कर्तृत्व, अभिनय कक्षा में सर्वविश्रुत है। ‘अभिधा’, ‘लक्षणा’, ‘व्यंजना’ इनका यथाभाव विनियोग, ‘आंगिक’ और ‘सात्विक’ अभिनय पर अधिकतर अवलम्बन, ‘अर्थभाव’ की सम्पूर्णतः काव्याधारित विधा। ‘ताल’ और ‘लयसंकल्पना’ का भावानुसारी नियोजन। ‘ठुमरी’ या ‘भजन’ के दायरे में अभिनय का उत्कर्ष। इसके अलावा बिनाशब्द-बिनासाहित्य-बिना विशेष संगीत प्रस्तुत किया जानेवाला ‘गत-गतनिकास-गतभाव-गतप्रसंग’ का सिलसिला तो नृत्यजगत् में एक अनोखी लीला दिखाता है। इस तरह कथक का रंगमंच अत्यन्त समृद्ध है, शास्त्राधारित परम्परायुक्त है, तथापि एक तरह से मुक्त, स्वतन्त्र है।

कथक के आज के रूप में अनेक स्त्रोतों का मिलन दिखायी देता है। कथा-वाचकों की प्राचीन परम्परा से प्रथमतः निर्माण हुए, इस नृत्य के विकास में, वैष्णव साम्प्रदायिक सन्तकवियों की भक्तिमार्ग विहित काव्यसाहित्यधारा, ध्रुपदगान शैली की ताल-लयात्मकता, रासलीला की नृत्य-नाटयात्मता, इन सब गुणविशेषों का रसपूर्ण समावेश है। इ. स. ग्यारहवीं सदी से शुरू हुए संस्कृतिसंकर पर, अपनी सर्वसमावेशकता से मात करके, कथक में हिन्दू मुस्लिम संस्कारों का एक अनोखा मेल अपने अस्तित्व में जमाया है। प्राचीन ‘उपासना’ मंच, मध्ययुगीन

'सामन्तीय' मंच पार करते-करते, कथक ने पूर्णनृत्यरूप कथक शैली को साकार किया। नृत्यतन्त्र की उपलब्धि तो कथक को सामन्तीय मंच से ही हुई। स्वातन्त्र्योत्तर काल में, सभी कलाओं का पुनरुत्थान आरम्भ हुआ—सर्व प्रयोगशरण कलाओं को अपने आविष्कार के लिए 'कलारंगमंच' प्राप्त हुआ। अब कथक इस मंच पर सुकून के साथ स्थित है। अपनी वैशिष्ट्यपूर्ण अस्मिता के साथ रसिकों के मन में बसा है। इस लम्बे सफ़र के दरमियान, कथक नृत्य के आविष्कार का ढंग बदलता गया, साथ ही साथ उसके प्रयोजन भी बदलते गये।

उपासना मंच था, देवताओं की आराधना, तथा लोकरंजन और धार्मिक प्रबोधन के लिये। 'सामन्तीय' मंच पर कलाकारों की होड लगी रही मनोरंजन करने की क्षमता, तथा मनोरंजन का कौशल्य बढ़ाने में। किन्तु इससे अनायास एक लाभ हुआ। एक अनूठे नृत्यतन्त्र का निर्माण होता रहा—कथक पूर्णतः 'नृत्य' कहलाने के काबिल हो गया। ब्रिटिश काल में

मनोरंजनहीन स्तर पर होने लगा—पर कलायुग में निखर आया कथक का अन्त:सौन्दर्य, और आकर्षक रसरूप—अब कला का असली प्रयोजन भी उभर आया : सौन्दर्यानुभूति, आत्माविष्कार और प्रबुद्ध मनोरंजन।

कथक के और दो वैशिष्टयों का उल्लेख मैं इधर संक्षेप में करना चाहती हूँ। 'कथक' के नृत्तविभाग में 'तत्कार' यह एक अलग नृत्तविशेष है। पदभाषायुक्त, नादयुक्त, ताल और लय के अजब खेल, इन्द्रजाल रचानेवाली यह विधा, कथक की सर्वंकष संगीतात्मकता का एक समग्र उदाहरण है। मगर सबसे बड़ा योगदान कथक का यह है कि यह नृत्य-कला हर सन्दर्भ में उत्स्फूर्त हो सकती है, उपज अंग का उपयोग करके। उत्तर भारतीय गायनविधा के समान। यह उपज जैसी तत्कार में, लयकारी के नये-नये अन्दाज़ों में, वैसे ही हस्तकों में, अंगक्रियाओं के अनन्त पैंतरों में, नयी-नयी भावच्छटाओं के तथा अर्थान्तरों के एकसमय संकल्पन और आविष्कार में दिखायी देती है। इस गुंजाइश को ध्यान में रखते हुए ही कथक का क्रियात्मक अभ्यास करना आवश्यक होता है।

नयी कथावस्तुएँ, विषय, या आशय नृत्य द्वारा व्यक्त करने के प्रान्त में कथक की इतिहासत: तथा स्वभावत: स्वतन्त्र वृत्ति, बहुत कुछ हासिल करने की क्षमता रखती है। इसी कारणवश, कथक के क्षेत्र में, परिवर्तन के साथ ही साथ, बहुत सारे नये अनोखे प्रयोग और नये आयामों की तरफ़ बढ़ौती की प्रतीति निरन्तर मिलती आयी है।

इधर तक विचार हुआ कथक के भूतवृतान्त का—निर्देश हुआ कथक की गुण सम्भावनों का, तथा कथक के वर्तमान स्थितिविशेष का। अब अनुमान करना है इक्कीसवीं शताब्दी में कथक के भवितव्य का। वैसे गत दस बीस सालों से शुरू हुई तन्त्र विज्ञान की तेज दौड़ से, आनेवाली शताब्दी की आहट कब की सुनायी दे रही है। और लोगों के मन में भय उभरता है, कि यह तन्त्र विज्ञान की प्रगति का बहाव महाबाढ़ बन के, कथक को, क्या सारे कलासंकुल को घेरनेवाला है? अब इस भँवर में पकड़े जाना, डूब जाना या तैरना कलाकारों की सर्वंकष समझ और सुधबुध पर ही निर्भर होगा।

मेरे ख्याल से प्रथम तन्त्रविज्ञान के विकास से, कलाओं के व्यावहारिक तथा सामाजिक व्यापार के सन्दर्भ में क्या लाभ अथवा कैसे हानि हो सकती है, इसका विनिमय जागरूकता के साथ करना आवश्यक है। अद्ययावत, दृकश्रव्यादि प्रसारमाध्यमों का सर्वगामित्व, तथा 'संगणक' जैसे सर्वविद, सर्वसाक्षी और सर्वस्पर्शी ज्ञानसाधन की उपलब्धि, इन सुविधाओं से कला क्षेत्र के दर्जेदार निर्मित का प्रसार और (marketing) प्रचलन ठेठ जागतिक स्तर पर होगा—और गणन (documentation) और जतन मानों क़रीब कालान्त तक होगा। पर शायद इन साधन सुविधा से ठेठ नवनिर्मिति, या निर्मिति का संवर्धन हो सकना सम्भव नहीं। फिर भी जागतिक marketing की सहुलियत से दर्जेदार कलानिमिर्ति का आदर्श अनेकों को मार्गदर्शक होगा, अनेकों की रसदृष्टि तथा रससंवेदना इस घटना से संस्कारित होगी।

Internet जैसी सुविधा से ढेर सारी जानकारी या information किसी भी विषय के बारे में, किसी भी ग्राहक की मेज़ पर अब आसानी से इकट्ठा होगी। उसमें से असली तथ्यों को ढूँढ़कर निकालने का काम मात्र आसान नहीं होगा। यदि श्रेष्ठ कलाकार इस तरफ़ थोड़ा ध्यान दें, और थोड़ा समय निकालें, तो हो सकता है, कि श्रेष्ठ कलानुभव से निकलनेवाले, कालातीत, शाश्वत तथ्य इच्छुकों के हाथ लगेंगे। यह कार्य श्रेष्ठियों के अलावा, मान्यवर साधक कलाकार भी अच्छी तरह से निभा सकते हैं। पर एक तारतम्य सम्हालने की यह बात है। कितना valid समय वे इस प्रसारकार्य में लगते हैं और कितना अपने अभ्यासविषय को गहरायी तक ले जाने में।

अन्त में, और एक समस्या की तरफ़ निर्देश करना चाहती हूँ। यह समस्या है, एक बार फिर 'संस्कृतिसंकर' का सामना करने की। पाश्चिमात्य रहन-सहन, कला-जीवन इ. के आक्रमण को रोक लगा के, अपने जीवनमूल्यों की रक्षा करने की—अपने जीवनमूल्य—जो अपने कला-जीवन के भी आधारतत्व होते हैं। इस सन्दर्भ में एक कालनिर्णित सत्य ध्यान में रखने से ही मन को तसल्ली होती है। वह है : अभिजात कलाओं की भाव-प्रकृति में, अन्योन्य संस्कार ग्रहण करके, अपने ढाँचे में ढालकर, उनको अपनी जीवन-धारणा को पूरक बना लेने का सामर्थ्य होता ही है। आख़िर में संस्कृति को समृद्धि आती है, न की संकीर्णता। इस सत्य का इतिहास साक्षी है। परिणामतः आज तक पाँच सात बार कालखण्ड के शतक सहस्त्रकों को लाँघते हुए, इक्कीसवीं सदी की दहलीज़ पर खड़ी हुई भारतीय कलात्मक अभिजातता को किसी प्रकार का कोई डर नही है। बस, धार्मिकता के बजाय आध्यात्मिकता का पूजन होना चाहिए...अपने कला-साधन और कला-माध्यम का मान रखना चाहिए।

६

कथक : गुरुओं से प्राप्त संचित

मेरे पहले गुरु स्व. सोहनलाल जी 1946 में बंगलोर में स्थित थे। उनके पास उनके मार्गदर्शन में केवल चार या पाँच महीने अध्ययन करती रही। कथक का 'कथक' नाम से प्रथम परिचय मुझे यहीं हुआ। मूल तत्कार, साधारण नृत्तहस्त, चक्कर, इन चीज़ों का प्राथमिक परिचय तथा कुछ सीधे-सादे टुकड़ों की जानकारी की शुरुआत भी यहीं हुई। पं. सोहन लाल जी जयपुर घराने के नामी नर्तक थे, गुरु थे। मेरी कथक-शिक्षा का शुभारम्भ उनके मार्गदर्शन में होना मुझे आज भी शगुन-सा लगता है।

श्री मदन लाल जी के निर्देशन में मैं दो साल कथक का अभ्यास करती रही। मेरे पास कुछ बोलों का टुकड़े-परणों का संग्रह हुआ। आधा पौन घण्टा नाचने लायक सामग्री मैं इकट्ठा कर सकी। मुम्बई में म. विलायत खाँ साहेब जैसे विद्वान गायक श्रेष्ठ के सामने थोड़ी देर ही क्यूँ ना हो, नृत्य-प्रस्तुति करने का मौका मुझे मिला। पर दैववशात् मन्ना लाल जी का स्वास्थ्य बिगड़ जाने से मेरी शिक्षा यकायक बंद हो गयी।

संजोग से ही मिला पं. मोहनराव जी का नृत्य सहवास और तालीम १९५२ में, और पुणे-लखनऊ-पुणे-मुम्बई ऐसा शिक्षाप्रद सिलसिला लगभग १९८०-८२ तक खण्डित-अखण्डित रूप में चलता रहा। इस तालीम से मुझे मेरे कथक से सम्बन्धित विचारों की एक पक्की, स्थिर नींव मिली। कथक तन्त्र के विषय में—चक्कर, तत्कार, तोड़े टुकड़े, परण, परमेलू, कवित्त, आमद, ठाठ आदि सब संज्ञाओं का प्रमाण सहित प्रयोग होने की सम्भावना निर्माण हुई।

'चक्कर' तीन पदक्षेपों सहित 'तत् तत् थै' बोलों के साथ जैसे पं. सोहन लाल जी ने करवाये थे, उसी क़िस्म के थे। मूल तत्कार 'ता थै थे' पूरे पैर से और 'तत्' एड़ी से मैं करती रही। तत्कार में मुख्यत: क्रमलय का ज़िक्र होता था। यह नींव थी। तत्कार में लयकारी की जितनी भी समझ मुझको है, उसका श्रेय मैं पं. मोहनराव जी को ही देती हूँ। उनके पास अनगिनत बंदिशें थीं। मूल पारम्परिक बंदिशों के प्रकार थे, पर्याय थे, जोड़ थे। इन बंदिशों की पढ़न्त

करने का उनका अंदाज़ भी गम्भीर, संयमित, नियत और resonant था। बंदिशों के अन्तर्गत लय-विन्यास तथा नादानुसन्धान, गहरा अभ्यास करने लायक था। कथक बंदिशों की भाषा एक अनुपम, अनोखा भाषाविलास है। उत्सव है। इस भाषा के स्वर-व्यंजन गिने-चुने होते हुए भी नादानुनादों का मायाजाल निर्माण करता है। इसमें 'ताथैतत्' के मूलाक्षरों के चपल अचपल बोल होते हैं। 'संगीत' के अनुनासिकयुक्त, तथा 'रास' के 'परमेलू' के मिले-जुले अक्षरों का और नादविशेषों का मेल होता है, 'परणों' का सशक्त, ढीठ उच्चारण भी एक अनोखा भाव पैदा कर देता है। इन चीज़ों का ख़ज़ाना ही जैसे पं. मोहन राव जी ने मेरे लिये खोल दिया।

परम्परागत किन्तु अप्रचलित कवित्-कविताओं का भी उनके पास संग्रह था। भाग्यवशात् उनमें से कई कवितायें मुझे प्राप्त हुई। जैसे गणेश परण : तत् तत्थै-तत् तत् जग जग, गं गं गणपति गजमुखमंगल, झिझिझिकित्त कुनठरीकयो सिंदुरचर्चित शुण्डं भ्रमियन्, झींकृत कुणथरि किटनगधिमिथरि तथा कालीपरण आदि।

अप्रचलित कल्पनाओं का भी भण्डार जैसे मोहनराव जी के पास था। इनमें प्रमुख थीं 'तालमाला', जिसकी रचना में तीनताल, झपताल, धमार, चौताल रूपक और अष्टमंगल इन तालों के ठेकों का सिलसिलेवार प्रचलन होने से ७० मात्राओं की एक 'तालमाला' सिद्ध हुआ करती है। डॉ. श्रीकृष्ण नारायण रातांजनकरजी ने 'तालमाला' के लिये छः तालों के नाम गूँथकर एक 'रागमाला' नगमा भी बना दिया था। मैं तालमाला का एकल प्रयोग पं. मोहन राव जी के निर्देशन अनुसार प्रथमतः करती रही। उनके मार्ग-दर्शन में मैंने 'तीनताल' और 'तालमाला' यह दो तालानुबन्धों का अभ्यास किया है, जो काफ़ी गहरा रहा और अनेकानेक साल इन चीज़ों पर चिन्तन करते एक प्रचण्ड लयतालकल्प मेरे लिये निर्माण हुआ, जिसको सँवारने की मेरी कोशिश आज भी जारी है।

गतभावों में जो शिक्षा मुझे मिली, उनमें से 'होरी', 'माखनचोरी' और 'कालियादमन' मेरे वस्तुसंग्रह के अनमोल रत्न हैं। दो-तीन निकास मैं सीखी हूँ, जो सीखते समय पल्ले ही नहीं पड़े थे। आज केवल मनःसंपुट में जतन की गयी गुरुजी की प्रतिमाओं के सहारे मैं कभी-कभार वह चीज़ें प्रस्तुत करने की क्षमता रखती हूँ। अभिनय पक्ष में मोहन राव जी ने आरम्भ में केवल 'हे निरतत ढंग' यह स्व. बिन्दादीन महाराज की अष्टपदीनुमा रचना नृत्यबद्ध करके सिखायी थी। किन्तु सालों बाद इतना अच्छा मार्गदर्शन मुझे अभिनय में भी उनसे मिला जो आज भी 'ऐसे राम जगत हितकारी' तथा 'प्रीति करी काहूँ सुख का लहयो' इ. रचनाओं के द्वारा कभी आप रंगमंच पर देख सकेंगे। इन दो रचनाओं के अभ्यास से मुझे एक कल्पनापूर्ण दृष्टि तथा दृष्टिकोण भी मिला। कथक के अभिनय में हस्त परिभाषा का प्रयोग सहज होता है, सरल होता है, और ज़्यादातर भावनाओं की अवस्थाओं के, वस्तुओं के आकार, गति, सम्पर्क आदि की भावना से ही निर्धारित होता है, इत्यादि तथ्यों का सफल प्रयोग करने का

अनुभव भी मुझे इस शिक्षा के दौरान हुआ।

पं. मोहनराव जी के पास कल्पना, संकल्पनाओं का भण्डार था। तालमाला, गंगाजमुना, इ. सहित कथक के विस्तारित तन्त्र में तराना, चतुरंग, संगीत वग़ैरह झंकारों का उल्लेख भी वे करते रहे, किन्तु मुझे अवसर नहीं मिला, इन नृत्य-झंकार उनसे सीखने का।

पं. लच्छू महाराज जी के पास मैं १९६० में पहुँची। एक नया पर्व शुरू हुआ। महाराज जी की नृत्यशैली ललित, नाजुक तथा सदा भावात्म रही। शरीर के हाथ, पैर इ. बड़े अवयवों का संचालन और क्षेपण torso के सहभाग से ही स्फुरित होना चाहिये—जिससे किसी भी सूक्ष्म संचालन में पूरे शरीर का शत प्रतिशत सहभाग सिद्ध होता है, यह उनकी मुख्य धारणा थी, सीख थी। अंग संचालन में कई नये मोड-मरोड़, कलास तथा 'निरन्तरता' या 'बहाव' साबित करने के लिये 'आस' युक्त प्रचलन महाराज जी के निर्देशन के मुख्य विशेष थे।

'कलास' तथा महत्त्वपूर्ण संज्ञा का इधर मैं थोड़ा विवरण देना चाहती हूँ। 'कलास' का अर्थ है—मानवी शरीर के छोटे अवयव—अर्थात् प्रत्यंग और उपांग—इनका नृत्य के दौरान बड़े अवयवों के साथ सूक्ष्म संचालन। कलाई, कसक, मसक, डोल चाल, ढाल, गर्दन का डोरा तथा मुख विलास—इन चीज़ों की गणना साधारणत: 'कलास' संज्ञा में होती है। किसी भी श्रेष्ठ नृत्यप्रस्तुति में 'कलास' का साक्षात्कार निरन्तर होता रहता है इसका अनुभव कथकों ने किया होगा।

महाराज जी को संकीण लयकारी में विशेष रुचि नहीं थी। लखनऊ घराने के छोटे-छोटे परण, टुकड़े उन्होंने मुझे अंग सहित सिखाये। इन बोलों का सुन्दर पारम्परिक गठन और भाषा विलास मात्र लक्षणीय था। तोडे परणों का अंग लचीला और प्रवाही था जिससे रंगमंचीय भूमि floor space को आसानी से लाँघ जाने की तरक़ीब मेरे ध्यान में आयी। शरीर संचालन में अपना वजन सहज सम्भावना एक अलौकिक कौशल है। इसी के बल नृत्व प्रवाही, चुस्त और स्थिर भी लगता है।

अभिनय पक्ष में महाराज जी की सोच का एक ऐसा पहलू था जिसकी परिधि में महाराज जी ने अनेकानेक प्रयोग किये। सकल प्रयोग किये। उनका कहना ये था कि 'कथक' मूलत: कथानृत्य है और इसलिए इस नृत्य के जितने भी विभाग हैं, झंकार हैं, उन सबों का प्रदर्शन भावात्म ही होना चाहिये। इस तत्त्व की प्रतिष्ठा के लिये उन्होंने कथक-रंगमंच पर प्रस्तुति का एक नया सिलसिला तैयार किया। उनके विचार से वस्तुक्रम ऐसा रहा : प्रथम भावआमद कभी सूर्य, चन्द्र, भूमि, आकाश इत्यादि को अभिवादन, फिर ब्रह्मा, विष्णु, महेश और सरस्वती, लक्ष्मी, पार्वती इन छ: देवतों को नमस्कार। इसके अनन्तर कृष्ण-राधा की छेड़छाड़ या शिव वर्णन पर आमद इ.। आमद के बाद गतें। जो अविस्मरणीय हैं। ख़ास तौर से चालें और गतविकास के दरमियान 'कलास' के प्रयोग। इसके उपरान्त भावबद्ध टुकड़े नट तरीक़े,

परण जिनमें 'सीताहरण', 'गंगावतरण', 'गोवर्द्धनोधारण' जैसे विषयों पर अत्यन्त सुन्दर रचनाएँ निबद्ध हुई थीं। इस तरह महाराज जी, अभिनय द्वारा 'कथक' की सम्पूर्ण रंगमंच प्रस्तुति का संकल्पन करनेवाले प्रतिभावान गुरु सिद्ध हुए।

'गतनिकास' और 'गतभाव' यह विषय तो महाराज जी के स्मरण के बिना पूरा ही नहीं हो सकता। 'पल्टे' का उनका एक अंग मरोड़वाला अलग ढंग था। 'निकास' के प्रकार गिने-चुने ही देखे और सीखे मैंने, परन्तु, चालें अनेक थी : कसक, मसक, डोल तथा गजगामिनी इ. सौन्दर्य अवर्णनीय था। गतभावों में 'नथनी' की छेड़छाड़ बहुत प्रभावी थी। स्व. बिन्दादिन महाराज की कई रचनायें मुझे स्व. लच्छू महाराज जी से मिली। इनमें से 'झूलत राधे नवलकिशोर' यह झूला उन्होंने मुझे पूरा सिखाया। झूले के पहले चरण को महाराज जी ने जैसे सजाया-सँवारा था, उससे मुझे समझने और अर्थान्तर करने की दिशा में बहुत लाभ हुआ।

मेरे दो श्रेष्ठ गुरुओं ने कथक के लगभग सब पहलुओं की सही जानकारी के रूप में एक गहरा संचित विरासत में देकर मुझे कथककला जगत् में स्वतन्त्र विहार करने के लिए प्रोत्साहित किया। और मैं आत्मसम्मान के साथ कहती हूँ कि मेरे खण्डित-अखण्डित शिक्षा काल के दौरान मैंने इस परिस्थिति का सजगता से पूरा लाभ उठाया। मेरा रियाज़ और चिन्तन सदा अखण्डित रहा और इसी के बल मेरी अपनी 'कथक' की परिकल्पना भी मेरे लिए सुस्पष्ट होती गयी।

मेरा पहला और प्रमुख विचार रहा मेरी 'भूमिका' का। नर्तन-कला को केवल 'छन्द' या 'व्यवसाय' रूप में नहीं 'जीवनवृत्ति' के रूप में स्वीकार करने का। और इसी दृष्टिकोण से मैं मेरा अध्ययन, अध्यापन, रंगमंच प्रस्तुति नवसृजन इन सभी क्षेत्रों में कार्य का संकल्पन करती हूँ।

कथक प्रस्तुति का आज प्रचलित लोकमान्य वस्तुक्रम : वंदना, तालप्रस्तुति, भाव-ठुमरी, भजन...तराणा—साधारण तौर पर मुझे उचित लगता है। तथापि 'कथक' की एक सम्पूर्ण एकल प्रस्तुति, मेरे ख़याल से, अपने आप में भी एक सुघड़ 'बंदिश' जैसी होनी चाहिये। वंदना, ताल प्रस्तुति ठुमरी या भजन, गतभाव, तराणा या चतुरंग या भिवट, या संगीत तथा सरगम—जो भी चीज़ें आप प्रस्तुत करना चाहती हैं उन चीज़ों के ताल, राग, treatment speed इ. सभी का विवेक करके चीज़ें चुननी चाहिए, जो आपस में मेल खाते हो, repetative न लगते हो या 'नृत्त' और 'नृत्य' इन पहलुओं का संतुलन न रखते हो।

७

कथक में अभिनय

कथक नर्तक के रूप में बिताये मेरे लम्बे कार्यकाल में कुछ पाँच–छह साल की एक कालावधि थी, जब मैं मुम्बई में प्रसिद्ध गुरु पार्वतीकुमारजी के समर्थ मार्गदर्शन में भरतनाट्य नृत्यशैली का अध्ययन कर रही थी, प्रशिक्षण ले रही थी।

मेरी रुचि मुख्यतः दाक्षिणात्य ताल पद्धति का गहराइयों से अध्ययन करने में थी, जिस पर आधारित भरतनाट्य की पूरी 'नृत्त' सम्पदा रची हुई होती है। आगे चल कर शब्दम्, वर्णम्, पदम् इत्यादि से अभिनय कैसे प्रस्तुत किया जाता है, यह समझने की तरफ़ मेरा रूझान बढ़ता गया। पाठों के दौरान मेरे गुरुजी के साथ मेरी भरतनाटय और कथक नृत्यशैलियों में निहित सौन्दर्य की बारीकियों के बारे में कई बार चर्चा हुई। अनेक तौलनिक मुद्दे पर हम सहमत हुए, परन्तु दोनों शैलियों की अभिनय प्रस्तुति की क्षमता के बारे में अत्यन्त कष्टपूर्वक असहमत रहे! उसी क्षण कथक अभिनय की प्रकृति, व्यापकता, सम्भावनाएँ और उसकी गर्भित शक्ति की ओर मेरी ध्यानमग्नता ने जड़ें पकड़ी, और मेरे नित्य चलते रहे उपक्रमों में 'नृत्त' और 'नृत्य' इन कथक के दोनों पक्षों को एकसमान महत्त्व (समय देने के तथा शैलीनिहायता की तीव्रता के बारे में) प्रदान करने के लिए मुझे उद्यत किया।

मैं अत्यन्त भाग्यशाली थी कि मेरा अध्ययन और विकास स्व. पं. लच्छु महाराज और स्व. पं. मोहनराव कल्याणपूरकर जैसे कथक के राष्ट्रीय स्तर पर सम्मानित गुरुओं से होने का अपूर्व सुअवसर मुझे मिला। विशेष कर ताल–लय के तकनीकी पहलू से सम्बन्धित पं. मोहनराव जी के पास हुई मेरी प्राथमिक शिक्षा पूरे एक दशक की अवधि में विस्तारित रही, और पं. लच्छु महाराज जी की सदा सतर्क दृष्टि से सँवारा मेरा अभिनय का अध्ययन अगले दस वर्षों तक चलता रहा। बाद में पं. लच्छु महाराज मुम्बई छोड़कर लखनऊ जा बसे, किन्तु पं. मोहनराव मुम्बई में ही बसे रहे और मुझे अभिनय के पहलू में भी संस्कारित करते रहे।

मुख्यतः दोनों गुरुओं के साथ हुई मेरी लम्बी शैक्षिक प्रक्रिया के विश्लेषण से ही मैं कथक के अभिनय के पहलू का महत्त्व समझ पायी हूँ, उसे आत्मसात् कर पायी हूँ, और अलग–

अलग भावात्मक प्रसंग करते समय जिन सम्बन्धित तकनीकी बारीकियों का आम तौर पर प्रयोग किया जाता है, उनको भी जान सकी हूँ। मैंने पाया कि कथक में अभिनय प्रस्तुति के लिए बने आकृतिबन्धों में बहुत विविधता थी—आवाहनात्मक वंदना से लेकर कवित्त और कविता; गत, गत-निकास, गत भाव, लमछड़ गत या गत-प्रसंग; आगे बढ़ते हुए दोहा या दादरा, ग़ज़ल, भजन की प्रस्तुति; और आख़िर में हो कर भी जो किसी प्रकार से न्यून नहीं, वह ठुमरी—यह विविधता कथक की भावात्मक अभिव्यक्ति के सम्पूर्ण विस्तार को स्पर्श करने

की अधिक से अधिकतर सम्भावनाएँ निर्माण करती है। ये आकृतिबन्ध सम्बन्धित भाव की तीव्रता के अनुसार उनकी प्रस्तुति में थोड़े-बहुत अलग तकनीक अपनाते हैं।

मैं समझने लगी कि अभिनय से सम्बन्धित तकनीक में ना केवल अनगिनत हस्तकों की भाषा का प्रयोग होता है, किन्तु पूरे शरीर की सहायता से बनी स्थितियाँ, अंग-विन्यास और पैंतरे, चालें, साथ चल रहे संगीत और ताल के उपलक्ष्य में नर्तक की हो रही यथार्थ और निर्दोष अनुक्रियाएँ, भाव की अभिव्यक्ति के लिए नर्तक द्वारा की गयी विशिष्ट गति और उसकी

विविधताओं का चयन; और अन्तत: अभिनय के लिए चुने गये साहित्य या गीत या कविता से निकलते सूचक अर्थान्तरों के अलग-अलग स्तरों को किया हुआ स्पर्श!

अधिक स्पष्टता के लिए मैं अभिनय के कुछ पहलुओं का विस्तृत विवेचन करना चाहती हूँ। कथक की कोई भी प्रस्तुति हिन्दू देवसमूह में से नृत्य करने वाले किसी एक देवता के गुण वर्णन से आरम्भ होती है। नर्तक कथक की उपर्युक्त शरीर भाषा के द्वारा प्रयोग में लायी गयी कविता या श्लोक का एक-एक शब्द स्पष्ट करने लगता है। अपने पैंतरे तेज अनुक्रम से

बदलते हुए निवेदक की भूमिका से देवता की या आवश्यकता पड़ने पर भक्त की भूमिका में प्रवेश करता है। जितना हो सके उतना दर्शकों को चुने गये देवता के दिव्य व्यक्तित्व को समझने के लिए उनके क़रीब ले जाने पर अपना लक्ष्य केन्द्रित करता है। इस के लिए श्लोक में दिये गये देवता के गुण और उपाधियाँ उसका मार्गदर्शन करती हैं। इस पूरे प्रबन्ध का प्रकटन प्रतीकात्मक रहता है।

'गतभाव' का आकृतिबन्ध कथक के अभिनय का एक वैशिष्ट्यपूर्ण अंग है। 'गत-निकास',

'गत-प्रसंग' जैसे ऊपर दिये गये प्रकार लघुकथाओं या महाकाव्यों के छोटे-बड़े प्रसंगों या फिर दैनिक जीवन के कुछ सरल भावात्मक अनुभूति देनेवाले सामान्य अनुक्रमों को अभिनीत करने का अवसर नर्तक को प्रदान करते हैं। नर्तक को जहाँ उसकी कथा अपना रूप धर सके ऐसे विशिष्ट स्थान की कल्पना कर के उसका सृजन करना पड़ता है, जो वह कुछ स्थलचिह्नों को निश्चित करके, और बार-बार उसकी ओर अपने सूचक दृष्टिक्षेपों से और विशेष रूप से निर्देशित गतिविधियों से इशारे करते हुए सम्पन्न करता है। नर्तक जो छोटी-छोटी कड़ियाँ अभिनीत करता है, उनका आरम्भ और अन्त पल्टे के साथ होता है, और निर्मित किया हुआ एक चित्र मिटा दिया जाता है, आगे दूसरे चित्र की ओर जाने के लिए। इस तरह नर्तक सूक्ष्मता से अभिनय करते हुए छोटे प्रसंगों की मालिका से गुजरता है, जिसमें वह भावों की भरपूर विविधता से भरा एक तेज सिलसिला पेश करता है (भूमिकाएँ बदलने के लिए) गिरगिट जैसे रंग बदलते हुए! इस तरह से विषय विकसित होते-होते एक तर्क-संगत उत्कर्ष तक पहुँच जाता है। यहाँ ध्यान देने योग्य विशेषता यह है कि कथा और उसके सुफल प्रक्षेपण के लिए किसी गाने या कविता के पठन की, या फिर विशेष रूप के संगीत संयोजन की आवश्यकता नहीं होती।

कथक में गहरे अभिनय के लिए दादरा, ग़ज़ल, भजन और ठुमरी पर्याप्त अवसर प्रदान करते हैं। आरम्भ में सरल किन्तु सूचक पैंतरे, अर्थपूर्ण दृष्टिक्षेप इत्यादि प्राथमिकताओं के जरिये भाव का निर्माण किया जाता है (समाँ बाँधा जाता है)। प्रस्तुत साहित्य रचना की स्पष्ट रूप से प्रतिपादित मर्ध्यवर्त विषय बतानेवाली पंक्ति चुन कर नर्तक सामने रखता है। फिर वह सतत दोहरायी जाने वाली इस पंक्ति के अर्थ को विकसित करने लगता है, और मुख्य रस या मनोभाव को पोषित करने के लिए अनेक संचारी भावों का आह्वान करता है। वह 'अभिधा' का आश्रय लेता है, जो मुख्यतः साहित्य के प्राथमिक अर्थ के सम्बन्ध में स्पष्टीकरणात्मक विधा है; उसी के अप्रत्यक्ष विस्तार का निर्माण वह 'लक्षणा' के जरिये करता है; और फिर 'व्यंजना' या सूचक अर्थ—जिसका प्रयोग अभिनय की इस प्रक्रिया को अनेक स्तरीय आकृतिबन्ध दिलाता है। अभिनय की इस विधा में 'गतभाव' के अभिनय की तरह जैसे प्रस्तुत प्रसंग का विस्तार से विवरण करना अपेक्षित नहीं होता। 'मोहे छेड़ो ना नन्द के सुनऊँ छैल' ठुमरी में कृष्ण का गोपी को टोकना, उसके केश खींचना, आँखों में धूल उडाना, उस के घर से मक्खन और दही चुराना इत्यादि क्रियाएँ नर्तक मुख्य पंक्ति का विस्तार करने के लिए दिखा सकता है। ब्रज की गलियाँ, जमुना के किनारे, पनघट जैसी बातों का विस्तृत निर्माण करने की आवश्यकता नहीं होती। नर्तक चयन करता है कि किस प्रसंग पर कितना समय बिताना चाहिए।

'आंगिक' या शरीर भाषा को कथक में प्रयुक्त करने की पद्धति के बारे में कड़े निर्देश बना कर किसी पुस्तिका में नहीं दिये गये हैं। यह तथ्य इस नृत्य शैली के लिए बदले हुए भेस में एक वरदान ही सिद्ध हुआ है, क्योंकि मनोभावों के परिणामकारक प्रक्षेपण के लिए कथक

'घट-घट में पंछी बोलता!' : सन्त कबीर की रचना

को सम्पूर्णतः 'सात्विक' पर या अभिनय के आन्तरिक पक्ष पर निर्भर होना पड़ा है। अतः एक विचारशील नर्तक के लिए ठुमरी पेश करना एक चुनौती ही होती है।

ठुमरी और उसके सदृश आकृतिबन्ध जो हिन्दुस्तानी संगीत के ऊपर बनाये गये 'उपशास्त्रीय' श्रेणी में गिने जाते हैं, उनके अलावा कथक का अभिनय किसी मुक्त पंक्ति या कविता का भी आश्रय लेना है, जो सरल और प्रवाही छन्दों में निबद्ध होते हैं, जैसे कि दोहा, सवैया, रसिया इत्यादि।

दोहा स्वतन्त्र रूप से प्रस्तुत किया जाता है, या दो रचनाओं को जोड़नेवाली कड़ी के रूप में या फिर किसी ठुमरी की प्रस्तावना के रूप में। दोहा प्रस्तुत करते हुए स्पष्टीकरणात्मक और व्याख्यात्मक (विविधता से अर्थ लगाते हुए), दोनों अंगों से अभिनय किया जा सकता है। दोहा अधिकतर ताल के बिना ही गाया जाता है। दोहे यदि अभिनय के उचित वाहन के तौर पर उपयोग में लाये जायें, तो भावच्छटाओं के अत्यन्त रोचक परस्पर क्रियाओं को और संचारी भावों को जन्म देते हैं, जो चुने हुए ताल के निर्धारित ढाँचे के, या संगति के प्रवाह का प्रचलित नियमबद्ध अवलम्बन करने के बजाय अलग-अलग गतियों के उपयोग पर आधारित होते हैं।

ताल के बिना अभिनय बरतते समय भावों की कम अधिक तीव्रता से मेल खाती अभिनय की गति चुनने की आज़ादी होती है, बशर्ते वह कुल मिला कर गायी जा रही पंक्ति की समय मर्यादा में रहे। यहाँ नर्तक को अपने हस्तक और अपनी गतिविधियाँ नये सिरे से सोची गयी ताज़ा कल्पना के अनुसार कुशलतापूर्वक उचित गति में ढालनी पड़ती हैं, अर्थात् मूल अनुक्रम के प्रवाह का समर्थन करते हुए। भिन्न-भिन्न गतियों के प्रमुख लय के साथ हो रही इस सूक्ष्म पारस्परिक क्रीड़ा का अन्दाज़ा लगाना कठिन होता है, परन्तु निश्चित ही आनन्ददायी होता है।

यह ध्यान में रखने की आवश्यकता है कि नाटक और तत्सम अभिनय प्रकारों के अभिनय से शास्त्रीय नृत्य का अभिनय स्पष्ट रूप से भिन्न होता है। नृत्य 'वाचिक' तत्त्व का उपयोग नहीं करता, वह अत्यन्त सूचकता से प्रतीकात्मक और साधारणीकरण को अन्तर्भूत करता है और अपने एक विशेष रूप का निर्माण करता है, जो शरीर भाषा के द्वारा दर्शकों के साथ संवाद प्रस्थापित करता है। यह विशेष रूप का 'आंगिक' भी एक शैली से दूसरी शैली तक बदल जाता है। अधिकतर वह 'नाट्यधर्म' या शैलीबद्ध (कभी-कभी आत्यन्तिक रूप से भी), और कभी 'लोकधर्म' या स्वाभाविक या साधारण जीवन के समीप होता है।

आम तौर पर कहा जाता है कि कथक में अभिनय बहुतांश से 'लोकधर्म' होता है, परन्तु सच्चाई यह है कि शैलीबद्धता और कलात्मक तथा कल्पनारम्य प्रतीकात्मकता जो कथक अत्यन्त निपुणता के साथ अपनी अभिव्यक्ति में उपयोग में लाता है, वह आँकने और फिर पहचानने के लिए अतिसूक्ष्म होने से कठिन होता है। 'आंगिक' के उपयोग में अन्तर्भूत अमूर्तकरण भी कथक के अभिनय को एक अतिरिक्त आयाम देता है।

नाटयशास्त्र, अभिनयदर्पण या अन्य प्राचीन ग्रन्थो में दिये गये हस्तों से कथक के हस्त घनिष्ट सादृश्यता रखते हैं, परन्तु वे उन विशिष्ट नामों से नहीं पहचाने जाते। कभी-कभी ये सूक्ष्मता से औपचारिक तौर पर उपयोग में लाये जाते हैं, किन्तु अधिकतर उनका उपयोग स्वाभाविक और प्रभावी होता है।

कथक नृत्य स्वभावतः ही तकनीक की कठोरता से मुक्त होने से वह सहजता से पारम्परिक

और साथ ही साथ समकालीन विषयों के आविष्कार के लिए अपने आपको विस्तृत कर सकता है। परिणामतः नये हस्त जन्म लेते हैं, आवश्यकता पड़ने पर किसी भी क्षण नयी अभिव्यक्ति के अनुकूल रूप धारण करते हैं, और उनकी संख्या बढ़ती ही जाती है।

'नृत्य' रचनाओं में 'नृत्त' के उपयोग का मार्मिक और उचित योगदान कथक की एक और लक्षणीय विशेषता है।

कथक के अभिनय की रचना सम्पदा से 'नायक-नायिका' विषय से साधारणतः सभी पात्र अभिनय द्वारा कुशलतापूर्वक प्रक्षेपित किये जाते हैं, और सभी 'रस' भी गहराइयों तक आविष्कृत किये जाते हैं।

यह है मेरा विवेचन—अपने मौलिक वैभव से नित्य झलकते हुए कथक नृत्य के कम पहचाने गये सौन्दर्यतत्वों का... !

८

कथक : जयपुर घराने का वैशिष्ट्य और सौन्दर्य शोध

जो विषय मुझे सौंपा गया है, वह है, 'जयपुर घराने का वैशिष्ट्य और सौन्दर्यशास्त्र।' किन्तु मैं इस शीर्षक को 'जयपुर घराने का वैशिष्ट्य तथा सौन्दर्य शोध' इस शीर्षक में बदल देना चाहती हूँ। एक तो 'सौन्दर्यशास्त्र' कहने से प्रस्तुत विषय की व्याप्ति हद से बढ़ने का डर है और दूसरी बात यह, कि कथक नृत्य के क्षेत्र में आजकल घरानों के भेद या विशेषतायें इतनी वास्तव और स्पष्ट रूप से नहीं दिखायी देती हैं, जिनसे उनका एक सांगोपांग शास्त्र निर्माण होने की सम्भावना हो। 'सौन्दर्यशास्त्र' की जगह 'सौन्दर्य शोध' का उपयोग करने का एक व्यक्तिगत और सबसे प्रमुख कारण यह है कि यह निबन्ध प्रस्तुत करने के पीछे मेरी जो नम्र भूमिका है वह आसानी से उद्घोषित हो जाय। मैं चाहती हूँ कि मैं कथक-प्रशिक्षणार्थियों का ही प्रतिनिधित्व करूँ। जयपुर घराने के सौन्दर्य-वैशिष्ट्यों पर मेरा अपना अनुभूतिगम्य चिन्तन करूँ; तथा आशंकायें उपस्थित करके मेरे साथ सभी कथकाभ्यासकों की समस्यायें हल होने की दिशा की ओर बढ़ने का प्रयास करूँ।

कथक की शिक्षा का मेरा शुभारम्भ स्व. सोहनलाल जी के मार्गदर्शन में बंगलोर में हुआ। वे जयपुर घराने के ख्याति-प्राप्त गुरुजन पं. जयलाल जी और पं. सुन्दरप्रसाद जी के भांजे थे। सोहनलाल जी का उन दिनों बड़ा नाम था। श्री रामगोपाल की नृत्य मण्डली के साथ वे देश-विदेश की यात्रा कर चुके थे। उनको नृत्य रंगमंच पर देखने का सौभाग्य तो मुझे नहीं प्राप्त हुआ; किन्तु तालीम के दरम्यान की जो कुछ धुँधली-सी स्मृतियाँ मेरे मन:पटल पर अभी तक छायी हैं, तथा उनके जो छायाचित्र मेरे पास हैं, उनसे मैं आज भी प्रभावित हूँ। जहाँ तक मुझे याद है, स्व. सोहनलाल जी का नृत्य जोशिला, तैयार तथा सुभग (Stylish) था। उस समय ना ही कथक घरानों की विशेषताओं से मेरा परिचय था, ना मैं जानती थी कि जो तालीम मुझे दी जा रही थी, वह जयपुर घराने की प्राथमिक तालीम थी। आज वह तालीम तो कुछ अंश में शेष है, किन्तु महत्त्व की बात यह है कि स्व. सोहनलाल जी की स्मृतिवश जयपुर शैली के प्रति निर्माण हुई रुचि तथा समुत्सुक वृत्ति मेरे मन में आज भी जीवित है। स्व. सोहनलाल जी

की यह तालीम कुल चार-छः महीनों की रही होगी। किसी कारण मेरा पूना आना आवश्यक सिद्ध हुआ। बीच में बहुत साल बीत गये, जिस अवधि में पं. जयलाल जी की सुपुत्री श्रीमती जयकुमारी, और शिष्यायें पुवय्या भगिनी, पं. गौरीशंकर जी तथा श्रीमती दमयन्ती जोशी, इन कलाकारों का नृत्य मैं देख पायी। पुवय्या भगिनियों की निशस गतें, तथा पं. गौरीशंकर जी का 'कालिया दमन' का लम्बछड़ गत भाव, इन चित्रों का अस्पष्ट-सा रूप मेरे स्मरण में रेखित है और उसी समय का मेरा एक निरीक्षण भी मुझे याद आता है कि सोहनलाल जी की नृत्यशैली से पं. गौरीशंकर जी की नृत्यशैली बहुत भिन्न महसूस हुई थी। याद आता है कि चक्कर की तैयारी का एक अभूतपूर्व आविष्कार जयकुमारी जी के नृत्य में दिखायी दिया था, जिसमें वे स्वयं हवा हो जाती थीं। दमयन्ती जी की चालें, तथा कलाई का प्रचलन उन सभी कलाकारों के नृताविष्कार से तभी निराला लगा था। परन्तु कलाकारों की व्यक्तिगत धारणाओं से प्रतीत होने वाला अन्तर, तथा अपने भिन्न-भिन्न गृहीत तत्त्वों के अनुसार शैलियों के आविष्कारों में निर्माण होने वाला अन्तर, इन स्थितियों का आपसी मेल उन दिनों मेरी समझ में पूरी तरह नहीं आ रहा था।

कुछ समय बाद गुरु मोहनराव कल्याणपूरकर जी के मार्ग-दर्शन में मेरा रुका हुआ नृत्य शिक्षण पुनः शुरू हुआ। क्योंकि मोहनराव जी पं. सुन्दरप्रसाद जी जैसे जयपुर के विख्यात गुरु के शिष्य रहे, मेरी शिक्षा जयपुर घराने की चीज़ों-बन्दिशों के अध्ययन के साथ आरम्भ हुई। शुरुआत तो ताल-लयादि अभ्यास से ही हुई थी। अनेक आवर्तनों की, संकीर्ण लयकारी वाली परणें, तत्कार की तैयारी तथा लयकारी—उनमें कठिन हिसाब, लयों के विभिन्न दर्ज़े आदि का अभ्यास शुरू हुआ, और कुछ वर्षों तक अथक चलता रहा।

इसके बाद एक नया दशवर्षीय पर्व मेरे नृत्य-जीवन में आया, लखनऊ घराने के नृत्याचार्य स्व. गुरु लच्छू महाराज जी का निर्देशन पाने का। प्रस्तुत कालावधि मेरे लिये एक बहुत महत्त्वपूर्ण मोड़ ठहरा। लखनऊ शैली का, अंग, रंगमंच प्रस्तुतीकरण तथा नृत्य क्रम, भाव अदा करने का ढंग, घराने की बन्दिशें आदि पहलुओं का जयपुर नृत्य शैली की तुलना में प्रकट होने वाला निरालापन मेरे ध्यान में इसी अवधि में आया, तथा दोनों घरानों से जुड़े हुए घनिष्ट सम्बन्धों के द्वारा एक नयी निर्लिप्त सौन्दर्य-दृष्टि का मुझे इसी समय लाभ हुआ। मैं सोचती रही और सभी समान्तर घरानों की शैलियों का तुलनात्मक अध्ययन करती रही। साथ ही साथ गुरुओं की इस विषय में आपस में चलने वाली चर्चा, विश्लेषण आदि ध्यान से सुनती रही। जितने कार्यक्रम देखने का सौभाग्य हुआ देखती गयी। घराना, परम्परा, व्यक्तिगत गुण कौशल्य तथा नवता आदि निकषों पर उन कार्यक्रमों की गुणवत्ता की जाँच करने का मेरा निरन्तर प्रयास रहा। जयपुर घराने की विशेषतायें तथा सौन्दर्य घटकों के विषय में आज का यह प्रकट चिन्तन मेरे उस प्रयास का तथा उभय प्रणालियों के गुरुजनों के मार्गदर्शन का ही परिणाम है।

कथक के रंगमंच प्रदर्शन में वंदना, ठाठ, आमद, परण, टुकड़े, तत्कार, गतभाव और इनके

अनन्तर शब्दाधिष्ठित भाव आदि पहलुओं का क्रम और रूप वैशिष्ट्य तथा अन्तिम सौन्दर्यानुभूति में इन पहलुओं का वैयक्तिक सहयोग—इन सब चीज़ों में हर घराना अपनी परम्परा और चाहत भिन्न रखता है।

जयपुर घराने के गुरुजन राजस्थान तथा मध्यप्रदेश के हिन्दू राजाओं के आश्रय में अधिकतर रहे। इसलिये कलाविष्कार के प्रारम्भ में 'गणेश वंदना' की प्रस्तुति की प्रथा चलती आयी है। 'सलामी' का प्रयोग इस घराने में क्वचित् ही हुआ होगा। 'ठाठ' या 'थाट' की प्रस्तुति की लय इधर विलम्बित तथा छोटी-छोटी उपजों के साथ 'सम' दिखायी देने से चमकदार होती है। किन्तु उपांगों के सूक्ष्म चलन-वलन तथा कसक-मसक, डोल इत्यादि का प्रयोग ठाठ में बहुत कम दिखायी देगा। ठाठ के बाद 'आमद' की बारी आती है, जब 'थै ता थे ता तिग्धा तत् तत् ता थै' आदि शुद्ध नृत्य-भाषा की आमद, तथा 'धातक थुंगा धागेदिंगेता' इन प्रसिद्ध परण-आमद के साथ 'धातिट धातिट धाधतिट किड्धातिट धेध्धतिट धिकिट धाधिन्ता' या, 'धातिट धातिट धाधातिट किड्धातिट धातिट धागेदिगिन थुन् थुन्' आदि सर्वविश्रुत परणें भी नाची जाती हैं। तथापि इन परणों के अन्त में नटवरी के 'ता थै तत् थै' आदि बोलों की छोटी बड़ी रचनाओं का जोड़ बहुतांश दिया जाता है।

जैसे बुजुर्ग कहते आये हैं, 'लय का बरतना' सम्भवतः दो प्रकार का होता है। एक, मात्रा-मात्रा का हिसाब लगाने से और दूसरा; पूरे आवर्तन का अन्दाज़ मन में रखने से। प्रथम प्रकार के लय को 'हिसाबी' तथा दूसरे प्रकार के लय को 'जिगरी' लय कहने की प्रथा है। जयपुर घराने की शिक्षा के अन्तर्गत मुझे अधिकतर, 'हिसाबी' लय का अनुभव हुआ, जिसमें लय के दर्जे तथा ताल की हर मात्रा का सूक्ष्म विभाजन आदि अंगों का सहज प्रयोग होता रहता है। इसी कारण त्रिपल्ली चौपल्ली नुमा लम्बछड़ परणें इधर स्थायी गति में नाची जाती हैं; और उनकी मूल ताल गति के साथ चलने वाली लड़न्त समझना और उसका रस लेना गुणिजनों का ही काम होता है। नृत्य प्रस्तुति में ताल की गति जैसे-जैसे बढ़ती है, तरह-तरह की 'तत्कार' प्रस्तुत की जाती है, जिसमें विविध जातियों तथा गतियों का विकट प्रयोग, तैयारी तथा बोलों की सफ़ाई के साथ किया जाता है। टुकड़ों में तथा परणों में अतिजल्द चक्कर या 'भ्रमरी' का चमत्कार भी सम्भवतः इसी घराने की नृत्य प्रस्तुति में दिखायी देता है।

जयपुर के प्रति प्रेमादर रखने वाले जानकार लोगों का कहना है कि लम्बछड़ गतभाव नाचने की प्रथा पहले जयपुर घराने की ही विशेषता थी। जिन दिनों मैंने पं. गौरीशंकर जी का 'कालिया दमन' प्रसंग देखा, लखनऊ या और किसी घराने का नाच पुणे तक पहुँचा ही नहीं था। इसलिए मेरे निजी अनुभव से इस विषय में मैं कुछ नहीं कह सकती तथापि, एक : पुराण कथाओं पर आधारित लम्बछड़ प्रसंग नृत्यान्वित होने की सम्भावना हिन्दू राजाश्रय के जरिये ही अधिक थी, न कि मुग़ल-सम्राटों की महफ़िल के। और दो : आगे चलकर स्व. लच्छू महाराज जी के निर्देशन में जो गतें और गतभाव मैंने सीखे उनमें भाव प्रदर्शन की बहुत गुंजाइश

होते हुए भी, कथाएँ छोटी हुआ करती थीं, और कथा का समग्र विवरण करने का प्रचार भी नहीं था। इसलिए उपरिनिर्दिष्ट विधान सही लगता था। किन्तु हाल ही में छपी पं. कार्तिकराम जी की 'रायगढ़ में कथक' नामक पुस्तक में स्व. अच्छन महाराज से पं. कार्तिकराम जी की दी गयी शिक्षा के अन्तर्गत, गुलाल, पिचकारी, छेड़-छाड़ आदि छोटी गतों के साथ चीर हरण, कालिया दमन, इन्द्रकोप इत्यादि लम्बछड़ गतों का भी निर्देश है। ऐसे में लम्बछड़ गत भावों की प्रस्तुति का सम्मान दोनों घरानों को देना ही तर्कसंगत होगा। रही बात शब्दांकित भाव प्रदर्शन की—ध्रुपद, भजन, पद, ठुमरी, ग़ज़ल, ख़मसा, दादरा आदि गीत प्रकारों का उपयोग भावों की अभिव्यक्ति के लिए करने की। जयपुर-प्रणाली में ध्रुपद, भजन तथा पद इत्यादि गीत प्रकारों का प्रयोग सम्भवतः अधिक होता है। हाल ही में पुवय्या भगिनिओं में से सीताजी

के साथ बातचीत करने का संजोग हुआ जिसमें सीताजी ने जयपुर घराने को 'ध्रुपद' की मिसाल दी और लखनऊ घराने को 'ठुमरी' की। यह मिसाल बहुत अर्थपूर्ण महसूस हुई। उसी क्षण स्मरण हुआ मुझे 'हे निरतत ढंग' इस अष्ट पदी का, जो मोहनराव जी से सीखा पहला भाव नृत्य था। उस रचना में जिस तरह गुरुजी ने लय का प्रचलन रखा था, ठाह-दुगुण का प्रयोग किया था, वह ध्रुपद गान शैली का समान्तर था। इस रचना में पारम्परिक गम्भीरता का अभाव था, न कि छलबल और नाजुकता का।

जयपुर घराने के पं. जयलाल जी, सुन्दरप्रसाद जी, हनुमानप्रसाद जी, नारायण प्रसाद जी, गौरीशंकर जी आदि अतिरथी महारथियों में से एक किसी बुजुर्ग व्यक्ति का नाम मुझे सन्देह में डाल रहा है—भाव प्रदर्शन छोड़, अन्य गुणिजनों का भाव प्रदर्शन देखने का सौभाग्य मुझे नहीं प्राप्त हुआ। अखिल भारतीय कथक नृत्य परिषद् के समारोह में १९६९ में उपरिनिर्दिष्ट बुजुर्ग कलाकार ने एक पद पर भाव बताये थे। उस समय की धुँधली-सी स्मृति यह है कि 'करभाव' दिखाने में वे बहुत सशक्त थे।

जयपुर घराने के प्रथम प्रवर्तक श्रीमान् भानूजी शिवभक्त थे, तथा इनको एक सन्त द्वारा शिव ताण्डव की शिक्षा प्राप्त हुई थी, इसी कारण से बहुधा इस घराने का अभिनय बजाय शृंगार रस के वीर, रौद्र, तथा शान्त आदि रसों के आविष्कार में अधिक रुचि रखता है।

'नृत्त' में अंग-संचालन के वैशिष्ट्यों का विचार किया जाय तो महसूस होगा कि सीधी रेखाओं से तथा ललित और सीमित वक्रकारों से उभरते हुए नृत्तबंधों के रूप में आविष्कृत होना वस्तुतः सम्पूर्ण कथक शैली का जन्म स्वभाव है। किन्तु इसकी उपशैली जयपुर का जीव भाव ताण्डव रूप होने से, इसमें वक्राकारों की गुंजाइश तथा प्रयोग बहुत ही कम दिखायी देता है। 'सम' पर आते समय बाहुओं का तथा हस्तों का संचालन जोशीला किन्तु एक समान होता है। जिधर कहीं 'त्राम थै थै ता थै थै ता थै' जैसे बोल आते हैं, कोहनी से पंजे तक के हाथ की एक विशिष्ट क्रिया दिखायी देती है, जो ख़ास जयपुर की पहचानी जाती है।

अंग संचालन चमकदार तथा परिणामकारी होता है दो चित्रों के प्रयोग से। एक : संचालन की गति बढ़ाने से; तथा दो : अंग-संचालन के अन्तर्गत दृष्टि का कुशलतापूर्वक उपयोग करने से।

अभिनय दर्पण में प्रस्तावित नियमों के बाद 'नाट्यक्रम' शीर्षक के अन्तर्गत, नृत्याविष्कार में अन्तिम रसोत्पति का श्रेय प्राप्त करने की विद्यायें दो श्लोकों में उद्धृत की गयी हैं :

आस्येना लम्बयेद् गीतं हस्तेनार्थं तालप्रदर्शयेत्।
चक्षुभ्यां दशायेद् भावं पादाभ्यां तालादिशोत्॥
यतो हस्तस्ततो दृष्टिः यतो दृष्टिस्ततो मन :
यतो मनस्ततो भावो यतो भावस्ततो रस : ॥ अभि. द. ३६-३७

इन चार चरणों का भावार्थ यह है कि जानकारी तथा समझ के साथ आँखों का प्रचलन करने का महत्त्व नृत्याविष्कार में मूलभूत है। नृत्त पक्ष में हर क्षण हर एक सौन्दर्य स्थान का यथायोग्य निर्देश करते रहने का, तत्वद् नृत्य पक्ष में भावों की विविधता तथा आर्त्तता का प्रक्षेपण करने का आँखों का ख़ास कार्य होता है। जयपुर घराने में नृत्त गति बढ़ते-बढ़ते तैयारी की चरम सीमा तक पहुँच चुकी है। आँखों का परिणामकारी प्रयोग का विचार भी इस शैली में जागृतिपूर्वक अधिक किया जायेगा, तो रसिक रंजन की गुँजाइश सम्भवतः बढ़ती जायेगी।

शास्त्रों में जितनी भ्रमरियों का निर्देश है, उन सभी भ्रमरियों का अति तेज़ प्रचलन इस प्रणाली का एक विशेष गुण समझा जाता है। एक जगह पर खड़े रहके, एक दो या तीन चक्कर (भ्रमरियाँ); एक या दोनों पैरों के प्रसार से चक्कर; उड़ान के साथ चक्कर (इस प्रकार को 'आकाश-भ्रमरी' कह सकते हैं); तथा रंगमंच पर बड़ा गोल रेखते हुए और उसी समय अपनी ओर भी घूमते हुए चक्कर; आदि सभी प्रकार इधर दिखायी देते हैं। इनका प्रयोग हद से बढ़ न जाय तो अन्तिम सौन्दर्य-परिणाम में बहुत सहयोग देता है।

यहाँ तक निरीक्षण, अनुभव तथा शिक्षा आदि केवल जयपुर घराने के वैशिष्ट्यों की यथाशक्ति आलोचना तथा एकाध गुणविशेष की त्रुटि जो महसूस हुई थी, उसकी ओर निर्देश में कर चुकी हूँ। किन्तु मेरे इस प्रकट चिन्तन का सन्दर्भ अधिकांश उस कालावधि से सम्बन्धित है, जिसमें जयपुर घराने की पाँच शाखाओं से निर्माण हुए एक से एक गुणी कलाकार नृत्य प्रांगण में सुस्थित तथा प्रभावशाली थे। उनका नृत्य अन्य प्रणालियों की तुलना में रंगमंच पर भिन्न रूप से छा जाता था। नृत्त, या ताल प्रधान पक्ष में 'गंगा-जमना' 'त्रिवेणी', 'तालमाला' जैसी कल्पनाओं का संचार था। लय क्षेत्र अतिविलम्बित-विलम्बित-मध्य-द्रुत-अणुद्रुत लयों तक विस्तृत था। सम, विषम, अतीत, अनागत आदि लयग्रह, तथा समा, स्त्रोतगता, गोपुच्छा, मृदंग, पिपीलिका ये यति भेद इत्यादि तकनीकी जानकारी अथवा ज्ञान, तोड़ों-टुकड़ों-परणों की कुशल रचनाओं में प्रतिबिम्बित दिखायी देता था।

'था', 'रहा' इत्यादि भूतकालीन निर्देश इसलिए अभी मैं कर रही हूँ, कि जयपुर घराने की वर्तमान शैली का बदलता रूप देखकर मेरे मन में कुछ उलझनें तथा आशंकायें निर्माण हो रही हैं। विद्यमान ख्यातिप्राप्त कलाकारों में से एकाध अपवाद छोड़, चोटी के कलाकारों से साधारण शिक्षणार्थिओं तक के सभी व्यक्तियों के नृत्तांग पर, लखनऊ घराने के कथित-यश तथा प्रतिभावान, नर्तक पं. बिरजू महाराज के व्यक्तिगत शैली का असर मुझे दिखायी देता है। यह शैली सच में बहुत ही मनोरम है, और इस रम्यता के परिणाम से लाभ उठाने की मनोवांछा भी वस्तुतः कोई विपरीत बात नहीं। परन्तु सुन्दरता के आविष्कार की कोई सीमा नहीं होती। उसका कोई एक निश्चित रूप नहीं होता। घराने की विशिष्ट गुणवत्ता ध्यान में रखकर उसी के विकास से भिन्न रुचि भिन्न स्वरूप शैली निर्माण हो सकती है, होनी चाहिये और हुई भी थी, जिसका अंग रेखा-तन्त्र-वस्तुनिधि रूप सांगोपांग अध्ययन और प्रचार जयपुर घराने के

विद्यमान नृत्याचार्यों से तथा विख्यात नर्तकों से आज अधिक अपेक्षित है।

घराने का सूत्रपात तब होता है, जब घराने की शैली में कोई विलक्षणता या अनोखा तत्त्व हो। और घराना तब तक सुरक्षित रहता है, जब तक, घराने के नव प्रतिनिधि पारम्परिक रीति–नीति का पालन करते हुए रस–दृष्टि के एकमेव बल से विकास की निश्चित दिशा की ओर बढ़ते रहते हैं।

विभाग पाँच

चिन्तनीय

माध्यम

कोरिओग्राफ़ी और उसके भारतीय सन्दर्भ

अभिरुचि

१
माध्यम

शब्द! 'शब्द' मेरे लिए बहुत समीप। बचपन से वह अनजाने में प्राप्त हुआ, अनजाने में ही जिह्वा पर संचारित होने लगा, अनजाने में ही लगा जैसे आकलन हो रहा हो, एक सीमा तक!

शब्द की 'अर्थ' के रूप में अनुभूति होते समय वह 'नाद' के रूप में भी सुनायी देता है, इस बात का दोहरा मज़ा आता था। फिर शब्दों के साथ खेलते-खेलते बीच में ही अचानक मैं छन्दों के हिंडोले पर बैठ जाती। झूला झूलने की देर, मेरे परिचित प्रिय शब्द झट से कूद कर मेरे आसपास आगे-पीछे बैठ कर झूलने लगते। सन्तुलन खोने पर और झूला कदाचित हिलने-डुलने लगे, तो इधर का शब्द तुरन्त उठ कर उधर जा कर बैठ जाता और झूला बिना किसी बाधा के ऊँचा चला जाता।

'ट' से 'ट' और 'री' से 'री' की तुक मैं सहजता से मिला लेती। अर्थ भी निकलता उसमें से पहाड़ खोदे बिना झट से चूहे जैसा, मुझसे थोड़े बड़े मेरे भाई-बहन मज़ाक़ में चिढ़ाते— 'लोग कहते हैं कविता करनेवाली!' परन्तु इतने बड़े जयकर काका भी मुझे उतनी-सी बात पर सराहना करते हुए 'कवयित्री' कहते! 'कुछ भी क्या कहते हैं काका?' कुछ रूठे सुर में मैं ऊपरी तौर पर अस्पष्ट स्वर में जताती, पर भीतर से वह मुझे बिलकुल सच लगता।

घर में संगीत का वातावरण था। माँ के कारण सभी भाई-बहनों के गले में जन्मजात सुर। रामचन्द्र काले मास्टरजी की चिकनी-चुपड़ी मोटी उँगलियों के सुखस्पर्श से मधुर झरते दिलरूबा के सच्चे सुर कानों में हमेशा गूँजते रहते। 'झनझन झनझन पायल बाजे' जैसी खानदानी चीज़ें मन और जिह्वा पर खुलकर विराजी हुई थीं, आनन्द था!

वस्तुतः 'हिलना-डुलना' क्रिया मनुष्य के लिए कितनी आत्मीय। जन्मजात परिचित। परन्तु 'नृत्य' नामक प्रतिष्ठित नाम-रूप के साथ जब वह सामने आयी, तब बिलकुल नया-सा अनुभव हुआ। अलग। डरते-घबराते परिचय आरम्भ हुआ, तब मेरे नृत्य के लिए पहले 'एक दो तीन चार पाँच' के पंचायतन की मज़ेदार अंकगणितीय साथ-संगत मात्र थी। किसी को

पता नहीं चला कि उन अंकों के आवरण के नीचे ही 'ताल' छिपा हुआ था! इस कारण उसके गर्भ में छिपे छन्द से मेरा स्वाभाविक परिचय होने के बावजूद 'ताल' कुछ समय तक मेरे लिए हौव्वा सा बन गया था।

संकोच के, आशंका के कुछ दिन बीते और 'नृत्य' धीरे-धीरे मुझे भाने लगा। सीखा हुआ तो वैसे बहुत कम था, पर वही, उतना ही करके चैन नहीं मिल रहा था। तब शब्दों ने पहल की और अनुभव होने लगा कि शब्द + संगीत + ताल = यानी 'गीत' का सहारा लिया जाय तो 'ताल' का आकलन सरलता से होता है और वह सरस प्रतीत होता है। फिर कविता, गाने आदि की सहायता से नित्य नयी नृत्यरचना का आरम्भ हुआ। 'चल चल चन्द्रा पसर चाँदणे', 'हटो हटो गिरिधारी, कहाँ सुनोगे गारी', 'बीत गयी रात आयी प्रभात', आदि कविताएँ और गीत धुन की दृष्टि से आकर्षक और अर्थ की दृष्टि से सुबोध थे। गीत का अर्थ शब्द सहजता से बता देते थे। नृत्य के जरिये उस अर्थ से परे का कुछ लाक्षणिक ज्ञात हो, ऐसे स्तर भी इस अर्थ में नहीं थे—और वैसा कुछ परे का समझने के लिए ही 'नृत्य' के माध्यम का उपयोग किया जाना चाहिए यह समझने जितनी नृत्य शिक्षा...मनन भी नहीं हुआ था। शब्दों से व्यक्त अर्थ नृत्य के कारण 'श्रव्य' की श्रेणी से 'दृश्य' की श्रेणी में आने से अधिक असरदार होता है बस इतना कुछ धुँधला-सा अनुभव होने लगा था।

लगातार शास्त्रशुद्ध निर्लेप नृत्य-शिक्षा—वह भी केवल कथक की नहीं चल रही थी, इसलिए 'नृत्य' मेरे लिए केवल 'नृत्य' मात्र था। मैं जो कुछ भी रचती, उसमें सम्पूर्ण भूमिति थी। वर्तुल थे, त्रिकोण, पंचकोण थे...सरल रेखाएँ थीं, झुकना था...मोड़ थे...चलना था...सीमित कूद भी थी...पर फिर एक शुभमुहूर्त पर मेरा भाग्य चमक उठा। मुझ पर कथक की कृपादृष्टि हो गयी! अब शैली का कुछ बन्धन, कुछ समझ आ गयी। पीछे-पीछे आये शास्त्रोक्त अभिधान और उनका बोझ; ताल प्रत्यक्ष ही आ गया। सम, खाली, मात्रा, ताली सब पहेलियाँ बुझाते हुए सामने खड़े हो गये। 'रियाज़' के नाम पर जो कुछ मामूली था, उसके तोड़े-टुकड़े, तत्कार यानी

'नृत्त' और कविता, गीत आदि पर आधारित रचनाएँ यानी 'नृत्य' इस प्रकार विभाजन हो गया। कविताओं पर आधारित नृत्य में अब कुछ वैचित्र्य आ गया। अर्थ से प्रत्यक्ष सम्बन्ध न रखनेवाली परन्तु अर्थ की पुष्टि करनेवाली अंग क्रियाओं का उपयोग कर नृत्य-रचना की रंजकता बढ़ाने की दृष्टि और सम्भावना की समझ आने से नृत्य-रचना का एक नया पर्व शुरू हो गया।

पद्मा गोले की 'श्रावणराज' नामक कविता, चन्द्रि सखी का 'बाजे बाजे हो श्याम तोरी पैंजनियाँ' नामक भजन, इन पर आधारित नृत्य-रचनाएँ इस प्रकार के अलग दृष्टिकोण से और रंजक योजना से अधिक रँगने लगीं।

सन् १९४८-४९ से मेरी निग़रानी में और व्यवस्था के अनुसार हमारा नृत्यदल देश के तीन चौथाई भाग में नृत्य प्रयोग के सफल दौरे कर आया। कार्यक्रम तीन घण्टे के हुआ करते थे। श्लोक, गीत, गवलण (गीत का एक प्रकार, जिसमें श्रीकृष्ण की भक्ति और प्रीति होती है) कविता, भजन आदि पर आधारित नृत्य—जिसमें कथक की झलक स्पष्ट दिखायी देती थी—अलग-अलग लोकनृत्य और 'पतंग', 'पतंग तथा दीपशिखा', 'उषा' जैसी मुक्त कल्पना पर आधारित, योग्य पार्श्वसंगीत के साथ रचे गये नृत्य—इस प्रकार की विविधता इन नृत्य-कार्यक्रमों में हुआ करती थी।

संस्कारों के कारण और कुछ स्वाभाविक धारणा के कारण 'शब्द' या अब इसे 'साहित्य' कहें, और 'संगीत' का चयन तथा उनकी योजना अर्थपूर्ण हुआ करती थी। इस कारण ये दो पक्ष मेरे नृत्य प्रदर्शन पर अपना वर्चस्व प्रस्थापित भले ही करते हों, पर वे किसी को विशेष खटकते नहीं थे। वैसे कहें तो खटकते भी किसे? 'नृत्य' उसका मूलद्रव्य, उसका माध्यम, कथक—उसकी विशिष्ट शैली, विशिष्ट अभिनय पद्धति, अंगों के विशिष्ट मोड़ आदि का बोध उस काल के दर्शकों को भी कहाँ था? और आज, जब दूरदर्शन हमारे घर के अन्दर घुसकर सभी शैलियों के सतत दर्शन कराता है, तब भी वह जागरूकता कितनी आ पायी है?

सन् १९५२ में मैं चीन गयी—उस समय नित्य नये नृत्यों की रचना करनी पड़ी। संगीत वही,

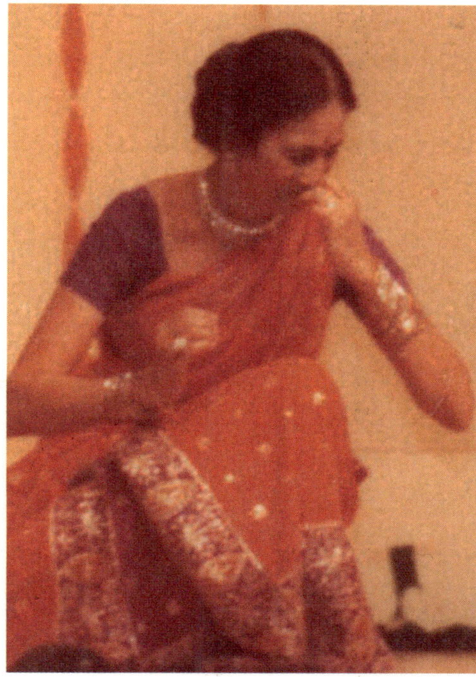

तिमिर बरन के वाद्यवृन्द की एक विख्यात ध्वनिमुद्रिका। दोनों तरफ़। शांघाई में एक नयी कल्पना सूझी। नादीम नामक कश्मीरी कवि-मित्र ने एक कविता सुनायी थी, जिसका आशय इस प्रकार था—भारतीय वायुलहर चीन के आकाश में घूम-फिरकर लौटती है और उस कविता में बताती है कि उसने वहाँ क्या अनुभव किया। कविता तो वास्तव में प्रचार माध्यम के रूप में उपयोग में लायी गयी थी, पर फिर भी वह अच्छी तरह से अभिकल्पित थी। नादीम ने वह चुटकियों के छन्द पर बहुत समझबूझ के साथ पढ़ी। मैंने उस पर नृत्य किया—एक वायु लहर के रूप में। पहली बार बिना संगीत के! पहली बार नृत्य-विचार को एक सूक्ष्म मुक्ति मिली संगीत से; पर शब्द तो अपना उच्चासन पकड़कर स्थिर थे।

कविवर्य कुसुमाग्रज की कविता 'पृथ्वीचे प्रेमगीत' और सन्त ज्ञानेश्वर की विराणी 'घनु वाजे घुणघुणा' तब तक नृत्यांकित हो चुकी थी। नाचते समय भीतर से अर्थ की लहरें उमड़ती थीं। एक नयी अनुभूति हुई; विशेषकर 'घनु वाजे घुणघुणा' के सन्दर्भ में। क्योंकि 'युगांमागुनी चालली रे युगे ही'—इस कविता के बिम्बांकित सुबोध भावार्थ को मेरे दृश्यात्मक नृत्याभिनय का केवल एक आयाम अधिक मिलता था, परन्तु 'घनु वाजे' के सन्दर्भ में नृत्य रूपान्तर को अधिक गहरा सन्दर्भ मिला था। अद्वैत की जिस मूल अमूर्त कल्पना को ज्ञानदेव ने काव्य के मूर्त स्वरूप में बाँधा था, उसे पुनः शब्दों से परे ले जाकर अमूर्त में अनुभव करने का यह प्रयत्न था।

अब निरन्तर विचार आरम्भ हुए। इस बीच कविश्रेष्ठ पु.शि.रेगे जी से स्नेह-सम्बन्ध जुड़ गया। 'एकंदर' नामक एक नये, मुख्यतः वाङ्मयीन आन्दोलन के बहाने एलफिन्स्टन कॉलेज के रेगे जी के घर में महीने में एक बार रसिक जनों की बैठकें होने लगीं। उसमें ललित कलाओं के आपसी सम्बन्धों पर काफ़ी चर्चा हुआ करती थी। मेरे सिर के ऊपर से पानी गुज़रता था अक्सर, नाक-मुँह में भी घुस जाता, पर उसी के कारण धीरे-धीरे कुछ समझ में भी आने लगा। कुछ आत्मसात् भी होने लगा। कलाओं की आन्तरिक स्वायत्तता के बारे में मन में विचार उमड़ने लगे।

सन् १९६२ में मुम्बई में स्वर्गीय लच्छू महाराज के मार्गदर्शन में लखनऊ घराने की कथक शैली

का परिचय-अभ्यास-रियाज़ शुरू हुआ। 'जलकी ना घट भरे', 'बाजी घर आयी', 'बाजी देखबे को धाई' जैसे दोहे कॉपी से बाहर निकले, जो अब तक कॉपी में क़ैद थे। यह बात ध्यान में आयी कि ग़ज़ल गायन में इन दोहों का जिस तरह अर्थपूरकों की तरह उपयोग करते हैं, उसी तरह नृत्य-रचना में भी इनकी योजना करने से वे स्थायीभाव की जागृति में सहायक होकर अर्थपोषक बनते हैं, रंजक होते हैं। तब मैं स्वयं ही अपने दोहों पर अभिनय रचने लगी और सीखते समय लच्छू महाराज के सामने प्रस्तुत करने लगी। दोहों को ताल का बन्धन नहीं होता, इसलिए लय की प्रतीति सूक्ष्मता से होने लगी। जब मनुष्य की जिह्वा पर शब्दों का स्फुरण नहीं हुआ था, तब भी भाव-भावनाओं का उतार-चढ़ाव उसके मन के पुलिन के लिए कोई नयी बात नहीं थी। प्रत्येक भाव भावना या भाव छटाएँ लय के अलग-अलग क्षण-पुंजों पर सवार होकर ही मन में उमड़ती थीं, लुप्त हो जाती थीं। जब दोहों के अभिनय के सन्दर्भ में इस वास्तविकता का ध्यान रखते हुए ही किसी भावछटा का उसकी उत्कटता, गहरायी और घनता के अनुसार उसके लय-कणों का अन्तर मापना और निश्चित करना साध्य होने लगा, तब उस दोहे के शब्द अपने आप ही काव्य चरणों का प्राथमिक अर्थ दर्शकों तक पहुँचाकर अलिप्त होने लगे। दोहे के शब्द और संगीत अपनी-अपनी अलग लय की मस्ती में, अपनी चाल से मार्गक्रमण करते रहते...उनसे अलग लय से, अपनी विशिष्ट चाल से और एक अकल्पित मार्ग से दोहे के शब्दों से परे का अर्थ पकड़कर अनेक भावछटाएँ एकदूसरे को चकमा देते हुए अपने लक्ष्य तक पहुँच जातीं। शब्द, संगीत और भावार्थ को इस प्रकार स्वतन्त्रता देने से काव्य चरण के उच्चारण के अन्तिम क्षण में जब इन तीनों घटकों का अचूक संयोग होता, तब उसमें से फूट निकला नृत्याभिनय तीन लड़ोंवाले, तिरंगी गोप के समान घना और प्रतिष्ठापूर्ण हो जाता। इस कारण मुझे इस बात का स्पष्ट बोध हुआ कि मैंने अपनी ओर से तो अभिनय के लिए केवल नृत्य के ही माध्यम का उपयोग किया है—साथ ही शब्द दर्शकों के लिए छोड़कर उसका आशय नृत्य के ही माध्यम से सफलतापूर्वक व्यक्त करने की अनेक सम्भावनाओं और क्षमताओं का बोध हुआ—थोड़ा-बहुत मिलान हुआ।

सन् १९६५-६६ में रेगे जी की 'रंगपांचालिका' नामक नाटिका और उनकी कुछ कविताएँ मन में हमेशा उमड़ती रहती थीं। 'रंग-पांचालिका' को तो मैं नृत्य के माध्यम से रंगमंच पर लाना चाहती ही थी, परन्तु साहित्य के रूप में वह नाटिका जितनी उत्कृष्ट, आशयसम्पन्न थी, वैसे ही कुछ दुर्बोध भी लग रही थी। 'शब्द' इतना सक्षम था कि उस नाटिका को नृत्यस्पर्श करते समय वह पीछे नहीं रह सकता था। उसमें जो सघन, तरल आशय था, उसे बाहर से आंगिक में और भीतर से सात्विक में पकड़ने के बावजूद वह शब्द दर्शकों के लिए दुर्बोध ही रहनेवाला था। इसलिए वह विचार मुझे त्याग देना पड़ा।

बीच के कुछ वर्ष मैं आकाशवाणी पर सुगम संगीत गाया करती थी। कविताओं का चयन उत्तम होता था, धुनें अच्छी होती थीं। मेरे हिसाब से मैं उन्हें उनका अर्थ समझकर ही गाती थी। मन में उमड़नेवाली रेगे जी की 'आकाश निळे तो हरि' नामक कविता मैंने आकाशवाणी पर गायी। उसकी धुन प्रभाकर जठार जी की बनायी हुई थी। बहुत अलग। बहुत सुन्दर। बड़े उत्साह से मैंने रेगे जी को पहले फ़ोन करके सूचित किया कि 'यह कार्यक्रम आप सुनिये। उसके तुरन्त बाद मैं आपसे मिलने ही आऊँगी। मैं आपकी राय प्रत्यक्ष जानना चाहती हूँ।' उत्सुकतापूर्वक जब मैं रेगे जी से मिली, तो उन्होंने शान्ति से एक ही वाक्य कहा, 'यह कविता धुन पर गायी जानेवाली कविता है ही नहीं'।...उस समय मेरे सारे उत्साह पर पानी फिर गया, पर बाद में उनके उस विधान का अर्थ समझ में आने लगा और कलाओं की स्वायत्तता के अर्थ की एक और परत खुल गयी। काव्य को काव्य के रूप में ही पढ़ना चाहिए, काव्य के रूप में ही अनुभव करना चाहिए...संगीत के एक अनावश्यक अतिरिक्त आयाम से काव्यार्थ की ओर लगा ध्यान हटना नहीं चाहिए। यह आग्रह रखनेवाले कविश्रेष्ठ के इस सीधे-सीधे हमले से मन में उमड़ते नृत्य के मूल द्रव्य के, माध्यम के और स्वायत्तता के विचारों के श्लेष मन को निरन्तर सताने लगे।

नृत्य का मूल द्रव्य है चलनवलन। उस चलनवलन को विश्व के स्थल-काल की निरन्तरता विरासत में मिली हुई। इसी, इतनी-सी वास्तविकता का मात्र आधार लेकर, लाभ उठाकर नृत्य-कला को अपनी अलग गृहस्थी बसानी थी, सजानी थी और उसे सम्पन्न करना था। पर

उसने ऐसा समझौता किया, जो किसी ने नहीं किया था और संगीत (गायन–वादन) तालशास्त्र इन सबके साथ मिलकर घर बसाना स्वीकार किया। इसके कारण नृत्य–कला फली, फूली, समृद्ध हुई—उसका नाम भी हुआ, परन्तु वह अपनी अस्मिता से वंचित रह गयी! साहित्य ने जो भी सिद्धान्त रखे, प्रस्तुत किये, जिन जिन विषयों पर चर्चा की, उन सबको अपने विषय, अपने सिद्धान्त के रूप में नृत्य ने अपनाया। नृत्य में संगीत का सहयोग वैसे देखा जाय तो तरल स्वरूप का, केवल उभारने के लिए था; पर वह भी अपने स्वभाव की मधुरता से नृत्य–रचना की सफलता में से काफ़ी सारा हिस्सा परस्पर ही हासिल करता रहा। सौभाग्य बस इतना था कि संगीत नृत्य पर चारों ओर से उतना हावी नहीं हुआ, जितना कि साहित्य।

कलात्मक सौन्दर्य की खोज के लिए मूलत: नाट्य के आधारभूत रस–सिद्धान्त को नृत्य ने भी ज्यों का त्यों अपनाया। अपने साधन और अपना स्वयं का माध्यम इस्तेमाल करके ही अपने मन की बात व्यक्त करना—अपने कला–व्यापार से निर्माण होनेवाले आनन्द का दर्जा, जाति, रुचि अपने प्राकृतिक मूल्यों के निकषों पर आज़मा कर जान लेना—उसका विधान करना—यह सब करना बाक़ी रह गया। बिलकुल इस क्षण तक शेष रह गया! इस बात का अब भान हुआ कि जैसे कविता को 'कविता' के रूप में अनुभव करना होता है,...संगीत—फिर चाहे वह गायन हो या वादन—उन्हें उनके अपने आनन्द निकषों के आधार पर सुनना होता है, वैसे ही नृत्य का आस्वाद भी उसके स्वाभाविक मूल्यों को गृहीत मानकर लेना होता है, और इस आस्वाद के साथ ऐसे नये परिवेश को आभूषित करने के लिए स्वतन्त्र नृत्य–रचना की उषा कला के क्षितिज पर जगमगानी चाहिए, यह जागृति अब आ चुकी है।

और फिर से एहसास हुआ कि आज के क्षण तक मैंने अपने भीतर की साहित्यिक अनुभूति को बोलने दिया। पारम्परिक नृत्य संकेतों की गहन अनुभूति कराकर उन संकेतों की भाषा का मन्तव्य ही व्यक्त किया। ताल–संस्कारों में स्वयं को बाँधकर उसे अलग–अलग सन्दर्भों में जो कहना था, वह बताने के लिए मैं ही उत्साह से आगे बढ़ी। नृत्य के माध्यम से संगीत को जो व्यक्त करना हो, वह भी उत्साह से प्रस्तुत किया। साहित्य की तो क्या कहने, साहित्य के प्रति तो मुझे वैसे भी अधिक प्रेम था। उसके मायापाश से आज तक मेरी मुक्ति नहीं हो पायी है! मुक्ति नहीं मेरी इस वैचित्र्यपूर्ण सौन्दर्य सृष्टि से...इस सुख सुविधाओं से सुसज्ज काँचमहल से...जहाँ मेरे अपने प्रतिबिम्ब के अलावा अन्य सभी प्रतिबिम्बों का ही इन्द्रजाल फैला हुआ है। जहाँ के अवकाश में प्रतिध्वनि गूँज रहे हैं मेरी रटती रही वैखरी वाणी के।

मैं अब तक अबोध हूँ मानो...

मूक हूँ, बधिर हूँ

विकलांग हूँ!

२

कोरिओग्राफ़ी और उसके भारतीय सन्दर्भ

कोरिओग्राफ़ी नामक भारी शब्द सृजनशील नवनृत्य के और आधुनिक नाट्य तन्त्र के सन्दर्भ में आज अत्यधिक प्रचलित है, पर उस शब्द की परिभाषा अव्याप्त है—सीमित है। हमारी परम्परागत समझ के अनुसार कोरिओग्राफ़ी का अर्थ है रंगमंच पर की जानेवाली समूहात्मक गतिविधियों का विज्ञान। परन्तु मूलतः कोरिओग्राफ़ी एक पारिभाषिक शब्द है, जो दो ग्रीक शब्दों के मेल से बना है। choros का अर्थ है नर्तन, और graphein यानी लिखना। इस कारण कोरिओग्राफ़ी यानी वास्तव में नृत्य की अनेक क्रियाओं की संकल्पना, आयोजन और निर्मिति करना—इन कार्यों का विज्ञान और इस व्यापार से निर्माण होनेवाली कला भी। इस परिभाषा में वैयक्तिक (एकल) नर्तन आता है और सामूहिक भी। मेरी धारणा में कोरिओग्राफ़ी का यही अर्थ पहले से पक्की जड़ पकड़ चुका था। परन्तु सन् १९८४ में कोलकाता की 'पदातिक' नामक संस्था और दिल्ली के कथक केन्द्र ने मिलकर कथक विषय पर एक राष्ट्रीय परिसंवाद का आयोजन किया था, जिसमें कोरिओग्राफ़ी का अर्थ केवल सामूहिक गतिविधियों का विज्ञान बताया गया था, जिससे मेरे मन में कुछ समय के लिए एक-दो नये प्रश्न निर्माण हो गये थे।

क्या रंगमंच पर के वैयक्तिक (एकल) नर्तन के लिए योग्य संकल्पना, सम्पादन, संकलन और रचनातत्वों की जानकारी होना आवश्यक नहीं होता? सामूहिक गतिविधियों का विचार सम्मिश्र और संकीर्ण होता है, जबकि वैयक्तिक ('एकल' ही कहेंगे) नर्तन को रंगमंच पर आते ही एक अलग प्रकार की सत्ता प्रस्थापित करनी होती है। अकेले के बल पर सक्षमता सिद्ध करनी पड़ती है, और इन दोनों तरह के नर्तन को अन्य कुछ बातों के साथ ही आसपास के अवकाश का जागरूकता से विचार करना अत्यावश्यक होता है। तो इन दोनों विधाओं की अलग-अलग विचक्षणा होना आवश्यक होते हुए भी कोरिओग्राफ़ी का विज्ञान इन दोनों विधाओं को अपने में समेटे हो सकता है, इसे स्वीकारने में, रखने में, कोई हर्ज़ नहीं होना चाहिए। साथ ही कोरिओग्राफ़ी का मूल अर्थ भी पर्याप्त रूप से व्यापक है ही। कोरिओग्राफ़ी

यानी भारतीय सन्दर्भ में संरचना और उसका विज्ञान। अगले विवेचन में हमें इसी अभिधान का प्रयोग करने में कोई आपत्ति नहीं होनी चाहिए।

जिस तरह हमारे लिए संरचना की संकल्पना एकदम नयी नहीं है, क्योंकि नृत्य के बारे में और उसके अनुसार पारम्परिक नर्तनकला के बारे में अधिकतम विचार करनेवाला ग्रन्थ 'आदि नाट्य-शास्त्र' भरतमुनि की कृपा से हमारे लिए हज़ारों वर्षों से उपलब्ध है। नाट्य, नृत्य, संगीत आदि कलाओं का मेल जिसमें गृहीत है, भरत मुनि की उस 'समग्र रंगमंच' (Total Theatre) की धारणा में परिणामकारी प्रस्तुति की संरचना तत्त्व जैसी कलांगों का प्रसंगविशेषी और सीमित स्वरूप में भी प्रयोग नहीं होता होगा, यह सम्भवनीय नहीं लगता। सम्भवतः ऐसे प्रयोग का स्वरूप किसी पारम्परिक विधि जैसा रहा होगा, या नाट्य-शास्त्र में नाट्य जितना महत्त्व नृत्य को न दिये जाने के कारण जो नर्तन का ही विशिष्ट गुण है उस संरचना तत्त्व का सम्पूर्ण रूप से विचार भरत मुनि ने नहीं किया होगा।

वास्तविकता यह है कि भरत नाट्य-शास्त्र और उसका अनुसरण करनेवाले अन्य पारम्परिक ग्रन्थों में नर्तन की सही परिभाषा दी ही नहीं गयी है। नर्तन के नृत्त और नृत्य नामक दो पहलुओं की जो परिभाषाएँ हैं, आइए, देखें कि वे किस प्रकार पर्याप्त नहीं हैं।

नृत्य की परिभाषा इस प्रकार है—रसभावव्यंजनादियुक्तं नृत्यमितीर्यते। अर्थात् जिसमें रस परिपोष है, भावभावनाओं का दिग्दर्शन और भावाभिव्यक्ति में सूचकता का प्रयोग किया गया है, उसे नृत्य कहा जाता है। इस परिभाषा में नृत्य की जो विशेषताएँ बतायी गयी हैं, क्या वे नाट्य के समान नहीं हैं? नृत्य में अंग-प्रत्यंगों की जिस प्रतीकात्मक भाषा को स्वीकार किया गया है, क्या इस परिभाषा में उसका उल्लेख भी किया गया है? सब जानते हैं कि नृत्य नाट्य से अलग होता है, परन्तु इस परिभाषा से यह स्पष्ट नहीं होता कि वह किस गुण विशेष के कारण अलग सिद्ध होता है।

अब नृत्त की परिभाषा देखिए—भावाभिनयहीनं तु नृत्तं इत्यभिधीयते। नृत्त की यह परिभाषा तो स्पष्ट रूप से नकारात्मक है। भाव और अभिनय जिसमें अभिप्रेत नहीं हैं, उसे नृत्त कहा जाता है। गति-लालित्य, मनुष्य देह से निर्माण होनेवाले सुन्दर पैंतरें, मुलायम अंगरेखाएँ, वेग और इसमें समाविष्ट त्रिमितीय अवकाश का विचार इनमें से क्या एक भी गुण-विशेष इस परिभाषा से समझ में आता है? स्पष्ट होता है?—नहीं। इसका मुख्य कारण यह है कि नाट्य के एक उपांग के रूप में नाट्य-शास्त्र में नर्तन पर विचार किया गया, फिर प्रसंग विशेष में नाट्य-प्रयोग की कई व्यावहारिक अड़चनें दूर करने के लिए (उदाहरणार्थ, किसी पर्वत की चढ़ाई पर चढ़ने का अभिनय, या रंगमंच की सीमित जगह में रथ से हिरन का पीछा करते जाने का अभिनय आदि) 'नृत्य' जिस प्रकार से सहायक हो रहा था, उस 'आंगिक' अभिनय की परिभाषा भी दी गयी और नृत्य के सन्दर्भ में उसका विवरण भी विविध अंगों से परिपूर्ण हुआ। 'नृत्त' नाटक के मंगल प्रसंगों को मनाने के लिए, दो अंकों को सहजता से जोड़ने के लिए,

या उल्लास-उत्साह की भावनाओं का वातावरण या आभास निर्माण करने का साधन था, इसलिए उसके भी करण-अंगहारादि क्रियाओं का सम्पूर्ण विवेचन किया गया। अन्त में उसी को सर्वांगीण और परिपूर्ण मानकर उपर्युक्त सन्दर्भ में उनकी व्याख्याएँ भी की गयीं। परन्तु अन्य ललित कलाओं से अलग उभरकर दिखायी देनेवाली और नाट्य के कुछ समानधर्मी नर्तनकला इस प्रकार की एकमात्र स्थल-कालनिविष्ट कला (space fine art) है। नर्तनकला के इस व्यवच्छेदक अंग को प्रस्तुत कर उसका विवेचन करना शेष रह गया। वस्तुत: नर्तन के वास्तविक स्वरूप का और प्रस्तुति का काफ़ी सारा भार संरचना नामक जिस तत्त्व पर होता है, उसका उल्लेख करना और उस तत्त्व को सन्दर्भों सहित शास्त्र बनाना सम्भव ही नहीं हुआ।

अन्त में, कला के रूप में परिणत होनेवाले नर्तन के मूल में मनुष्य शरीर की प्राकृतिक अंगक्रियाओं में निहित चैतन्य का बोध और अपने से बाहर की दुनिया से संवाद साधने की या सन्देश वहन करने की क्षमता होती है। इसमें से चैतन्य का बोध 'नृत्त' को जन्म देता है और सन्देशवहन का भान 'नृत्य' को। इन दोनों अंगों से खिलनेवाले इस नर्तन को कला का स्वतन्त्र, विशिष्ट और सम्पूर्ण रूप प्राप्त होता है—काल और स्थल या अवकाश नामक तत्त्वों का सामान्य या कलात्मक इस प्रकार विशेष भान आने पर। जैसा पहले कहा गया है, नर्तन को विचारकों ने स्थल-कालनिविष्ट कहा है। इसका अर्थ है कि समग्र जीवन का ही जो अस्तर हैं, उन काल और अवकाश नामक तत्त्वों का नर्तन कला में ही अत्यन्त महत्त्वपूर्ण, स्पष्ट और समझबूझ के साथ संचार होता है। काल का परिचय नर्तन के लिए लय के रूप में, छन्द के रूप में, ताल के रूप में जितना पक्का और गहन होता है, उतना ही भान रंगमंच की ऊँचाई, चौड़ाई, लम्बाई इन तीनों आयामों से घिरे हुए अवकाश का होता है, होना चाहिए। अत: नर्तन की परिभाषा इस प्रकार देनी चाहिए—

उपलब्ध अवकाश में और सुबद्ध लय में विचरते हुए मानव-शरीर का गतिमान शिल्प यानी नर्तन।

ऐसे नर्तन में जब निर्धारित अवकाश में सौन्दर्यपूर्ण आकृतिबन्ध, गति विशेष और मनोहर पैंतरें निर्माण करने के लिए और उसके साथ लय-तालों की चमत्कृति दर्शाने को प्रधानता दी जाती है, तब उसे 'नृत्त' कहा जाय और इस गतिमान शिल्प से जब कोई साहित्यिक अर्थ, कोई कल्पना, कोई प्रसंग, विचार या कोई तरल भावना को आवाहित किया जाता है, तब उसे 'नृत्य' कहा जाय।

आद्य शास्त्रकारों ने यदि उपर्युक्त के अनुसार नर्तन की स्पष्ट परिभाषा दी होती, तो और एक लाभ हुआ होता—नर्तन को अपने विकास के लिए साहित्य, संगीत, वाद्य आदि कलाओं के सहयोग पर निर्भर नहीं रहना पड़ा होता। इस कला के माध्यम की शुद्धता बनाये रखी गयी होती। और उसका तन्त्र 'स्व' तन्त्र ही रहा होता। योग्य तरीक़े से उसका विकास हुआ होता। नर्तन की परिभाषा स्पष्ट होने पर अवकाश की अनुभूति के सन्दर्भ में संरचना-शास्त्र का नर्तन के क्षेत्र में असाधारण महत्त्व समझने में कोई भी बाधा नहीं रही होती।

इस पृष्ठभूमि पर देखें तो नाट्य-शास्त्र में पूर्वरंग के सन्दर्भ में केवल स्थापक, सूत्रधार या उसके परिवार द्वारा उपयोग की जानेवाली दिशा, गति, पदक्रिया, आकार आदि के बारे में संरचना तत्त्व का थोड़ा बहुत विचार दर्ज किया गया है, भले ही वह सूक्ष्म न हो। नर्तन में जो सम्भाव्य आकृतिबन्ध होते हैं, उनके सन्दर्भ में भी भरत मुनि ने केवल तीन-चार बन्धों का ही उल्लेख किया है—पिण्डी, लता, शृंखला आदि।

नाट्य-शास्त्र में अन्य समय पर बहुत गहरायी से की गयी चर्चा या अध्ययन में संरचना और इस संकल्पना के बारे में बहुत कम विचार किया गया है, इसका एक और कारण होना भी सम्भव है। इस कारण के मूल में भारतीयत्व का ही मूल सन्दर्भ है। शताब्दियों से यहाँ जो शास्त्रीय नर्तन कला का अस्तित्व था या उसकी गंगोत्री (उद्गम स्थान) अर्थात् लोक नर्तन कला थी, उसका एक स्वाभाविक प्रयोजन था—आविष्कार का उद्देश्य था। लोक जीवन को सुरक्षित रखने के लिए पंच महाभूतों का आवाहन करने और आगे चलकर देवताओं के मनोरंजन तथा उनकी आराधना करने का उद्देश्य। इस आराधना के परिपोष के लिए मन्दिर के गर्भगृह के बाहर के सभामण्डप और भक्तों की उपस्थिति ही पर्याप्त प्रतीत होती थी। नृत्य प्रस्तुति का स्वरूप भी सौन्दर्य-बोध कराने वाला होने की अपेक्षा विधि-नृत्य का था। उसे समर्पण का अथाह-भाव था, सामने के मूर्ति-रूप देवता पर या देवता के अपने मन में बसे प्रतिरूप पर अपना नृत्यात्म ध्यान लगाना, इसके अलावा इन कलाकारों को अपने मन की बात रसिक जनों को बताने की आवश्यकता नहीं थी और न ऐसी कोई प्रथा थी। प्रयोगशील कलाओं ने प्रयोग यानी यथाविधि कार्यक्रम भक्तिपूर्वक करना होता था। आत्मप्रस्तुति की कल्पना ही वहाँ नहीं थी। इन कलाकारों ने जितना भी नर्तन कौशल प्राप्त किया था, उसके अलावा उस कौशल की मंच पर परिणामकारी रचना और प्रस्तुति करने के लिए कोई अलग तकनीक अवगत कर लेने की आत्मनिष्ठ प्रवृत्ति का उस काल में उन्हें स्पर्श तक नहीं हुआ था।

उपर्युक्त प्रकार के आराधना भाव का रूपान्तर जिस दरबारी काल में (ई. सन् की ग्यारहवीं-बारहवीं शताब्दी से आगे) मनोरंजनात्मक होने लगा, उस वक़्त मन्दिर के सभामण्डप से बढ़कर एक पूरी तरह नयी अलग महफ़िल का मंच कलाकार ने जाना। इस मंच की माँग थी नर्तन की उत्तम रचना की, उत्तम प्रस्तुति की, इस कारण उस काल में संरचना-तत्व की अबोध अनुभूति सम्भवत: कलाकारों को प्रथमत: ही हुई होगी।

लम्बाई, चौड़ाई और ऊँचाई इन तीन आयामों के कारण रंगमंच त्रिमितीय होता है। इसमें से चौड़ाई या गहरायी और परिचित अनेक दिशाओं में से सामने की दिशा (इसे हम 'पूर्व' दिशा मान सकते हैं) आराधनात्मक नर्तन को स्वीकार थी। थोड़ा बहुत दाहिनी या बायीं तरफ़ जाना स्वीकार था। परन्तु लम्बाई का ऐसा सुनिहित प्रयोग नहीं होता था, नहीं होता होगा। नर्तन अधिकतर खड़े होकर यानी मध्य स्तर पर होता था और कभी-कभार ज़मीन से लगकर, परन्तु मुख्य भान रंगभूमि का ही (floor space का ही) रखा जाता था।

दरबारी काल में मंच अर्ध गोलाकार बन गया। अर्थात् उसके अनुसार तीन मुख्य दिशाएँ— पूर्व, आग्नेय और ईशान्य तथा दो उप दिशाएँ दक्षिण और उत्तर (यानी कलाकार की दाहिनी और बायीं बाजू) का उपयोग नर्तन में परिणामकारी सिद्ध हुआ। नर्तन में पहले जो दो स्तर थे, उनमें चमत्कृति लाने के लिए कभी-कभार उत्प्लवनों का यानी कूद या 'छलाँग' के रूप में तीसरी यानी 'ऊँचाई' नामक आयाम का और 'ऊँचा' नामक स्तर का भी प्रयोग होने लगा। इस प्रकार के नर्तन का स्वरूप मनोरंजन करते-करते सौन्दर्यास्वाद की तरफ़ झुकनेवाला होने के कारण इसका आवाहन भी पूरी तरह अलग हो गया।

अँग्रेज़ों के शासनकाल में जहाँ भारतीय संस्कृति पर ही दुर्दशा छाने लगी थी, वहाँ नर्तन की दुरवस्था का क्या वर्णन किया जाय। नर्तन के लिए 'मंच' जैसा कुछ था ही नहीं। बस थोड़ी बहुत सांस्कृतिक जीवन में ही सत्ता का वर्चस्व दर्शानेवाले संस्थानिकों के आश्रय में, भारत में स्थान-स्थान पर प्रचलित विविध शैलियों के नर्तन में ग्रहण लगना शुरू हो गया था। कथक के माथे पर तो 'नॉच' नामक कलंक लग गया था।

स्वतन्त्रता से पहले के अन्तिम कुछ वर्षों में और स्वतन्त्रता के बाद में यह परिस्थिति तेजी से बदलने लगी और नर्तन रंगमन्दिर से रंगमंच पर यानी अपने वास्तविक घर में आ गया।

अनेक शतकों की साक्षी से बदलते हुए रंगमंच विषयक विवरण का ठोस स्पष्टीकरण निम्न चित्राकृतियों से मिल सकता है—

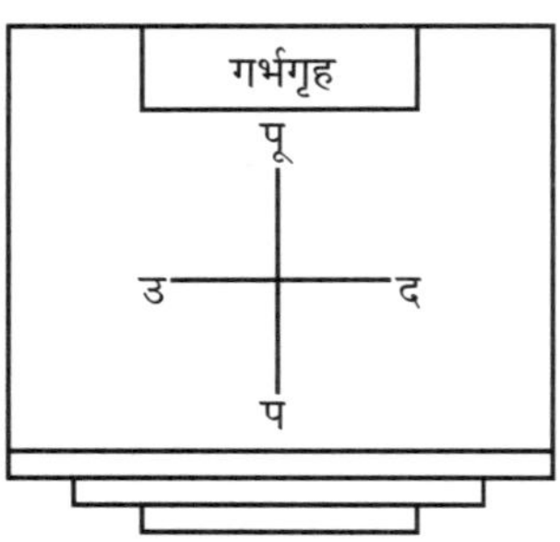

आराधना मंच

दरबारी मंच

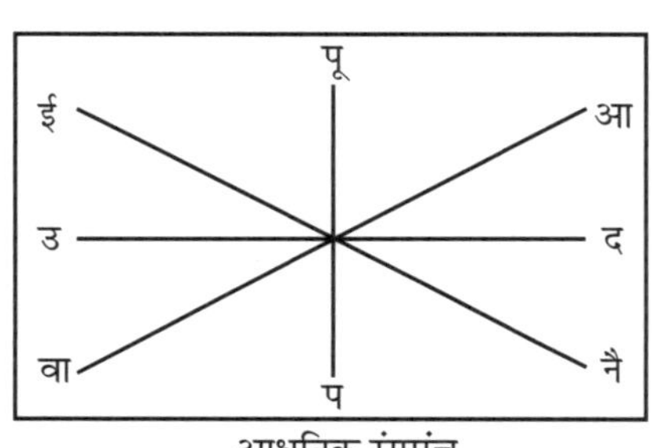

आधुनिक रंगमंच

आज की समकालीन नर्तन की शास्त्रीय प्रस्तुति में आराधना भाव गृहीत होने पर भी निश्चित रूप से सौन्दर्य प्रबोधन का एक नया उद्देश्य उसे मिल गया है, और यह पता चलने लगा है कि उसके अलावा निर्माण होनेवाले नर्तन क्षेत्र की नवनिर्मिति का मुख्य प्रयोजन आत्माविष्कार

और सौन्दर्य प्रबोधन ही है। यह आत्मप्रस्तुति ठोस अनुभवों की, कल्पनाओं की, विचारों और भावनाओं की हो सकती है, उसी तरह कलाकार के मनोजगत में घूम रहे सभी तरह के कोलाहल का वह केवल रसायन या तथ्य या सार हो, ऐसे वह सूक्ष्म भी हो सकता है। ऐसे ठोस या सूक्ष्म, अनुभूत या अनुभूति से परे के तथ्यों की नर्तन के माध्यम से होनेवाली अभिव्यक्ति परिणाम साधनेवाली होनेवाली होने पर ही दर्शकों से रसिक जनों का जो संवाद होना आवश्यक है, वह हो सकता है। आज के कलाकार के लिए तो यह संवाद ही आत्माविष्कार से साधनेवाली एक प्रमुख उपलब्धि है—यह एक आवश्यक संयोग है। संवाद साधा जाय तो यह कहने में कोई हर्ज़ नहीं होगा कि महफ़िल सफल हो गयी, रंग-प्रयोग सफल हो गया।

इस तरह रंगमंच पर नर्तन के रूप में अवतरित तथ्य फुट लाइट्स के परे की दुनिया तक संक्रमित होने में उपयोगी होनेवाले शास्त्र के रूप में संरचना आज नृत्य कौशल के जितना ही और उसकी तकनीक जितनी ही महत्त्वपूर्ण मानी जानी चाहिए और उसका अध्ययन किया जाना चाहिए। मुझे नहीं लगता कि अपने यहाँ उसका इस तरह से अध्ययन किया जाता होगा। परन्तु इसका मुख्य कारण यह है कि इस प्रकार की शिक्षा की सुविधा आज भी हमारे यहाँ नहीं है।

पश्चिम राष्ट्रों में तो पिछले पचास एक वर्षों में संरचना का यानी उसके विविध अंगों का सूक्ष्म विचार कर उसकी प्रायोगिक उपयोगिता को प्रत्यक्ष आज़माकर निर्माण किया गया एक जटिल शास्त्र बन गया है। आज सर्वत्र उस शास्त्र का विधिवत् अध्ययन होता है। इसके लिए कई बार कार्यशालाओं का और शिविरों का पूर्णकालिक आयोजन किया जाता है। वास्तविकता तो यह है कि पश्चिमी राष्ट्रों के संचित में इस शताब्दी के आरम्भ से आज तक जिसे शास्त्रीय कहा जा सके, ऐसी एक ही नर्तन शैली थी, 'बॅले', और बाक़ी सारा 'मुक्त' नर्तन। 'संरचना' विज्ञान का विचार तो वहाँ 'मुक्त' नृत्य की कल्पना के उदय के बाद ही शुरू हुआ, परन्तु अब देखते देखते एक परिपूर्ण शिक्षा प्रणाली बनने जितनी गहरायी उस अध्ययन को प्राप्त हो गयी है।

आज भारतीय शास्त्रीय नृत्यशैलियाँ मूलतः सात हैं। एक उत्तर भारतीय कथक नृत्यशैली का अपवाद छोड़ दें, तो अन्य सभी शैलियों को आज भी आराधना-भाव का सम्पूर्ण अस्तर है। 'मुक्त' नर्तन का संचार तो अब भी सीमित ही है। इस कारण संरचना तत्त्व का विचार भी आवश्यक उतना ही—यानी वस्तुतः floor space तक ही सीमित है, या कृत्रिम स्तर का उपयोग कर बनाये गये आकृतिबन्ध का संकल्पन करने जितना ही प्रगत है। संरचना नामक अभिधान का उपयोग आज इन सभी सन्दर्भों में किये जा रहे होने के कारण रंगमंच पर अवतरित होनेवाली पारम्परिक नृत्यशैलियों को भी इस तत्त्व का एहसास कराकर प्रस्तुति के द्वारा नवता सम्पादन करने की आवश्यकता प्रतीत हो रही है। उत्तरोत्तर वह अधिक प्रतीत होनेवाली है। इस स्थिति में पहले बतायी गयी सुख-सुविधाएँ न होने के कारणों की ढाल बनाकर संरचना विज्ञान का अनुसरण न करना अब उचित नहीं है। पश्चिमी उदाहरण से अपने अनुभवों से और आवश्यकता को ध्यान में रखते हुए संरचना के नियम अनुमानों सहित

भारतीय संरचना विज्ञान की शिक्षा अब नवागतों को उपलब्ध करा देना अत्यावश्यक है।

पाश्चात्य धारणा के अनुसार संरचना के आधार हैं—१. स्थल (या अवकाश), २. काल और ३. ऊर्जा या चैतन्य ये तीन महत तत्त्व। (संरचना यानी संरचना विज्ञान और उस पर आधारित कलास्वरूप नर्तन भी)। इन तीन निरन्तर अस्तित्वों का अध्ययन यानी संरचना का और नर्तन का भी प्राथमिक अध्ययन। इसमें से अवकाश नर्तन के सर्वाधिक निकट का, क्योंकि मूल स्वरूप में नर्तन दृश्य है। परम्परा ने भले ही भारतीय नर्तन को गायन, वादन, साहित्य आदि के सहयोग से श्रव्य रूप दिया हो, फिर भी अब विचार चल रहा है नर्तन की प्राकृतिक अस्मिता का! नर्तन मुख्यतः दृश्य काव्य ही होता है और नर्तन के सम्बन्ध में मूल विचार यह होना चाहिए कि जिस अवकाश में नर्तन का चैतन्यपूर्ण संचार होता है, उस अवकाश के तीनों आयामों, दिशाओं, स्तरों और उसके सर्वसमावेशक परिणाम नापनेवाली घनता का।

पहले दिशाओं पर ध्यान दें। केवल रंगभूमि (Floor Space) का ही विचार करें, तो नर्तक का चेहरा जब दर्शकों की तरफ़ होता है, उसे हम पूर्व दिशा मान लें, यानी सामने की दिशा होगी पूर्व, पीठ पीछे पश्चिम, दाहिनी तरफ़ दक्षिण और बायीं तरफ़ उत्तर। इनके बीच की चारों उपदिशाएँ भी, यानी आग्नेय, नैऋत्य, वायव्य और ईशान्य दाहिनी तरफ़ से घूमते हुए सिद्ध होती हैं। इसके अलावा ऊपरवाली (उर्ध्व) और नीचेवाली (अधः) यानी सिर के ऊपर की और पदतल की मिलाकर दस दिशाओं का यह विधान है। रेखाकृति में रंगभूमि से सन्दर्भित दिशाएँ निम्नानुसार दर्शायी जा सकती हैं। ऊपरवाली और नीचेवाली दिशाओं का विचार भूमि के सन्दर्भ में रंगभूमि के लिए उचित नहीं है। परन्तु अवकाश के एक पहलू—'स्तर'—का विचार करते समय उपर्युक्त दिशाओं से सम्बन्धित विचार महत्त्वपूर्ण होगा, क्योंकि 'उत्प्लवन' यानी कूद या छलाँग और 'आसन'—बैठकर की जानेवाली नर्तन क्रियाएँ अलग-अलग स्तर पर की जाती हैं। कोई कह सकता है कि आगे-पीछे, बाजू में, तिरछा आदि शब्दों में छिपी हुई दिशा विषयक जानकारी सबके पास होती है। होती भी है। परन्तु यह भी सच है कि उसका उपयोग सामान्यतः सोच समझकर और उसके बलस्थानों का या उनके उपयोग की सम्भावनाओं का विचार कर नहीं किया जाता।

नर्तक को रंगमंच का जो अवकाश प्राप्त होता है, वह केवल रंगभूमि (floor space) तक सीमित नहीं होता, और यह पहले ही बताया गया है कि उस अवकाश के तीन आयाम होते हैं। परन्तु दिशाओं की चर्चा में उनमें से लम्बाई और चौड़ाई नामक दो आयामों का विचार आ ही जाता है। (लम्बाई दक्षिणोत्तर और चौड़ाई पूर्व-पश्चिम होती है।) और 'ऊँचाई' के विचार में 'स्तर' नामक पहलू का निर्देश मिलता है।

हमारी सातों शास्त्रीय नृत्य शैलियों को परम्परा का मजबूत आधार मिला हुआ है। अतः यह निर्विवाद है कि इसी कारण अत्यन्त विकसित और फिर भी एक दूसरे से भिन्न स्वभाव से निर्मित अपनी-अपनी विशिष्ट प्रस्तुतियों से तीनों स्तरों, यानी ऊँचे, मध्य और निम्न का

उपयोग किसी न किसी सन्दर्भ में होता ही रहता है। 'मध्य' स्तर सनातन, सर्वसमावेशक होता है, जबकि भूमि से लगे स्तर पर भरत नाट्य की अत्यन्त सुन्दर बैठकें और कथक के आमद का लालित्य बढ़ानेवाले सुभग, बैठी हुई स्थिति में किये जानेवाले पैंतरे और चमकदार उठना-बैठना!

अवकाश का अत्यन्त तरल और समावेशक गुण है घनता। आयाम, दिशा, स्तर आदि सभी पहलुओं का विचार घनता की परिधि में आता है। नृत्य या नृत्त की संकल्पना में इस गुण का सार्थक उपयोग कर लेना आसान काम नहीं है। क्योंकि इस गुण के अस्तित्व की समझ मात्र आना भी गहन अध्ययन की बात है। नृत्त की संरचना में 'घन' अवकाश की उपस्थिति रंगमंच पर नर्तकों की संख्या और आकृतिकल्प के अनुसार तारक या मारक सिद्ध होती है। जबकि नृत्य के मामले में हमें 'घनता' को तारक-मारकपन का निकष कथावस्तु की माँग के अनुसार और भावानुसारी पद्धति से लगाना पड़ता है।

अवकाश सम्बन्धी विवेचन पूरा कर जब हम काल तत्त्व की तरफ़ मुड़ते हैं, तब यह पता चलता है कि भारतीय विचार पश्चिमी विचारों से मूलतः अलग, उतना ही रसपरिपोषक परन्तु अधिक गहन, सर्वांगीण और वैचित्र्यपूर्ण है। पाश्चात्य संगीत और पाश्चात्य नर्तन में काल विषयक विचार न केवल समानान्तर है, बल्कि समान ही है। समान कालान्तर से पड़नेवाला घात (beat) इस विचार को बीज-स्थिति से पूर्ण विकास तक ले जानेवाला वाहन है। इस घात के (बीट के ही कहेंगे) दो मुख्य समूह होते हैं—३/४ और ४/४ यानी तीन तीन लघु के और चार चार लघु के एक bar के समूह (यहाँ मात्रा समझें), इसमें से क्रमशः 'दादरा' और 'कहरवा' जैसी तालों की चालों जैसी चालें (चलन) तैयार होती हैं। परन्तु उनको सम-खाली के निर्माण-निरास चक्र से आवर्तन नहीं करना पड़ता, क्योंकि उनका काल सीधी रेखा में चलता है—भारतीय संगीत की तरह ताल-वर्तुल में नहीं। जाझ की लोकप्रियता के कारण और श्यामलवर्णियों के जन्मजात नेक तथा सुन्दर लय-प्रवृत्ति के कारण अब ५/४, ७/४ यानी ५/५ लघुओं के समूह (हमारे यहाँ के द्रुत झपताल की तरह) और ७/७ लघु के समूह (हमारे रूपक या तेवरा की तरह) ये लयबन्ध (Rhythms) भी अब पश्चिमी नर्तन में दिखायी देने लगे हैं। परन्तु इससे भी आगे की एक पद्धति पश्चिमी नर्तन में है। वह है—नर्तन केवल चयनित कालमान में चलना, beat के घात के अनुसार, यानी सुबद्ध लय में नहीं, और ताल में तो बिलकुल नहीं। साथ देने के लिए कोई भी तालवाद्य नहीं। पदाघातों के बिना नर्तन भी पश्चिमी संरचना में सटीक बैठता है। उस समय उसमें जो काल गति होती है, वह नर्तन की क्रियाओं से प्रतीत होगी, वैसी ही, उतनी ही। उसका आनन्द भी वैसे ही दृश्य स्वरूप में और कुल मिलाकर नर्तन के आशय के सन्दर्भ में ही चखना होता है।

हमारी धारणा अलग है। 'काल' हमसे मिलता है तो भाव-भावनाओं की आविष्कृति के वाहन के रूप में प्राकृतिक लय से (timing के अर्थ में), सुबद्ध लय के रूप में beat के अर्थ में,

छन्द के रूप में लय-वाक्यों के स्वरूप में (उदाहरणार्थ, भांगडा नर्तन में जैसा होता है वैसा धाऽऽधाऽऽधाऽ कहरवा के लग्गी का छन्द या धातित् धाऽ ता धाऽधाऽन जैसा अप्रचलित छन्द-कहरवा जैसे भी और दादरा जैसे भी बर्ताव करनेवाला!) और ताल के प्रगल्भ स्वरूप में सभी प्रकार के नर्तन के लिए आधारकल्प और सन्दर्भ वर्तुल प्रदान करनेवाला, उपकारक, सौन्दर्यकारक गुण के रूप में। बिना घातोंवाला, बिना तालवाला और सुबद्ध लय के बिना नर्तन को हम नर्तन मानते ही नहीं, क्योंकि नर्तन साहित्य-गीत-वाद्य के सहयोग से ही कलाविष्कार करनेवाली और सिद्धि साधनेवाली संकीर्ण कला है यही हम मानते हैं। भले ही यह हमारी मान्यता हो, और एकाध बार हम उसे अलग रखना तय भी कर लें, तब भी कालतत्व के बारे में हमारा विचार अति सूक्ष्म और अति व्यापक भी है। संरचना के किसी भी संकल्पना के लिए विविध प्रकार से उसे बरतना, और उसमें से योग्य परिणाम का भविष्य बताना हमारे लिए आसान होता रहेगा।

नर्तन के सन्दर्भ में तीसरा महत्त्वपूर्ण तत्त्व, जो संरचना के लिए आधारभूत होता है, वह है 'ऊर्जा'। ऊर्जा के तथा चैतन्य के आविष्कार के बिना नर्तन सम्भव ही नहीं है। ऊर्जा की भी लहरें होती हैं, उसमें उतार-चढ़ाव होते हैं, ज्वार-भाटा होता है, उसके अनुसार नर्तन क्रिया में चमत्कृति, चमक, गति, अति उत्साह, मृदुता, निरन्तरता (continuity), शान्ति, सन्तुलन (balance), ढील, उदासीनता, शिथिलता आदि तरल या ठोस भाव रिसते हैं। तरल भावन नृत्त से होता है और ठोस या साहित्यिक भावन नृत्य से होता है। नर्तन की क्रिया करने में जिस दर्जे की अपेक्षा हो, यानी वेग की या वेग के अभाव की, साहस की या शर्मिलेपन की, मृदुता की या जोश की, खण्डित या निरन्तर होने की, नर्तन की क्रियाएँ जैसे करने की अपेक्षा हो, ऊर्जा वैसा ही बर्ताव करती है। और, उस विशिष्ट क्षण में वह उस विशिष्ट प्रकार का बर्ताव करे, इसका अभ्यास नर्तकों को, और वैसा संकल्पन संरचनाकारों को करना चाहिए। मुझे नहीं लगता कि इस प्रकार से अपने भीतर की चेतना से हमने कभी परिचय करा लिया हो। हाँ, अमुक प्रकार का अभिनय करना हो या अमुक प्रकार का परिणाम प्राप्त करना हो, तो अमुक अवयव का या उसके उपांगों का या प्रत्यंगों का उपयोग किया जाय, इस प्रकार के नियम और उन नियमों का आंगिक अभिनय के सन्दर्भ में गहन शास्त्र हमारे यहाँ बना हुआ है। ऊर्जा की ओर देखने का उपर्युक्त दृष्टिकोण नया है और वह नर्तन के पश्चिमी विचारों से और योग्य प्रतीत होनेवाले नर्तन तथा संरचना की परिभाषा से हमारी समझ में आ रहा है। संरचना नामक संकल्पना का या संरचना विज्ञान के आधारभूत 'अवकाश', 'काल' और 'ऊर्जा' नामक तीन महत् तत्त्वों का जो अब तक हुआ है, वह कोई सम्यक् दर्शन नहीं है। वह मात्र परिचय है। परिचय से स्नेह निर्माण होता है। स्नेह से अलगपन और समानधर्मिता का स्पष्ट भान आता है और इसी में से निकलती है विकास की एकाध नयी राह। आज यह विश्वास है कि ऐसी नयी राह मिलेगी, क्योंकि वातावरण कुछ उत्तेजित है और सबके मन कुछ उल्लसित हैं।

कठपुतली

मौन

होरी

नृत्तविशेष

तन्मात्र

पावस

उष:सूक्त

उष:सूक्त

समय

३

अभिरुचि

किसी भी कला का उत्कर्ष या ह्रास होना मूलतः दो विशेष गृहीत पर निर्भर होता है—पहला मुख्य गृहीत तो यह कि कला के प्रति ईमानदार, निष्ठावान कलाकार का कला-कर्तृत्व और दूसरा अपेक्षाकृत गौण गृहीत यह कि यह कलाकार जिस समाज का प्रमुख अंग होता है, उस समाज में उस विशिष्ट कला के सन्दर्भ में विकसित 'अभिरुचि' नामक गुण-विशेष! यह दूसरा गृहीत मानव की मानसिकता की सही पहचान है। एक व्यवच्छेदक लक्षण है, परन्तु इस लक्षण की परिभाषा देना उतना आसान नहीं है।

जीवन की निरन्तरता बनाये रखने के लिए मनुष्य जो कार्य प्राकृतिक प्रेरणा से करता रहता है और वे बातें उसे मूलभूत सुख-सन्तोष प्रदान करती हैं, इस कारण वह उनमें उलझा हुआ भी रह सकता है, उनसे परे होनेवाले, सामान्यतः प्राकृतिक अर्थ में निरुपयोगी प्रतीत होनेवाले कार्यों को करने की, देखने की रुचि होना मेरे विचार में 'अभिरुचि' नामक गुण का स्थायी भाव है। 'स्व' भाव है, मूल है, नींव है। अपनी पसन्द के अनुसार अच्छी लगनेवाली इन बातों का संग्रह या विकास करते समय उनके 'भले-बुरेपन' का बोध होना, उनका कम-ज़्यादा स्तर, दर्जा समझना, ध्यान में आना, और उसके अनुसार अपनी पसन्द की विकासयोग्य बातों का, व्यवहारों का चुनाव कर सकना यह विचार भी अभिरुचि नामक गुण की परिधि में आता है। इस प्रकार पसन्द जब चयन के साथ मिलकर विकसित होती रहती है, तब उसकी प्रकट प्रस्तुति का समय आते ही आसपास का वातावरण, समाज, प्रसंग, समय आदि का भान रखकर ही अपने आविष्कार को प्रस्तुत करने का 'औचित्य' नामक गुण भी 'अभिरुचि' नामक गुण में ही अनुस्यूत है। चित्र, शिल्प, वास्तु, मूर्ति आदि कलाओं के बारे में यह औचित्य विचार कुछ अलग स्वरूप धारण करेगा, परन्तु अभी के लिए प्रस्तुत किया जानेवाला यह विचार सामान्यतः प्रयोगस्वभावी कलाओं के बारे में और उसमें से भी विशेष रूप से नृत्य-कला के बारे में है, इस दृष्टि से विचार करते हुए यह कहने में कोई हर्ज़ नहीं कि 'अभिरुचि' नामक गुण सफल, सुफल हुए सर्वंकष मानवी जीवन का एक बहुत बड़ा मानसिक, भावमयी

और बौद्धिक आधार है।

जिसे हम सृष्टि कहते हैं, प्रकृति के रूप में जिसे पहचानते हैं, उस एक सत्व में जो वनस्पति, प्राणी और मानव जीवन समाया हुआ है, उसमें से मानव जीवन का मुख्य व्यवच्छेदक लक्षण 'अभिरुचि' नामक गुण है, यह पहले ही कहा गया है, उसका यही अर्थ है। वनस्पतियों की, प्राणियों की भी 'पसन्द-नापसन्द' होती है, परन्तु वे चयन नहीं कर सकते। और 'औचित्य विचार' तो उससे भी परे की बात है। इसके विपरीत 'अभिरुचि' नामक गुण के बल पर सामान्य जीवनोपयोगी आवश्यकताओं की पूर्ति होते ही मनुष्य को प्राणी जीवन का वह स्तर छोड़ने की इच्छा होती है, उसके अबोध जीवन की हर पँखुडी खुलने लगती है...अलग होने लगती है...अन्तर्जीवन के तरल अवकाश का भान उसे होने लगता है। कला, क्रीड़ा, विज्ञान, दर्शन जैसे अनेक सत्वों से उसका जीवन अनेकांगों से फूलता-फलता है। ऐसे समृद्ध जीवन

के सभी स्तरों पर जीने को, जीवन–व्यवहार को घेरनेवाला एक गुण है 'अभिरुचि'...इस गुण की परिभाषा देने के प्रयत्न में उसका आख्यान ही बन गया, इसी से मानव जीवन के विकास के सन्दर्भ में इसका महत्त्व स्पष्ट होता है। यह सन्दर्भ भी प्रत्येक क्षेत्र के अनुसार, वहाँ के व्यवहारों के अनुसार और उसके कारण निर्माण होनेवाली आशा–आकांक्षाओं–अपेक्षाओं के अनुसार थोड़ा–बहुत बदलता रहता है और ऐसे बदलाव के सन्दर्भ की विचक्षणा हमें अलग–अलग दृष्टिकोण से करनी पड़ती है।

प्रस्तुत लेख में इस दृष्टिकोण का लक्ष्य है 'नृत्य–कला'। इस कला के क्षेत्र में 'अभिरुचि' के निश्चित अर्थ या अर्थान्तरों पर विचार करते समय समग्र ललित कला संकुल में नृत्य–कला का स्थान, वर्गीकरण की विशिष्ट सम्भावनाएँ, उसका स्वरूप–स्वभाव, उसका आविष्कारात्मक बर्ताव, प्रस्तुति की पद्धति, उसका माध्यम और उसके आशय के अनुसार उसकी प्रस्तुति को मिलनेवाले अन्तिम स्वरूप, आदि सभी अंगों को हलके से छूता हुआ ही सही, स्पर्श करने की धारणा इस लेखन के मूल में है।

ललित कलाओं की सामान्य गणना में संगीत (गायन, वादन–तत, वितत, घन, सुषिर), नृत्य, नाट्य, चित्र, शिल्प, मूर्ति, वास्तु और साहित्य नामक कलाओं का प्रमुखता से समावेश होता है और अलग–अलग निकषों के अनुसार तथा माध्यम की भिन्नता के अनुसार इन कलाओं का विविध प्रकार से वर्गीकरण किया जा सकता है।

इन वर्गीकरणों की सहायता से परन्तु उनके अनेकविध विवरण में प्रवेश किये बिना नृत्य–कला का ही सर्वंकष विचार करते हुए यह समझ आता है कि नृत्य–कला मुख्यत: प्रयोगस्वभावी–प्रयोगात्म दृश्य–श्रव्य संवेदनाओं के जरिये व्यक्त होनेवाली, 'अवकाश' और 'काल' को प्रत्यक्ष–परोक्ष, पृथक और सम्पृक्त रूप में अपनानेवाली और अपनी प्रस्तुति में साहित्य और संगीत (गायन–वादन) की उल्लेखनीय सहभागिता पानेवाली संकीर्ण सुन्दर कला है। उपर्युक्त परिच्छेद में प्रयुक्त 'प्रयोगस्वभावी' या 'प्रयोगात्म' इन विशेषणों को कुछ अधिक स्पष्ट करना आवश्यक है, क्योंकि 'अभिरुचि' नामक गुण–विशेष के साथ इस पहलू का सटीक सम्बन्ध है।

'प्रयोगस्वभावी' यानी प्रस्तुति के जरिये अभिव्यक्त होनेवाली। जब प्रयोग किया जाता है, तभी नृत्य–प्रस्तुति होती है और यह प्रस्तुति होते–होते ही वह नष्ट भी होने लगती है। ऐसे प्रयोग–निर्भर स्वभाव के कारण नृत्य, नाट्य और संगीत कलाओं पर अभिरुचि के सन्दर्भ में समान विचार किया जा सकता है। इन तीनों कला–क्षेत्रों के कलाकारों का अपने आस्वादकों, रसिक जनों के साथ नित्य प्रत्यक्ष सम्बन्ध होता रहता है। यही नहीं, रसिक जन उन विशिष्ट नृत्य कार्यक्रम के या नाट्य–प्रस्तुति या महफ़िल की सफलता की प्रक्रिया में सहभागी भी होते रहते हैं। स्वाभाविक ही, रसिक जनों के आस्वाद की अभिरुचि और कलाकार की प्रस्तुति की अभिरुचि का आमना–सामना होना इन कलाओं के सन्दर्भ में नित्य का गृहीत ही मान लिया जाता है! संगीत में से गायन और नृत्य तथा नाट्य कलाओं की एक और समान विशेषता ध्यान

देने योग्य है। इन तीनों कलाओं को उनके मूल स्वरूप में प्रस्तुति के लिए सम्पूर्ण मानव देह (नृत्य, नाट्य) या उसका कोई विशिष्ट अवयव (गायन के लिए गला) साधन स्वरूप पर्याप्त होता है और इस मायने में ये तीनों कलाएँ अत्यन्त स्वाभाविक हैं। इनमें से 'नृत्य-कला' तो अत्यन्त मूलभूत और मानव जीवन से अकृत्रिम रूप से सम्बद्ध कही जा सकती है, क्योंकि मनुष्य के अंग-प्रत्यंगों का निरुद्देश्य (नृत्त) और सोद्देश्य (नृत्य) संचालन ही नृत्य-कला का बीज है—मनुष्य देह ही मुख्य साधन है—और इस बहुआयामी साधन के प्रतीकात्मक उपयोग के कारण निर्माण होनेवाली शरीरभाषा ही नृत्य-कला का माध्यम है।

नृत्य-कला के स्वभाव और 'अभिरुचि' नामक गुण-विशेष के सम्बन्ध में इतने विस्तार से और पारिभाषिक शब्दों का प्रयोग करते हुए इतना 'कठिन' स्पष्टीकरण इसलिए दिया गया है ताकि नृत्य-कला के बारे में अभिरुचि का आज का जनस्वीकृत स्वरूप और जानकारों के मन में उसका जो आदर्श स्वरूप है, इनके बीच का अन्तर या भेद पाठकों के ध्यान में आ सके। यहाँ एक बात याद रखनी होगी कि यहाँ से आगे के विवेचन को भारतीय नृत्य-कला का ही सन्दर्भ है।

भारतीय नृत्य के दो-ढाई हज़ार वर्ष पहले से आज के काल का इतिहास सांस्कृतिक दृष्टि से जाँचने पर अभिजात नृत्य-कला अपनी निर्मिति के समय से लेकर तीन पर्वों में उत्क्रान्त होती हुई दिखायी देती है। उसकी प्रस्तुति के प्रयोजन में उसी के अनुसार लगातार बदलाव होता दिखायी देता है। उसके विकास की दिशाएँ बदलती दिखायी देती हैं। स्वाभाविक ही कलाविष्कार को प्रत्यक्ष में लानेवाले कलाकार और उनकी कला प्रस्तुति का परावर्तित अनुभव प्राप्त करनेवाले आस्वादकों की अभिरुचि में भी भेद निर्माण होता दिखायी देता है।

नृत्य-कला की निर्मिति के आदिम काल में जिनकी प्राकृतिक कृपा पर और क्रमशः काल्पनिक दया पर आदिवासियों के जीवन के प्रत्येक उगते दिन का आरम्भ निर्भर था, उन पंचमहाभूतों को और भूत पिशाचों को मनाने की खातिर, उनका आवाहन करने की खातिर किया जानेवाला नृत्य आगे नित्य-नियमित 'विधि' नृत्य में रूपान्तरित हो गया और इसमें से आगे चलकर कालान्तर में जनपदीय जीवन का उपासना पर्व अस्तित्व में आया।

इस पर्व में नृत्य का उपयोग इष्ट देवताओं को सन्तुष्ट करने के एक साधन के रूप में होने लगा। स्वाभाविक ही इतने सीमित उद्देश्य से मन्दिरों के परिसर में किये जानेवाले नृत्य के सहज विकास में बाधा उत्पन्न हुई होगी। कलाकार और उसके दर्शक+श्रोता 'तथास्तु' कहते हुए मानो एक जगह रुके रहे, एक काल में जमे हुए रह गये।

इसवीं सन् की ग्यारहवीं-बारहवीं शताब्दी से भारत में विदेशियों के आक्रमण का धुँआधार सत्र आरम्भ हुआ। इस कारण देश भर में उत्पन्न हुई ऐतिहासिक, सांस्कृतिक, और सामाजिक अस्थिरता ने कलाकारों को जीविका की खोज में भटकने के लिए विवश किया। इस कारण

मन्दिरों—प्रार्थना मन्दिरों का सुरक्षित आश्रय गँवा चुके कलाकारों को राजाश्रय की खोज में दर-दर भटकते हुए एक नये पर्व का—'सामन्तीय' पर्व का सामना करना पड़ा।

भारत देश विशाल। कई राज्य। भौगोलिक परिस्थिति में अत्यन्त विविधता। विविध प्रकार की जलवायु। लोगों के रीति-रिवाज़, रहन-सहन, खान-पान अलग-अलग। देश में जगह-जगह पर निर्मित कला-प्रकारों में भी भिन्नता। जिन्हें प्रमुख कहा जाय, ऐसी अभिजात नृत्यशैलियाँ भी सात। परन्तु इन सबका सांस्कृतिक इतिहास बहुत अलग नहीं। अत: इस इतिहास के अलग-अलग विवरणों को न देखते हुए मेरे अध्ययन के विषय अर्थात् उत्तर भारतीय नृत्य शैली 'कथक' का ही विशिष्ट उदाहरण लेते हुए यदि मैं विचार विनिमय करूँ, तब भी मूल मुद्दे का योग्य पद्धति से विवरण दिया जा सकता है। अत: यहाँ से आगे विषय का विस्तार करते समय कथक का विशिष्ट सन्दर्भ देने में कोई आपत्ति नहीं होनी चाहिए।

सामन्तीय पर्व को अपनाते हुए हिन्दु या मुस्लिम दरबार में दाख़िल हुए कथक कलाकारों को उस नये वातावरण में एक नयी चेतना मिली। उनके कला-विलास को जो 'प्रतिस्पर्धा' और 'मात' अपरिचित थी, वह उनके जीवनक्रम में ही घुस गयी। ऊँची-नीची श्रेणी का भान उन्हें होने लगा। अपने दर्शकों-श्रोताओं की पसन्द-नापसन्द उनके सामने नित्य नये प्रश्न उपस्थित करने लगी। चुनौतियाँ खड़ी करने लगी। एक मायने में उस काल में 'अभिरुचि' शब्द का अर्थ अधिकतर 'पसन्द' तक ही सीमित रहा। फिर भी कलाकारों और उनके आश्रयदाताओं अर्थात् उनके आस्वादकों की एक ही प्रकार की उपस्थिति से एक अत्यन्त महत्त्वपूर्ण और सार्थक परिवर्तन सामने आया, जिसके कारण 'कथक' मात्र कथन और आख्यान से मुक्त हुआ और वह 'नर्तन' रूप में यानी सही मायने में 'स्व'-रूप में रंगमंच पर अवतरित हुआ! अब उस रंगमंच पर पन्द्रहवीं शताब्दी के वैष्णव सन्त कवियों ने मधुरा भक्ति के द्वारा जो कृष्ण-चरित्र सजाया था, उस विषय के साथ अनन्यसाधारण जीवनानुभवों की तरफ़ भी ध्यान दिया जाने लगा। उस नर्तन को एक तकनीक मिली, सुभग रेखाओं, आकर्षक नृत्य-पैंतरों और ताल-लयात्मकता का भान आया और सीमित रूप में भाव-प्रदर्शन का भी अन्तर्भाव हुआ। उल्लेखनीय बात यह कि उपर्युक्त प्रकार से योग्य दिशा में हुआ नृत्य परिवर्तन काल, परिस्थिति और सह-कलाकारों को मात करने के दबाव से, तनाव से यानी मुख्यत: कलाबाह्य कारणों से हो रहा था, इस बात की ओर न कलाकारों का ध्यान गया न उनके आश्रयदाताओं अर्थात् तथाकथित रसिक जनों का!

सम्पन्न अभिरुचि के उभय पक्षों द्वारा सिद्ध हो सकनेवाले सभी अर्थ रूढ़ होने के लिए सर्वंकष सांस्कृतिक ह्रास के अँग्रेज़ शासनकाल के डेढ़ सौ वर्ष लाँघकर भारतीय कलाओं के स्वातन्त्र्योत्तर पुनरुत्थान की प्रतीक्षा करनी पड़ी। पुनरुत्थान का यह पर्व यानी आज का संस्कृति पर्व। इस पुनरुत्थान के पर्व ने अर्थात् संस्कृतिपर्व ने 'कला सम्पन्नता के लिए ही कला-विकास, ज्ञानार्जन के लिए ही ज्ञानार्जन' का जीवनमूल्य जीवन को आधार रूप में प्रदान किया। उसके

निःसन्दिग्ध प्रकाश में ही आज की कला-अभिरुचि की वास्तविकता और आदर्श की खोज तथा निदान करना है!

कला के क्षेत्र में 'अभिरुचि' नामक गुण के दो अधिष्ठान सर्वमान्य हैं। नृत्य के सन्दर्भ में वे अधिष्ठान यानी नर्तक कलाकार और उसके दर्शक-श्रोता आस्वादक। इन दोनों के उत्तम सहयोगपूर्ण संयोग के कारण प्रस्तुति का सौन्दर्य अकल्पनीय ऊँचाई प्राप्त करता है। कभी-कभी कलाकार की और आस्वादक की मानसिकता का मेल नहीं हो पाता। और प्रस्तुति कुछ जमी हुई सी प्रतीत होती है। कभी-कभी ये दोनों पक्ष एकदम अलिप्त रह जाते हैं और कला के श्रेय-ध्येय का मार्ग ही खो गया सा लगता है। इन अन्तिम दो सम्भावनाओं को टालने की अधिकतम ज़िम्मेदारी मेरे विचार में कलाकार की ही होती है।

'नृत्य' नामक कला भारत में एक संकीर्ण स्वरूप की कला के रूप में ही विकसित हुई है। उसकी प्रस्तुति में 'संगीत' और 'साहित्य' कलाओं का भारी मात्रा में सहभाग होता है। कई बार इन कलाओं के सहयोग के आकर्षक परिणाम को ध्यान में रखते हुए नर्तक नृत्य प्रस्तुति के मूल माध्यम को जाने-अनजाने अनदेखा करते नज़र आते हैं। वस्तुतः कला-प्रस्तुति में निहित रचना-तत्व का प्राण ही है 'माध्यम की समझ' और इस महत्त्वपूर्ण मान्यता को रसिक जनों की समझ में भी संक्रमित करने का उत्तरदायित्व कलाकार का ही होता है।

इस आलेख के आरम्भ में ही नृत्य-कला विषयक मुख्य गमकों को मैंने दर्ज किया है परन्तु उनकी अचूक परिभाषा नहीं दी है। उसे यहाँ उद्धृत करना मुझे उचित प्रतीत होता है।

उपलब्ध अवकाश में, और सुबद्ध लय में विचरते हुए मानव शरीर का गतिमान शिल्प यानी नर्तन। ऐसे नर्तन में जब निर्धारित अवकाश में सौन्दर्यपूर्ण आकृतिबन्ध गति विशेष और मनोहर पैंतरे निर्माण करने और उसके साथ लयताल में चमत्कृति दर्शाने को प्रधानता दी जाती है, तब उसे 'नृत्त' कहा जाय और इस गतिमान शिल्प से जब किसी साहित्यिक अर्थ, किसी कल्पना, किसी प्रसंग, विचार या किसी तरल भावना का आह्वान किया जाता है, तब उसे 'नृत्य' कहा जाय।

नृत्य की उपर्युक्त परिभाषा में ही नृत्य के माध्यम की ओर निर्देशन हो रहा है। मनुष्य देह नृत्य का मुख्य साधन और देहान्तर्गत अंगप्रत्यंगों के सूक्ष्म और ठोस संचालन से, क्षेपों से, कृति से हस्ताविर्भावों से सिद्ध होनेवाली मूक अंगभाषा ही नृत्य का माध्यम है। जैसा कि पहले कहा गया है, कलाकार को इस वास्तविकता को स्पष्ट रूप से ध्यान में रखना चाहिए।

विशुद्ध कलोपासना के सन्दर्भ में कलाकार से और भी कुछ अपेक्षाएँ रखना मुझे उचित प्रतीत होता है। कलाकार को बहिर्मुख कम और अन्तर्मुख अधिक होना चाहिए। जिस समय कला की प्रत्यक्ष प्रस्तुति की जा रही हो, उस समय उसकी आत्ममग्नता और साथ ही अपनी स्वयं की कला प्रस्तुति की तरफ़ ध्यान देनेवाले साक्षी भाव का जतन कलाकार को करना ही

चाहिए। कलाकार कला का अभ्यास, रियाज़ स्वान्तःसुखाय करे और कला-प्रस्तुति का प्रदर्शन उसका आनन्द सहानुभाव से रसिक जनों सहित उपभोग करने के लिए होना चाहिए। कलाकार को लोकाभिमुखता सीमित मात्रा में रखनी चाहिए, परन्तु विषय का चयन, रचना शैली आदि के अलावा अन्य आनुषंगिक बातों में भी अपनी आत्माविष्कार की स्वतन्त्रता को उसे अबाधित रखना चाहिए। समाज के या आस्वादक—दर्शक-श्रोताओं की पसन्द-नापसन्द का और कई बार जानकारी के अभाव का दबाव स्वयं पर नहीं आने देना चाहिए। कलाकार की रंग-प्रस्तुति किसी अभिजात बन्दिश की तरह सुबद्ध और सुचिन्तित हो, इस प्रकार की औचित्यपूर्ण प्रस्तुति के परिणाम की तरफ़ कलाकार को हमेशा ध्यान देना चाहिए।

इस प्रकार अपनी ज़िम्मेदारी जब कलाकार यथोचित रूप में निभा रहा हो, तब नृत्य के रसिक जनों, आस्वादकों को कलाकार की किन यथातथ्य अपेक्षाओं की पूर्ति करनी चाहिए, इसकी

सूचना देना भी यहाँ अत्यावश्यक प्रतीत होता है।

नृत्य-रसिक केवल त्रयस्थ दर्शक न हों। उन्हें नृत्य-कला की प्रस्तुति देखने और उसका मर्म समझने में सचमुच रुचि होनी चाहिए। नृत्य बार-बार देखने से उसके सौन्दर्य के निकष धीरे-धीरे समझ आने लगते हैं। नृत्य की शैली के अनुसार शुद्ध और सुबद्ध माने जानेवाले आकार, रेखाएँ, लालित्य, ताल-लय की शुद्धता और प्रतीकात्मकता तथा प्रतिमासम्पन्न भावदर्शन आदि गुण-विशेष जाने-अनजाने ही आस्वादकों की समझ में आने लगते हैं और आस्वाद अभिरुचि सम्पन्न हो जाता है।

नृत्य प्रयोग का आयोजन संगीत और नाट्य कलाओं के प्रयोग की तुलना में काफ़ी परिश्रमपूर्ण बात होती है। नाटक के लिए आवश्यक नेपथ्य, ध्वनि-प्रक्षेपण, प्रकाश-योजना आदि यहाँ आवश्यक होती ही है, पर उसके साथ-साथ पदन्यास-योग्य रंगमंच और संगीत की महफ़िल से अलग समझ और विशिष्ट पद्धति से गायन-वादन करनेवाले, अधिक संख्या में संगत करनेवाले (इसी प्रकार कई बार संगीत निर्देशक भी) नृत्य-प्रयोग की सफलता के लिए अत्यावश्यक अंग होते हैं। आदर्श साथ-संगत यानी कभी एक स्थिर सांगीतिक सन्दर्भ-चौखट (जैसे लहेरा, नगमा या बन्दिश की अस्ताई या मुखड़ा) होती है, या कभी कर्ण-मधुरता और उत्तम ध्वनि-मेल, उत्तम पार्श्वसंगीत के कारण नृत्य को प्राप्त एक अतिरिक्त परिणामकारी आयाम भी हो सकता है। इन सभी सौन्दर्य-लक्षणों के अस्तित्व की तरफ़ समझ के साथ ध्यान देते हुए और उनसे आनन्द प्राप्त करते हुए आस्वादक यदि जागरूकता के साथ आज़मा सकें कि क्या नृत्य की संगत करनेवाला संगीत, या अभिनयांग की प्रकृति के दौरान काव्य-कला जो नृत्य का मुख्याधार है, उस पर हावी होकर, अपनी मर्यादा का उल्लंघन कर नृत्य के माध्यम को ही धुँधला तो नहीं कर रहें, तो कह सकते हैं कि वह रसिकाग्रणी हो गया!

नर्तक के अवकाश और काल के अध्ययन में अत्यन्त सूक्ष्म सन्दर्भ होते हैं। उपलब्ध रंगमंच के सभी आयामों को स्पर्श करते हुए अंग रेखाओं से, क्षेपों से नर्तक को अवकाश को सजाना पड़ता है और उसी समय लय से, छन्द से और 'ताल' नामक मानव निर्मित संस्कार के द्वारा काल को मनाना होता है। 'अवकाश' और 'काल' नामक आदितत्वों का नृत्य-प्रस्तुति में जो मनोज्ञ विलास होता है, वह एक तरल, सुन्दर अनुभव होता है! रसिक जनों को उत्सुकता के साथ इस अनुभव के सम्मुख जाना चाहिए।

भले ही एक क्षण ऐसा लगे, कि नर्तकों के और रसिक जनों की अभिरुचि सम्पन्नता तथा कलान्तर्गत आदान-प्रदान के ये आदर्श और इसी सन्दर्भ में केवल कल्पनारम्य प्रतीत होनेवाले उपर्युक्त विचार आज के सब प्रकार के सुविधासम्पन्न समाज जीवन के उन्मेष निश्चित ही नहीं है, तथापि अपने पूर्ववर्ती लोगों के सांस्कृतिक जीवन की यह एक महत्त्वपूर्ण मान्यता निश्चित ही थी!

उन्होंने सुफल नृत्य की तुलना वेदों की शाखा-उपशाखाओं में विस्तारित, षट्शास्त्रों की बहार से पुष्पित और जानकार रसिक-जनों के मुख से निकलनेवाले वाहवाही के हुंकारों के भ्रमर-गुंजन से मदमस्त एक कल्पवृक्ष से की है, तो अपने अनुभव के बल पर ही!

सभा कल्पतरुर्भाति वेदशाखोपजीवितः।
शास्त्रपुष्पसमाकीर्णो विद्वद्भ्रमरशोभितः॥

—'अभिनयदर्पण'

समय के साथ-साथ कला के क्षेत्र के उपर्युक्त आदर्श भले ही नामशेष होते हुए दिखायी दे रहे हों, पर इस बात का सन्तोष रखने में कोई हर्ज़ नहीं कि वे कम से कम ग्रन्थों में तो प्रस्थापित हैं। इन आदर्शों तक पहुँचने की आकांक्षा जिन महाभागों के पास होगी, उन्हें वे निश्चित रूप से प्राप्त होंगे, उनकी फिर से खोज करने की आवश्यकता नहीं रहेगी!

ऐसे महाभाग आज भी कम संख्या में ही सही, पर नृत्य-क्षेत्र में हैं। उन्होंने परम्परा का अर्थ समझा है—परम्परा को उन्होंने अपने 'अन्तर्मन में विरासत' के रूप में सम्हाला-सहेजा है। इसी परम्परा को प्रवाहित रखकर उसके प्रवाह को काल-समानान्तर किस प्रकार रखा जाय, इस बारे में विचार और तदनुसारी कृति करने में सक्षम कुछ गिने-चुने प्रतिभाशाली और अभिरुचि सम्पन्न कलाकार आज नवता की चुनौती को स्वीकार करते हुए दृढ़ता से खड़े हैं, परन्तु...

आज की परिस्थिति आदर्शों से काफ़ी कुछ विचलित और कुछ भयकारक है। पचास वर्ष पहले जो संस्कृति पर्व अस्तित्व में आया था, वह अब संस्कृति-संकर का पर्व बन गया है। इस पर्व की तरुणाई में न ऊर्जा का उन्मेष है, न अवकाश का आदर। 'नाद' का अनाहत अनुभव तो बहुत दूर की बात है, यहाँ सतत साक्षी होनेवाले प्रवाही काल का भी भान उन्हें नहीं है...!

उच्च श्रेणी के कई कलाकार स्तरहीन दर्शकों-श्रोताओं को रिझाने के लिए अकारण ही अपने स्तर से नीचे उतर रहे हैं। कलाविष्कार को अकारण 'सुगम', 'सरल' बनाने के प्रयोग लोकप्रिय हैं। कलाकारों की कौशलपूर्ण कला-प्रस्तुति को आन्तरिक स्पन्दन की सहायता प्राप्त नहीं है...और आन्तरिक स्पन्दन जहाँ पहुँचना चाहिए, वहाँ उसे आदरपूर्वक स्वीकार करनेवाले रसिक-जन भी उपस्थित नहीं है।

कला के क्षेत्र में अभी भी कुछ 'घराने' हैं, पर वे परम्परा का जतन करने उसे सहेजने-सम्हालने के लिए नहीं, बल्कि अकलात्मक प्रतियोगिता के लिए हैं, और विचारों का एकाध बार जो मेल होता है, वह दिशाहीन, सत्वहीन इतना निरर्थ, कि उसे 'संकर' ही कहा जाना चाहिए!

परन्तु सृष्टि के चक्रनेमिक्रम पर विश्वास रखनेवाली मेरी मति को अभी भी विश्वास है कि रहट अब बिन पानी के कुएँ के तल से जाकर टकराया है और उसे सृष्टिजात गति मिली होने के कारण अब एक ही दिशा उपलब्ध है—क्रमण की दिशा, प्रगति की—वह दिशा है पुनरुत्थान की—उर्ध्व...केवल उर्ध्व!

विभाग छह

छत्रछाया

सर्वेसर्वा : डॉ. वसन्तराव देशपाण्डे

पं. मोहनराव कल्याणपूरकर

नृत्यमहर्षि पण्डित लच्छू महाराज : व्यक्ति और कार्य

प्रकाश का मार्ग

१

सर्वेसर्वा

डॉ. वसन्तराव देशपाण्डे

'ऐसे ही गाने की कापी निकाली थी। 'भीमपलास' का पन्ना ढूँढ़ रही थी परन्तु 'रागेश्री' का मिला—और पास में 'भैरवी' दिखी—परम्परागत बन्दिश 'भवानी दयानी महावाक्वाणी'। बन्दिश के शब्द मेरे ठोस और मोटे अक्षरों में...तो उन शब्दों के नीचे उस बन्दिश का पूरा नोटेशन वसन्तरावजी के बारीक और तिरछे अक्षरों में। कापी की बन गयी है पोथी...लेकिन वह तो कब की—वसन्तरावजी के रहते ही : वे कहते...'अब पोथी बदलिए बेबीताई :' लेकिन उस पोथी के पन्ने-पन्ने पर अगणित स्मृतियों के स्वरसुगन्धित वातावरण को हमेशा के लिए सँभाल कर रखा है...उसे नयी कापी में आसानी से कैसे बनाया जा सकता? 'वसन्तरावजी...पन्नों को हर बार पलटते ही आपकी सीख के वे जादूभरे पल जागृत चिनगारी की तरह दीप्तिमान होते हैं। वह जादू नयी कोरी कापी में संक्रमित कैसे होगा?' मैं मन में कहती।

वसन्तराव जी के पास गाना सीखने की शुरुआत बड़े मज़ेदार ढंग से हुई थी।

मेरे नृत्याध्ययन की कालावधि में सन् १९४७ से ६२ तक का समय अस्त-व्यस्त सा रहा। नृत्यदौरों के निमित्त देश के नक़्शे पर आडी-तिरछी रेखाएँ निकालना शुरू हुआ था। ईश्वर कृपा से पण्डित मोहनराव कल्याणपूरकर और पण्डित लच्छू महाराज जी जैसे क्रमानुसार जयपुर और लखनऊ घराने के अध्वर्यू गुरु के रूप में मुझे प्राप्त हुए थे। उभय गुरु प्रतिष्ठित नृत्याचार्य लेकिन वे गाते भी कायदे से...तबला भी बजाते तथा शायरी भी करते : सच्चा 'कथक' कलाकार ऐसा ही होना चाहिए—नर्तक, गायक, वादक, शायर इस प्रकार चतुरस्त्र बुद्धि का और चतुरंग कौशलवाला। नृत्य यह कला ही मूलत: सम्मिश्र, बहुआयामी कला है। नर्तक-नर्तकियों को साहित्य में रुचि चहिए, ताल लय का निश्चित बोध चाहिए, गले में, कानों में 'सुर' चाहिए...इतना ही नहीं गायन 'बाक़ायदा' आना चाहिए। यह अन्तिम बात 'अनिवार्य' थी इसलिए मुझे पसन्द आ गयी थी...फिर भी अध्ययन के एक मुकाम पर विशेष महत्त्वपूर्ण लगने लगी। कथक के अभिनय के दायरे में ठुमरी, दादरा और नृत्तअंग के

चतुरंग...सरगम...तराने—इनकी अन्दरूनी स्वरलय का 'बरताव' मुझे First hand, प्रत्यक्षत: अवगत होना चाहिए...सिर्फ़ जानने से काफ़ी नहीं होगा ऐसा जिस क्षण मुझे प्रतीत हुआ तब...उसी क्षण से बचपन से मुझ पर हुए सभी संगीत संस्कारों का मैंने मन ही मन आवाहन किया।

दिलरूबा निपुण रामचन्द्र काळे मास्टर जी द्वारा 'झन् झन् झन् झन् पायल बाजे' बजाते हुए उनकी मुलायम ऊँगलियों से झरनेवाला मधुर गीत...केशवराव भोळे जी के यहाँ दो-चार सालों तक ली हुई गायन की तालीम से निर्माण हुई अभिजात संगीत के प्रति रुचि तथा रूझान...लखनऊ के मुकाम में उस्ताद बब्बनखाँ जैसे बुज़ुर्गों ने गायी स्वर्गीय बिन्दादीन महाराज जी की रसीली रचनाओं का साफ़ लुभावना स्वरसौन्दर्य—कभी शुद्ध रागविस्तार...कभी विविधरंगी मिश्र धुनें...परन्तु भाव तथा सुर का एकाकार रूप और ताल—लय का सतत और सहज मिलता सुघड़ रूप—सब कुछ मन में महकने लगा और उमंग उठी लगन से...और 'अथ' से सीखने की। गुरु का नाम भी तत्क्षण आँखों के सामने छा गया। गायन क्षेत्र के ही नहीं तो सम्पूर्ण संगीत-संसार के सर्वेसर्वा—वसन्तरावजी देशपाण्डे।

तब वसन्तराव जी पुणे विद्यार्थी गृह के सामने 'सदाशिव पेठ' में रहते थे। मेरे रसज्ञ जीजाजी कर्नल आनन्दराव मजूमदार गाने की तालीम के बारे में पूछने तथा धीरज बँधाने मेरे साथ आये थे वसन्तराव जी के यहाँ। महफ़िलों में...नाटकों में (भावबन्धन...तुका म्हणे) मैं वसन्तराव जी को देखती ही आयी थी। सहज उत्तम अभिनय और आक्रामक चढ़ते सुर का गायन।

पं. लच्छू महाराज और पं. वसन्तराव देशपाण्डे

छोटा गाँव हो तो सब छोटे–बड़े कलाकार एक दूसरे को पहचानते हैं...उतनी मेरी उन से पहचान भी थी। मैंने अपना मन्तव्य बताने पर अपने तनिक अनुनासिक और नाटकीय सुर में उन्होंने मुझसे पूछा...'क्यों सीखना है आपको गाना?' मैंने कहा—''कारण वैसे क्या बताऊँ? 'अथ' से गाना सीखने की इच्छा है और तालीम आप से ही लेने की ज़िद भी है मेरी।'' आश्चर्य की बात यह कि वसन्तराव जी ने कहा 'ठीक है।' आगे 'फीस' के बारे में कैसे पूछें इस उलझन में पड़ गयी हूँ यह पहचान कर उन्होंने कहा 'आप से जो जैसा बन पड़े वैसे दे दीजिए। सच तो यह है कि विद्यादान पर धन कमाने के मैं विरोध में हूँ। लेकिन वर्तमान हालात थोड़े अलग हैं इसलिए जैसा बन पड़े दे दीजिए।' वसन्तरावजी सुबह ठीक सात बजे नृत्यभारती में आने लगे।

दस एक दिन हो गये होंगे...मेरा धीरज छूटने लगा। स्वरलगाव की गम्भीरता और तरलता...इन दोनों गुणों का चरमोत्कर्ष सधनेवाली तीन सप्तकों की आवाज़ वसन्तरावजी की...और मेरे बारे में क्या कहूँ? मूलत: सुरीली...चढ़ती परन्तु husky आवाज़...पक्के गायन की अपेक्षा नृत्य सिखाते हुए अहर्निश पढ़न्त के लिए अधिकांश रूप से प्रयुक्त करने से परिणामत: ठोस बनी हुई।

प्रारम्भ भीमपलास के 'सब सुर साधे' इस मध्यलय तीनताल की बन्दिश से ७/२/६२ को हुआ। स्वरसाधना के सन्दर्भ में कुमारजी की इस सुन्दर बन्दिश का अर्थ मूलत: बहुत ही गहन होने पर भी मुझे 'सब सुर साधे' की जगह 'सब सुर कठिन' ऐसा ही सतत मन में आता। इतने

ये सुर...यह गायन...यह शैली अनोखी अपरिचित थी—अपरिचित...मेरी मर्यादा के पार की : दस एक दिनों में मेरी अवस्था बहुत ही कठिन हो गयी। आख़िर धीरज के साथ मैंने वसन्तराव जी से कहा...'ये गायन मुझे कुछ अपने औकात का नहीं लगता। मैं आप का अमूल्य समय व्यर्थ क्यों गँवाऊँ?' वसन्तराव जी ने कहा...'अभी आप को कितने दिन हुए तालीम शुरू करके? दस ही ना? दस साल के बाद मुझसे यह सवाल पूछना...तबतक चुपचाप सीखना है।' मैं सकुचायी-सी हँस दी और चुपचाप सीखना आरम्भ किया।

चुपचाप गायन सीखने के प्रारम्भ के इन सात-आठ वर्षों के अपूर्व सन्तोष के कालखण्ड में सुन्दर घरानेदार बन्दिशों के रूप में कितने सारे रागों से गहरी दोस्ती हो गयी...इतना ही नहीं...कानों के मन में और मन के कानों में कितने सारे रागों का गूँजन अविराम शुरू हो गया। बचपन में नीरस लगा बिलावल 'कंथा मोरे' और 'कवन बटरिया गइलो माई' के स्वराकारों से मिठास के साथ उमड़ने लगा...तब तो मैं अभिभूत ही हो गयी। 'लेता जाजो म्हारो रे सन्देसा' कुमार जी की इस चीज़ ने 'कुमार-वसन्त' की गान विशेषताओं की मिश्रित सुगन्ध मुझ तक पहुँचायी। प्रारम्भ में 'सजल नैना काहे ही' (पटमंजरी) 'ध्यान अब दीजो' (भूप) जैसे रागों की बन्दिशें और 'मृगनयनी तेरो यार री रसिया'...'आजा रे कंथा छांड परदेसा'...'बारी म्हारा लगन सखा आयोरी' ऐसे कितने ललितमधुर कुमारजी के ही गीत वसन्तरावजी ने सिखाये। सब बन्दिशों को कुमारजी की उपज का भारीपन और वसन्तराव जी के पेशकारी की चमक प्राप्त हो गयी ही थी। इसका अन्तर मुझे...इसमें से कुछ रचनाएँ जब मैंने कुमार जी की महफ़िल में सुनी तब समझ में आया।

प्रारम्भ के कुछ वर्षों में बिहाग, मारवा, नन्द, अहिर भैरव, नटभैरव, रामकली, सालगवराळी, रागेश्री, मारूबिहाग, बागेश्री इत्यादि रागों ने वसन्तरावजी की कृपा से मुझमें अपना आसन जमाया। इन रागों की चीज़ों के बढ़त के बारे में और मूल रागों के भाव, प्रकृति, चालचलन, इत्यादि अंगों के बारे में मेरी पोथी में प्रत्यक्षापरोक्ष टिप्पणियाँ हैं—नहीं, वह तो एक ख़ज़ाना ही है। उन आठ–दस चीज़ों के सन्दर्भों के बारे में और एक–एक क्षण के दौरान वसन्तरावजी की की गयी टीका–टिप्पणी के अनुसार गहरायी से और सावधानी से अध्ययन करना है और बाद में किसी भी नये राग में प्राथमिक जानकारी के साथ भी कुशल तैराक की तरह विक्रम करना सम्भव होगा...ऐसा मुझे उस समय भी लगता था, आज भी लगता है। ये केवल पलटे नहीं, बँधे हुए आलाप नहीं, ये रागरागिनियों का व्याकरण नहीं, ये हैं प्रमेय। इन सांगीतिक प्रमेयों का सुलझाव होने जितना अध्ययन हो गया तो सम्पूर्ण संगीत का ही सुलझाव होगा यह निश्चित है।

अपने भविष्य को आप ही आकार देनेवाले व्यक्ति के जीवनक्रम में अपनी जीवनवृत्ति के अनुसार विभिन्न रुचियों का अग्रक्रम निश्चित होना पड़ता है। मेरी ज़िन्दगी में वैसा अग्रक्रम नृत्याध्ययन को होने से वसन्तरावजी ने सतत और सहजता से मेरे सामने रखे संगीत प्रमेयों का जैसा करना चाहिए वैसा अध्ययन मैं नहीं कर सकी इसका दु:ख मुझे सतत सालता रहता है। फिर भी उन्हीं प्रमेयों का सुलझाव नृत्याध्ययन में निराले रूप में संक्रमित होते जब मुझे दिखायी देता है तब पूरा 'दर्द' कम हो जाता है। सब दुखों की चुभन सुसह्य बनती है।

गुरुवर्य गजाननबुवा जोशी जी के 'शिवानन्द प्रतिष्ठान' की तरफ़ से ठाणा के रंगायतन में सम्पन्न हुए दूसरे या तीसरे वर्ष के संगीत महोत्सव में वसन्तराव जी का गायन और मेरा नृत्य था। मैंने एकताल प्रस्तुत किया, इसके कुछ दिनों बाद वसन्तराव जी ने अचानक कहा, ''बेबीताई, पसन्द आया मुझे आपका एकताल। आपके नृत्य के अन्दाज़ मेरे गाने जैसे हैं। जिस ताल में गाना है, उस ताल की चाल, उसका भाव, उसकी प्रकृति सँभाल के, उसे जागृत रखते स्वरगूँथन करना है जिससे राग, चीज़ और उसका वाहक होनेवाला ताल इनका जो अद्वैत बनता है—उसी का नाम है 'रंग'।''

'कटयार काळजात घुसली' नाटक के साथ वसन्तराव जी के जीवन का नया पर्व शुरू हुआ। भारी सफ़र, दौरे, अतुलनीय लोकप्रियता! अर्थात् मेरे गायन की तालीम में बहुत ही व्यवधान आने लगा। उन्हें और मुझे जब सुविधा होती तब कभी–कभार बैठक जमती हमारे घर। दत्तोपन्त राऊत तबले पर होते तो 'किराणा' छाप विलम्बित ठेका लगाते, वसन्तरावजी उसी में मुझे मध्यलय में सिखाया ख्याल बराबर गाके दिखाते, पांडुरंग मुखडे हो तो वही ख्याल चढ़ती लय में। ग़लती से किसी दूसरे ही ताल का ठेका लग गया तो उसे भी बदलने नहीं देते, गायन के लिए ली गयी बन्दिश का सौन्दर्य सँभालते हुए ताल के प्रासों के साथ उसका नाता हौले से जोड़ देते। ऐसी स्थितियों में गायन कम होता और श्रवण ज़्यादा। फिर भी 'श्रवण'

कमाल का अनोखा! सफल महफ़िल में कभी-कभार अलमस्त, सिर्फ़ आक्रामक और एकाध बार ताल-लय की कारीगीरी के प्रति अति आग्रही, इससे बिल्कुल निराला—रसमय, स्वरपूत, लयलोल, रसघन—क्या क्या कहूँ, कैसे वर्णन करूँ। यही समझ में नहीं आता! इतना हृदयंगम गायन वसन्तराव जी से ही सम्भव है।

वर्ष बीत रहे थे। वसन्तराव जी की तबियत बिगड़ रही थी। इतने सालों का सहवास हुआ, तालीम हुई पर सच कहूँ तो मैं उनके क़रीब कभी पहुँच नहीं सकी, मेरे ही संकोचभरे स्वभाव के कारण। हम शिष्य तो होते हैं परन्तु अपने गुरु केवल अपने ही परिवार के नहीं तो सम्पूर्ण समाज के कला-जीवन के पालनकर्ता होते हैं, इस सत्य को उन्हें समझाकर उनके दौरे, महफ़िलों की अतिशयता को रोक नहीं सकते। जीवन के प्रथम पर्व में सहे ज़ख़्म, गुरु के अन्तर्जीवन पर पड़े हुए न बुझनेवाले दु:खों के दाग़, उन्हें शान्ति, सन्तुलन प्राप्त नहीं होने देते और हमें इस बात का एहसास होते हुए भी हम केवल दुख व्यक्त करते हैं, केवल गवाह बने रहते हैं, इसके जैसी शोकान्तिका नहीं है।

'कटयार' वसन्तरावजी को लौकिक दृष्टि से जहाँ, जिस ऊँचाई पर ले गयी वहाँ तो वे पहले से ही विराजमान थे इसे बहुत कम लोगों ने जाना था। नहीं तो नाट्य-सम्मेलन की अध्यक्षता, संगीत नाटक अकादेमी का पुरस्कार जैसे मान-सम्मान वसन्तरावजी के जीवन में इतने विलम्ब से क्यों प्राप्त होते?

'समाज', लोग, जैसे अनेक वचनी, प्रबल अस्तित्व को केवल भौतिक नज़र होती है, अभौतिक

का मूलभूत सौन्दर्य समझने के लिए जिस दृष्टि की ज़रूरत होती है, सो अलग ही— 'पार'दर्शी!

वसन्तराव जी को गये पाँच साल बीते, लेकिन आकर पैंसठ। उनका 'आना' जो दे के गया, उसे उनका 'जाना' हम से छीन नहीं सकता, यही है सब से बड़ा सुकून!

२

पं. मोहनराव कल्याणपूरकर

कथक की एक अविचल तल्लीनता में मैं जिनकी कृपालु छत्रछाया में कई वर्षों तक निर्विघ्नतापूर्वक विचरण करती रही, उन मेरे श्रेष्ठ गुरुद्वयों में से प्रथम जिनसे मेरी भेंट हुई, वे थे आदरणीय पं. मोहनराव कल्याणपूरकर जी। स्वभावतः संकोचशील, 'मृदु' और 'मितभाषी', प्रसन्न-शान्त स्वभाव के और कलाकार की जन्मजात आत्मलीन प्रवृत्तिवाले पं. मोहनराव जी एक बहुश्रुत और बहुआयामी व्यक्तित्व के धनी थे। गुरु घराने के प्रति पूर्ण आदरभाव रखते हुए भी घरानाशाही की संकुचित और सीमित परिधि में न फँसनेवाले पं. मोहनराव जी एक खानदानी नर्तक, वादक, संगीतज्ञ और शायर भी थे—यानी, सही मायने में 'नायक' या 'वाग्गेयकार' गुरु थे।

मेरे कला-जीवन के एक अत्यन्त विफल क्षण में केवल संयोगवश ही पं. मोहनराव जी से मेरी भेंट हुई। उन्होंने मुझे नृत्य सीखने के लिए लखनऊ आने का सुझाव दिया और मेरे कथक के बाक़ायदा ग्रहण करने के शुभ संकेत मेरे जीवन में प्रकट होने लगे। उस समय कथक का "श्रीगणेशाय नमः" (शुभारम्भ) करने की दृष्टि से मेरी आयु कुछ अधिक ही थी—अट्ठाईस वर्ष की! इसीलिए सम्भवतः पं. मोहनराव जी के मन में मेरी कथक विषयक पूर्व-तैयारी के बारे में ग़लतफहमी रही होगी! उन्होंने मुझे सिखाना शुरू करते समय ही पहले शिखर की तरफ़ संकेत किया और फिर उच्च श्रेणी की शिक्षा देना ही आरम्भ किया!

सुन्दर, सुनिनाद बन्दिशें, उनकी अलग-अलग वजनोंवाली बुनावटें, उनके अलग-अलग पदों के आपस में जुड़नेवाले प्रास-अनुप्रास, विशिष्ट मात्राओं के विशिष्ट स्थान पर तालाक्षरों या नृत्य-बोलों के चमकीले न्यास! यह सब वर्णन आज तो मैं समझ-बूझकर कर रही हूँ, पर उस समय सीखते हुए उन न्यासों का केवल बोझ ही होता था सिर पर और उसे नृत्य के द्वारा अंगांगों में आत्मसात् करते हुए मेरी नाक में दम आ जाता था! परन्तु धीरे-धीरे एक आश्चर्यजनक हथौटी पाने में मैं सफल हुई—शिखर के नुकीले बिन्दु पर सन्तुलन साधते हुए शानदार तरीक़े से खड़े होने की, वहाँ से हौले से नीचे उतरने की और तेजी से फिर चढ़ने की! सामान्य भाषा

में कहूँ तो, तोड़ों–टुकडों की बन्दिशों का तालांकन करने की जानकारी न होने के बावजूद, और कॉपी में बोलों के नीचे ताल के चिह्नों को अंकित किये बिना, सिखायी गयी बन्दिश बराबर वजन के साथ कानों को समझने लगी और प्रत्यक्ष साकार भी होने लगी। आज भी देखती हूँ तो पाती हूँ कि उस प्रथम जीर्ण पोथी में कई बन्दिशें तालांकन के महत्त्वपूर्ण चिह्नों के बिना ही लिखी गयी हैं, फिर भी उनकी पढन्त ताल–लय के अदृश्य खाने में अचूकता से जड़ी हुई प्रतीत होती ही है!

इन सारी बातों का अर्थ केवल इतना है कि कथक की मूल मान्यताओं से सम्बन्धित मेरा अज्ञान पं. मोहनराव जी के लिए कई दिनों तक अज्ञात ही था! 'पहले शिखर का, फिर नींव का निर्माण'—इस अजीब धारणा के साथ परन्तु तेज गति से चल रही मेरी नृत्य विषयक प्रगति की तुलना में मूलभूत संकल्पनाओं से सम्बन्धित मेरा 'बैकलॉग' फूलता ही जा रहा था। उसे धैर्यपूर्वक और लगन के साथ पूरा करने के लिए पुणे–लखनऊ–पुणे की अनेक यात्राएँ सहायक सिद्ध हुईं। नयी सीखी हुई सभी बातों को सुव्यवस्थित करने का काम मैं लखनऊ से पुणे पहुँचने तक कर चुकी होती थी। वहाँ पहुँचने के बाद मन में केवल 'रियाज़, रियाज़' और 'चिन्तन–मनन' का ठेका मन को पकड़ना होता था। इस बात का निर्णय करना कि कौन सी बात किस सन्दर्भ में अत्यन्त महत्त्वपूर्ण है, प्रत्येक नयी बात का आधारभूत तत्त्व खोज निकालना और उसका प्रयोग कर देखना...फुरसत ही नहीं मिलती थी! सीखने के आरम्भिक दो वर्षों के दौरान विलम्बित से लेकर द्रुत लय तक की उत्कृष्ट बन्दिशों से सुसज्ज तीन ताल

पं. मोहनराव कल्याणपूरकर रोहिणी जी के लिए पढन्त करते हुए

और तीसरे-चौथे वर्ष के दौरान 'ताल-माला' की इतनी बड़ी परियोजना—छह तालों की, सत्तर मात्राओं की भारी परणों की माला! प्रत्येक बन्दिश दीर्घ—'लम्बछड़'! जिसमें दम और साँस की विशेष आवश्यकता पड़ती थी। उसका मौखिक तालांकन इतना कठिन कि क्या कहूँ! लखनऊ में सप्ताह के पाँच दिन अभ्यास करने के बाद शनिवार-रविवार को मैं कानपुर में रहनेवाली अपनी बहनों के यहाँ जाती थी और वहाँ सबेरे चार बजे उठती थी। बगीचे के झूले पर बैठकर अनजाने में ही ऊँची होती जाती आवाज़ के साथ तालियों और चुटकियों के ताल पर ताल-माला में गूँथी हुई बन्दिशों का पारायण करते हुए आसपास के बंगलों में रहनेवाले उत्तर-प्रदेशीय पड़ोसियों की मीठी नींद न जाने कितनी बार मैंने उड़ाई होगी! पर और कोई उपाय भी तो नहीं था; क्योंकि सोमवार को सबेरे ही लखनऊ वापस पहुँचने से पहले अपना गृहपाठ पूरा करने की ज़िम्मेदारी भी तो मेरी ही थी!

पं. मोहनराव जी यानी नयी-नयी कल्पनाओं के भण्डार और अप्रचलित जटिल संकल्पनाओं का खुलासा! मैंने मान लिया था कि उन कल्पनाओं-संकल्पनाओं का प्रयोग कर आज़माने की हर छात्र की अपनी ज़िम्मेदारी थी। इसी मान्यता के बल पर मुझे कितने ही नये सुलझाव मिलते गये इसकी कोई गिनती ही नहीं!

विलम्बित लय के त्रिताल के ठेके में चढ़ते क्रम से प्रथम संख्या के और फिर ठेके के अनुसार क्रम से की जानेवाली बढ़त—'क्रमलय', 'जाति विचार', विषम संख्यावाली मात्राओं के तालों के ठेके, आधी मात्रा का हिसाब करनेवाले 'भिन्न लोभा' (साढ़े छह मात्राएँ), 'चित्र रूपक' (साढे दस मात्राएँ), आदि अप्रचलित तालों की व्याख्याएँ ही नहीं, पर पं. मोहनराव जी ने उनका परिचय करा दिया। और उन तालों का सम्पूर्ण विस्तार कथक की एकल प्रस्तुति के लिए करने का संकल्प निभाने की चुनौती मैं स्वयं ही स्वीकार करती गयी, जो सम्भव हुआ केवल लखनऊ के शुद्ध कथक वातावरण में कुछ समय के लिए ही सही, स्वयं को लपेट लेने के कारण!

कुछ वर्षों तक प्रत्येक ऐन ठण्ड के मौसम में मैं लखनऊ में हुआ करती थी। भातखंडे कॉलेज के तलघर का एक कमरा मुझे रहने के लिए मिलता था। कमरे की चारों दीवारों में रची-बसी प्राचीन सीलन वाला वह तलघर इतना ठण्डा होता था कि उसकी तुलना में बाहर की ठण्ड ही भली लगती थी! आधार था तो केवल महान संगीतज्ञ पं. वि. ना. भातखंडे जी के अर्धाकृति पुतले का...यदि बहुत कुछ हो जाय, या ऐसा लगे कि कुछ हो ही नहीं रहा है, तो आँखें बन्द कर उनके सामने बैठ जाना...

सबेरे—यानी लखनऊ के सुबह के ग्यारह-साढ़े ग्यारह बजे मेरे वैयक्तिक अध्यापन का आरम्भ होनेवाला होता, पर दस बजे ही मैं अपने कमरे के ठीक ऊपरवाले तालीमखाने में 'तत्कार' यानी पदन्यास का रियाज़ करना आरम्भ कर देती थी। टिकटिक बजाते हुए ताल लय के अभ्यास को गति देनेवाला साधन—'मेट्रोनम' नामक एक यन्त्र दिन-रात मेरा साथ

निभाता था। 'वॉर्म-अप' करने के लिए चल रहे तत्कार से इतनी कड़ाके की ठण्ड में भी पसीने से लथपथ होकर एक-एक गर्म वस्त्र शरीर से उतारे जाने तक गुरुजी की प्रतीक्षा करनी होती, पर जैसे ही वे तालीमखाने में आते, कोई न कोई उनका स्नेही वहाँ उपस्थित हो ही जाता और तब अभी-अभी तबला सामने लेकर साथ-संगत करते हुए मुझे सिखानेवाले पं. मोहनरावजी तुरन्त उठ जाते और 'आता ही हूँ', कहकर तालीमखाने से बाहर निकल जाते और यह कभी भी बता पाना सम्भव नहीं होता कि सिखाने के लिए वे कब वापस आयेंगे! तब मेरी पढ़ाई भले ही पिछड़ती न हो, पर मन ही मन बहुत चिढ़न होती थी। पं. मोहनराव जी जैसे एक स्थितप्रज्ञ—सही मायने में! कहते, 'जल्दबाजी करने से कोई लाभ नहीं, करते ही रहना है हमें! जब बननी होगी कोई बात तभी बनेगी, या, बननी होगी तो बनेगी ही कोई भी बात!' मेरी आँखें भर आती। मैं सब समझती, पर नहीं भी समझ पाती! किसी दिन गुस्से से सड़क के उस पारवाली कॉलेज की बड़ी ऐतिहासिक इमारत के ऊँचे गुम्बदोंवाले दालान में दोपहर से लेकर घना अँधेरा होने तक मैं नाचती रहती! लगता, घुंघरुओं की आवाज़ सुनकर पं. मोहनराव जी आयेंगे, कहेंगे, 'कितना थक गयी हो! अब रुको, हम अभिनय या दूसरा कुछ करेंगे।' परन्तु व्यर्थ! पं. मोहनराव जी के ध्यान में भी यह बात नहीं आती थी कि मैं कहीं आसपास कॉलेज में दिखायी भी नहीं दे रही हूँ। परन्तु यह दस्तूर और कमाल का धैर्य रखना सिखानेवाली शिक्षा का यह पर्व भी मुझे बहुत कुछ सिखा गया।

पहले पाँच-छह वर्षताललयकारी; तराना, त्रिवट, संगीत, 'गंगा-जमना' (दो तालों की एक समय प्रस्तुति), जैसी अप्रचलित रचनाओं की और उनके नृत्यांकन की जानकारी और विचार; किसी भजन के आधार पर अभिनय, अर्थान्तरों का खोज करने की पद्धति और बाद में पं. मोहनराव जी के लखनऊ छोड़कर मुम्बई लौटने पर, अभिनय के अध्ययन का एक सम्पूर्ण सत्र, कथक की विशिष्ट हस्त परिभाषा—नये हस्त-अनुकरणात्मक, व्यंजक, अनुबन्धित जोड़ हस्त और उनके जरिये अर्थ छटाओं की चतुराई से की गयी अभिव्यिक्ति।

स्व. बिन्दादीन महाराज की अनेक रचनाएँ मैंने पं. लच्छू महाराज से सीखी थीं। उसके अलावा बहुत ही अलग, पं. शम्भु महाराज के अभिनय से अनुभव की गयी और कदाचित उससे भी अलग बनावटवाली, अलग प्रकार की—दोहे, समस्यापूर्तिवाचक कविता आदि अभिनय को उभारनेवाली काव्य-वस्तुओं के बारे में पं. मोहनराव जी से चर्चा करते समय मेरी कल्पना-शक्ति भी अंकुरित होने लगी इस दूसरे सत्र में! पं. मोहनराव जी के मुम्बई लौटने के बाद। वे हमेशा जो कहते आये थे, वह सच ही था। निरन्तर करते रहना किसी भी बात को आत्मसात् करने का एकमात्र उपाय था!

१२ अगस्त सन् १९१३ में बंगलोर में पं. मोहनराव जी का जन्म हुआ। उनका बचपन उनके ननिहाल में संगीत के मधुर वातावरण में विकसित होता गया। छह वर्ष की नाज़ुक आयु में भी पं. मोहनराव जी दादरा, केरवा, रूपक, झपताल आदि के ठेके बजाकर भजन-कीर्तन जैसे

कार्यक्रमों में साथ-संगत कर सकते थे। उनकी विद्यालयीन शिक्षा मुम्बई में राममोहन हाइस्कूल और सेंट ज़ेवियर्स में हुई।

सन् १९३४ में संयोगवश पं. मोहनराव जी ने पं. सुन्दरप्रसाद जी और पं. शम्भु महाराज का नृत्य देखा और वे इतने प्रभावित हुए कि जीवन में आगे चलकर डॉक्टर बनने की स्वयं की और अपने परिवार की इच्छा को छोड़कर उन्हें कथक नर्तक बनने की ही बात ठान ली। सौभाग्य की बात यह रही कि नृत्य शिक्षा के आरम्भ में ही उन्हें पं. सुन्दरप्रसाद जी जैसे महान गुरु प्राप्त हुए। उनके आशीर्वाद से और उन्हीं के नाम से आगे चलकर पं. मोहनराव जी ने मुम्बई के गाँवदेवी जैसी केन्द्रीय इलाक़े में 'बिन्दादीन स्कूल ऑफ़ कथक डांस' नामक कथक की प्रथम प्रशिक्षण संस्था भी स्थापित की। उनका चहुँमुखी उत्कर्ष हुआ पं. रातंजनकर के लखनऊ स्थित 'भातखंडे कॉलेज ऑफ़ हिन्दुस्तानी म्यूज़िक एण्ड डांस' नामक संस्था में नृत्य विभाग के प्रमुख के रूप में लगभग बीस वर्षों तक किये गये कार्यों के कारण! भारत में नृत्यविद्या का प्रथम पाठ्यक्रम पं. मोहनराव जी ने ही तैयार किया और उसे सफलतापूर्वक कार्यान्वित भी किया! एकल नृत्य के अनेक कार्यक्रम उन्होंने उत्तर भारत के प्रमुख शहरों में किये। साथ ही कॉलेज की ओर से अनेक एकल या समूह-नृत्य-रचनाओं के अलावा कुछ नृत्यात्मिकाएँ (बैले) भी लखनऊ में प्रस्तुत कीं। इनमें से विशेष रूप से चर्चित दो रचनाएँ थीं महाकवि कालिदास का 'मेघदूत' और उस समय अत्यधिक चर्चित एक समकालीन विषय—'वॉर एण्ड पीस' पर कथक नृत्य के माध्यम से भाष्य करनेवाला आधुनिक प्रयोग! कथक के क्षेत्र में बीसवीं शताब्दी के तीसरे-चौथे दशक में ऐसा प्रयोग करनेवाले पं. मोहनराव जी सम्भवत: प्रथम नर्तक ही होंगे!

सन् १९७२ में लखनऊ को हमेशा के लिए छोड़कर पं. मोहनराव जी मुम्बई आये और अगले लगभग दस वर्ष तक 'एन.सी.पी.ए.' नामक प्रतिष्ठित संस्था में मानद कथक गुरु का पद उन्होंने सुशोभित किया। मेरी पुणे-मुम्बई साप्ताहिक यात्राएँ तब भी जारी थीं। मेरी दृष्टि में यह काल विशेष प्रयोग करने का काल था! पं. मोहनराव जी के विचारों की अनेक कल्पनाओं को संकल्पनाओं के स्तर पर ले जाकर, प्रत्यक्ष प्रयोग में उतारकर कथक के वस्तु-संग्रह को समृद्ध करने के आग्रह का काल था और किये गये सारे प्रयोगों की यथार्थता के बारे में, या सम्भव न हुए या अलग ही अकल्पित तरीक़े से सजाये-निभाये गये नृत्य वस्तुओं का सही मूल्य आज़माने के प्रयत्नों का!

ठीक-ठीक कब, किस वर्ष, यह तो स्मरण नहीं, परन्तु सम्भवतः सन् १९७८ में दिल्ली के कथक केन्द्र में सम्पन्न एक महोत्सवी चर्चासत्र के सायंकालीन सत्र में मेरे दोनों गुरुओं के ही नहीं, बल्कि भारत भर के विख्यात गुरुजनों की उपस्थिति में मुझे अपना नृत्य प्रस्तुत करने का दुर्लभ अवसर ईश्वर की इच्छा से ही मिला था...वह मेरे कला-जीवन का स्वर्णिम दिवस!

सामने भारतीय बैठक पर मेरे उभय गुरु आसनस्थ थे और उनके ठीक बीच में भारत के आज के सर्वश्रेष्ठ कथक नर्तक पं. बिरजू महाराज स्थानापन्न! मेरे मन में प्रचण्ड तनाव...शरीर में विचित्र सी थरथराहट...मन में बेचैनी; और फिर भी एक प्रकार की ज़िद—जो कुछ भी श्रेय-प्रेय है, उसे दाँव पर लगाने की ज़िद!

जैसे ही कार्यक्रम आरम्भ हुआ लच्छु महाराज जी से प्रथम दाद मिली! उनके जैसे मेरे ललित अंग-मुड़ाव की, डोला की, और कसकमसक के सूक्ष्म भान की सराहना करते हुए, जब वे

बता रहे थे कि यह उनकी अपनी ख़ास शैली है, पं. मोहनराव जी अपने विनीत स्वभाव के अनुसार 'रोहिणी के कथक नृत्य में वजन आता है तो प्रस्तुत किये गये मैटर के कारण...उत्तमोत्तम बन्दिशों की सुन्दर प्रस्तुति के कारण...' कहते हुए सराहना कर रहे थे...। मेरे गुरुओं के और अन्य मान्यवर गुरुओं के उस अवसर पर अनेकविध प्रशंसोद्गारों के कारण मेरे मन में एक बात विशेष रूप से हमेशा के लिए अंकित हो गयी—छलकती हुई और फिर भी छलकना बन्द न होनेवाली ज्ञान की एक अंजुरी भरकर मुझे मेरे गुरुओं ने दी है—उसे इसी तरह छलकते रखने का प्रयास करना, यही मेरा मुख्य कर्म-धर्म है!

सन् १९७८ में आदरणीय लच्छू महाराज जी का दुखद निधन हुआ और मेरे मन में शब्दश: एक ख़ालीपन निर्माण हुआ। अपने आपको समझाने का मैंने प्रयास किया कि अभी भी पं. मोहनराव जी की छत्रछाया मेरे माथे पर है, पर देखते-देखते सात वर्ष बीत गये, बहुत कुछ बदल गया, पं. मोहनराव जी का स्वास्थ्य बिगड़ने लगा और एक दिन अचानक मैं ऐसे निराधार हो गयी, मानो मेरे सिर से छत ही हटा दी गयी हो...कुछ समय तक बहुत अनाथ सा, अधर में फँसा हुआ सा अनुभव हुआ, पर फिर एक अलग ही बोध हुआ। लगा, कि आज तक बाहर से मेरी निगरानी करनेवाले, ध्यान रखनेवाले मेरे गुरुजन अब मेरे अन्तर में ही सुखपूर्वक विराजे हैं! मुश्किल क्षण में जब कोई सूचनाएँ, प्रेरणाएँ मुझे मिलती हैं, वे भीतर से ही मिलती हैं। न कहीं कोई सन्देह, न संशय, न आशंका, न कोई ओट! मेरा घर अब छाया में है...गुरु की छत्रछाया में ही वह सदा के लिए विश्राम कर रहा है!

३

नृत्यमहर्षि पण्डित लच्छू महाराज : व्यक्ति और कार्य

कथक के लखनऊ घराने की उज्ज्वल परम्परा का उचित ढंग से पोषण करने वाली बन्धुत्रयी में मँझला स्थान विभूषित करनेवाले एक कुशल नर्तक, आचार्य, नृत्यनिर्देशक तथा नायक पण्डित लच्छू महाराज। ज्येष्ठ बन्धु अच्छन महाराज जी और कनिष्ठ बन्धू पण्डित शम्भु महाराज जी। इन्होंने एकल नर्तक के रूप में कथक नृत्यांगन में बहुत नाम कमाया। लेकिन पण्डित लच्छू महाराज जी ने मात्र परम्परा से प्राप्त इस प्रसिद्धि के उत्तराधिकार का अस्वीकार करके मुम्बई की फ़िल्मसृष्टि में क़दम रखा। फ़िल्मसृष्टि में सर्जनशील, घरानेदार परम्परा के संरचनाकार के रूप में नाम कमाया और कथक की एक अनोखी शैली बना दी। इस प्रकार परम्परा से आये नृत्य को नया आयाम देनेवाले 'निरालों में निराले' नर्तक पण्डित लच्छू महाराज जी अर्थात् मेरे ज्येष्ठ गुरु : जिनका नाम लेते ही १९६१ से ७२ का ग्यारहवर्षीय स्मृतिसम्पन्न शिक्षाकाल मेरे मन में उभर आता है।

मुम्बई में दादर का एक हमरस्ता, एक छोटा-सा मोड़—बायें हाथ गेट—सदा खुला दरवाज़ा। दरवाज़े में बनियान पाजामा पहनी कृश मूर्ति। सफ़ेद बाल, विशाल भाल। भाल-प्रदेश पर गन्धरचित 'ओम्'...दन्तविहीन चपल हँसी। साँवला-सा रंग। पतली अंगयष्टि की तुलना में काफ़ी सशक्त पंजे और पैर-बाँह पर तावीज़...गले में सोने की पतली जंजीर...

'धा-त-क-थूं-गा'—अंग के तोड़मरोड का अननुभूत दर्शन! तोड़े टुकड़ों में आमतौर पर दिखायी देने वाली कथक की सरल सीधी रेखाओं के साथ चलनवलन की नाज़ुक वक्रता का मेल...

ता-थै-तत्...आमद की प्रस्तुति के समय प्रमुख अवयवों का प्राथमिक संचलन और स्थूल गति के समाप्त होने के बाद संगीत स्वरावलि के अनन्तर भी गूँजनेवाली स्वरों की 'आस' की तरह प्रतीत होने वाली सूक्ष्म सी गति...

थै-थै-थै-'थै' नामक दो अक्षर स्थानों के बीच के सब लघुक्षणकालों को समान लय से स्पर्श

करते–करते गति निभाने का अन्दाज़...पाँवों की चपत 'ता' जैसी परन्तु आवाज़ किये बिना नृत्यात्म चलन, जिसमें घुंघरुओं की मुलायम झनकार सुनायी दे और संगीत प्रधान लयकारी उभर आये।

"आमद हो...परण हो या टुकडा...किसे भी पेश करना हो तो भाव और अभिनय से युक्त तथा अर्थसहित होना ही चाहिए...क्योंकि 'कथक' मूलतः कथानृत्य है। भाव के बिना हाथ पैरों के निरर्थक चलन को मैं कथक मानता ही नहीं हूँ" जैसे उद्‌गार कभी–कभार ही किसी ने उस कालखण्ड में कहे हो!—इस प्रकार सौन्दर्यशास्त्रीय और क्रान्तिकारी विचारों के जनक—अर्थात् पण्डित लच्छू महाराज जी।

सन १९६०–६१ के बीच मेरा नृत्य जीवन हर तरह के अस्वास्थ्य से भरा रहा। पण्डित मोहनरावजी कल्याणपूरकर के निर्देशन में लयकारी तथा तैयारी का अंग काफ़ी विकसित होते हुए भी मन में एक चुभन सी पैदा हो रही थी। कथक का अभिजात अंग और भाव प्रदर्शन का विशिष्ट अन्दाज़, इन पहलुओं में रुचि और समझ निर्माण किये जाने पर भी क्रियात्मक रूप से मैं यह अन्दाज़ क्यों नहीं निभा पा रही थी, इसका कोई उत्तर नहीं मिल रहा था। कहाँ लखनऊ और कहाँ पूना। पण्डित मोहनरावजी का मार्गदर्शन सालभर में कुल मिला के दो महिनों के लिए ही पाने की गुंजाइश सदा रही थी। एक तरह के नैराश्यपटल ने मुझे घेर रखा था।

दादर के लोकल रेल स्थानक के प्लेटफॉर्म पर इसी दुविधाग्रस्त मनोवस्था में मैं खड़ी रही थी, जब कि सामने के प्लेटफॉर्म पर शुभ्र लिबास पहने व्यक्ति का खड़े रहने का ढंग तथा चेहरे का मोड़ मुझे सुपरिचित सा लगा। चूँकि मैं स्वर्गीय शम्भू महाराजजी से मिल चुकी थी और उनका नाच और भावप्रदर्शन की झलक देखने का एक अकल्पनीय मौका मुझे पण्डित मोहनरावजी द्वारा मिल सका, मैं पहचान गयी कि 'ये शम्भू महाराजजी के बड़े भाई लच्छू महाराजजी हैं'। मेरी समस्या का हल होने की आशा मेरे मन में उसी क्षण निर्माण हुई और गुरु मोहनरावजी की आज्ञा से तुरन्त ही मेरी शिक्षा मुम्बई में महाराजजी के पास आरम्भ हो गयी।

गुरु लच्छू महाराज एक कुशल आचार्य थे। प्रशंसोद्‌गारों से शिष्यगण का हौसला बढ़ाना

अच्छी तरह से जानते थे। गद्दी पर बैठ के निर्देशन करने के अलावा चाहे जितनी मर्तबा उठके खड़े होकर भी, वे अंगसंचलन के तरीक़े दिखाया करते थे। ज्ञानोत्सुक शिष्य या शिष्या हो और महाराजजी का बताने का 'मूड' हो,—कलाविष्कार के कितने सारे अंग बिना किसी झिझक के महाराजजी शिष्यों के सामने प्रकट कर देते थे। इस तरह की प्रत्यक्षाप्रत्यक्ष शिक्षा के कारण कथक के रूपाकार के सौन्दर्य की मेरी समझ गहरायी की तरफ़ बढ़ने लगी। कथक की पूरी परिभाषा प्रत्यक्षावगम्य बनने लगी। 'कसक', 'मसक', 'कलास', 'मुख-विलास' इ. अंग-उपांग-प्रत्यंग के सूक्ष्म चलन का विविध गतनिकासों के रूप में प्रत्यक्षावतरण देखने को मिला। आम तौर पर सभी नृत्य प्रदर्शनों में न्यूनाधिक परिमाण में दृष्टिगोचर होने वाली बन्दिशें प्रतिभाशाली कलाकारों के कलाविष्कार के माध्यम से रंगावतरित होते समय प्राय: बदल क्यों जाती हैं—जगमगा क्यों उठती हैं?—

'Touch of Class' या 'अभिजातता का स्पर्श' यह किस चीज़ का नाम है, इन सब प्रश्नों के उत्तर मिलने लगे।

अभिजातता की प्रतीति अंगसंचलन के ठोस प्रक्षेपण से नहीं आती। 'कसक', 'मसक', 'कलास' आदि चलनवलन की बारीकियों के अस्तित्व के कारण ही कोई भी नृत्यक्रिया पूर्ण रूप पाती है और इसी से अभिजातता का साक्षात्कार होता है। इन्हीं सूक्ष्म अंगक्रियाओं की व्याख्या महाराजजी 'कलास' संज्ञा से करते थे, जिनका पूर्णाविष्कार महाराजजी के नृत्तअंग में तथा अभिनय में दिखायी देता था और साथ ही साथ छायाचित्रों में भी प्रतिबिम्बित हो सकता था।

नृत्यभारती में प्रभाकर जठार, पं. कुमार गन्धर्व,
पं. लच्छू महाराज और आप्पासाहेब जळगावकर

नृत्य एक सम्मिश्र कला है। गायन, वादन तथा साहित्य के साथ इस कला का गहरा नाता स्वयंसिद्ध है। ख़ास तौर से अभिनय के क्षेत्र में जहाँ शब्दाधारित अभिनय की गहरायी का सवाल आता है, अच्छे कलाकार के लिए स्वभाव से काव्यात्म होना, हर प्रकार के साहित्य में रुचि रखना और भावविलास 'interpretation' तथा भावविवरण के लिये 'व्यंजना' का कुशल उपयोग करने की क्षमता बढ़ाना, एक आवश्यक बात हो जाती है। यद्यपि मेरे दोनों गुरुओं के व्यक्तित्व में इस तरह का कलासंगम उच्च परिमाण में मौजूद था, गुरु लच्छू महाराजजी के यहाँ की शिक्षा में भावपक्ष पर अधिक जोर होने से उनका साहित्य प्रेम मेरे दृष्टिसम्मुख निरन्तर आता रहा, तथा अनगिनत दोहे, शेर, कविताएँ, चुटकुले और ठुमरियों के साहित्य से मेरा परिचय होता रहा। महाराज के मुख से सुनते-सुनते ब्रज-भाषा का और उसके साथ-साथ मध्ययुगीन रीति-काव्य का मुझे नये तरीक़े से परिचय होने लगा।

वैसे परिचय तो इसके पहले पण्डित मोहनराव जी के यहाँ हुआ था और उनका छोटा-सा फिर भी ख़ास ग्रन्थालय दो-तीन साल तक मेरे ही स्वाधीन था।

साथ ही साथ उपर्युक्त साहित्य का नृत्यांकन भी देखने और सीखने को मिला। 'रात समय रस केलि कियो, और भोर भई उठि मज्जन धाई', या 'केहि कारण सुन्दर हाथ जल्यों' जैसी समस्यापूर्ति के काव्यार्थ हों या अभिधा के स्तर पर भी जाँचने वाला काव्यार्थ हो, तो अभिनय कविता के शब्दों के समान्तर चलता था। किन्तु 'मोहे छेड़ो ना नन्द के सुनहूँ छैल' या 'कांसे खेलूँ पिया घर नाहीं', 'उठि है घनघोर घटा यह बरसन लागी' इत्यादि का भावार्थ अभिनीत हुआ करता था, भाव-भावनाओं की उभरती गिरती लय का लहजा पकड़ के जितनी सहूलियत से महाराजजी श्रृंगार रस की छटाएँ अदा करते थे, उतनी ही सहूलियत से महाराज जी 'चलत डगर देखो श्यामकर गहिया।' जैसी ठुमरी में 'डगर' शब्द को बूझते हुए उर्ध्वगामी प्राणों की उपमा देते हुए व्यथा तथा उदासीनता की भावच्छटाएँ अभिव्यक्त करते थे।

स्वर्गीय बिन्दादीन महाराज की कितनी सारी रचनाएँ मुझे याद हो गयी थीं, गुरु लच्छू महाराजजी के सान्निध्यवशात्। यूँ कहिये कि नृत्यगीतों का आदर्श ही एक तरह से हाथ आया। सरल सीधी धुनें, सरल प्रासादिक शब्दों में ग्रथित किन्तु व्यंजना की गुंजाइश रखने वाला भावार्थ—उदाहरणार्थ 'हे निरतत ढंग', 'बनी ठनी आयी श्याम प्यारी', 'चलत डगर देखों श्याम कर गहिया।', 'प्रगटे ब्रिजनन्दलाल सकल सुख-निधनिया।', 'झूलत राधे नवलकिशोर'।

वैसे देखा जाय तो कथक की विशिष्ट शरीरबोलीमें हस्तभाषा का प्रमुख प्रयोग होते हुए भी हस्तभाषा उतनी समृद्ध नहीं है। 'नाम' सहित हस्तों की संख्या भी ज़्यादा नहीं है और शास्त्राधारित हस्त अधिक सहजता से उपयोग में लाने से उनमें भेद नहीं रहते फिर भी अर्थसिद्ध करने के लिए कथक कहीं भी पीछे नहीं है।

हस्तमुद्राओं की कमी होने पर कथक के अभिनय में किसी भी चीज़ को दिखाने के लिए हर तरह से प्रमाणित अन्दाज़ या 'feel'—भावन की विशेष आवश्यकता होती है। इस feel का पूरा अनुभव महाराजजी की अदाकारी से होता था। मुझे याद आता है गेंद पकड़नेवाला महाराजजी का पंजा ओर गेंद फेंकने का उनका अन्दाज़...ऊँगलियों के चलन में बहुत लालित्य ना होने पर भी अर्थप्रकटन में किसी क़िस्म की बाधा नहीं आती थी। हथकण्डा चालें चलते हुए पैरों का न्यास, लालित्य की कसौटी पर ठीक साबित ना होते हुए भी चालें बहुत ललित बनती थीं। मेरे ख्याल से अत्यन्त विकसित आन्तरिक अन्दाज़ या feel का ही यह सब खेल था।

नयी अबला रसभेद न जाने। सेज गये जियामाहिं डरे।

कछुँ बातन की जब चौंक भयी। तब धाए ललन जूँ बाँह गही॥
तब दोनों की झकझोरन में। कटि पीत पिताम्बर छूट गयो।
कर कामिनी दीपक झाँप लियो। एही कारण सुन्दर हाथ जल्यों॥

उपर्युक्त समस्यापूर्ति की कविता के शब्द कुछ अधिक परिमाण में श्रृंगारिक माने जाने से शिष्यों के झिझक भरे मन में श्लील अश्लीलता के विचारों के तरंग उठा करते थे। किन्तु कविता-स्थित मुग्धा की लज्जागर्भ अवस्था से उमड़कर आने वाले सब भाव और दृष्टिगोचर होने वाले अनुभावों का प्रात्यक्षिक दिखाने का महाराजजी का अन्दाज़ और भूमिका का feel सब शंकाओं को और सन्देहों को क्षणार्ध में ही मिटा देता था।

महाराजजी की आँखें प्राकृतिक रूप से बहुत सुन्दर तो थी नहीं, छोटी थी, परन्तु भावों के प्रक्षेपण के सन्दर्भ में बहुत ही चेतक और समर्थ थी। लास्य अंग की चालों में कसक मसक की सूक्ष्म सुन्दरता का उसी समय निर्देशन करने वाला नयनभाव भी बेजोड़ था।

'लास्य', मार्दव, नज़ाकत—लच्छू महाराजजी के नृत्य का स्थायी भाव रहा। तोड़ों टुकड़ों की पढन्त तो वह जोश में कर जाते थे, किन्तु आवाज़ के हल्केपन से उस पढन्त से भी लास्यभाव निर्माण होता रहा। लयकारी में, ख़ासतौर से संकीर्ण लयकारी में दिलचस्पी न होने के कारण नवनिर्माण के प्रान्त में उन्होंने ताल प्रधान अंग की तरफ़ ध्यान नहीं दिया था। परन्तु भावपक्ष में आमद, परण, टुकड़ों पर जितने भाव प्रसंगों की बन्दिशें उन्होंने बनायी, क़रीब सब की सब अच्छी बनी। राधाकृष्ण छेड़छाड़ के बहुत लोकप्रिय विषय के अलावा, मथुरागमन, गोवर्धनोद्धारण, सीता का सुवर्णमृगप्रसंग, गंगावतरण, अर्जुन का मत्स्यभेद इत्यादि बहुत से पुराण प्रसंगों को, भावपरणों के रूप में महाराजजी ने गूँथा था। पुराणों के ये घटित प्रसंग महाराजजी की छोटी-बड़ी बन्दिशों में तत्काल पूर्णरूप में अभिव्यक्त हो जाते। इस प्रकार कथक का सम्पूर्ण 'मार्ग' यानें वस्तुक्रम ही भावदर्शन पर आधारित बनाकर 'कथा कहे सो कथक' कहावत को उन्होंने सिद्ध कर दिखाया था। लखनऊ घराने के श्रेष्ठ अधिकारी नर्तक होते हुए भी कविता पर नृत्य करना उन्होंने निषिद्ध नहीं माना और बहुत सारी काव्यबद्ध रचनाएँ की, और उनका नृत्यमंचन भी सफलता से कर दिखाया। जिनमें दक्षयज्ञ, अर्धनारी नटेश्वर सुन्दर काव्यों की गणना होती है। नृत्य-नाटकों की रचना में भी लच्छू महाराजजी काफ़ी रस लेते थे, उनकी 'मालतीमाधव', 'भारतेन्दु की चन्द्रावली', 'गोकुल की गली', 'आम्रपाली', 'कथकपरिवर्तन', 'किसान की अमर कहानी' इत्यादि नृत्य-नाटिकाओं में से दो तीन मैं देख चुकी हूँ, पर मेरे ख्याल से महाराजजी की प्रतिभा स्फुट नृत्य-रचनाओं के दालान में ही खिल उठती थी।

सितम्बर १९०१ को लखनऊ में महाराजजी का जन्म हुआ। अपने चाचा स्वर्गीय बिन्दादीन महाराज तथा बड़े भैया पण्डित अच्छन महाराजजी से उन्होंने कथक की शिक्षा प्राप्त की। महाराजजी के कला-जीवन में अनेक मोड़ आये। हर मोड़ पर उनके व्यक्तित्व का एक नया पहलू प्रकाशित होता गया। लखनऊ और प्राय: उत्तर भारत के नवाबी और दरबारी माहौल का

त्याग करके मुम्बई के चुलबुले और दौड़धूप के वातावरण में भी वे आसानी से बस गये। फ़िल्मों की सुनहरी दुनिया में कथक के अभिजात ढंग की झलक दिखाकर फिर से वे शास्त्रोक्त कला के प्रांगण में दाख़िल हुए और जीवनसंध्या की आहट आते-आते सन १९७२ में सीधे लखनऊ सिधारे। सन् १९६१ से ७२ तक बारह-पन्द्रह सालों के कालखण्ड में मुझे उनका मार्गदर्शन मिलता रहा। सन १९७२ नृत्यभारती के रौप्यमहोत्सव का साल। ३१ अगस्त, १९७२ तेजपाल ऑडिटोरियम में डॉ. वसन्तराव देशपाण्डे जी गायन के लिए, और उस्ताद जमीरखाँ तबले की संगत करने के लिए थे। गुरु मोहनराव और जाने कितने मान्यवरों की उपस्थिति में पण्डित लच्छू महाराज जी ने सजाई थी अभिनय की महफ़िल—एक अनोखा रंगोत्सव। मेरे मन:पटल पर उमड़े हुए उस रात के क्षणचित्र—आज भी उतने ही सुस्पष्ट। महाराजजी का लखनऊ वापस जाना ही मेरी नृत्यशिक्षा का पूर्णविराम ठहरा। फिर दिल्ली के कथक केन्द्र की तरफ़ से आयोजित किये जाने वाले कथक प्रसंगों के दौरान महाराजजी से हर साल भेंट होती रही। घरानों के बुज़ुर्गों के मण्डल में महाराजजी अपनी चपल अदाओं से, अपना चिर-तारुण्य दिखाने वाली हरकतों से चैतन्य का सिंचन करते रहे।

योग्य दिशा में किये गये नवनिर्माण का अब तक स्वागत और पुरस्कार करने वाला अख़बारों में, साप्ताहिकों में या चर्चा-परिषदों में लखनऊ घराने पर या कथक पर किये जाने वाले आरोप प्रत्यारोपों का खण्डन करने की ज़िद रखने वाला एक सदा जागृत मन महाराजजी के उमरग्रस्त वक्ष के अन्दर धडकता रहा...१९ जुलाई, १९७८ की दुपहर तक...

एक से एक श्रेष्ठ नर्तक बन्धुओं की पीढ़ी के इस युगान्त से कथक जगत् में उदासी सी छा गयी। पर मेरी जैसी शिष्याओं में जागृति आ गयी...स्मरण हुआ उन सब चीज़ों का जो लच्छू महाराजजी की नृत्य-शैली का एक तरह से निचोड़ था...सार था...जिसको जतन करना था।

'धा-त-क-थूं-गा'-अंग के तोड़मरोड़ का अननुभूत दर्शन...कथक की सरल सीधी रेखाओं के साथ चलनवलन की नाज़ुक वक्रता का मेल...

'ता-थे-तत्'—आमद की प्रस्तुति के समय, ठोस अंग संचलन की समाप्ति के बाद संगीत स्वरावली के समाप्ति के अनन्तर भी गूँजने वाली स्वरों की 'गूँज' की तरह प्रतीत होने वाली सूक्ष्मगति...

'थै-थै-थे'-'थै' नामक दो अक्षरस्थानों के बीच के सब लघुक्षणकालों को समानलय से स्पर्श करते-करते गति निभाने का वह अन्दाज़...

४

प्रकाश का मार्ग

जब से मुझे याद है, हमारा 'भाटे' परिवार पुणे में ही रहता आया है। विशेषकर मैं। आजकल भांडारकर मार्ग पर जो 'राजयोग' नामक इमारत है, उसके स्थान पर पहले हमारा 'माने लॉज' था। अँग्रेज़ी में नाम का बड़े अक्षरों में लिखा फलक पढ़कर आने-जानेवाले कई लोग उसका उच्चारण 'माने लोडगे' किया करते थे! 'माने लॉज'—बारह कमरों का दोमंज़िला मकान। उस काल के प्रसिद्ध इंजीनियर जैसे माने, पवार इत्यादि ने उस परिसर में अपने बंगले बना रखे थे। माने लॉज के सामने बने 'पवार क्वार्टर्स' पर तो अब बहुत ही विचित्र-सी उदासीन अवस्था छायी लगती है, पर मेरे बचपन में वहाँ कॉलेज के छात्रों का निवास और आना-जाना लगा रहता था। 'माने लॉज' के मालिक बहुत ही दिलदार वृत्ति के। पचास रुपये किराया और पूरा बंगला हमारे कब्ज़े में!

बड़ा-सा आँगन—दोनों तरफ़ दो बड़े गेट, लोहे के। दोनों दरवाज़ों के पास नेक से रखवाली करते गुलमोहर के दो शानदार पेड़। उनके लाल-सिन्दूरी फूल और खट्टे-मीठे डण्ठल—पूर्व की ओर आँगन में दीवार से लगकर खड़ी हमारी ही लगायी 'हरपररेवडी' के खट्टे-कसैले आँवले। गली के इमली के पेड़ की गदरायी इमलियाँ और कोमल, खट्टी पत्तियाँ, यही था हमारा नित्य का जंगल-मेवा। इसके अलावा पास बहती नहर के किनारे-किनारे पंक्तिबद्ध जामुन के पेड़, जो पके-अधपके मोटे-मोटे जामुनों से हम पर निशाना साधते! और जरा-सा पीछे की गली में जाने पर वहाँ दो बड़े-से ख़ाली प्लॉट—जहाँ अनायास तैयार हुआ गुलाबी अमरूदों का बग़ीचा! खेलने के लिए आस-पड़ोस के पाँच-छह बंगलों में रहनेवाले हमउम्र बच्चे! परिवार तो बड़े ही हुआ करते थे। कम से कम पाँच बच्चे तो एक परिवार में होते ही थे!

हमारा भी बड़ा परिवार। प्रा. गणेश सदाशिव भाटे और सौभाग्यवती लीलाबाई भाटे मेरे माता-पिता; दो भाई और हम पाँच बहनें—उनकी सन्तानें! पिताजी—जिन्हें हम दादा कहते थे, महत्त्वाकांक्षी, उच्च विद्या विभूषित और अनेक भाषाओं के तज्ञ। इतिहास और वाङ्मय के अध्येता। कई स्थानों पर कई प्रकार की नौकरियाँ उन्होंने कीं; और अपनी सिद्धान्तवादिता की

उचित ज़िद के चलते एक-एक नौकरी छोड़कर वे अन्यत्र जाते रहे; जहाँ गये, वहाँ रच-बस भी गये। इस बीच परिवार बढ़ता जा रहा था। १४ नवम्बर, १९२४ को मेरा जन्म हुआ। उस समय हम बिहार के पटना शहर में थे। पिताजी युनिवर्सिटी में प्राध्यापक थे। उन्होंने मन में तय किया कि अपने बच्चों को उत्तम दर्जे की ऊँची शिक्षा मिलनी चाहिए; और इसके लिए सभी बच्चों के साथ जर्मनी जाकर, कुछ वर्ष वहीं रहकर फिर सबके साथ भारत लौटना चाहिए! इस बीच बड़े भाई अरविन्द को और उसके बाद की मेरी दो बहनों—वत्सला और उषा को दादा ने बनारस में एनी बेसंट की थिऑसॉफिकल सोसायटी की, छात्रावास की सुविधायुक्त शिक्षा संस्था में भी एक दो वर्षों के लिए दाख़िल किया था। अरविन्द को तो बोलपुर के 'शान्ति निकेतन' में रखने का भी प्रयोग किया जा चुका था। अन्ततः जर्मनी जाने का ही निर्णय पक्का होने पर अरविन्द को पहले वहाँ भेजकर बाक़ी हम सबके साथ पिताजी ने लोनावला में अस्थायी गृहस्थी जमायी; और सारी व्यवस्था करने के लिए वे स्वयं लोनावला-पुणे-मुम्बई आते-जाते रहे कुछ दिनों तक।

तब मैं मुश्किल से दो-ढाई साल की रही हूँगी, जब लोनावला-पुणे के सफ़र पर निकले दादा गाड़ी में चढ़कर बैठे और जूते के फीते ढीले करते-करते इस दुनिया से ही प्रस्थान कर गये!

वह सन् १९२७ का वर्ष था! सारे सपने दादा ने हमारे लिए देखे थे...सारे मनोरथों को हमारे लिए तेजी से दौड़ाया था! केवल बयालीस वर्ष की उम्र उनकी! उस समय स्वास्थ्य उनका अच्छा भी था और अच्छा दिखता भी था। गोरे, आरक्त! कुछ स्थूलता की ओर झुकने लगे थे जो दादा, वे अचानक एक दिन नज़रों से और हमारी दुनिया से ही ओझल हो गये!

सारा दाँव बिखर गया! अरविन्द तो जर्मनी में ही था—मुश्किल से सत्रह वर्ष की आयु थी उसकी। इधर माँ, हम पाँच बेटियाँ और एक मुझसे बड़ा भाई;—हम सबको सम्भवतः आदरणीय जयकर काका ही पुणे ले गये।

जयकर काका—सुप्रसिद्ध बॅरिस्टर मुकुन्दराव जयकर—पुणे विश्वविद्यालय का अपना स्वप्न साकार कर दिखानेवाले—विश्वविद्यालय के प्रथम कुलगुरु! वे मेरे पिताजी के घनिष्ठ मित्र! जयकर काका पिताजी से कहा करते थे, 'भाटे जी, आप निःशंक होकर नये-नये मनसूबे रचते रहते हैं...बड़ा परिवार है आपका—दुर्भाग्य से आपको यदि कुछ हो जाय, तो क्या हालत होगी आपके परिवार की? क्या इस बारे में कभी कुछ सोचा है आपने?' पिताजी कहते, 'जयकर जी, मुझे देखिए, मैं कितना स्वस्थ हूँ! अभी भी घोड़े की सवारी करता हूँ। कुछ नहीं होगा मुझे। अपने सारे बच्चों को ऊँची शिक्षा दिलाये बिना मैं नहीं मरनेवाला! हाँ, बच्चों के लिए जायदाद छोड़ जाना मुझे मंजूर ही नहीं! और जयकरसाहब, मान लीजिए, दुर्भाग्य से मुझे कुछ हो भी जाय, तो आप हैं न मेरे परिवार का ध्यान रखने के लिए—इतने घनिष्ठ मित्र!'

यों अचानक पिताजी चले गये और जयकर काका ने सचमुच ही हम सबकी ज़िम्मेदारी

उठायी! चुपचाप बिना कुछ बोले! मुझसे बड़ी तीनों बहनों को इन्दौर के अहिल्यादेवी हाइस्कूल में शिक्षाविशेषज्ञ श्रीमती अहिल्याबाई भांडारकर के आदर्श मार्गदर्शन में, छात्रावास में रखकर उनकी शिक्षा–दीक्षा की उत्तम व्यवस्था कर दी और मेरी बहन कालिन्दी, मेरा भाई शरद और मैं—हम सबके साथ माँ की गृहस्थी पुणे के 'माने लॉज' नामक बंगले में जमा दी।

धीरे–धीरे डेक्कन जिमखाना के 'भावे स्कूल' में (जहाँ आज पुलिस चौकी है, उस वास्तु में) कालिन्दी और शरद का दाख़िला हुआ। पर मुझे तो स्कूल तभी सहन होने लगा, जब दो–तीन बार रोते हुए कालिन्दी की गोद में बैठकर मैं घर लौटी! तब तक तो माँ का आँचल पकड़कर उसके पीछे–पीछे घूमा करती थी मैं!

जयकर काका तो सभी दृष्टियों से खानदानी रईस। मुम्बई के मलबार हिल इलाक़े से समुद्र की तरफ़ उतरती सड़क पर उनका कई मंज़िला, 'गूढ़' प्रतीत होनेवाला बहुत बड़ा बंगला! बिलकुल अलग संरचनावाला। उनके घर में काफ़ी सारे नौकर–चाकर, बड़ा परिवार, नाते–रिश्तेदारों का आना–जाना लगा रहता था। त्यौहारों–उत्सवों में सदैव भोज का आयोजन, उनके 'पाठारे प्रभु' की पद्धति मुँह से लार टपकानेवाली जायकेदार सुगन्ध...पर काका जी का जीवन नपा–तुला, अनुशासनबद्ध और प्रतिष्ठापूर्ण!

काका जी जब पुणे आते, तब भोजन के समय, विशेषकर रात के भोजन के समय काव्यशास्त्र–विनोद की महफ़िल जम जाती थी। ऐसा नहीं कि मुझे सब कुछ समझ आता हो, पर काका जी की बातें—उनकी भाषा—फिर चाहे वह मराठी हो या संस्कृत सुभाषितों या काव्य में प्रयुक्त, 'देववाणी' हो, या फिर अँग्रेज़ी की कुछ कहानियाँ, चुटकुले, क़िस्से हों—सटीक, अति मधुर, तर्कसंगत और शुद्ध उच्चारणों वाली होती थी और अत्यधिक मीठी प्रतीत होती थी। एक भाषा में बोलते समय दूसरी भाषा के शब्द बीच में बिलकुल भी दख़लअन्दाज़ी नहीं करते थे।

रात के भोजन के बाद स्व. रामचन्द्र काले, संगीतज्ञ—विशेषकर माहिर दिलरुबावादक, काका जी को दिलरुबावादन सिखाने के लिए घर पर आया करते थे। रात का भोजन वैसे भी देर से हुआ होता, नींद से आँखें बोझिल हुई होतीं, इस कारण काले मास्टरजी की उँगलियों से झरनेवाला वह मृदु सुरीला संगीत सुनने की चाहे जितनी इच्छा क्यों न हो, सुन पाना सम्भव होता ही नहीं था। पर किसी न किसी तरह वह अन्तर्मन में रिसते ही जाता था! उस समय संगीत के अन्तर्मन में रिसने की प्रतीति बड़े होने के बाद होने लगी!

जयकर काका का साथ यानी एक आनन्दपर्व ही था जैसे। अन्यथा पिताजी के अभाव में यह सर्वांगीण सांस्कृतिक विरासत हमें मिलना असम्भव ही हुआ होता, इस बात का स्मरण करते ही जयकर काका जी के उस ऋण को गर्व से धारण करने का मन होता है!

मेरे बचपन का पुणे शहर एक ओर तो अत्यन्त विशुद्ध! ब्राह्मणों में भी 'कोकणस्थ', 'देशस्थ',

‘कल्हाडे’ आदि को अलग जातियाँ माना जाता था! फिर ‘मराठा-ब्राह्मण’ का भेद तो कुछ पूछिए ही नहीं! परन्तु हमारे घर में पिताजी के अत्यन्त प्रगतिशील विचारों के कारण बच्चों के ध्यान में आने से पहले ही सारे भेद मिटा दिये जाते थे। मेरी माँ ने पिताजी के प्रत्येक क्रान्तिकारी विचार को स्वयं के लिए और बच्चों को लिए निरन्तर अपनाया; और एक अलग ही अनुशासन में और अलग प्रकार की सिद्धान्तवादिता के साथ, उदार मन और समझ के साथ हमारा पालन-पोषण किया।

रोहिणी जी के माता-पिता : श्री गणेश भाटे और श्रीमती लीला भाटे

मेरी माँ बालविधवा! केशवपन (उन दिनों विधवा स्त्री के बाल काटकर उसका मुण्डन किया जाता था, जिसे केशवपन कहते हैं।) के संकट से किसी तरह बचते-बचाते अपने से छोटी बालविधवा बहन के साथ पुणे में गुरुवर्य कर्वे जी के आश्रम में आश्रय लेने पहुँची थी! वहीं वह बड़ी हुई। प्रगतिशील विचारोंवाले मेरे विधुर पिताजी से उसका विवाह हुआ और इस विवाह को बड़ौदा के सयाजीराव महाराज गायकवाड का भरपूर आशीर्वाद मिला, जिसके कारण महाराष्ट्र भर में इस विवाह के चर्चे हुए।

माँ कभी भी हमें लड़कियोंवाले खेल—जैसे कि ‘गुडिया की शादी’ या ‘भातुकली, जैसे खेल नहीं खेलने देती थी। घर में ‘हल्दी-कुंकुम’ समारोह का आयोजन करने की अनुमति भी, घर के काम करने वाली नौकरानियों को सम्मानपूर्वक निमन्त्रण देकर सबके साथ उन्हें भी भेंटवस्तु देने की शर्त पर मिलती थी। घर के खुले वातावरण में बड़े होते हुए, हमारे मन में लड़के-लड़कियाँ—उनके आचरण के अलग-अलग नियम, आदि बातों का प्रवेश कभी हुआ

ही नहीं। मनुष्य के रूप में अपनी 'मानवता' का जतन करने के संस्कार मिलने का भाग्य अपने सुखद बचपन से सदैव मिला।

मेरा स्कूल—'भावे स्कूल' तो घर की ही भाँति बाहर से भी उत्तम संस्कार देने का साँचा ही था!

स्कूल की प्रत्येक कक्षा में छात्र-छात्राओं की संख्या सीमित हुआ करती थी। मुझे लगता है कि उन दिनों—यानी सन् १९३५-३६ में शहर से बाहर का यह प्रथम 'को-एड' (co-ed) स्कूल था। अपनी कक्षा के प्रत्येक विद्यार्थी से सम्बन्धित पूरी जानकारी शिक्षकों के पास हुआ करती थी। वे करा ही लेते थे ऐसा आत्मीयतापूर्ण परिचय। किसे किस विषय में रुचि है, किसे कौन-सा विषय पसन्द नहीं, समझ में नहीं आता, क्यों नहीं समझ में आता...इन सारी बातों पर विचार करनेवाले कई गुरुजन हमें बचपन में ही मिले, जब हम गढ़े जा रहे थे, और घर के उत्तम संस्कारों को बाहर से भी अर्थपूर्ण सहयोग मिला।

मुझे विशेष रूप से स्मरण हो आते हैं बापट सर, दाते सर, आठले सर और फणसे सर। इन सभी महानुभावों का मेरे व्यक्तित्व में आज भी वास है निश्चित ही। कहीं न कहीं, सूक्ष्म रूप में! फणसे सर ने, जब मैं अँग्रेज़ी छठी (ग्यारहवीं) कक्षा में थी, संस्कृत की विशेष कक्षा में मुझे प्रवेश देकर मुझसे इतनी पढ़ाई करवायी कि उसके बाद बी.ए. में संस्कृत विषय लेने और पढ़ाई में रुकावट आने के कारण कॉलेज में मिलनेवाले मार्गदर्शन के अपर्याप्त होने के बावजूद भी मुझे संस्कृत के अध्ययन में कोई विशेष बाहरी सहायता नहीं लेनी पड़ी। भर्तृहरि के नीतिशतक का उस काल में फणसे सर ने मुझसे अनुवाद करवा लिया! उनका यह परिश्रम मेरे कितना अधिक काम आया, यह मेरे लिए शब्दातीत सत्य है! आगे चलकर नृत्य का क्षेत्र चुनने के बाद सन् १९५७ में जब मैंने श्री जयदेव के गीत गोविन्द का नृत्यांकन करने का प्रयास किया, तब फणसे सर को याद कर पल-पल मेरी आँखें भर आती थीं। उन्होंने मुझे कई सारी बातें सिखायीं, जैसे कि किसी भी अनुवाद की भाषा स्रोत भाषा की प्रवृत्ति से मिलती-जुलती उस जैसी शैलीवाली, मूल भावाभिव्यक्ति के या विचारधारा के अनुरूप किस प्रकार होनी चाहिए, साथ ही किसी अभिधान की परिभाषा देते या व्याख्या करते समय वह अतिव्याप्ति और अव्याप्ति के दोष से किस प्रकार मुक्त और सटीक होनी चाहिए...टीका-टिप्पणी किस तरह तर्कसंगत होनी चाहिए आदि। ये बातें आज भी मेरे ख़ज़ाने में हैं, क्योंकि यह खज़ाना तो 'द्रौपदी की थाली' जैसा है—कभी भी ख़त्म न होनेवाला!

बापट सर ने 'मराठी' से प्रेम करना सिखाया। पाठ्यपुस्तकेतर वाचन करने की दीक्षा दी। नाटक में समझ-बूझकर काम करना, आवाज़ का सही उपयोग करना सिखाया और काम करते समय 'अनावश्यक' बातें न करने के अनुशासन का पालन करना सिखाया! सच कहूँ तो 'भाषा' या 'पदार्थ विज्ञान' या 'रसायन विज्ञान' जितना 'गणित' विषय न तो सक्षम था मेरा और न प्रिय था मुझे, परन्तु आठल्ये सर ने मुझे धीरज रखना सिखाया। हल करने के लिए दिया हुआ गणित का प्रश्न हल होने तक दूर के पास के मार्ग खोजते हुए प्रयास करते रहने का बीज

बोया—आज भी यह बीज मन में और कर्म में फलता रहा है।

मैट्रिक उत्तीर्ण होने तक एक अलग ही परिचित और आत्मीयतापूर्ण दुनिया में मेरा पालन-पोषण हुआ। स्कूल में मैंने 'पुण्यप्रभाव', 'आंधळांची शाळा' जैसे बड़े-बड़े नाटकों में काम किया। गीत गाना, संवादों में भाग लेना, निबन्ध लिखना आदि में जी भरकर भाग लिया। स्कूल में हमेशा ही 'बेबी भाटे' या 'सुनन्दा भाटे' थी मैं। 'रोहिणी भाटे' का तब उदय हुआ ही नहीं था! 'सुनन्दा' नाम मेरी माँ का दिया हुआ था और 'रोहिणी' नाम पिता का दिया हुआ। फणसे सर कहते, ''तुम्हारा सुनन्दा नाम सही नहीं है। 'सुष्ठु नन्दयति इति सुनन्दा'—यानी थोड़े में ही ख़ुश होनेवाली, आप ही अपने से, वह सुनन्दा! महत्त्वाकांक्षा की कोई बात ही नहीं! तुम 'रोहिणी' नाम ही अपनाओ। ऊपर चढ़नेवाली, अहर्निश बढ़नेवाली बनो।'' बी.ए. तक जो 'सुनन्दा' थी, वह उस पढ़ाई के समाप्त होते ही 'रोहिणी भाटे' हो गयी—फिर भी, इस नाम की आदत होने में भी अगले पन्द्रह-सत्रह वर्ष लग ही गये!

मैट्रिक की परीक्षा में उत्तम अंक मिले। कालिन्दी ने कहा, ''तुम्हें 'सायन्स' की तरफ़ ही जाना है।'' वे विषय मुझे भी प्रिय थे, तो मैंने प्रथम वर्ष सायन्स में दाख़िला लिया। उस वर्ष के समाप्त होने तक कालिन्दी ने पक्का तय कर लिया था कि वह मुझे भी अपनी तरह मेडिकल की तरफ़ ही ले जायेगी। पर माँ ने कहा, 'कालिन्दी-प्रमिला डॉक्टर बनना चाहती थीं मन से, तुममें तो ऐसी कोई चाह मुझे दिखती नहीं। तुम क्यों इतना बड़ा और महँगा कोर्स चुन रही हो? फिर, तुम्हारे भाषा विषय उत्तम हैं—तुम लिखती हो, गाती हो और तुम्हारे जीवन में नृत्य का नया-नया प्रवेश हुआ है। इनमें से कुछ भी करने के लिए भरपूर समय और शक्ति की आवश्यकता हो, तो आर्ट्स की तरफ़ जाने पर ही यह सम्भव होगा, इसलिए तुम यह शाखा ही बदल डालो!' मैंने ज़्यादा कुछ सोचा ही नहीं—बल्कि, विचारों में उलझन ही थी - किसी दूसरे व्यक्ति को यह उलझन सुलझाते देखकर मैंने निश्चिन्त होकर यह शाखा बदल ली और आर्ट्स की तरफ़ जाना तय किया। छुट्टी मज़े में बिताना तय किया! परन्तु इतने में मेरे अनिश्चयी, कुछ चंचल स्वभाव ने सिर उठाया और मैंने कहा माँ से कि, 'डॉक्टर नहीं, न सही, पर इंजीनियर तो बनना ही है मुझे! वैसे, कॉलेज खुलने में अभी समय है, तो मैं गणित की ट्यूशन के लिए जाती हूँ आठल्ये सर की कक्षा में —' मेरे गणित की ट्यूशन के लिए आने की बात पर जब तक आठल्ये सर ख़ुश होते, कि जून शुरू होते-होते मैं कला शाखा की ओर मुड़ गयी! गणित विषय जारी तो रखा, पर उपाधि प्राप्त की मराठी और संस्कृत विषय में!

उपाधि प्राप्त करने तक का यह मेरा जीवन-काल मैं यहाँ एक परिच्छेद में पार कर सकी हूँ, पर प्रत्यक्ष में इस काल ने मेरी पूरी जीवनेच्छा को झकझोर कर रख दिया था! इसी कालखण्ड में मेरा 'नृत्य' नामक अद्भुत, बहुआयामी कला-विशेष से संयोगवश परिचय हुआ और उस परिचय का ठीक-ठीक बोध होने से पहले ही मैं इस नये लगे शौक़ के भँवर में खींची चली गयी! क्या हुआ और कैसे हुआ, यह बात महत्त्वपूर्ण नहीं है, परन्तु आगे चलकर चक्कर

खाकर, गोल-गोल घूमकर, दिशाओं का एहसास मिट जाने तक की परिस्थिति आने के बावजूद भी एक क्षण ऐसा आया, जब क्षितिज नज़र आया कहीं दूर...सारे संस्कार आये दौड़कर सहायता के लिए...और भींगकर सराबोर हुई मैं—और अनडूबी सी तरी हुई मैं, नृत्य के क्षेत्र में पाँव गड़ाकर खड़ी हो गयी!

इस बीच पुणे विश्वविद्यालय में एम.ए. के दो सत्रों को पूर्ण किया, क्योंकि सभी सम्बन्धित लोग चाहते थे कि मैं प्राध्यापक बनूँ—नृत्य का व्यवसाय अपनाने के मोहक किन्तु धोखादायक, अस्थिर और दिशाहीन मार्ग की तरफ़ में न चलूँ; वैसे नृत्य-कला को 'कला' के रूप में, 'व्यवसाय' के रूप में या 'आजीविका' के रूप में स्वीकार करने का सही अर्थ उस समय कोई भी नहीं जानता था। माँ, बहनें तो ख़ैर नहीं ही जानती थीं, पर मित्रों को, आसपास के समाज को, शुभचिन्तकों को भी इसकी जानकारी नहीं थी। जयकर काका तो मेरे विचारों के पूरे विरोध में थे। माँ मेरा मन नहीं दुखाना चाहती थी—पर ख़तरा साफ़ नज़र आ रहा था। अनिश्चितता तो निश्चित ही थी! लोग मुझे, मेरी बहनों को, मेरी माँ को बहुत भला-बुरा कहते थे; पर ऐसी बातों की तरफ़ ध्यान देने की हमें आदत ही नहीं थी। घर के सब लोग बेचैन थे तो इसलिए कि बचपन से मेरा स्वभाव कुछ अस्थिर था, किसी बात के पीछे पड़ना मेरे स्वभाव

में नहीं था इसलिए, मैं महत्त्वाकांक्षी नहीं थी इसलिए, किसी भी निश्चय पर या चयन पर मैं अडिग नहीं रहती थी, इसलिए!

पर यहाँ मैं डटकर खड़ी रही! छह महीनों का समय घरवालों ने मुझे इस क्षेत्र का अनुभव प्राप्त करने के लिए दिया और घरवालों की सहमति से ही, परन्तु अपने निश्चय के बल पर मैंने नृत्यक्षेत्र में क़दम रखे। वह सन् १९४७ का वर्ष था! १५ अगस्त, १९४७ को अपने भारत को स्वतन्त्रता मिली, उससे पहले १० जुलाई को मेरी नृत्य की कक्षा आरम्भ हुई!

मेरे पिताजी हमेशा वाचन-लेखन में डूबे रहते। ज्ञानार्जन, ज्ञानोपासना यही उनका शौक़, उनका स्वभाव। पाँच-छह देशी-विदेशी भाषाएँ वे बढ़िया बोलते, पढ़ते, लिखते भी थे। मध्यम मार्ग अपनानेवाले लोगों से उन्हें नफ़रत थी! कहते थे, ''कोई काम तब तक करना शुरू नहीं करना चाहिए, जब तक करने की तीव्र इच्छा न हो, और यदि करना शुरू करें, तो उसे अपनी पूर्ण क्षमता से पूरा किये बिना रुकना नहीं चाहिए। बीच की स्थिति में 'त्रिशंकु' होकर लटके रहनेवालों की तो दुनिया में बहुत भीड़ होती है—वहाँ की घुटन का आदतन एहसास भी नहीं रह जाता—परन्तु ऊँचाई पर जाकर विरल हवा में साँस लेने की शक्ति खो जाती है! मनुष्य के रूप में जीना चाहनेवालों के पास यह शक्ति होनी चाहिए!''

पिताजी के इस कथन का माँ के बताने से और उस समय समझ में आया हुआ अर्थ बस इतना ही था कि जो कुछ भी करना है, वह मन से, लगन से करना चाहिए और उसमें यथासम्भव ऊँचाई और गहरायी हासिल करनी चाहिए! पिताजी को, और उनके कारण माँ को भी यही लगता था कि उनकी बेटियाँ मात्र गृहिणी बनकर गृहस्थी में रमी न रह जायें; बल्कि उसके अतिरिक्त या उसके साथ अन्य आयामोंवाली अपनी प्रतिमा निर्माण करें। अपनी पहचान

(आईडेंटिटी) सिद्ध करें। मेरी सभी बहनों ने इसे सिद्ध कर दिखाया। मुझे भी यह मार्ग नज़र आया!

मैंने नृत्य-कक्षा आरम्भ की, जिसका कारण था नृत्यसम्बन्धी मेरा सम्पूर्ण अज्ञान! तब तक पुणे में मेरी आरम्भिक मामूली नृत्य शिक्षा और सन् १९४६ में बंगलोर जाकर कथकाचार्य स्व. सोहनलालजी से तीन महीनों तक प्राप्त किये गये 'सही' कथक के पाठ, इससे परे मुझे कुछ भी नहीं आता था! फिर भी, उस समय के 'लकड़ी-पुल' के उस पार, शहर से बाहरी छोर पर चल रही 'कला मन्दिर' नामक संगीत संस्था में नृत्य-कक्षा चलाने के लिए मुझे आमन्त्रित किया गया और मैंने साहसपूर्वक वह कक्षा आरम्भ की। १० जुलाई, १९४७ को—५४ वर्ष पूर्व!

जब लड़कियों के अभिभावकों को पता चला कि नृत्य-कक्षा एक लड़की चला रही है, तब कुछ नकचढ़ेपन के साथ, पर मन ही मन यह जानकर कि यहाँ ख़तरा कम है, तीन-चार लड़कियों को उनके अभिभावकों ने मेरी कक्षा में दाख़िल किया। इस बात को महीना-दो महीने भी नहीं बीते थे, कि तीव्र बोध हुआ—अपने पास की सीमित नृत्यविद्या का! 'कथक' के विषय में गहरे अज्ञान के चलते वस्तुतः 'कथक' सिखाने की कक्षा चलाने का उस क्षण मुझे कोई अधिकार न होने का एहसास! परन्तु बड़े उत्साह से आरम्भ की गयी कक्षा को बन्द करने की कल्पना भी असहनीय थी। साथ ही, अपने पैरों पर खड़े होने की आवश्यकता भी थी ही। मन में हिम्मत जुटाई और योग्य तथा असली कथक सिखानेवाले शिक्षक की तलाश में जुटी रही। पुणे में क़िस्मत आज़माने के उद्देश्य से आये-गये सभी 'तथाकथित' नृत्य-शिक्षकों के यहाँ मेरा थोड़ा-बहुत अध्ययन तो हुआ ही...होता ही रहता था। पता नहीं यह अध्ययन 'कथक' का था, 'कथकली' का था या उस काल में अत्यन्त लोकप्रिय हुए 'ओरियंटल डांस' का था!

संयोगवश श्री मन्नालाल नामक नृत्य शिक्षक से मेरी भेंट हुई, तब एकाध पहेली सुलझने लगी—क्योंकि मन्नालाल जी निश्चित रूप से 'कथक' ही सिखा रहे थे मुझे! मूलतः वे नृत्यशिक्षक नहीं थे, बल्कि तबलावादक थे यह एक उलझन तो थी ही—फिर भी अन्य किसी अधिक योग्य गुरु के अभाव में उनसे प्रेमपूर्वक और कुछ हद तक नियमित रूप से मिली नृत्य शिक्षा मेरे लिए दुर्लभ ही थी! ढाई-तीन वर्ष 'मुम्बई-पुणे' आते-जाते मन्नालाल गुरुजी से शिक्षा प्राप्त करने में बीते, उससे भी लाभ हुआ। मुख्यतः 'कथक' से कामचलाऊ परिचय हुआ। केवल चौदह-पन्द्रह तोड़े-टुकड़े, बोल तक ही सीमित मेरे ज्ञान (पता नहीं इसे ज्ञान जैसा बड़ा नाम दिया भी जाय या नहीं) का कुछ विस्तार हुआ; यानी, कक्षा में सिखाने के लिए मेरे पास जो बोल थे, उनकी संख्या कुछ बढ़ गयी। 'तत्कार', 'चक्कर', 'चक्रदार' तोड़ा, 'गत'—कथक नृत्य की यह परिभाषा जुबान पर रच-बस गयी।

पहले-पहले श्री मन्नालाजी मुम्बई में चर्च गेट में रहने वाली मेरी भाभी के फ़्लैट में मुझे सिखाने आया करते थे। आगे चलकर मैं जब गिरगांव में श्री देउसकर जी के घर रह रही थी,

तब वहाँ भी सिखाया करते थे, पर बाद में उनका स्वास्थ्य बिगड़ गया और उन्होंने मुझसे पूछा कि क्या मैं वहाँ नृत्य सीखने आ सकती हूँ, जहाँ वे रहा करते थे। मैंने हामी भर दी। वह कौन सा स्थान था, किस बस्ती में था और वहाँ मुझ जैसी लड़की का अकेले जाना ठीक होगा या नहीं, आदि बातों पर मैंने विचार ही नहीं किया था। उनका बताया पता समझ नहीं आ रहा था, केवल इसीलिए मुम्बई में रहनेवाले अपने एक चाचाजी से मैंने मेरे साथ आने का अनुरोध किया। चाचाजी ने पता सुनने के बाद निश्चित ही यह अनुमान लगा लिया होगा कि वह कौन सी जगह थी, पर न उन्होंने इनकार किया और न आश्चर्य प्रकट किया—वे चुपचाप मुझे लाल बत्ती वाली बस्ती में ले गये। एक मंज़िल ऊपर जाने के बाद और कमरों का अनुमान लगाते हुए जब हम मन्नालाल जी तक पहुँचे, तब उस सुबह की बेला में कई अलसाई आँखें हमें एकटक निहार रही थीं! यह अध्ययन-अध्यापन आगे बहुत चला ही नहीं, क्योंकि मन्ना जी

का स्वास्थ्य बिगड़ता ही चला गया...

मैं फिर अनाथ हो गयी...जब ऐसा अनुभव हो रहा था कि विफलता चारों ओर से मुझे घेरती जा रही है, तभी कर्मधर्म-संयोगवश मेरी मुलाकात आदरणीय मोहनराव कल्याणपूर जी से हुई—रास्ते में। मैं गिरगांव से चर्नी रोड की तरफ़ विमनस्क चली जा रही थी...आँखों से आँसुओं की धारा बह रही थी...'अब सीखने के लिए कहाँ जाऊँ मैं? एकदम शुद्ध, प्रथम श्रेणी का कथक नृत्य सीखना मेरे नसीब में है भी या नहीं?' मोहनराव जी सामने से आ रहे थे। वे और हमारी कालिन्दी जब मुम्बई में थे, तब कथक आचार्य पं. सुन्दरप्रसाद जी से एक ही समय शिक्षा प्राप्त कर रहे थे। अब कालिन्दी डॉक्टर हो गयी थी। उसने तो नृत्य करना छोड़ दिया था—पर उसके कारण मोहनराव जी को मेरा चेहरा कुछ जाना-पहचाना प्रतीत हुआ। मुझे आँसू बहाते जाते देखकर उन्होंने मुझे रोका और पूछा, 'तुम कालिन्दी की बहन हो न?' और मैंने अपना एकाएक उफन आया दुख उनके सामने प्रकट किया, तो उन्होंने कहा, ''मेरे पास सीखने लखनऊ आओगी, तो मैं निश्चित रूप से तुम्हें सिखाऊँगा। मैं अब लखनऊ में ही बस गया हूँ। भातखंडे कॉलेज ऑफ़ म्यूज़िक में नृत्य विभाग का प्रमुख हूँ!'

यहाँ से मेरा भाग्योदय आरम्भ हुआ। मैंने हर दिसम्बर महीने में लखनऊ जाना शुरू किया। एक नये स्तर पर 'कथक' से परिचय, कथक का अभ्यास आरम्भ हुआ। इससे पहले पुणे आने-जानेवाले नृत्य के तथाकथित जानकारों से मिले 'बोल-बन्दिशों' का मैंने बड़े चाव से जो संग्रह किया था, वह आदरणीय मोहनराव जी ने देखा और उसे फेंक ही देने के लिए कहा! मैं तो शब्दशः सकपका गयी...यानी, इतने बड़े संग्रह में एक भी 'असली बन्दिश' कहलानेवाली चीज़ नहीं थी? मूलतः 'बन्दिश' क्या होती है? कथक की प्रस्तुति के सन्दर्भ में बन्दिश का स्थान क्या है? महत्त्व कितना है? अच्छी बन्दिश के क्या लक्षण हैं? आदि अनेकानेक प्रश्न मन में उठने लगे। कानपुर-लखनऊ और लखनऊ-पुणे कानपुर होते हुए, ऐसी कई यात्राओं में निरन्तर विचार और चिन्तन चलता रहता था...बुद्धि के सामने प्रति दिन उपस्थित होनेवाली पहेलियाँ, और उनके कारण होनेवाली घुटन को मिटाने का प्रयास जारी रहता था।

आदरणीय मोहनराव जी एक मायने में 'स्थितप्रज्ञ' थे—उनकी अपनी कुछ मान्यताएँ थीं। जैसे कि, 'उत्तम शिक्षा प्राप्त करने में समय तो लगता ही है...साधना के दौरान निर्माण होनेवाले प्रश्न आगे चलकर अपनेआप हल हो जाते हैं...करते रहने से सब कुछ हो ही जाता है!' इन मान्यताओं का अर्थ मैं भले ही समझती रही हूँ, परन्तु न तो दिलासा मिल रहा था...और न मेरे पास उतना धैर्य था! मेरी आयु भी नृत्य की शिक्षा के सन्दर्भ में अधिक थी उस समय ही! मैं अट्ठाईस वर्ष की थी! मुझे लगता, सीखते-सीखते ही प्रश्न हल कर लिए गये, उत्तर मिल जायें, तो सही मार्ग तुरन्त मिल जायेगा। टटोलने-अन्दाज़ा लगाने में समय व्यर्थ नहीं होगा। मेहनत करने में मैं कभी भी पीछे नहीं रही। परन्तु ग़लत मेहनत की सम्भावना को आरम्भ में टाला नहीं जा सकता था! धीरे धीरे मेरी अधीरता और पं. मोहनराव जी के धैर्य में सामंजस्य

स्थापित हुआ। मेरी शिक्षा को अच्छा आकार मिला और वेग भी!

जयपुर घराने के पण्डितों की अलग-अलग कल्पनाओं की जानकारी फिर मुझे मिली। विलक्षण नादमधुर, लय की अलग-अलग बुनावटोंवाले और अनेक उदाहरणों को जन्म देनेवाले प्रमेयों जैसी गर्भित अर्थवाली बन्दिशें सीखने और अध्ययन करने को मिलीं। उनके सौन्दर्य का भी सहज आकलन हुआ और मेरी समझ को नये-नये आयाम प्राप्त हुए। ब्रज-भाषा के काव्य का अनोखा शब्द-सौन्दर्य और रीतिकालीन कवियों का कथक को प्राप्त योगदान...लगा कि इस सारी अज्ञात जानकारी का दालान ही मेरे सामने खुल रहा हो...यह सब पुणे-लखनऊ की अनेक यात्राओं के कारण ही! मैं एक मायने में 'वारकरी' (नियमित रूप से पंढरपुर में भगवान विट्ठल के दर्शन के लिए जानेवाले भक्त वारकरी कहलाते हैं। इसी के आधार पर एक ही स्थान पर बार-बार आने-जानेवाले, एक ही काम को बार-बार करनेवाले व्यक्ति को वारकरी कहा जाता है।) ही थी—हूँ भी। पं. मोहनराव जी से सीखने के निमित्त से 'पुणे-लखनऊ' की यात्राएँ और आगे चलकर पं. लच्छू महाराज से मार्गदर्शन प्राप्त करने के लिए हर सप्ताह 'पुणे-मुम्बई' की यात्राएँ मैंने कम से कम अट्ठारह वर्ष तो कीं ही...उसके कारण हुआ पुण्य संचय मुझे आज भी पार लगा रहा है!

लखनऊ निवास के दौरान कई महान व्यक्तियों को मुझे दूर से, निकट से देखने का अवसर मिला। डॉ. श्रीकृष्ण रातंजनकर 'भातखंडे म्यूज़िक कॉलेज' के प्राचार्य! वे संगीत की सभी शाखाओं की वार्षिक परीक्षाओं के निमित्त से बड़े-बड़े विद्वानों को, उस्तादों को आमन्त्रित करते थे; इस कारण नृत्यसम्राट शम्भु महाराज, पं. अनन्त मनोहर जोशी और पं. गजाननबुवा जोशी, उस्ताद थिरकवाँ खाँ साहब, उस्ताद निसारहुसेन खाँ साहब, उस्ताद वाजिद हुसेन खाँसाहब, पं. सखारामजी पखावजी जैसे सभी 'मुकुटमणि' कलाकारों के मुझे मेरे इसी शरीर से, इन्हीं आँखों से दर्शन हुए। आदरणीय मोहनरावजी की वहाँ की बैठक में ये सारे महान लोग शाम को एकत्र आते, संगीत के कूट प्रश्नों के बारे में, रियाज़ की अलग-अलग पद्धतियों के बारे में, कौन सी बन्दिश कैसी है, किस घराने की है, कैसे प्राप्त हुई, क्या इसका कोई जोड़ है, आदि विषयों पर उनकी आपस में चर्चा होती रहती, उन्हें मन में और कानों में जमा करते-करते मैंने कला-क्षेत्र के संस्कार ग्रहण किये। लखनऊ की असली भाषा में कहूँ, तो मुझमें 'तमीज़' तो थी ही, घर के संस्कारों के कारण। पर यहाँ वह नये रूप में और नये सन्दर्भ में 'तहज़ीब' के रूप में सीखने मिली! बड़े लोग जब बात कर रहे हों, तब शान्तिपूर्वक ध्यान देकर उनकी बात सुननी चाहिए और 'बोलना ही है' ऐसा कोई मुद्दा जब तक अपने पास न हो, तब तक कभी भी बीच में न बोलने, दूसरे की बात न काटने; आवाज़ चढ़ाए बिना संवाद करने और महत्त्वपूर्ण मुद्दा, विनम्रता छोड़े बिना दूसरों को समझाने की पराकाष्ठा करने की 'तहज़ीब'!

सन् उन्नीस सौ साठ में मैंने पं. लच्छू महाराज के यहाँ भी मुम्बई आ-जाकर सीखना शुरू

किया। आदरणीय मोहनराव जी से सीखते समय 'कथक' का जो बाज देखने, स्वाद लेने के लिए मिला, उसकी तुलना में पं. लच्छू महाराज जी के मार्गदर्शन में खिलता गया 'कथक' स्वभाव से लास्य-मृदु और जाने-अनजाने अवकाश को स्पर्श करनेवाला...दोनों विधाएँ सुन्दर, मनोरम, अलग-अलग पद्धति से! 'कथक' की विशिष्ट शैली से सम्बन्धित पहेली अब कुछ सुलझने लगी, मुख्यत: वक्ष-छाती-पेट मिलकर होनेवाले 'टार्सो' (Torso) का कथक नृत्य में होनेवाला सूक्ष्म खेल, और नृत्त-नृत्य से निकलनेवाले कथक की ललित रेखाओं का आन्तरिक मेल, इसका पहले शारीरिक और फिर मानसिक और उसके भी बाद वैज्ञानिक और सैद्धान्तिक स्तर पर भी एहसास होने लगा...मोहनरावजी के सिखाये कई सारे रहस्यों का खानदानी परम्परा की पृष्ठभूमि पर अर्थ खुलने लगा! कुल मिलाकर नृत्य का मेरे हृदय में यादृच्छिक रूप से पड़े हुए और शुभंकर संयोगवश जमे हुए 'बीज' ने जड़ पकड़ना आरम्भ कर ही दिया था, वह बीज सारे अर्थहीन उमंगों को त्याग कर 'पेड़' बनने लगा था—जो आगे चलकर कभी फल धारण कर सके!

गुरु पार्वती कुमार

इन दो श्रेष्ठ कथक गुरुओं से बीच-बीच में मिलनेवाले साथ के कुल पच्चीस वर्ष जब मेरे मन में महक रहे थे, बीच में ही एक झोंका जो सुखद अनुभूति दे गया, वह था 'भरतनाट्यम्' के सुप्रसिद्ध आचार्य,

१९६७ में नृत्यभारती में पं. वसन्तराव देशपाण्डे, पं. लच्छू महाराज और पं. बिरजू महाराज

मुम्बई के गुरु पार्वतीकुमार से मार्गदर्शन का! पाँच-छह वर्षों तक बाक़ायदा मिली इस दक्षिणी शैली की शिक्षा की! इससे मिली योग्य और नियमित विद्यादान पद्धति की मुझे मिली एक अलग ही दीक्षा, मेरे भावी विद्यादान को एक चमकीली किनारी जोड़ गयी। गुरु पार्वतीकुमार जी के कारण अभिनयदर्पणादि शास्त्र ग्रन्थों की ओर मेरा ध्यान गया और अब तक के अहर्निश चिन्तन को प्राचीन शास्त्रों की कसौटी पर कसकर और नृत्य के प्रत्यक्ष अनुभव से आज़माने की, सुव्यवस्था करने की एक अच्छी पद्धति आत्मसात् हुई।

बड़े-बुज़ुर्गों की अनेकांगी गुणवत्ता का इस तरह अनुसरण करते-करते यह बात ध्यान में आयी कि सारे श्रेष्ठ नर्तक चतुरस्त्र कलाकार थे—होते हैं। नर्तन के अतिरिक्त गायन-वादन में भी वे निपुण होते हैं। वे अक्सर 'शायर' भी होते हैं—'कवि' होते हैं। उन्हें अनेक छन्द, दोहे, कवित्त और ताल-लय की अनगिनत बन्दिशें मुखोद्गत होती हैं। ताल-लय पर उनका अद्भुत अधिकार होता है!...और इसीलिए उनकी नृत्य प्रस्तुति का अत्यन्त प्रभावशाली और रसपूर्ण होना तथा उनके सृजन को कलापूर्ण सौन्दर्य प्राप्त होना सम्भव होता है।

जब इस वास्तविकता का मुझे एहसास हुआ, तब मैं गायन की विधिवत् शिक्षा की ओर मुड़ी। हमारे घर में माँ के मायके से मिले 'गानेवाले गले' का वरदान प्रत्येक के पास था! प्रसिद्ध

पं. केशवराव भोळे

संगीत दिग्दर्शक, संगीत समीक्षक स्व. केशवराव भोले जी का मार्गदर्शन तीन चार वर्षों तक और पं. वसन्तराव देशपाण्डे—अनुपम गायक-श्रेष्ठियों का मार्गदर्शन मुझे दस वर्षों तक प्राप्त हुआ, यह मेरे भाग्य का दूसरा पहलू! इसके अतिरिक्त 'संगीत विशारद' की परीक्षा देने के सन्दर्भ में स्व. विष्णु दिगम्बर जी के प्रारम्भिक शिष्यों में से एक प्रशिष्य और गुरु पं. रामकृष्णबुवा जोशी जी का, और सहस्वान घराने के उस्ताद गुलाम साबिर खाँ और उस्ताद गुलाम घौस खाँ नामक बन्धुओं का मार्गदर्शन तीन चार वर्षों तक मिला, जिसे 'बोनस' ही समझना चाहिए! इन सभी गुरुवरों ने मुझे संगीत की 'नज़र' दी, असली सुरीलेपन का, लय-ताल की सच्ची समझ का और बरतने का अर्थ समझाया और मुझमें रचा-बसा दिया—और इस शुद्धता के अतिरिक्त कुछ भी न स्वीकारने का 'हठीलापन' भी मुझमें निर्माण किया! मुझे आदर्श के निकष न केवल लिखित या मौखिक रूप में समझाये, बल्कि उन्हें मेरे सामने सिद्ध भी किया! खाँ साहब लोगों ने मेरी नृत्य-प्रस्तुति को उत्तरभारतीय रसपूर्णता का आयाम दिया—अब अपने नृत्य को औरों के साथ स्वयं 'साक्षी' बनकर चखने का कौशल भी मुझे प्राप्त हुआ!

मेरे कला-जीवन में एक अवर्णनीय 'ख़ुशबू' निर्माण करनेवाले सभी महान व्यक्तित्वों में एक और अत्यन्त धीर-गम्भीर, और वैसा ही दिखायी भी देनेवाला, परन्तु भीतर से नटखट व्यक्ति

यानी मेरे प्रिय, मराठी के फर्गसन कॉलेज के प्राध्यापक रा. श्री. जोग। उन्होंने चाहे लेखन में हो, चाहे किसी भी प्रकार की प्रस्तुति में हो, अभाव से ही दिखायी देनेवाली संक्षिप्तता (Brevity) का ध्यान रखना सिखाया। चाहे जितना मोह क्यों न हो, फिर भी आवश्यकता से अधिक शब्द, मुद्दे से हटकर अतिरिक्त विचार, अनुचित सन्दर्भ आदि का उपयोग न करने का असाधारण गुण उनकी सामान्य बातचीत में, व्याख्यानों में या लेखन में सर्वत्र एक जैसा दिखायी दिया करता था!

जीवन में किसी न किसी प्रकार से मेरा मार्गदर्शन करनेवाले अनेक व्यक्तियों के प्रत्यक्ष-अप्रत्यक्ष साहचर्य के कारण 'नृत्य' मुझमें, मेरी धारणा में कण-कण से प्रति क्षण खिलता जा रहा था, और मैं 'नृत्य' का सभी ओर से आस्वाद लेना, उसे देखना और जीना जैसे-जैसे सीखती गयी, वैसे-वैसे मेरे हाथों नृत्य विषयक लेखन भी होने लगा। 'मेरी नृत्य साधना',...'मी इज़ाडोरा ' शीर्षक से लिखा गया इज़ाडोरा डंकन के 'माई लाइफ' का अनुवाद और अनेक चर्चासत्रों के कारण नृत्य के अनेक पहलुओं को स्पर्श करनेवाले लेख लिखते समय मुझे नृत्य-कला के माध्यम का अनुसरण करने की आवश्यकता महसूस हुई, तो कविवर स्व. पु. शि. रेगे जी के कारण । उनकी 'त्रिधा राधा' नामक मेरी एक प्रिय कविता। श्री प्रभाकर जठार जी ने इस सुन्दर कविता को एक अत्यन्त अन्वर्थक धुन में बाँधा था मेरे लिए। मैंने बड़े चाव से 'त्रिधा राधा' को मुम्बई आकाशवाणी पर गाया और घर लौटते समय पहले रेगे जी से

१९७२ में, रौप्य महोत्सव में रोहिणी जी के तीनों गुरु एक साथ मंच पर विराजमान हैं।
बाईं तरफ से पं. मोहनराव कल्याणपूर, पं. लच्छू महाराज, पं. वसन्तराव देशपाण्डे, पं. रोहिणी भाटे

मिलने, मेरे कविता-गायन के विषय में उनकी राय जानने गयी। उन्होंने मुझसे एकदम bluntly, स्पष्ट शब्दों में कहा कि 'रोहिणी जी, यह कविता गानेवाली कविता है ही नहीं। अपने आप से, एकान्त में पढ़ी जानेवाली यह कविता आपने सीधे गा ही डाली!' उनकी इस टिप्पणी पर हतबुद्धि होकर विचार करते समय मेरी आँखों के सामने मेरी उस समय की सभी नृत्य-रचनाएँ और उनके आधार के लिए चुने गये गीत-काव्य संहिताएँ साकार हो गयीं...और यह ध्यान में आया कि मेरी नृत्य प्रस्तुति में समाविष्ट कथानक को या केवल भावार्थ को अधिकांश समय केवल शब्द ही आगे ले जा रहे थे। सारा मथितार्थ शब्द या काव्य ही बता रहे थे—नर्तन से ही मुख्यत: आशय को व्यक्त करने की बात पीछे ही छूटती जा रही थी! यानी, कहना होगा कि मेरा शरीर-भाषा का माध्यम अब तक मैंने आत्मसात् किया ही नहीं था! यह बोध हुआ और लिखते-बोलते समय, प्रत्यक्ष नृत्य सिखाते समय और प्रस्तुत करते समय उपयोग किये जानेवाले सभी अभिधान-परिभाषाएँ और शास्त्रों तथा परम्परा से स्वीकृत उनकी रूढ़ व्याख्याएँ, उनका सटीक अर्थ, अपनी अनुभूति और आसपास चल रहे कलाव्यवहार के अनुरूप है या नहीं, उसमें आवश्यक बदलाव होने चाहिए या नहीं, इस बात पर विचार करना मैंने सतत जारी रखा और स्वयं ही कुछ निर्णय किये।

यहाँ से आगे नृत्य के मेरे बहुआयामी नव-सृजन को भी अनेक दिशाएँ मिलीं। कथक परम्परा की सीमित परिधि का विस्तार करने वाली अनोखी नृत्त-नृत्य-रचनाओं का सफल मंथन मैं कर सकी। उत्तर भारतीय शास्त्रीय संगीत के 'ध्रुपद', 'छोटा ख्याल', 'तराणा', 'सरगम', 'त्रिवट', 'चतुरंग' आदि सभी को मैंने सार्थ और साभिप्राय नृत्यस्पर्श किया! कई बन्दिशें सारे कायदों का पालन करते हुए (और कई बार सौन्दर्यपूर्ति के लिए जानते-बूझते उन कायदों का उल्लंघन करते हुए भी) रचीं और 'कथक' का वस्तुसंग्रह बढ़ाया। अनेक 'दोहे', 'ठुमरियाँ', 'भजन', 'छन्द', 'कवित्त', 'लम्बछड़ कविता', आदि का गहन भावांकन कर उन्हें प्रस्तुत किया। कथक में भावदर्शन के तल की तलाश की। ऊपरी तौर पर केवल नक़्क़ाशीयुक्त और मुद्रांकित अभिनय यानी कथक भाव नहीं होता, इसे सिद्ध होने तक अनेक रचनाएँ कीं और जानकारों के सम्मुख 'प्रान्तीय' तथा 'राष्ट्रीय' रंगमंच पर उन्हें प्रस्तुत किया। काल समानान्तर और कालातीत विषयों को नृत्य के माध्यम से स्पर्श करते हुए 'व्यष्टि से समष्टि' की धुन मन में निरन्तर गूँजती रही। नृत्य के विषय में लिखने-बोलने, नृत्य को समझने, नृत्य करने और प्रस्तुत करने में मनस्वी खुलापन आया। देश-परदेश में नृत्य के दौरे करते समय हाल के दिनों में इस आन्तरिक खुलेपन की अनुभूति मुझे निरन्तर होती रही। अब तक परिश्रमपूर्वक प्राप्त की गयी, कुछ परिश्रम से ही प्रस्तुत होती रही 'नृत्य-विद्या' इस खुलेपन के कारण सहज सुन्दर स्वरूप में अपने आप झरने लगी।

अनेक अप्रचलित ताल, जैसे कि 'चित्ररूपक' (१०।। मात्राएँ), 'भिन्न लोभा' (६।। मात्राएँ),...ऐसे कई, समग्र रूप में उस प्रत्येक ताल के स्वाभाविक 'मूड' को सम्हालते हुए

नृत्यभारती १९९३ में

मैंने रचे—सच कहूँ तो एक रचना पर्व ही यहाँ शुरू हो गया। संगीत रचना, काव्य और उसका नृत्यांकन, सब कुछ एक समय में ही सिद्ध होता गया...'समय', 'मौन', 'कठपुतली', 'उड़ान', 'उद्‌गार', 'सूरज के ख़िलाफ़', 'ऋतु' नामक नृत्यात्मिकाओं की संकल्पनाएँ और संरचनाएँ कीं, और कथक का मेरा स्वनिर्मित वस्तुसंग्रह सचमुच उफनकर बह निकला...मेरे नृत्य नामक प्राण-रुचि का पहले तो व्यवसाय में और अब अन्ततः जीवन-वृत्ति में रूपान्तर होते-होते कई वर्ष पूर्व की पहेली—'नृत्य यानी निश्चित रूप से क्या?' सुलझने लगी...

पहले लगता था, 'नृत्य' दर्शकों के साथ एक अलग प्रकार का संवाद है, बल्कि किसी अज्ञात सार्वभौम शक्ति की, ऊर्जा की यह प्रार्थना है—या आत्माविष्कार है विशुद्ध, एक चेतन माध्यम के जरिये; जीवन की जटिल समस्याओं पर किया गया यह भाष्य तो नहीं शरीर-भाषा के द्वारा? आज लगता है कि हाँ, नृत्य यानी अभी जो कुछ भी कहा, वह सब होते हुए भी दस अंगुल ऊपर ही शेष रहा एक इन्द्रजाल है! पर फिर, इन्द्रजाल यानी क्या। कैसे? मेरी 'समझ में आया' ऐसे प्रतीत होनेवाला यह तथ्य औरों को समझाने के लिए—रंगमंच के या किसी भी वास्तु की परिधि में समाये हुए अवकाश में मानव शरीर का गतिमान शिल्प यानी 'नृत्त', और उसके अमूर्त भावों के मूर्त होने के बाद जब उनसे साहित्य के सन्दर्भ जुड़ जाते हैं, तब वह है 'नृत्य'—इस प्रकार की एक भौतिक और प्रत्यक्ष उपयोग से सिद्ध होनेवाली परिभाषा मैंने

सबके लिए तैयार की...और मेरे मन में कुछ अद्‌भुत तरंगें उठने लगीं। कुछ अद्‌भुत अनुभव होने लगा था पिछले पाँच छह वर्षों में—वह प्रत्यक्ष साकार होने लगा...

मैंने स्वयं से कहा—

''नृत्य यानी अपनी देह का—उसके अणु-रेणुओं का सजग एहसास Awareness! शतप्रतिशत। अपने भीतर के आकाश का बाहरी अवकाश से जुड़नेवाला नाता, अपने हृदय में अविरत टिकटिकानेवाली घड़ी का अनन्त अनादि काल से जुड़नेवाला सन्धान!''

मेरी आयु के कम से कम साठ वर्ष तो नर्तन के स्व-रूप को पहचानने के प्रयास में यहाँ-वहाँ और कई बार सात समन्दर पार—मैं गयी...मेरी साधना को मान-सम्मान और पुरस्कारों के जो प्रादेशिक और राष्ट्रीय स्तर पर फल लगे, उन्हें पाकर मैं इतराई नहीं, पर विशुद्ध आनन्द के साथ उनका स्वाद चखा...परन्तु पहले ही कभी हलके से आँचल में टपका हुआ असली 'फल' : कभी भी, कहीं भी समाप्त न होनेवाला प्रकाश के मार्ग पर चलते रहने का और कहीं भी न पहुँचने की 'लगन' तथा उस मार्ग पर जलते दीपकों और दीपस्तम्भों का दिया हुआ 'बल'—इस फल को मुट्ठी में कसकर पकड़े रखना नहीं भूली हूँ मैं!...

नृत्यभारती का गुरुपूर्णिमा उत्सव २००३ में

विभाग सात

संस्मरण

॥ i ॥	रोहिणी : जैसे मैं उसे जानता हूँ	पं. मोहनराव कल्याणपूरकर
॥ ii ॥	लयस्वरूप रोहिणी	कलानिधि नारायणन
॥ iii ॥	रोहिणी द्वारा निर्मित गुरुकुल	डॉ. अशोक केळकर
॥ iv ॥	कथक की शास्त्रीय समृद्धि	अशोक वाजपेयी

लेखिका के बारे में : सुनीता पुरोहित

१

रोहिणी : जैसे मैं उसे जानता हूँ

पं. मोहनराव कल्याणपूरकर

चार दशक प्रवाहित हो चुके हैं, जब मैं रोहिणी से पहली बार मिला था! फिर भी लगता है कि वह 'कल' ही था जब मैंने इस डरी हुई सी किशोरी को अपने कथक के प्रथम पदक्षेपों का रियाज़ करते हुए पुणे के लकड़ी पुल के नज़दीक श्री पं. विठ्ठल के नृत्यवर्ग में देखा था! यह हमारी पहली मुलाकात थी! कुछ सालों बाद उसकी शिष्याओं के समूह के साथ उसके नृत्य का एक कार्यक्रम देखने का अवसर मिला, जो हरिहर में किर्लोस्कर परिवार ने आयोजित किया था! पीछे नेपथ्य में उस ने मुझे बताया कि श्री रंग विठ्ठल अब उस नृत्यवर्ग से जुड़े हुए नहीं थे और उसने इस नृत्यवर्ग को चलाने का पूरा जिम्मा ले लिया था! यही बीज उसने बोया था, अपने आगे आनेवाले दीर्घकालीन संघर्ष का!

कुछ साल बीत जाने के बाद मैं उससे गाँवदेवी (बॉम्बे) में फिर मिला! 'तुम्हारा अपना नृत्य और तुम्हारा नृत्यवर्ग कैसे चल रहा है?' मैंने सहजता से पूछ लिया। डबडबाने लगी आँखों से वह तत्क्षण बोल पड़ी, 'यही तो मेरा दुर्भाग्य है मोहनराव जी, कि मुझे सिखाने और आगे मार्गदर्शन करने के लिए मैं किसी को ढूँढ़ ही नहीं पा रही हूँ। जो भी थोड़ा-सा मैं जानती हूँ और दूसरे नर्तकों के निरीक्षण से पा सकती हूँ उसी के साथ मेरा संघर्ष जारी है!' अधिक ज्ञान प्राप्त करने के लिए उसकी यह तीव्र अभिलाषा देख कर मेरा मन द्रवित हो गया, परन्तु उस समय लखनऊ के मॉरिस कॉलेज ऑफ़ म्युज़िक (वर्तमान भातखंडे कॉलेज ऑफ़ हिंदुस्थानी म्युज़िक) में नियुक्त होने के कारण मैं उसकी मदद करने की स्थिति में नहीं था!

'संघर्ष' था रोहिणी की सफलता का मूल सिद्धान्त! सिर्फ़ कुछ ही लोग जानते हैं, कि जिस गौरव से रोहिणी आज सम्मानित है, वह प्राप्त करने के लिए उसे कितना संघर्ष करना पड़ा। केवल धैर्य और मेहनत में उसने यह सफल दिन अर्जित किये हैं!

उसके आरम्भिक जीवन में कई संकट आये! अविश्वसनीय धैर्य के साथ रोहिणी ने उनका सामना किया! जहाँ अन्य किसी ने सम्पूर्ण निराशा के साथ यह रास्ता ही त्याग दिया होता,

अक्षय इच्छाशक्ति और कड़े दृढ़ निश्चय के साथ रोहिणी अपनी जगह पर अचल खड़ी रही!

जैसे कि मैं उसे जानता हूँ। रोहिणी एक अस्वस्थ आत्मा है! किसी सक्रिय नियत कार्य के बिना वह खोयी सी रहती है, लेकिन जितनी बड़ी चुनौती का सामना करना पड़े उतना ही उसे अधिक अच्छा और अधिक उल्लसित लगता है! उसकी दिनचर्या में भी वह सतत दौड़-धूप करती रहती है! उसे सुबह जल्द उठना ही होता है; फिर योगासन, ध्यान, नृत्य और गायन का रियाज़, सिखाना, नयी रचनाएँ करना, पढ़ना, लिखना और फिर पत्र व्यवहार में लग जाना—ये सभी उसे एक के बाद एक हर दिन हड़बड़ी भरी रफ़्तार से करना ही होता है। 'आलस्य' नाम के शब्द का उसे पता ही नहीं है! एकाग्रता के साथ व्यस्त रहना ही उसकी ख़ासियत है! मैं कभी कल्पना में भी नहीं देख सकता कि वह किसी आराम कुर्सी में पसार कर आराम से नींबू शरबत के घूँट ले रही हो! बॉम्बे और पुणे के बीच की उसकी 'डेक्कन क्वीन' की यात्राओं में भी तालियों के साथ लय पकड़ते हुए अपने कथक के बोलों की पढन्त करने की उसे आदत है, जब अपने सहयात्रियों की व्यंगमिश्रित हँसी से वह पूरी तरह से अनजान रहती है! मैंने सुना है, कि एक बार जब रोहिणी ने जोर से ताली बजाते हुए 'सम' पकड़ी, तो ट्रेन में भोजन ले

जानेवाले आदमी ने उलटे पाँव वापस आकर रोहिणी से पूछा कि वह क्या लेना चाहेगी, और रोहिणी ने अपनी लज्जित भ्रान्त स्थिति में एक कप चाय मँगा ली! यह घटना मज़ेदार लगती है, लेकिन यह उसकी अपने उद्देश्य के प्रति एकनिष्ठता और अपनी कला के साथ लगाव दर्शाती है! यह अतिशयोक्ति नहीं होगी अगर मैं कहूँ, कि वह खाती है 'कथक', पीती है 'कथक' और साँसें भी भरती है तो 'कथक' की!

ज्ञान के लिए उसकी प्यास अतोषणीय है! नृत्य और संगीत से जुड़े विषयों में भिन्न-भिन्न स्रोतों से जानकारी एकत्रित करने में वह हमेशा व्यस्त रहती है, जैसे कोई मधुमक्खी, जो अलग-अलग फूलों से शहद जमा करती है! इस तरह से एकत्रित की हुई सामग्री का वह बाद में विश्लेषण करती है, ज़रूरत पड़ने पर औरों से सलाह भी लेती है, और आवश्यकता उत्पन्न होने पर प्रयोग करने के लिए उसका संचय करती है!

१९५३ में प्रथम पाठ के साथ हमारा गुरु-शिष्य नाता प्रारम्भ हुआ 'नृत्यभारती' में, जो तब पुणे के लक्ष्मी रोड पर स्थित थी! बॉम्बे में संस्था स्थापित करने की कल्पना के साथ एक लम्बी छुट्टी लेकर मैं वहाँ गया था, और रोहिणी ने इस मौक़े का लाभ उठाया! उन सुखद दिनों की यादें मेरे मन में बसी हुई हैं। कमरे में मेरे प्रवेश करते ही रोहिणी की प्रिय अगरबत्ती की

आनन्ददायी सुगन्ध मेरा स्वागत करती थी! फिर मुझे वह दिखायी पड़ती थी, अपने खास सफ़ेद पहनावे में हाँफती हुई, पसीने से तर, मेरे एक दिन पहले सिखाये हुए बोलों में निपुणता पाने में व्यस्त! मिलनसार और विनोदबुद्धि श्री आप्पा जल गाँवकर अपने अचूक लहरे के साथ हार्मोनियम पर और युवा और नवोदित श्री चन्द्रकान्त कामत तबले पर संगत करनेवाले कलाकार थे!

यहाँ मैं रोहिणी को पहचान पाया एक आज्ञाकारी, विनीत और परिश्रमी शिष्य के रूप में! उसका कठिन परनों और लयबद्ध बोलों को तेजी से पकड़ पाना सचमुच लक्षणीय था! उसके दम-खम की कोई मर्यादा ही नहीं थी! एक बार एक रोचक और कठिन सत्र के बाद मैंने कहा, 'मुझे लगता है कि आज यहीं रुकते हैं, तुम थकी हुई दिख रही हो!' 'नही मैं थकी नहीं हूँ,' उसने जवाब दिया! उसका कहना साबित करने के लिए वह फुरतीले तत्कार में फूट पड़ी, जिसकी गूँज मुझे जाते हुए सुनायी दे रही थी!

दुर्भाग्य में वे सुखद दिन लम्बे समय तक नहीं चले! १९५४ में मुझे लखनऊ वापस बुला लिया गया था। क्योंकि उत्तर प्रदेश सरकार ने मॉरिस कॉलेज पर अधिकार लेना तय किया था और वहाँ के अधिकारी वर्ग को मेरी उपस्थिति आवश्यक लग रही थी। बेचारी रोहिणी दुखी हो बैठी थी और उसकी सान्त्वना के लिए मेरे पास कोई शब्द नहीं थे। परन्तु प्रतिकूल परिस्थितियों में निरुत्साहित होनेवालों में से वह थी ही नहीं। कुछ महीनों बाद मेरा अनुसरण करते हुए वह कानपुर में अपनी बहन स्व. डॉ. कालिन्दी मित्तर के पास आकर ठहरी और अपनी शिक्षा जारी

रखने के लिए हफ़्ते में तीन बार मेरे पास लखनऊ आने लगी। एक बार गुरु शम्भु महाराज जी ने उनके घर पर संगीत और नृत्य के कार्यक्रम में हिस्सा लेने के लिए रोहिणी को लाने के बारे में मुझसे अनुरोध किया।

उन्होंने जिस अवसर पर उत्सव मनाने के लिए यह आयोजन किया था, मात्र वह मुझे याद नहीं आ रहा। महान कुलगुरु पं. बिंदादीन महाराज जी के घर पर नाचने की सम्भावना से रोहिणी बहुत ही उत्तेजित थी, सोचकर कि इसी पवित्र सभामण्डप में पं. बिंदादीन स्वयं नृत्य प्रस्तुत करते थे और गुरु अच्छन महाराज, गुरु लच्छू महाराज, गुरु शम्भु महाराज, गुरु जयलाल जी और गुरु सुन्दर प्रसाद जी जैसे आचार्यों को सिखाते थे! उसने बहुत ही अच्छा नृत्य किया और सभी गुणीजनों ने उसकी प्रशंसा भी की! रोहिणी अपनी प्रस्तुति के बाद इतनी उत्तेजित और घबरायी हुई थी कि पं. शम्भु महाराज जी से आज्ञा लेकर पीछे चलते हुए जब कमरे से बाहर जा रही थी, तब वह जूतों के ढेर से टकराकर लड़खड़ाई, और किसी के पैर पर उसने अपना पैर रख दिया है ऐसे सोचकर तेजी से मुड़ के उसने आदरपूर्वक प्रणाम किया, जो पं. शम्भु महाराज जी को बहुत ही रंजक लगा!

अनेक सचमुच ही उत्तम प्रस्तुति करनेवाले नृत्य कलाकारों को तैयार करके रोहिणी ने एक शिक्षक के तौर पर अपनी तेजस्विता सिद्ध कर दिखायी है। उसकी कुछ शिष्याएँ पणजी, इन्दौर, कानपुर जैसी जगहों पर महत्त्वपूर्ण पद सम्हालकर नृत्यवर्ग चला रही हैं। रोहिणी की शिष्याएँ चाव से उसे 'बेबीताई' बुलाती हैं और अत्यन्त सम्मानसहित उससे प्यार करती हैं, और वह भी बदले में उन्हें पूरी सच्चाई और कृपादृष्टि के साथ सिखाती है। उसे अपने नृत्य वर्ग का

संचालन करते हुए देखते हैं तो अनुभव होता है कि क्रियाएँ और पदक्षेप जो वह सिखा रही होती हैं उनकी बारीकियाँ अपनी शिष्याओं को समझाने के लिए वह कितने कष्ट उठाती है।

हमारा गुरु-शिष्य नाता अब इकत्तीस वर्ष का हो चुका है, और पीछे मुड़ के देखते हुए मुझे किसी प्रकार का खेद नहीं लग रहा है। रोहिणी एक सच्ची और प्रशंसनीय शिष्या होने की अपनी योग्यता सिद्ध कर चुकी है। उसकी सबसे प्रशंसनीय बात है कथक की परम्परा के प्रति उसका आदर। रोहिणी ने इस परम्परा को ओछे हथकण्डों से विकृत किये बग़ैर निरन्तर सम्हाले रखा है, और वह इसके लिए प्रशंसा की अधिकारी है। हर गुरुपूर्णिमा के दिन वह मुझे व्यक्तिगत रूप से या ख़त के द्वारा वचन देती है, कि जो भी मैंने सिखाया है, उसका वह सम्मान करती रहेगी, और मैं सन्तुष्ट और ख़ुश हो जाता हूँ यह जानकर कि वह ऐसा ही करेगी! मेरे प्यार भरे आशीर्वाद हमेशा उसके साथ हैं और मैं सर्व शक्तिशाली भगवान से प्रार्थना करता हूँ कि वे रोहिणी को उसकी हर उपक्रम में सफलता प्रदान करें और परिणामतः उसे और भी कीर्ति और गौरव मिले!

समय कैसे बीत जाता है! रोहिणी साठ साल की हो गयी है! यह सुनकर मेरे एक मित्र ने कहा, 'साठ! लगता है जैसे वह तो अभी-अभी चालीस पार कर गयी हैं।' 'वह साठ की है' मैंने उसे आश्वस्त किया!

चष्म-ए-बद् दूर!

अँग्रेज़ी से अनुवाद : नीलिमा अध्ये

२

लयस्वरूप रोहिणी

कलानिधि नारायणन

'जीवन की वह धारा जो मेरी रगों में दिन रात दौड़ती है, वही सारे विश्व में प्रवाहित है और लयबद्ध परिमाण में नाचती रहती है। यह वही जीवन है, जो धूल में धरती की घास की अगणित पत्तियों से आनन्द रूप में अंकुरित होता है, और फूलों और पत्तों की उत्तेजित लहरों में फूट पड़ता है। यह वही जीवन है, जो जन्म-मृत्यु के अथाह समुद्री पालने में उतार-चढाव के दौरान झुलाया जाता है। मुझे लगता है कि इस जीवन भरे विश्व के स्पर्श से मेरे अंग तेजस्वी बन गये हैं, और युगों से प्रवाहित इस जीवन के स्पन्दन के स्पर्श से ही मेरा स्वत्व है, जो इस क्षण मेरे लहू में नाच रहा है!'

मुझे पता नहीं कि रोहिणी जी के बारे में बोलते हुए टेगौर जी की इन महान पंक्तियों के बारे में सोचने के लिए मैं प्रेरित क्यों हो गयी! रोहिणी जी से मिलने और उनके साथ काम कर पाने के लिए मैं अपने आपको विशेष रूप से भाग्यवान् समझती हूँ। हम दोनों के स्वभाव और जीवन-पद्धतियों में एक अनोखा संरेखण है। मैं अपने आपको उनके बराबर नहीं मान रही, क्योंकि वे एक सचमुच ही महान व्यक्ति हैं, किन्तु मुझे हम दोनों के बीच एक स्नेह भरा नाता अनुभव होता है, और मैं इस वजह से सन्तुष्ट हूँ। हमारी यात्रा एक संयुक्त यात्रा रही है, जो केवल और केवल 'सत्य' के विस्मय और हर्ष को ढूँढ़ने और अंकित करने की रही है। केवल 'बोधात्मक' या 'बौद्धिक' समझ रचनात्मक आवेग को गतिमान करने के लिए अपने आप में सक्षम नहीं होता। चित्तवृत्ति को कार्यान्वित करना ही पड़ता है। इतना भी पर्याप्त नहीं होता, सर्जनात्मक तकनीक की भी आवश्यकता होती है! जब-जब मनुष्य को आनन्द के स्रोत के रूप में 'सत्य' की गहरी अनुभूति हुई है, उसने शिल्पों में, मन्दिरों में, तीर्थस्थानों में और अन्तिमत: कलाओं में चिह्नों को अंकित किया है! रोहिणी जी ऐसा एक प्रतीक हैं! इस निरन्तर बदलते सृजनात्मक विश्व में वे एक 'बिन्दु' (संकेताक्षर) हैं, और इस सन्दर्भ में अत्यन्त असाधारण हैं। किसी दैवी आदेश के कारण हम दोनों साथ हो लिए! उनके जैसे सक्षम कलाकार के साथ हुई मेरी इस यात्रा के कारण मैं कई संकेतचिह्न आविष्कृत कर पायी

और हमारे विकास-पथ के दोनों तरफ़ मैं उन्हें रोपित करती गयी। इन आविष्कारों ने मेरी ग्रहणशक्ति के वस्तुनिष्ठ विश्व को भाव और भावनाओं के व्यक्तिनिष्ठ विश्व में परिवर्तित कर दिया!

भौतिकशास्त्र हमें बताते हैं, कि पदार्थ में स्थित अचल और गतिशील पहलुओं की पारस्परिक क्रियाओं से 'सत्य' निर्धारित होता है, समय तथा अवकाश और कारण तथा परिणाम इन तत्त्वों से घटनाएँ एक-दूसरे से जुड़ी हुई होती हैं। 'आनन्द' में बसे 'सत्य' और 'अनन्त' में बसे 'सत्य' को कला और साहित्य हमारी अनुभूति की परिधि में ले आते हैं। रोहिणी जी के साथ मेरा सम्पर्क बहुत लम्बा नहीं रहा। हम हाल में ही मिले, निश्चित रूप में कहें तो फ़रवरी १९८१ में। मैं मुम्बई के भुलाभाई देसाई मेमोरियल इंस्टिट्यूट में जब अभिनय की कक्षा में सिखा रही थी, तब उनकी कुछ शिष्याएँ देखने आती थीं। मैंने सुना था कि रोहिणी जी मुझ से मिलना चाहती थीं, किन्तु हम नहीं मिल पाये। वह तो संस्कृति की संरक्षक दूत श्रीमती कमलादेवी चट्टोपाध्याय थीं, जिन्होंने हमें मिलाया। इंडिया इंटरनेशनल सेंटर में रोहिणी जी के आचरण की सादगी ने मुझे अचम्भित कर दिया! तब बना हमारे बीच का अनुबन्ध, रोहिणी जी को मेरे द्वारा संचलित कक्षाओं का निरीक्षण करने मद्रास लाने पर्याप्त रहा!

पन्द्रह दिन तक वे रहीं, एक मूक साक्षी बनकर। फिर आविष्कार की हमारी यात्रा आरम्भ हुई। भिन्न-भिन्न 'नायिका'ओं पर हमारी चर्चा हुई। अगणित सूक्ष्म अर्थच्छटाओं की तरफ़ रोहिणी जी ने मेरा ध्यान आकर्षित किया, जिनकी सरलता के कारण वे मुझे तब तक नगण्य लगती थी। हमने (अपनी-अपनी शैली की) संवेदनशीलताओं के बारे में चर्चा की, और हर 'नायिका' में निहित उसके मनोवैज्ञानिक गठन के बारे में भी! इन संकल्पनाओं के प्राचीन और समग्र रूप के मध्य की इस खोज ने एक अत्यन्त सूक्ष्म स्तर की सुसंगति प्रस्थापित की। यह एक ऐसा सामंजस्य बना, जहाँ मेरे मन का क्षितिज इस मात्रा में विस्तारित हुआ कि सभी परस्पर विरोधी धारणाएँ विलीन हो गयीं! जिन गानों पर मैं अभिनय प्रस्तुत कर रही थी उन सभी गानों का अर्थ रोहिणी जी ने लिख लिया, उनके सन्दर्भ में भरत-नाट्यम और कथक की उपलब्ध समानताएँ ढूँढ़ निकाली और फिर

वे कथक के लिए समरूप गाने खोजने लगी!

फिर हम एक दूसरे से दूर हो गये, और अपने अपने कार्य में व्यस्त होने के कारण एक पूरे साल तक मिल नहीं पाये। हमने अपना तुलनात्मक अभ्यास जारी रखा। सच कहूँ तो कथक मुझे सिर्फ़ ताल-लय से सम्बन्धित लगता था, परन्तु 'अभिनय' की जो अतिसूक्ष्म विविधता रोहिणी जी ने मेरे सामने खोलकर रख दी वह मेरे लिए एक साक्षात्कार ही था। उनके लिए अभिनय का प्रस्तुतिकरण तनावमुक्त पद्धति से करनेवाले सम्प्रदाय का मैं प्रतिनिधित्व कर रही थी जो उन्हें अच्छा लगा। वे बहुत अधिक 'आंगिकाभिनय' देख चुकी थी, और उन्होंने मुझे बताया कि मेरा अभिनय 'सात्विक' स्तर का था!

यथावकाश मुझे इस काम के लिए संगीत नाटक अकादमी से अनुदान मिला, जब तक रोहिणी जी मेरे गानों के समानान्तर जानेवाले कई गाने ढूँढ़ रही थी। जान-बूझकर हम एक जैसे भाव या प्रसंग लेना नहीं चाहते थे। मेरी 'खण्डिता नायिका' अधिक व्यावहारिक और सन्तप्त थी, जबकी उनकी 'खण्डिता' में 'वासक-सज्जिका' के रूप में थोड़ी सी प्रस्तावना थी। उन्होंने हमें एक ऐसे

'अभिनय' प्रकार की झलक दिखायी, जो प्राचीन काल में बैठकर दर्शाया जाता था। एक दूसरे से इतनी दूर रहते हुए भी हम दोनों ने इस विषय पर काम किया। मैं दो बार उनके साथ काम करने पुणे जाकर रही। जिनका अभिनय में अब तक प्रयोग नहीं हुआ था ऐसे गानों का एक ख़ज़ाना ही रोहिणी जी ने ढूँढ़ लिया। हमने एक कार्यक्रम बनाया और दिल्ली, बॉम्बे और मद्रास में प्रस्तुत किया। मुझे याद है वह स्नेह भरा स्वागत जो हमें मिला एक ऐसी ही प्रस्तुति के लिए जब पुणे पहुँचे थे! हमारी ट्रेन बहुत देर में पहुँची और रोहिणी जी ने तो बहुत विशेष दर्शक बुला रखे थे! मेरी प्रस्तुति के बाद उनकी शिष्याओं का नृत्य हुआ। रोहिणी जी के कथक की जिस बात ने मुझे चकित किया, वह थी अनेक मुलायम वक्राकार और अंगक्षेपों का उस नृत्य में किया गया प्रयोग! उस संरचना के परिणामस्वरूप ज़मीन पर जो आकृतियाँ बन रही थी, वैसी मैंने पहले कभी नहीं देखी थी। इस प्रस्तुति के लिए रोहिणी जी ने स्वयं गायन की संगत की और मैंने वहाँ उपस्थित होने में अत्यधिक आनन्द का लाभ उठाया। मुझे याद है कि मैंने वहाँ सिर्फ़ 'खण्डिता नायिका' की ही अनेक भावछटाएँ प्रस्तुत की थी।

मैं जानती हूँ कि रोहिणी जी एक अत्यन्त सुविज्ञ व्यक्ति हैं, परन्तु उनसे हुई पहली कुछ मुलाकातों में जो प्रकट होता है, वह उनके व्यक्तित्व का सौहार्द है! उनके जैसी क्षमता रखनेवाले किसी भी अन्य कलाकार से मैं आज तक नहीं मिली हूँ जो इतनी मीठी प्रकृति का हो। उनका हृदय प्रेम के प्रकाश में जागृत हो उठा है और उनका व्यक्तित्व पूरी तरह से विकसित अवस्था में है। चायना की काँच की तरह वे कोमल नज़र आती हैं और उनके आचार-विचार संगीतात्म तथा चित्रमय प्रतीत होते हैं, परन्तु उनके इस दर्शन के तले एक अत्यन्त सुनिश्चित और तेजस्वी व्यक्तित्व बसा है! उनका ज्ञान, सौन्दर्य और दर्शन केवल साधन हैं! हम लोगों ने रोहिणी जी के सम्मोहक दर्शन के बारे में सुना था, परन्तु उनकी प्रस्तुति का ढंग वह मुख्य बात नहीं है, तो जिस विषयवस्तु को वे प्रस्तुत करती हैं वही उनकी कला का अत्यावश्यक मूलतत्व है! मुझे उनकी एक अदृश्य और गहरी बात ने प्रभावित किया। उनका सामर्थ्य और सौन्दर्य उनकी सादगी में बसे हैं! उनका अथाह ज्ञान तभी प्रगट होता है जब उनसे प्रश्न पूछे जायें! तब ही पता चलता है कि उनका कला के प्रति समर्पण और कला से लगी लगन कितनी गहरी है। मेरी शिष्याओं की प्रार्थना को मानकर जब उस्फूर्तता से कुछ नृत्य-रचनाएँ उन्होंने प्रस्तुत की, तो उनका सुन्दर व्यक्तित्व निखर कर सामने आया। कुछ भी सजावटी नहीं था और

कोई सम्भ्रम भी नहीं। उनके कुछ संगत कलाकार तीस वर्षों से उनके साथ हैं यह वस्तुस्थिति उनके व्यक्तित्व के बारे में बहुत कुछ बता देती है। हम सबको वे लय की जादूगर जैसी लगी, जो अभौतिक को भौतिक का आविर्भाव प्रदान करती हैं। लय क्या है? वह 'संचलन' है, जो सुसंगत प्रतिबन्ध द्वारा उत्पादित और नियन्त्रित किया जाता है। यह एक सृजनात्मक शक्ति कलाकार के हाथों में होती है। जब तक शब्द गद्यात्मक रूप में रहते हैं, वे कोई स्थायी अनुभव नहीं देते। जिस क्षण उनको लयबद्ध किया जाय, उसी क्षण वे कम्पित होकर कान्तिमान हो उठते हैं। उन्हें गति की स्फूर्ति मिलकर हमारी चेतना में संगीत का उद्‌भव होता है। रोहिणी जी उनके सादे स्वभाव, अथाह ज्ञान, अभिनव रचनाएँ और अथक परिश्रमों के कारण मुझे 'आदर्श लय' की भाँति प्रतीत होती हैं; वह लय जो तारों की होती है—तारे उनकी भासमान निश्चलता में वस्तुतः कभी भी निश्चल नहीं होते; या फिर एक गतिहीन ज्योति की भाँति जो वास्तव में और कुछ भी नहीं, केवल 'संचलन' ही होती है!

अँग्रेज़ी से अनुवाद : नीलिमा अध्ये

३

रोहिणी द्वारा निर्मित गुरुकुल

डॉ. अशोक केळकर

कथक नर्तक और एक असामान्य अध्यापक रोहिणी भाटे ने वस्तुत: दो भवन बनाये हैं, एक के बाद एक नहीं, बल्कि एक साथ। (यहाँ 'अध्यापक' शब्द को 'आचार्य' के अर्थ में पहचानें, क्योंकि प्राचीन ग्रन्थों में 'नृत्याचार्य' शब्द में नृत्य अध्यापक और नृत्य निर्देशक ये दोनों अर्थ समाविष्ट किये गये हैं) रोहिणी जी ने कथक को एक विशेष रूप में ढालकर अपनी एक स्वतन्त्र शैली बनायी है! इसमें समूहनृत्य प्रस्तुति का दर्जा एकल नृत्य के समान माना गया है, ना कि उसे दुरयम स्थान पर रखा है। रोहिणी जी अपनी नृत्य-यात्रा के पचास साल पूरे कर रही हैं और नृत्यभारती कथक डांस अकेडमी भी! इस अननुभवी युवा लड़की ने आँखों में तारों सी चमक लेकर नृत्यभारती स्थापित की थी और उसी वक़्त उसकी दृष्टि ओतप्रोत सी अन्य देशों के बीच अपनी जगह पाने के लिए स्वतन्त्र भारत को भी देख रही थी!

ऐसा तो नहीं था कि वे किसी असाधारण परिस्थितियों से इस क्षेत्र में आयी थी। वे किसी धनवान वैभवशाली परिवार से नहीं थी, बल्कि पूरी तरह से मध्यमवर्गीय थी। उनकी प्रतिभाशाली बड़ी बहनों ने (रोहिणी जी जब छोटी बच्ची थी तभी उनके पिता का स्वर्गवास हुआ था) प्रयोगशरण कला की इस अलौकिक खोज का अखण्डित समर्थन किया! रोहिणी जी किसी नर्तक परिवार से नहीं थी; महाराष्ट्र की अपनी शास्त्रीय नृत्य की कोई परम्परा ही नहीं है। इस प्रान्त के सांस्कृतिक वातावरण में रोहिणी जी ने कथक के लिए जगह बना दी, जैसे कि कुछ दिग्गजों ने पिछले शतक की समाप्ति के समय हिन्दुस्तानी संगीत और आधुनिक रंगमंच को लोगों की नज़रों के सामने रखा (एक कॉलेज स्तरीय युवा श्री वी.जी. टिळक आर्योद्धारक नाटक मण्डली के व्यवस्थापक थे, जिन्होंने कुछ संस्कृत गौरव ग्रन्थों के मराठी रूपान्तर और शेक्सपियर के नाटक १८८० में रंगमंच पर प्रस्तुत किये।)

जयपुर घराने के कथक का प्रशिक्षण उन्होंने स्व. गुरु मोहनराव कल्याणपूरकर जी से और लखनऊ घराने का स्व. गुरु लच्छू महाराज जी से पाया। कथक और हिन्दुस्तानी संगीत के घनिष्ठ सम्बन्ध को जानते हुए उन्होंने गायन कला में भी शिक्षा प्राप्त की। वे संस्कृत में

नृत्यभारती का स्वर्णमहोत्सव १९९७ में। कार्यक्रम : 'संचित और सृजन-१'

बहुपठित हैं और हिन्दी काव्य से भली-भाँति परिचित हैं, इतना कि ब्रज-भाषा में काव्य रचनाएँ भी कर सकती हैं या फिर ब्रह्माण्डीय तत्त्वों का सौन्दर्यपूर्वक उत्सव मनाने के लिए संस्कृत संग्रह से काव्य-पक्तियाँ चुन सकती हैं! (आगे चलकर यह उनके एक बैले, 'तन्मात्र' का विषय बनी, जो १९९४ में IGNCA दिल्ली में एक International Physicists Conference में प्रस्तुत करने के लिए डॉ. कपिला वात्स्यायन ने उन्हें सौंपी थी।)

रोहिणी जी ने नृत्य संस्था का निर्माण किया जिसके शीर्षक में अन्तर्भूत 'अकेडमी' शब्द को उन्होंने सार्थक बनाया। यह सिर्फ़ 'एक और संस्था' नहीं थी, जहाँ विवाह योग्य लड़कियों को प्रतिष्ठा का एक प्रतीक मिलता, या उनके विवाह परिचय पत्र में कुछ सुधार आता। उन्होंने सीखने और सिखाने का उत्तम मेल बनाया। अपने लिए संस्कार पाते हुए इस गुरुकुल का निर्माण करती गयी, अपनी उत्तराधिकारियों से केवल विशुद्धता की अपेक्षा रखी, कथक की ऐतिहासिक परम्परा तथा भारत और भारत से बाहर के नृत्य के बारे में अत्यधिक जागृत बनाया; प्रदर्शनीय, साहित्यिक तथा अन्य प्रचलित कलाओं ने प्रस्तुत किये हुए समग्र सांस्कृतिक सन्दर्भ से और भक्ति तथा दरबार के माहौल से पूरी तरह से अवगत कराया।

रोहिणी जी ने प्राचीन गुरुकुल पद्धति को आधुनिक परिस्थितियों से जोड़कर अपनाया; उन्होंने अपनी शिष्याओं को भावनात्मक ढंग से प्रेम और अनुशासन के साथ पोषित किया; उनमें उत्साह प्रज्वलित किया जिसने प्रसन्नता को संयम से जोड़ा; उन्हें वंशागत मिली समृद्ध परम्परा के अनुभव से प्रभावित किया और उसमें निहित समकालीनता (जिसे वे कालसमान्तरता कहती हैं) और प्रयोग की अपिरिमित सम्भावनाओं से परिचित कराया।

भारतीय खेती, विशेषकर प्रगतिशील कृषिकर्मों को देखिए—आप धरती में रिसती बारिश की धीरज भरी लय का अनुसरण करते हैं—अगली पीढ़ी जब आप के काम में हाथ बँटाती हैं तो अपने कौशल उन्हें हस्तान्तरित करते हैं, और फिर विश्वास करते हैं कि धरती अब भरपूर फसल पैदा करेगी। यह कुछ ऐसी ही कार्यपद्धति रोहिणी जी ने अपने गुरुकुल के लिए अपनायी थी। रोहिणी जी की अपनी शिष्याएँ या किसी और की, नवोदित सह-कलाकार हो या रंगमंच की व्यवस्था करनेवाले, सब अपनी इस सदा युवा दीदी से अत्यधिक स्नेह करते हैं और उनसे सिर हिला कर दी हुई सम्मति पाने के लिए एक दूसरे से होड़ लगाते हैं—यह भी ज़रूर देखने की बात है।

रोहिणी जी ने ख़ुद के लिए कथक की एक विशेष शैली का निर्माण किया। भारत की विविध नृत्यशैलियों में से (उन्होंने स्वयं को भरतनाट्य और अन्य शैलियों से परिचित कराया है) कथक ही उन पर जँचता है, जिसका एक कारण है—भारतीय नृत्य आत्मा को सम्बोधित करता है, कलाकार की और दर्शक की भी। हमारी परम्परा कुछ प्रक्रियाओं के बारे में बताती है, जो अन्तिम और अत्यधिक तीव्र रसानुभव की तरफ़ ले जाती हैं : इस शब्द के दो रूपों के साथ एक असाधारण क्रीड़ा यहाँ हो रही है, एक जीवन का अर्क़ और दूसरा स्वाद का शुद्धिकरण। आरम्भ में मन खुलने लगता है (इसे हम चित्त-विस्तार कहते हैं)। इतिहास देखा जाय तो मन्दिरों में हुए कथक के उद्‌गम से मिली तीव्र आत्मसमर्पण की भावना और आगे चलकर दरबारी माहौल से आयी इत्मिनान से भरी स्वच्छन्दता, इन दोनों

कार्यक्रम : 'संचित और सृजन-२'

कार्यक्रम : 'संचित और सृजन-२'

को कथक संचारित करता है; शैली बद्धता के दृढ़ परिचय और तात्कालिक भावन के लचीलेपन से कथक अपने आपको सम्प्रेषित करता है। बहुतांश कथक नर्तक विशुद्धता को प्राप्त करने के लिए इनमें से एक रास्ते को महत्त्व देते हैं। रोहिणी जी दोनों को सम्मिलित करती हैं। बहुतांश नृत्यशैलियों अपने आपको एक स्त्री नर्तक के अनुकूल ढाल लेती हैं, मन के पिघलकर एक भाव समाधि पर टिके रहने की स्थिति (इसे चित्तद्रुति कहते हैं) ढूँढ़ती हैं। एक प्रेमभाव का युगल रूप, चाहे एक नर्तक ने प्रस्तुत किया हो या नर्तकद्वय ने, वह कोमलता और अनुराग, शरारत और सुलह, अर्थात् एक शब्द में कहें तो 'सुकुमारता' को प्रक्षेपित करता है। भारतीय सौन्दर्य-बोध इसका एक विकल्प भी देता है, मन के उत्तेजित और स्फूर्ति से भरपूर होने का (जिसे चित्त-दीप्ति या प्रज्वलित मन कहते हैं।) किसी में बल और आत्मविश्वास होने के गुणों को परम्परा में पुरुष व्यक्तित्व के साथ जोड़ा गया है जो एक तरह से तेज का अनुभव कराते हैं—यह है 'ओजस'। कदाचित् अन्य शैलियों से भी अधिक कथक इन दोनों सम्भावनाओं की पूरी लीला दिखाती है! (अब हमें दिखने लगता है, कि कथक क्यों रोहिणी जी पर जँचता है।)

इससे भी अधिक रोहिणी जी का कर्त्तत्व है। एक तो यह कि 'सुकुमारता' को स्त्रीत्व से और 'ओजस' को पुरुषत्व से जोड़ने की भारतीय रूढ़िबद्धता का उन्होंने त्याग किया। उनके जैसे ही उनकी शिष्याएँ भी नयी भारतीय स्त्री के रूप में स्त्री को दर्शाती हैं।

एक स्त्री नर्तकी ख़ुद को गौण और आश्रित बना सकती है अगर यही चाहती हो, लेकिन वह अपना सर ऊँचा भी रख सकती है यदि चाहे तो। और दूसरी बात यह है, कि रोहिणी जी ने कथक के सौन्दर्य-बोध में से सभी सम्भावनाओं को आज़माया—खुलापन, कोमलता, और वह शान भी जिनके साथ उन्होंने कालसमान्तर विषयों और संवेदनशीलता को सम्प्रेषित किया! यदि अग्नि और दृष्टि चमकते हैं और धरती तथा गन्ध प्रवेशते और घेरते हैं, तो इनका रोहिणी जी की नृत्य-रचना में चित्रित होना और शिष्याओं द्वारा प्रस्तुत होते देखना केवल आनन्ददायी ही हो सकता है। रोहिणी जी की एक शिष्या ने लातूर के भूकम्प से पीड़ित एक शोकसन्तप्त दादी की आर्त पुकार प्रस्तुत की थी; जो अत्यन्त कष्टों से गुहार रही है, जो चूर चूर हो गयी है, और जिसके पास अब कोई उपाय नहीं अलावा के आकाश की ओर देख के गुहार लगाये कि 'ऐसा आख़िर क्यों?' जो उसकी रचना का भी शीर्षक था।

उत्तम आदर्शों का निर्माण करनेवाले हमारे इस 'पथप्रदर्शक' को हम सम्मानित करते हैं। नृत्यभारती के उत्सव भरे वातावरण में सहभागी हो जाते हैं।

अँग्रेज़ी से अनुवाद : नीलिमा अध्ये

कार्यक्रम : संचित और सृजन-२
बायीं तरफ़ से पं. अशोक रानाडे, पं. भीमसेन जोशी, ज्योत्स्ना भोळे,
पं. बिरजू महाराज, शाश्वती सेन, डॉ. अशोक केळकर

४

कथक की शास्त्रीय समृद्धि

अशोक वाजपेयी

दूसरे भारतीय शास्त्रीय नृत्यों के मुक़ाबले कथक एक अधिक खुला हुआ नृत्य है और उसमें उपज की बहुत गुंजाइश है—समर्थ और कल्पनाशील नर्तक इस खुलेपन का सर्जनात्मक इस्तमाल कर ले जाते हैं जब कि बाक़ी उसमें फँसकर समग्र या संग्रथित नृत्य नहीं, खण्ड-खण्ड नृत्य करते हैं : यह खुलापन उसे लोकधर्मी बनाता है पर इससे उसकी शास्त्रीयता में, संयमित-नियमित सौष्ठव में कमी भी आती है। कथक का शास्त्र भी प्रायः अस्पष्ट और अनिश्चित सा रहा है। अधिकतर वह नाचा जा रहा शास्त्र है, लिखा या सुपरिभाषित शास्त्र नहीं। निश्चय ही यह स्वच्छन्दता उसे एक तरह की मुक्ति देती है और नये प्रयोगों के लिए पूरा अवकाश भी।

रोहिणी भाटे उन बिरले कथक-कलाकारों में हैं जिन्होंने कथक को उसकी उचित शास्त्रीय समृद्धि और गरिमा दिलाने में बहुत तैयारी और दृष्टि के साथ अथक चेष्टा की है। सबसे पहले तो यही कि उन्होंने कथक में व्याकरण को शास्त्रीय सौन्दर्य-बोध से जोड़ा है। रोहिणी जी को, आज सक्रिय किसी भी कथक कलाकार की तुलना में शास्त्र का, भारतीय काव्य और सौन्दर्य-बोध का सीधा और गहरा परिचय है। दूसरी ओर उन्हें गुरु-शिष्य परम्परा में अच्छी और गहरी शिक्षा मिली है। वे सहज ही कथक के तत्भव को उसके मूल तत्सम से मिला लेती हैं। उनके यहाँ कथक की अनेक सूक्ष्मताएँ उनकी अचूक सौन्दर्य-दृष्टि से विन्यस्त होकर एक ऐसी शास्त्रीय आभा पा लेती है, कि हमें यकायक लगता है कि कथक का इतिहास बहुत पुराना होना चाहिए। सिर्फ़ डेढ़ सौ या दो सौ बरसों का नहीं, जैसा कि हम घरानेदारों के दावों और साक्ष्य से समझते हैं।

कई बार लगता है कि रोहिणी भाटे की खोज कथक के उद्गम की खोज है। ऐतिहासिक क्षेपों के पार वे मानो कथक सदियों पहले की रंगभूमि में ले जाना चाहती हैं। यह आकस्मिक नहीं है कि कई बार वे निरी स्तुति के लिए नहीं बल्कि मुख्य प्रस्तुतियों के लिए संस्कृत काव्य को आधार बनाती हैं न कि घरानेदार बन्दिशों या पदों को, जो अधिकांशतः कविता की दृष्टि से

माखनचोरी

कतई महत्वपूर्ण नहीं होते। रोहिणी जी ने कथक के काव्याधार को अधिक उत्कट, सघन और विविध बनाया है। वैदिक ऋचाओं से लेकर कालिदास या अमरु की रचनाओं का उनका नृत्यान्वेषण या कि नृत्य-संयोजन कथक को कविता के ऐसे भूगोल में ले जाता है जहाँ वह सदियों से नहीं गया है भले ही कभी पहले वह वहीं उपजा और रसा-बसा होगा। रोहिणी भाटे ने अपने विनम्र लेकिन असंदिग्ध साहस से कथक को उसके अपने लगभग विस्मृति उद्गम की याद दिलायी और फिर से पहचान करायी है।

बावजूद अपने लिए एक कठिन और जटिल कथक-मार्ग चुनने के रोहिणी जी के काम में कोई अस्पष्टता नहीं है : उसमें व्याकरण को पूरी तरह से स्वायत्त किये जानकार की सुघर सफ़ाई हमेशा होती है। जाहिर है कि यह स्पष्टता सूक्ष्मता या जटिलता को बरकरार नहीं बल्कि उनमें से होकर अर्जित की गयी है। कथक में इन दिनों दर्शकों को किसी भी तरह रिझाने, न हो तो हँसी-मज़ाक़ कर उनका दिल जीतने की अकसर जो फूहड कोशिश होती रहती है उससे रोहिणी जी सचेत भाव से मुक्त रही हैं। वे न तो अपने को कोई छूट देती हैं और न ही अपने दर्शकों को कोई रियायत : फिर भी यह नहीं कहा जा सकता कि एक नर्तकी के रूप में उनका अपने दर्शकों से तादात्म्य किसी कदर कम हो पाता है, पर जो एकतानता बनती है वह संयम

की समरसता है, उसमें हमेशा ही एक सयानी गहरायी है।

किसी हद तक रोहिणी जी के शिष्यों में उनके जैसा संयमित लालित्य, सजग सौन्दर्य-बोध, समय के पार देख सकने वाली शास्त्र-दृष्टि और सार्थक व्याकरण स्वायत्त करने की चेष्टा का साक्ष्य मिलता रहता है। उन्होंने जो भी प्रयोग किये हैं वे कथक की अपनी परम्परा, उसके बुनियादी तत्त्वों का कल्पनाशील पुनरायोजन या पुनराविष्कार ही हैं।

रोहिणी भाटे की सक्रियता की एक अधसदी हो चुकी है। आजकल जब कथक अपने अँधेरे को ऊपरी चकाचौंध से छुपाने के चक्कर में फँस गया है, वे एक शान्त-धीर और फिर भी काँपती दीपशिखा की तरह हैं : उसकी हलकी सी रोशनी में कथक का चेहरा अधिक शास्त्रीय, सुन्दर-सयाना और मनोहर नज़र आता है।

लेखिका के बारे में

सुनीता पुरोहित

आप एक ऐसी महान कलाकार हैं, विदुषी हैं, जिनके आगे सिर झुकता है। महाराष्ट्र का नाम देश-विदेश में पहुँचाने का श्रेय जिन कलाकारों को जाता है उनमें आपका नाम अग्रस्थान पर है। न सिर्फ़ महाराष्ट्र में बल्कि आपने पूरे भारत के प्रतिभाशाली सर्जनशील कलाकारों के बीच अपने आपको प्रतिष्ठित किया है। पुण्यनगरी 'पुणे' आपके गौरव में अपना गौरव मानती है।

गुरु पं. मोहनराव कल्याणपूरकर जी तथा गुरु पं. लच्छू महाराज जी जैसे प्रज्ञावन्त, प्रतिभावान गुरुओं से आपको तालीम मिली जिससे आपकी नृत्यशैली सुभग, मनोहर और सुसम्पन्न बन गयी। आप जैसी प्रखर बुद्धिवाली शिष्या की प्रतिभा की उड़ान जानकर आपके गुरुद्वयों ने आपके हाथ कुछ रचनासूत्रों को दिया और आपने उन रचनाओं को कथक के ख़ज़ाने का वैभव ही बना दिया।

पुणे में 'नृत्यभारती' नामक स्थापित आपकी संस्था ने उत्तर भारतीय शैली कथक का केवल बीजारोपण ही नहीं किया बल्कि पूरे महाराष्ट्र में उसका प्रचार और प्रसार भी किया। पुणे को भारत के प्रमुख कथक शिक्षा केन्द्रों में लाने का श्रेय केवल आपका ही है।

आज 'रोहिणी शैली' से रसिकजन, शिष्यवर्ग, समीक्षक प्रभावित हैं क्योंकि नयनाभिराम होनेवाली आपकी शैली आस्वादक की बुद्धि को भी आवाहित करती है। आपकी नृत्य-रचनाओं के अवकाश का विस्तार और गहरायी का अन्दाज़ा लगाना मुश्किल होता है फिर भी मंच पर आपकी प्रस्तुति हर एक के मन में उतरती है और बस ही जाती है।

आपकी रचनाओं द्वारा आपने परम्परा का निर्वाह तो किया ही पर कई कालसमान्तर विषयों को मंच पर सफलता से साकार किया है। अपनी रचनाओं के लिए जब आप ख़ुद ही साहित्य और संगीत की रचना करती हैं तब उन रचनाओं का सौन्दर्य परिपूर्णता की चमक पाकर अत्यन्त तेजस्वी बन जाता है।

संस्कृत, हिन्दी, अँग्रेज़ी और मराठी इन चारों भाषाओं पर होने वाला आपका प्रभुत्व, साहित्य

संगीत नाटक अकादेमी पुरस्कार १९७९

महाराष्ट्र राज्य पुरस्कार १९७७

और संगीत का आपका गहरा अभ्यास, नृत्य के क्रियात्मक पक्ष के साथ सैद्धान्तिक पक्ष का किया सूक्ष्म संशोधन इन सबके मेल से जब आपके आलेख संगोष्ठियों में प्रस्तुत होते हैं तब अध्ययनकर्ता, आस्वादक और समीक्षक इन सबके लिए मार्गदर्शक सिद्ध होते हैं।

आपने भारत के अनेकानेक नृत्यसंस्थाओं के विश्वविद्यालयों के सम्मानीय पद विभूषित किये हैं। शासन, विश्वविद्यालय, संगीत तथा साहित्य की विभिन्न संस्थाओं ने आपको गौरव प्रदान किया है।

१९७७ : महाराष्ट्र राज्य पुरस्कार

१९७९ : संगीत नाटक अकादेमी पुरस्कार

१९९० : महाराष्ट्र गौरव पुरस्कार

१९९४ : गोदावरी गौरव पुरस्कार (कुसुमाग्रज प्रतिष्ठान, नासिक)

१९९९ : जीवन साधना गौरव पुरस्कार (पुणे विश्वविद्यालय)

२००२ : कालिदास सम्मान (मध्य प्रदेश)

'अकादेमी रत्न' पुरस्कार २००७

२००४ : डी.लिट्. उपाधि (डेक्कन कॉलेज, पुणे)

२००५ : पुण्यभूषण पुरस्कार (त्रिदल, पुणे)

२००७ : अकादमी रत्न पुरस्कार (संगीत नाटक अकादेमी)

आपकी इन्हीं विशेषताओं से प्रभावित भाषाविशेषज्ञ डॉ. अशोक केळकर जी की दृष्टि में आप 'आरोहिणी' हैं!

आभार

मूल मराठी पुस्तक 'लहजा' (२००६), प्रकाशक : 'मौज प्रकाशन गृह, मुम्बई'

हिन्दी अनुवाद : स्मिता दात्ये, नीलिमा अध्ये, सुनीता पुरोहित

विशेष धन्यवाद : पुस्तक-समिति, नृत्यभारती कथक डांस अकादेमी, पुणे :
सुनीता पुरोहित, नीलिमा अध्ये, अमला शेखर, रोशन दात्ये,
अरुणा केळकर

मूल मराठी पुस्तक से प्राप्त साज-सज्जा के लिए : चन्द्रमोहन कुलकर्णी

छायाचित्र : सतीश पाकणीकर (प्रमुख छायाकार), कैरोलिन डॅसेल,
कौस्तुभ अत्रे, नीलिमा अध्ये तथा अन्य अज्ञात छायाकार

सहयोग : आसावरी पाटनकर, अबोली धायरकर, ईशानी जोशी